Die Konversion

Zivilrechtliche Schriften

Beiträge zum Wirtschafts-, Bank- und Arbeitsrecht

Herausgegeben von Arnd Arnold, Dorothee Einsele,
Jan Lieder und Hartmut Oetker

Begründet von Peter Kreutz und Dieter Reuter

Band 68

PL ACADEMIC RESEARCH

Daniel Berneith

Die Konversion

Eine rechtsdogmatische und am Parteiwillen orientierte Untersuchung des § 140 BGB unter besonderer Berücksichtigung nichtiger Verfügungen von Todes wegen und Nachfolgeklauseln bei Personengesellschaften

PL ACADEMIC RESEARCH

Bibliografische Information der Deutschen Nationalbibliothek
Die Deutsche Nationalbibliothek verzeichnet diese Publikation in der Deutschen Nationalbibliografie; detaillierte bibliografische Daten sind im Internet über http://dnb.d-nb.de abrufbar.

Zugl.: Kiel, Univ., Diss., 2016

D 8
ISSN 0941-147X
ISBN 978-3-631-67885-5 (Print)
E-ISBN 978-3-653-07034-7 (E-Book)
DOI 10.3726/978-3-653-07034-7

PL Academic Research ist ein Imprint der Peter Lang GmbH.

Peter Lang – Frankfurt am Main · Bern · Bruxelles · New York · Oxford · Warszawa · Wien

Diese Publikation wurde begutachtet.

www.peterlang.com

Für Hanna

Vorwort

Diese Arbeit ist während meiner Tätigkeit als Wissenschaftlicher Mitarbeiter am Lehrstuhl von Herrn Prof. Dr. *Jan Lieder*, LL.M. (Harvard) am Institut für Wirtschafts- und Steuerrecht entstanden und wurde von der Rechtswissenschaftlichen Fakultät der Christian-Albrechts-Universität zu Kiel im Wintersemester 2015/2016 als Dissertation angenommen. Rechtsprechung und Literatur konnten bis Ende April 2016 berücksichtigt werden.

Außerordentlich dankbar bin ich Herrn Prof. Dr. *Jan Lieder*, dessen erster promovierter Doktorand ich sein darf. Er hat mir bereits bei der Auswahl des Themas geholfen und die Arbeit sodann nach allen Möglichkeiten unterstützt. Insbesondere war er stets für Fragen offen und zu umfangreichen Diskussionen bereit, womit so manche gedankliche „Leidenszeit" beendet werden konnte.

Für die sehr zügige und aufmerksame Erstellung des Zweitgutachtens und die daran anknüpfenden Hinweise bedanke ich mich herzlich bei Herrn Prof. Dr. *Michael Stöber*.

Dank gilt schließlich Herrn Prof. Dr. *Arnd Arnold*, bei dem ich während meines Studiums als studentische Hilfskraft arbeiten durfte und der mich nach seinem Ruf an die Universität Trier weiterhin – nicht zuletzt auch bezüglich dieser Arbeit – unterstützt hat. Bedanken möchte ich mich auch bei Herrn PD. Dr. *Carsten Bäcker*, mit dem ich kurze Zeit zusammenarbeiten durfte und der bei Bedarf immer einen guten Rat zur Hand hatte, gerade in fachübergreifenden Aspekten.

Darüber hinaus sei der Christian-Albrechts-Universität zu Kiel gedankt, durch deren Gewährung des Landesgraduiertenstipendiums ich mich fast ausschließlich auf die Fertigstellung meiner Dissertation konzentrieren konnte. Sehr verbunden bin ich ferner der Stiftung Vorsorge in Bad Vilbel, mit deren Unterstützung ich anfallende Materialkosten begleichen konnte, sowie der Dr.-Carl-Böse-Stiftung der Hansestadt Lübeck für die großzügige Übernahme der Druckkosten.

Dank gilt auch meiner Mutter *Elisabeth Upahl*, die mich während meines gesamten Bildungsweges gefördert und meine Bedürfnisse über die eigenen gestellt hat. Verbunden bin ich auch meiner inzwischen verstorbenen Großmutter *Traute Berneith*, die mir mit ihrer Gutherzigkeit eine große Stütze war. Bedanken möchte ich mich außerdem bei Herrn *Vincent Göbbel* für seine stete Diskussionsbereitschaft und bei Frau *Jennifer Zeutzheim* für das umsichtige Lesen meiner Arbeit.

Der größte Dank gebührt meiner Verlobten *Hanna Kärgel*. Sie hat nicht nur mehrfach das mühevolle Korrekturlesen übernommen, sondern auch viel Verständnis für die zahlreichen Stunden gezeigt, die ich mit der Dissertation verbracht habe. Davon abgesehen hat sie mich immer wieder mit ihrer liebevollen Art unterstützt, womit sie maßgeblichen Anteil daran hat, dass diese Arbeit fertiggestellt wurde. Ihr ist die Arbeit gewidmet.

Kiel, Mai 2016 *Daniel Berneith*

Inhalt

§ 1. Einleitung

In der mit § 140 BGB geregelten Konversion wird bisweilen eine der „elegantesten Denkfiguren der Jurisprudenz“[1] gesehen. Als Ausfluss der verfassungsrechtlich garantierten Privatautonomie[2] (Art. 2 Abs. 1 GG) kann durch sie nicht selten[3] ein nichtiges Rechtsgeschäft aufrechterhalten werden. Dabei verbirgt sich hinter dem einfach anmutenden Wortlaut der Norm eine Vielzahl rein akademisch, aber auch praktisch relevanter Problemfälle,[4] welche bei nichtigen Verfügungen von Todes wegen[5] ebenfalls virulent werden. Diesbezüglich scheint die besondere Bedeutung des Erblasserwillens[6] fast schon derart zwingend, dass jedwede nichtige Verfügung als wirksame zu erhalten ist. Gerade dies mag indes zu Problemen führen, da die Relevanz des Erblasserwillens nicht über den

---

1 Prägnant *Diederichsen*, AT, Rn. 408.

2 Vgl. zum Begriff bereits Motive I, S. 10 = *Mugdan* I, S. 364. S. zur Privatautonomie aus grundrechtlicher Sicht allgemein *Di Fabio*, in: Maunz/Dürig-GG, Art. 2 Rn. 101 ff.; vgl. zur „erbrechtlichen“ Privatautonomie *Kroppenberg*, Privatautonomie, passim.

3 S. *Ahrens*, in: PWW-BGB, § 140 Rn. 12 ff.; *Busche*, in: MüKo-BGB, § 140 Rn. 23 f.; *Ellenberger*, in: Palandt, § 140 Rn. 9 ff.; *Faust*, in: NK-BGB, § 140 Rn. 19 ff.; *Nassall*, in: jurisPK-BGB, § 140 Rn. 29 ff.; *H. Roth*, in: Staudinger-BGB (2015), § 140 Rn. 35 a.E., 71. Bemerkenswert ist, dass die einschlägige Ausbildungsliteratur trotz dieser Relevanz § 140 BGB nur ein Schattendasein gewährt, vgl. etwa *Schack*, AT, Rn. 433: zwei Sätze; *Leipold*, BGB I, § 21 Rn. 13 ff.: eineinhalb Seiten; *Brox/Walker*, AT, Rn. 365 ff.; *Faust*, AT, § 13 passim; *Hirsch*, AT, Rn. 800 ff.; *Köhler*, AT, § 15 Rn. 9 ff.; *Leenen*, AT, § 9 Rn. 278 ff.: jeweils insgesamt zwei Seiten; *Wertenbruch*, AT, § 21 passim: insg. drei Seiten, allerdings weitestgehend ohne dogmatische Grundlagen.

4 Dies sind vor allem unwirksame Kündigungen. Vgl. exemplarisch zum Arbeitsrecht BAG, NJW 2002, 2972, 2973; OLG Hamm, BB 1969, 582; *Müller-Glöge*, in: ErfK, § 626 Rn. 241 ff.; *v. Friesen/Reinecke*, BB 1979, 1561 ff.; *Hager*, BB 1989, 693 ff.; *Molkenbur/Krasshöfer-Pidde*, RdA 1989, 337, 340 ff.; *Lieder/Berneith*, JuS 2015, 1063, 1065. S. zum Miet- und Pachtrecht etwa BGH, NJW 1981, 976, 977; NJW-RR 2004, 873, 874; LG Mannheim, NJW 1970, 328; *H. Roth*, in: Staudinger-BGB (2015), § 140 Rn. 46.

5 Zum Verständnis soll klargestellt werden, dass nach der Terminologie des BGB nur Testamente als letztwillige Verfügungen verstanden werden, während mit Verfügungen von Todes wegen sowohl Erbverträge als auch Testamente gemeint sind (§§ 1937, 1941 BGB). Vgl. dazu auch BayObLG, OLGE 40, 146; *Lieder*, in: Erman-BGB, Vorbemerkung zu §§ 1922–1941 Rn. 2.

6 Im Folgenden wird der Einfachheit halber bloß das Maskulinum verwendet. Sämtliche Ausführungen würden selbstverständlich auch für eine Erblasserin gelten.

Umstand hinwegtäuschen sollte, dass der eigentlich getroffenen Regelung von der Rechtsordnung keine Rechtskraft zugesprochen wurde.

A. Gegenstand und Ziel der Arbeit

Gegenstand der Arbeit ist die Analyse des § 140 BGB im Allgemeinen sowie hinsichtlich nichtiger und wirkungsloser Verfügungen von Todes wegen und Nachfolgeklauseln in Personengesellschaften. Insofern obliegt es der Arbeit zunächst, die neuralgischen Punkte des § 140 BGB aufzuarbeiten und zu ihrer Klärung beizutragen, was insbesondere für die Dogmatik und die Tatbestandsvoraussetzungen der Norm gilt. Die hierzu gefundenen Ergebnisse sollen sodann auf das Erbrecht übertragen werden, um auch hierbei die Berechtigung verschiedenster Kontroversen zur Anwendung des § 140 BGB auf nichtige Verfügungen von Todes wegen zu hinterfragen. Zwar sind insofern bereits monographische Ausarbeitungen existent.[7] Allerdings stellen diese entweder das Erbrecht nicht in den Mittelpunkt der Untersuchung, sondern behandeln es als eine von verschiedenen Fragen zu § 140 BGB,[8] oder aber die Arbeit wurde bereits vor mehr als 90 Jahren verfasst.[9]

Ohnehin gilt die Umdeutung – verständlicherweise – nach wie vor als stark einzelfallorientiertes Institut, welches allgemeingültige Aussagen nur erschwert zulässt.[10] Gerade solch abstraktere und generelle Aussagen sind jedoch ein Kernziel der Arbeit. Anhand einer exakten dogmatischen Einordnung des § 140 BGB, einer genauen tatbestandlichen Analyse und der Exemplifizierung am Erbrecht soll gezeigt werden, dass anhand des nichtigen Geschäfts positive Zweifelsregeln durchaus möglich sind. Ausgangspunkt hierfür ist das jeweils abstrakte Verhältnis von Ausgangs- und Ersatzgeschäft, wobei gleich zwei Fragen beantwortet werden können: Zum einen, ob das nichtige Ausgangsgeschäft überhaupt tatsächlich gewollt war und zum anderen, ob das Ersatzgeschäft wenigstens hypothetisch gewollt sein würde. Für einige Problematiken wird sich sogar zeigen, dass es solcher Zweifelsregeln gar nicht bedarf, weil die Konversion zwingend

---

7 *Krampe*, Die Konversion, passim; *Bichmann*, Umdeutung, passim.

8 *Krampe*, Die Konversion, passim.

9 *Bichmann*, Umdeutung.

10 Ausdrücklich *Beurskens*, in: BeckOGK-BGB, § 140 Rn. 63; *Busche*, in: MüKo-BGB, § 140 Rn. 23 a.E.; *Mansel*, in: Jauernig-BGB, § 140 Rn. 7 a.E.; *Nassall*, in: jurisPK-BGB, § 140 Rn. 29; *H. Roth*, in: Staudinger-BGB (2015), § 140 Rn. 35; *Sieghörtner*, in: Hausmann/Hohloch, Kap. 9 C. Rn. 278; *Wendtland*, in: BeckOK-BGB, § 140 Rn. 16; *Grüter*, Schicksal, S. 103.

scheitert – sei es aus tatbestandlichen oder teleologischen Gründen. Diesbezüglich ist zugleich klarzustellen, dass eine Konversion – entgegen eines bisweilen vermittelten Eindrucks – nicht stets zur Aufrechterhaltung herangezogen werden kann, sondern ebenfalls den Grenzen der Rechtsordnung unterliegt.

B. Gang der Arbeit

Erreicht werden sollen die beschriebenen Ziele in insgesamt drei Hauptabschnitten: Im Rahmen eines allgemeinen Teils werden vorab Ausführungen zu dem Begriff „Umdeutung" erfolgen. Sodann bedarf es einer umfassenden dogmatischen Einordnung des § 140 BGB, für welche eine Auseinandersetzung mit den hierzu gegebenen Auffassungen in Literatur und Rechtsprechung erfolgt. Die Besonderheiten des Erbrechts, insbesondere § 2084 BGB, bleiben hierbei nicht unberücksichtigt. Eine finale Stellungnahme erfolgt schließlich anhand des auf *v. Savigny*[11] zurückgehenden Auslegungskanons, mit dessen historischem Abschnitt zugleich ein Kurzüberblick über die Kodifikationsgeschichte der Umdeutung ermöglicht wird. Im Anschluss daran sind der Anwendungsbereich, die Voraussetzungen und die Rechtsfolgen des § 140 BGB aufzuzeigen. Dies gilt auch und vor allem für die Grenzen der Konversion, welche vorwiegend anhand teleologischer Erwägungen der Nichtigkeitsnormen gezogen werden.

Im Anschluss erfolgt der spezifische Bezug zum Erbrecht. In einer schwerpunktmäßigen Analyse wird in der notwendigen Ausführlichkeit hinterfragt, inwieweit eine nichtige Verfügung von Todes wegen zum Schutze des Erblasserwillens über § 140 BGB aufrechterhalten werden kann und aufrecht zu erhalten ist. Einen Großteil wird dabei die besonders intensiv geführte Kontroverse hinsichtlich wechselbezüglicher Verfügungen in unwirksamen gemeinschaftlichen Testamenten ausmachen.

Im finalen Hauptabschnitt werden die bis dahin gefundenen Ergebnisse ins Gesellschaftsrecht übertragen. Ansatzpunkt sind hierbei unwirksame und wirkungslose Nachfolgeregelungen in Personenhandelsgesellschaften, der GbR und der PartG.

Letztlich folgen Schlussbetrachtungen, in denen die Arbeit in Thesen resümiert wird und ein Ausblick hinsichtlich der weiteren Handhabung des § 140 BGB erfolgt.

11 *V. Savigny*, System I, S. 213; *ders.*, System III, S. 244.

§ 2. Die Konversion im Allgemeinen Teil des BGB

A. Begriff der Konversion

Die amtliche Überschrift von § 140 BGB spricht zwar von Umdeutung, trotzdem wird die Regelung nicht selten auch als Konversion bezeichnet.[12] Selbst die eingängige Ausbildungsliteratur führt beide Begriffe häufig parallel an,[13] weshalb sich zwangsläufig die Frage aufdrängt, ob ihre Semantik dieselbe ist.

Vergegenwärtigt man sich die Materialien zum BGB sowie den Willen des Gesetzgebers, ist dies zu bejahen. Schon in den Motiven wird deutlich, dass § 140 BGB „die Konversion" regeln will,[14] wobei der Begriff an das lateinische „conversio"[15] angelehnt ist. Im Zuge der Schuldrechtsmodernisierung 2002 hat der Gesetzgeber sodann allen Paragraphen des BGB eine amtliche Überschrift zugeteilt.[16] Ohne den Inhalt der Norm zu ändern, wählte er trotz „Vorschlagens" einer Vielzahl von Begrifflichkeiten[17] und dem Umstand, dass „Umwandlung" die linguistisch zutreffende Übersetzung für „conversio" gewesen wäre,[18] für § 140 BGB „Umdeutung".[19] Somit ist davon auszugehen, dass die Begriffe

12 Exemplarisch *Arnold*, in: Erman-BGB, § 140 Rn. 1; *Mansel*, in: Jauernig-BGB, § 140 Rn. 1.

13 Vgl. *Boecken*, AT, Rn. 475; *Brox/Walker*, AT, Rn. 365; *Köhler*, AT, § 15 Rn. 9; *Medicus*, AT, Überschrift zu Rn. 516 ff.; *Leipold*, BGB I, Überschrift zu § 21 Rn. 13; *Bork*, AT, Rn. 1227; *Wolf/Neuner*, AT, § 57 Rn. 1; *Rüthers/Stadler*, AT, § 27 Rn. 9; *Pawlowski*, AT, Rn. 505. Jeweils nur von Konversion sprechend: *Flume*, AT II, S. 589; *v. Tuhr*, AT II/1, S. 287.

14 Motive I, S. 218 = *Mugdan* I, S. 473. S. auch Protokolle I, S. 127 = *Mugdan* I, S. 727.

15 Erstmals im juristischen Sinne 1747 *Harpprecht*, conversionem, allgemein passim, besonders S. 8 ff. (§§ 22 ff.). Dazu auch *Flume*, AT II, S. 590 m. Fn. 59; *Krampe*, Die Konversion, S. 28, 36, 40 ff. *Harpprecht* gilt zudem als Ausgangspunkt eines Umdeutungsinstituts, vgl. *Krampe*, Die Konversion, S. 57. S. auch *Dorn*, in: HKK-BGB, §§ 139–141 Rn. 258.

16 BGBl. I 2001, S. 3170; *Dörner/A. Staudinger*, Schuldrechtsmodernisierung, S. 9.

17 *O. Fischer*, FS Wach I, 179, 183, 194; *Siller*, AcP 138 (1934), 144, 149; *Bichmann*, Umdeutung, S. 9: „Umwandlung". *H-J. Finger*, Die Umgestaltung, S. 7; *Oegg*, in: RGRK-BGB (11. Aufl. 1953), § 140 Rn. 1; *Siller*, AcP 138 (1934), 144, 149; OLG Köln, NJW 1956, 1522: „Umgestaltung". *Siller*, AcP 138 (1934), 144, 149; *v. Brasch*, Konversion, S. 25: „Umschaffung".

18 Vgl. http://de.pons.com/%C3%BCbersetzung?q=conversio&l=dela&in=&lf=la, Nachweis 3, zuletzt abgerufen am 30.04.2016; ebenso *H-J. Finger*, Die Umgestaltung, S. 7.

19 So auch die Majorität in der Literatur, vgl. etwa *Arnold*, in: Erman-BGB, § 140 Rn. 1; *Busche*, in: MüKo-BGB, § 140 Rn. 1; *Dörner*, in: HK-BGB, § 140 Rn. 1; *H. Roth*, in:

Umdeutung und Konversion nach dem gesetzgeberischen Willen für den Inhalt des § 140 BGB gleichermaßen genutzt werden können,[20] wie es im Folgenden auch gehandhabt wird.

B. Charakterisierung der Konversion

I. Einführung

Seit jeher besteht ein notorisch geführter Streit über die dogmatische Charakterisierung der Konversion im Allgemeinen Teil des BGB, welcher auch heute noch nicht beendet ist.[21] Hierbei stehen der vorherrschenden Auffassung (Konversion als eigenständiges Institut[22]) zwei weniger stark vertretene Stimmen in der Literatur (Konversion als Auslegung bzw. als Teilnichtigkeit) gegenüber. Durchaus interessant ist es im Übrigen, dass Teile aller drei Ansichten als Beleg für ihre Thesen dieselbe Reichsgerichtsentscheidung aus dem Jahr 1910 BGB anführen,[23] in welcher es um die Aufrechterhaltung der de lege lata nicht möglichen[24] dinglichen Übertragung eines Nießbrauchrechts[25] (vgl. § 1059 S. 1 BGB)

Staudinger-BGB (2015), § 140 Rn. 1; *Mansel*, in: Jauernig-BGB, § 140 Rn. 1; *Nassall*, in: jurisPK-BGB, § 140 Rn. 1, 10; *Wendtland*, in: BeckOK-BGB, § 140 Rn. 1; *Bork*, AT, Rn. 1227; *Brox/Walker*, AT, Rn. 365; *Enneccerus/Nipperdey*, AT II, Rn. 1222; *Leenen*, AT, § 9 Überschrift zu Rn. 278; *Rüthers/Stadler*, AT, § 27 Rn. 9; *Schack*, AT, Rn. 433; *Wolf/Neuner*, AT, § 57 Rn. 1; *Medicus*, AT, Rn. 516.

20 So zu verstehen auch *Krampe*, Die Konversion, S. 2, 163 ff.; *Endemann*, Erbrecht, S. 58; vgl. ferner die Nachweise in Fn. 13. A.A. *H-J. Finger*, Die Umgestaltung, S. 8: „[…] so wird man doch gut tun, die Bezeichnung ‚Umdeutung' auf das Gebiet der reinen Auslegung zu beschränken".

21 S. nur die unterschiedlichen Darstellungen in der Ausbildungsliteratur: *Brox/Walker*, AT, Rn. 365 ff.; *Pawlowski*, AT, Rn. 505 verglichen mit *Bork*, AT, Rn. 1228; *Medicus*, AT, Rn. 517. Zu Kommentierungen etwa *Faust*, in: NK-BGB, § 140 Rn. 3 a.E. verglichen mit *Hefermehl*, in: Soergel-BGB, § 140 Rn. 1.

22 Exemplarisch *H. Roth*, in: Staudinger-BGB (2015), § 140 Rn. 7 m.w.N.

23 Vgl. für die Ansicht, Umdeutung sei Teilnichtigkeit: *Flume*, AT II, S. 589. Vgl. für die Ansicht, Umdeutung sei Auslegung: *Hager*, Auslegung, S. 155 m. Fn. 1. Vgl. für die Ansicht, Umdeutung sei ein eigenes Institut: *Medicus*, AT, Rn. 516.

24 Vgl. zur Kritik bereits *Heck*, Sachenrecht, § 74 Nr. 7, 8 c); zustimmend *Bayer*, in: Erman-BGB, § 1059 Rn. 1. Hinsichtlich der für einen Ausschluss angedachten Argumente aus heutiger Sicht kritisch auch *Pohlmann*, in: MüKo-BGB, § 1059 Rn. 1; *Brehm/Berger*, Sachenrecht, § 23 Rn. 21.

25 Eine Aufrechterhaltung i.S. der Übertragung eines dem Nießbrauch vergleichbaren Rechts würde jedenfalls am numerus clausus des Sachenrechts scheitern; vgl. dazu allgemein Motive III, S. 3 = *Mugdan* III, S. 2; *Seiler*, in: Staudinger-Eckpfeiler, U Rn. 7 ff.;

als schuldrechtlichen Anspruch auf Nutzung desselben Rechts (vgl. § 1059 S. 2 BGB) ging.[26] Für die weitere Untersuchung der Umdeutung – speziell im Erbrecht – ist eine Einordnung einerseits aus akademischen Gründen vorzunehmen, andererseits um den konkreten Anwendungsbereich des § 140 BGB bestimmen zu können. Daneben scheint eine Entscheidung systematisch notwendig. Versteht man die Umdeutung als Teilnichtigkeit (dazu sogleich), müsste § 140 BGB konsequenterweise einen unmittelbaren Bezug zu § 2085 BGB aufweisen.

II. Konversion als Teilnichtigkeit

Dieser unmittelbare Bezug zu § 2085 BGB würde zumindest für eine durchaus ältere Literaturauffassung[27] bestehen, nach welcher die Umdeutung zu § 139 BGB gehöre. Ausgangspunkt dieser Überlegung ist die Nichtigkeit des Rechtsgeschäfts, welche in den Fällen der Umdeutung gar nicht im eigentlichen Sinne vorliege:

> *„Von einer ‚Nichtigkeit' läßt sich vielmehr nur insoweit sprechen, als das Rechtsgeschäft nicht so gilt, wie es gelten sollte. Die Konversion ist also ein besonderer Fall der Teilnichtigkeit. Man kann cum grano salis sagen, § 139 regele die quantitative Teilnichtigkeit, während es sich bei der Konversion nach § 140 um eine qualitative Teilnichtigkeit handele".*[28]

Eine Abgrenzung der Normen erübrige sich aufgrund des sich entsprechenden Regelungsgehaltes in den meisten Fällen.[29] So bestehe jede Konversion letztlich aus einer Feststellung und einer Wertung. Die Feststellung überprüfe dabei, inwieweit die getroffene, wenngleich nichtige, rechtsgeschäftliche Vereinbarung wenigstens eine wirksame Regelegung enthalte.[30] Mit der Wertung werde hingegen danach gefragt, ob dieser qualitative Teil des an sich nichtigen Rechtsgeschäfts Wirkung entfalten solle.[31] Eine solche Wertung sei bei § 140 BGB und § 139 BGB „von gleicher Art". Der normierte Hinweis auf den hypothetischen

---

Gaier, in: MüKo-BGB, Einleitung zu Band 6 Rn. 11; *Brehm/Berger*, Sachenrecht, § 1 Rn. 37 f.; *Vieweg/Werner*, Sachenrecht, § 1 Rn. 5.

26 RG, JW 1910, 801 ff.

27 Vgl. insb. *Flume*, AT II, S. 589 f. In diese Richtung auch *v. Esch*, Teilnichtige Rechtsgeschäfte, S. 72; *Hager*, Auslegung, S. 118 ff., 157. Für eine Gleichsetzung i.E. ebenso wohl *Oepen*, Dogmatik, S. 25.

28 *Flume*, AT II, S. 589 f.; jedenfalls terminologisch in diese Richtung auch *Hefermehl*, in: Soergel-BGB, § 140 Rn. 28; *v. Esch*, Teilnichtige Rechtsgeschäfte, S. 72; *O. Fischer*, FS Wach I, 179, 193.

29 *Flume*, AT II, S. 590.

30 *Flume*, AT II, S. 590.

31 *Flume*, AT II, S. 592.

Parteiwillen (scil.: „[…] gewollt sein würde") sei nur eine Umschreibung dafür, dass wertend auf das Rechtsgeschäft und die Umstände des Einzelfalles abzustellen sei.[32] Wichtig sei, ob der Zweck des eigentlich getätigten wenigstens zum Teil durch das andere Geschäft erreicht werde und diese teilweise Zweckerreichung auch sinnvoll erscheine.[33] Insgesamt würden bei § 139 BGB und bei § 140 BGB dieselben Kriterien entscheiden.[34]

III. Konversion als Auslegung

Obwohl auch die Teilnichtigkeitsvorschrift § 139 BGB nach herrschender Interpretation eine Auslegungsregel darstellt,[35] wird § 140 BGB von Teilen der (mitunter älteren[36]) Literatur nicht als solche eingestuft, sondern als Aspekt der „sonstigen" Rechtsgeschäftsauslegung angesehen.[37] Im Rahmen von § 140 BGB beziehe sich die Nichtigkeit danach immer nur auf den jeweiligen Geschäftstyp und damit auf das Rechtsgeschäft „als solches". Da mit der Auslegung ein Rechtsgeschäft als das identifiziert werden soll, was es wirklich ist,[38] müsse die

---

32 *Flume*, AT II, S. 594.

33 *Flume*, AT II, S. 594.

34 *Hager*, Auslegung, S. 157. Vgl. bereits die von *Hager* formulierte Überschrift für diesen Abschnitt seiner Monographie: „Die Gleichwertigkeit von § 139 und § 140 BGB".

35 Vgl. nur BGHZ 85, 315, 318; j.m.w.N. auch *Arnold*, in: Erman-BGB, § 139 Rn. 1; *Dörner*, in: HK-BGB, § 139 Rn. 2; *Bork*, AT, Rn. 1209; vgl. insb. *Oepen*, Dogmatik, S. 28 ff.; a.A. etwa *H. Roth*, in: Staudinger-BGB (2015), § 139 Rn. 2. Für das Erbrecht und § 2085 BGB s. BayObLG, FamRZ 1989, 325, 326; OLG Zweibrücken, FGPrax 2003, 183; *Leipold*, in: MüKo-BGB, § 2085 Rn. 1; *Loritz*, in: Soergel-BGB, § 2085 Rn. 1; *Kipp/Coing*, Erbrecht, S. 147 f.

36 *Dernburg*, Pandekten I, § 124 m. Fn. 5; *Riezler*, in: Staudinger-BGB (9. Aufl. 1925), § 140 Anm. 2; *Coing*, in: Staudinger-BGB (11. Aufl. 1957), § 140 Rn. 3; *Endemann*, Erbrecht, S. 58.

37 S. aus der neueren Literatur *Faust*, in: NK-BGB, § 140 Rn. 3; *Palm*, in: Erman-BGB (12. Aufl. 2008), § 140 Rn. 6; *Hager*, BB 1989, 693, 694; *dens.* Auslegung, S. 155; *Pawlowski*, AT, Rn. 505; *Brox/Walker*, AT, Rn. 366 ff. Zustimmend für die wohlwollende Auslegung nach § 2084 BGB: *Otte*, in: Staudinger-BGB (2013), § 2084 Rn. 1; differenzierend *Bürck*, JuS 1971, 571, 572 ff.; *ders.*, SchlHA 1973, 37, 38 ff.; *Damm*, in: AK-BGB, § 140 Rn. 4; i.E. auch *Breitling*, Rechtsfolgen, S. 102 m. Fn. 403. Vgl. für eine Einstufung als Auslegung insb. *Krampe*, Die Konversion, S. 142 ff., 284; *dens.*, AcP 194 (1994), 1, 22 ff. *Krampes* Monographie ist bis heute die bedeutenste zu § 140 BGB. Rechtsvergleichend ist zudem *Gandolfi*, La conversione I, II ebenso grundlegend, vgl. *Wieacker*, FS H. Lange, 1017 m. Fn. 1.

38 AllgM., vgl. *Ellenberger*, in: Palandt, § 133 Rn. 1; *Dörner*, in: HK-BGB, § 133 Rn. 1; *Wendtland*, in: BeckOK-BGB, § 133 Rn. 2 a.E.; *Bork*, AT, Rn. 497; *Köhler*, AT, § 9 Rn. 1; *Leenen*, AT, § 5 Rn. 40; *Flume*, AT II, S. 291; *Wolf/Neuner*, AT, § 35 Rn. 1 f.

Konversion als Gebot derselben verstanden werden.[39] Ihren Sinn erhalte die Umdeutung dadurch, eine typengebundene Auslegung zu überwinden, womit qua Konversion das nichtige Rechtsgeschäft als ein solches anderen, wirksamen Typs ausgelegt werde.[40] Daher sei die in § 140 BGB postulierte Nichtigkeit nur ein vorläufiges Ergebnis der Auslegung, gleichsam ein Zwischenschritt zur endgültigen Charakterisierung des jeweiligen Geschäfts.[41]

Schlussendlich belege die Konversionsnorm im Besonderen, dass der Wortlaut eines Rechtsgeschäfts nicht die endgültige Grenze der Auslegung sein kann. Vergleichbar mit den Fällen der „falsa demonstratio“[42] ginge es auch bei § 140 BGB darum, den hinter dem Wortlaut stehenden wirtschaftlichen Willen der Parteien zu erforschen, gerade weil es den Parteien nicht entscheidend darauf ankomme, wie dieses Ziel erreicht werde.[43] Für die Umdeutung ergebe sich somit zwingend, dass sie Auslegung sei, wobei sich die Methoden des § 140 BGB und der sonstigen Auslegung weitestgehend entsprächen. § 140 BGB müsse insgesamt als gesetzliche Statuierung des Prinzips der gesetzeskonformen Auslegung aufgefasst werden.[44]

Dies zeige sich vor allem im Erbrecht, da § 140 BGB, als von der vorherrschenden Meinung eingestuftes eigenständiges Institut, hier keinen Anwendungsbereich hätte. Insbesondere komme § 140 BGB keine über § 2084 BGB hinausgehende Funktion zu, weshalb sich die Umdeutung vielmehr als spezielle Ausprägung einer ergänzenden Auslegung – auf die § 2084 BGB ohnehin anzuwenden sei – darstelle.[45] Jedenfalls wenn man als Voraussetzung von § 140 BGB einen hypothetischen Parteiwillen annehme,[46] ergebe sich eine solche Gleichstellung. So würde sich die Umdeutung auf die hypothetische Kenntnis der Nichtigkeit, die „übrigen“ Fälle der ergänzenden Auslegung hingegen auf die Kenntnis sonstiger nicht erkannter oder vorausgesehener Umstände beziehen.[47]

---

39 *Krampe*, Die Konversion, S. 284 unter Bezugnahme auf die Redaktorvorlage zu § 140 BGB. Vgl. auch *Pawlowski*, AT, Rn. 505; *Faust*, in: NK-BGB, § 140 Rn. 3 (zur ergänzenden Auslegung).

40 *Krampe*, Die Konversion, S. 284.

41 *Krampe*, Die Konversion, S. 284.

42 Als hierfür paradigmatisch gilt RGZ 99, 147 ff.: „Haakjöringsköd-Fleisch“. Das RG hat die Regel aber nicht namentlich genannt, kritisch daher *Wieling*, Jura 1979, 524, 525.

43 *Hager*, Auslegung, S. 154 f.; *Krampe*, Die Konversion, S. 284 f.

44 *Hager*, Auslegung, S. 155.

45 *Krampe*, Die Konversion, S. 282; *Otte*, in: Staudinger-BGB (2013), § 2084 Rn. 1.

46 Ausf. § 2 C. III. 3. a).

47 *Otte*, in: Staudinger-BGB (2013), § 2084 Rn. 1. *Otte* differenziert daher in seinen Ausführungen zu § 2084 BGB nicht zwischen wohlwollender Auslegung und Umdeutung.

IV. Konversion als eigenes Institut

Die herrschende Meinung in Rechtsprechung[48] und Literatur[49] erfasst die Konversion hingegen als eigenständiges, neben den §§ 133, 157, 2084 und 139 BGB stehendes Institut. Für die Relation zur Auslegung sei dabei zu beachten, dass diese der Umdeutung stets abschließend voranzugehen habe. Zwar wird zugegeben, dass die Grenzen zwischen beidem mitunter fließend seien,[50] was indes nichts daran ändere, zumindest theoretisch die institutionelle Differenzierung vorzunehmen.[51]

Zur Begründung wird dabei in erster Linie vorgebracht, dass oftmals erst durch Auslegung ermittelt werden könne, ob das geschlossene Rechtsgeschäft überhaupt einen Nichtigkeitsgrund aufweist. Sofern die Parteivereinbarung mehrere Deutungen zulasse, sei schon über die §§ 133, 157 BGB zu klären, welche gewollt ist. Nur wenn nach der Auslegung eine Nichtigkeit tatsächlich im Raum stehte könne § 140 BGB zur Anwendung kommen.[52]

Dafür spreche ebenfalls, dass der Sinn der Auslegung in der Erforschung des realen Willens der Parteien läge, während § 140 BGB von Beginn an nur auf einen hypothetischen Willen abstelle. Wenngleich sich die ergänzende Auslegung ebenso mit dem hypothetischen Parteienwillen befasse, unterscheide sich die Umdeutung von dieser aber dadurch, dass erstere nur die Lücken eines in jedem Falle wirksamen, wenngleich ergänzungsbedürftigen Geschäfts ausfülle, während letztere stets ein unwirksames Geschäft voraussetze.[53]

---

48 BGH, NJW 2001, 1217, 1218; BAG, NZA 2008, 815, 818; BAG, NJW 2006, 2284, 2286; OLG Bremen, OLGZ 1987, 10, 11.

49 Vgl. j.m.w.N.: *Busche*, in: MüKo-BGB, § 140 Rn. 1; *Hefermehl*, in: Soergel-BGB, § 140 Rn. 1; *H. Roth*, in: Staudinger-BGB (2015), § 140 Rn. 7; *Wendtland*, in: BeckOK-BGB, § 140 Rn. 2.

50 *Busche*, in: MüKo-BGB, § 140 Rn. 3; *H. Roth*, in: Staudinger-BGB (2015), § 140 Rn. 7; *Zeiss*, WM 1963, 906, 907; *Medicus*, AT, Rn. 517 a.E. Vgl. auch RG, JW 1929, 70; *Bork*, AT, Rn. 1228 a.E.

51 *Ahrens*, in: PWW-BGB, § 140 Rn. 2; *Hefermehl*, in: Soergel-BGB, § 140 Rn. 1; *Derleder*, JZ 1999, 177, 179; *Larenz/Wolf*, AT, § 44 Rn. 90.

52 *Arnold*, in: Erman-BGB, § 140 Rn. 3; *Mansel*, in: Jauernig-BGB, § 140 Rn. 2; *Medicus*, AT, Rn. 517; *Klinger/Tremel*, NJW-Spezial 2008, 199; vgl. auch *Wolf/Neuner*, AT, § 57 Rn. 4 a.E.

53 *Wendtland*, in: BeckOK-BGB, § 140 Rn. 2 a.E.; kritisch *Faust*, in: NK-BGB, § 140 Rn. 3. Ausf. u. § 2 C. III. 1. a), b).

V. Stellungnahme

Dass schlussendlich der vorherrschenden Auffassung zu folgen sein wird, zeigt eine Auseinandersetzung mit § 140 BGB im Lichte der klassischen Gesetzesauslegung, also im Lichte von Wortlaut, Historie sowie Systematik und Telos[54] der Norm.[55]

1. Grammatische Auslegung

Eine fehlerfreie Gesetzesauslegung findet ihre Grenze im Wortlaut der Norm,[56] da darüberhinausgehende Interpretationen der Analogiebildung vorbehalten sind.[57] Zur Vergegenwärtigung:

> § *140 Umdeutung.* Entspricht ein nichtiges Rechtsgeschäft den Erfordernissen eines anderen Rechtsgeschäfts, so gilt das letztere, wenn anzunehmen ist, dass dessen Geltung bei Kenntnis der Nichtigkeit gewollt sein würde.

Bei oberflächlicher Betrachtung dieser Abfassung lassen sich für keine der aufgezeigten Meinungen Folgerungen ziehen. Die Norm spricht weder von Auslegung, noch von einem Teil des Rechtsgeschäfts, noch gibt es einen unmittelbaren Anhaltspunkt für die Eigenständigkeit der Konversion.

Anderseits streitet dies gerade gegen die Interpretation als Teilnichtigkeit: § 139 BGB spricht explizit von einem Teil und von dem Geschäft im Ganzen. Dasselbe zeigt sich auch bei dem erbrechtlichen Korrelat der Norm,[58] dem

---

54 Grundlegend *v. Savigny*, System I, S. 213; *ders.*, System III, S. 244. Zum Konsens über diese vier Auslegungsmethoden s. jüngst *Schäfers*, JuS 2015, 875, 876 ff. S. ferner *Larenz*, Methodenlehre, S. 320 ff.; *Bydlinski*, Methodenlehre, S. 437; *Rüthers/C. Fischer/Birk*, Rechtstheorie, Rn. 731 ff.; *Zippelius*, Methodenlehre, S. 35 ff.; *Hefermehl*, in: Soergel-BGB, Anh § 133 Rn. 3; *Wolf/Neuner*, AT, § 4 Rn. 32; *Bork*, AT, Rn. 123.

55 Ob im Zuge einer objektiven Theorie jedenfalls für das Zivilrecht einem objektiven Sinngehalt mehr Bedeutung beigemessen werden sollte als dem Willen des Gesetzgebers, oder aber im Zuge einer subjektiven Theorie ein umgekehrter Bedeutungsvorrang anzunehmen ist, ist umstritten, vgl. allgemein *Larenz*, Methodenlehre, S. 316 ff.; *Rüthers/C. Fischer/Birk*, Rechtstheorie, Rn. 796 ff.; vgl. auch *Bork*, AT, Rn. 122; *Hefermehl*, in: Soergel-BGB, Anh § 133 Rn. 2; *Wank*, Auslegung, S. 29 f. S. jüngst auch *Würdinger*, JuS 2016, 1, 2 ff.

56 *Larenz*, Methodenlehre, S. 320; *Wolf/Neuner*, AT, § 4 Rn. 32; *Rüthers/C. Fischer/Birk*, Rechtstheorie, Rn. 731.

57 Ausdrücklich *Larenz*, Methodenlehre, S. 343, 366. Vgl. auch BGHZ 46, 74, 76; *Hefermehl*, in: Soergel-BGB, Anh § 133 Rn. 5; *Bork*, AT, Rn. 143.

58 Vgl. dazu BayObLG, NJW-RR, 1999, 946; *Fleindl*, in: NK-BGB, § 2085 Rn. 1; *Sieghörtner*, in: Hausmann/Hohloch, Kap. 9 C. Rn. 262; *Stürner*, in: Jauernig-BGB, § 2085 Rn. 1;

§ 2085 BGB („[…] einer von mehreren Verfügungen in *einem* Testament […]"). Gleichermaßen verhält es sich etwa mit § 306 Abs. 1 BGB, bei welchem ausdrücklich auf Teile eines Geschäfts Bezug genommen („teilweise") und die damit einhergehende Rechtsfolge aufgezeigt wird.[59] Demgegenüber verweist § 140 BGB offensichtlich auf zwei verschiedene Rechtsgeschäfte („eines anderen"), weshalb eine Wortlautinterpretation des § 140 BGB die Gleichsetzung mit der Teilnichtigkeit fern legt. Zudem stellt § 139 BGB eine Nichtigkeitsvermutung (respektive: § 2085 BGB eine Wirksamkeitsvermutung) auf, § 140 BGB gerade nicht. Es wäre durchaus bemerkenswert, dass eine derartige Vermutung nur für die quantitative und nicht auch für die qualitative Teilnichtigkeit Gesetz ist.[60]

Letztlich zeigt sich auch, dass der Wortlaut von § 140 BGB am ehesten die institutionelle Eigenständigkeit der Norm unterstreicht und damit gegen eine Auslegungsnorm spricht. Wenn hierbei tatbestandlich verlangt wird, dass das Ersatzgeschäft unter Berücksichtigung der Nichtigkeit „gewollt sein würde", spricht vieles für einen hypothetischen Parteiwillen – also für jenen, der bei hypothetischer Kenntnis der Umstände bestanden hätte.[61] Ein solcher Wille wird abseits der Umdeutung allerdings nur im Rahmen der ergänzenden Auslegung relevant.[62] Demgegenüber geht es bei der „einfachen", erläuternden Auslegung um einen tatsächlichen respektive realen Parteiwillen,[63] womit theoretisch eine klare Grenze zu § 140 BGB gezogen werden kann. Insbesondere verschwimmt die Trennlinie zwischen realem und hypothetischem Willen nicht dadurch, dass

---

K.W. Lange, Erbrecht, § 12 Rn. 65; *Leipold*, Erbrecht, Rn. 412; *Weidlich*, in: Palandt, § 2085 Rn. 1; *Oepen*, Dogmatik, S. 24; *Brox/Walker*, AT, Rn. 363; *dies.*, Erbrecht, Rn. 264.

59 S. zu § 306 Abs. 1 BGB etwa *Schulte-Nölke*, in: HK-BGB, § 306 Rn. 1; *Stadler*, in: Jauernig-BGB, § 306 Rn. 1 ff.; *Leipold*, BGB I, § 21 Rn. 8. Der Vergleich zu weiteren Paragraphen ließe sich umfänglich fortführen, vgl. etwa § 265 BGB („Ist eine der Leistungen […]"), § 2298 Abs. 1 BGB („ […] einer dieser Verfügungen"), § 241 AktG („Ein Beschluß […]").

60 So auch *Dorn*, in: HKK-BGB, §§ 139–141 Rn. 34.

61 AllgM., vgl. etwa BGHZ 19, 269, 273; BGH, NJW 1980, 2517; *Arnold*, in: Erman-BGB, § 140 Rn. 14 ff.; *Dörner*, in: HK-BGB, § 140 Rn. 6; *Ellenberger*, in: Palandt, § 140 Rn. 8; *Damm*, in: AK-BGB, § 140 Rn. 8; *Mansel*, in: Jauernig-BGB, § 140 Rn. 5; *Wendtland*, in: BeckOK-BGB, § 140 Rn. 13. S. auch *Bork*, AT, Rn. 537.

62 Vgl. zur ergänzenden Auslegung etwa BGH, NJW 2013, 678, 679; ferner BGHZ 127, 138 m.w.N.; *H. Roth*, in: Staudinger-BGB (2015), § 157 passim; *Biehl*, JuS 2010, 195, 200; *Cziupka*, JuS 2009, 103 ff.; *Bork*, AT, Rn. 537; *Brox/Walker*, AT, Rn. 140; *Köhler*, AT, § 9 Rn. 19b; *Medicus*, AT, Rn. 338 ff.

63 Vgl. neben dem Wortlaut von § 133 BGB auch *Bork*, AT, Rn. 512 ff.; *Biehl*, JuS 2010, 195, 196; *Cziupka*, JuS 2009, 103, 104; *Köhler*, AT, § 9 Rn. 4; *Leenen*, AT, § 5 Rn. 40.

auch ersterer mitunter zu vermuten ist.[64] Insoweit handelt es sich um einen vermutet-realen, also den „mutmaßlichen" Willen. Obschon mutmaßlicher und hypothetischer Wille gleichermaßen nicht endgültig beweisbar sind, ist beides klar zu unterscheiden: Ersterer bezieht sich bereits auf die Mutmaßungen hinsichtlich des realen Willens. Der hypothetische Wille befindet hingegen stets Abseits davon und fragt nicht, was der Erklärende (vermutlich) wollte, sondern was er gewollt hätte.

Wenngleich etwa der als Auslegungsregel[65] einzustufende § 139 BGB ebenfalls Bezug zu hypothetischen Momenten nimmt,[66] spricht bei § 140 BGB schon wegen der getroffenen Formulierung also nicht wenig für eine Eigenständigkeit. Dafür streitet im Übrigen, dass die beiden zentralen Auslegungsnormen §§ 133, 157 BGB entweder von Willenserklärung oder von Vertrag sprechen, § 140 BGB hingegen von einem Rechtsgeschäft. Zwar ist jeder Vertrag ein Rechtsgeschäft, allerdings gilt dies nicht auch umgekehrt.[67] Auf der anderen Seite bestehen Rechtsgeschäfte immer mindestens aus einer Willenserklärung, häufig aber aus mehreren, was wiederum Verträge beweisen. Auch deshalb scheint der Wortlaut eine dogmatische Trennung nahezulegen.[68]

2. *Systematische Auslegung*

a) *Allgemeines Zivilrecht*

Betrachtet man § 140 BGB in Ansehung des Regelungsumfeldes[69] ist unschwer zu erkennen, dass die §§ 133, 139, 140 BGB allesamt unter dem 2. Titel

---

64 So aber *Krampe*, Die Konversion, S. 5, 139, angelehnt an *Schulz*, GS Seckel, 70, 74 m. Fn. 2. Zu beachten ist freilich, dass *Schulz* seine Ansicht nicht in direktem Zusammenhang mit § 140 BGB kundtut.

65 Vgl. die Nachweise in Fn. 35.

66 AllgM., s. RGZ 118, 218, 222; BGH, NJW 1986, 2576, 2577; 2004, 3045, 3046; 2006, 2696, 2697; 2009, 1135, 1136; NJW-RR 2005, 1290, 1291; 2008, 1488, 1490; 2009, 306; *Oepen*, Dogmatik, S. 9 ff.; *v. Esch*, Teilnichtige Rechtsgeschäfte, § 7 passim; *Arnold*, in: Erman-BGB, § 139 Rn. 22; *Ellenberger*, in: Palandt, § 157 Rn. 7; *H. Roth*, in: Staudinger-BGB (2015), § 139 Rn. 75 m.w.N.; *Medicus*, AT, Rn. 508; *Bork*, AT, Rn. 1218; *Wolf/Neuner*, AT, § 56 Rn. 23; i.E. wohl auch *Flume*, AT II, S. 580.

67 Vgl. *Bork*, AT, Rn. 423; *Köhler*, AT, § 5 Rn. 5; *Medicus*, AT, Rn. 202 ff.; *Wolf/Neuner*, AT, § 28 Rn. 4.

68 In diese Richtung bereits *Bichmann*, Umdeutung, S. 25 f.

69 Zur Aufgabe der systematischen Auslegung *Larenz*, Methodenlehre, S. 324 ff.; *Rüthers/C. Fischer/Birk*, Rechtstheorie, Rn. 744 ff.; *Kramer*, Methodenlehre, S. 85 f.; *Wank*, Auslegung, S. 57 f.; *Bork*, AT, Rn. 128; *Wolf/Neuner*, AT, § 4 Rn. 36 f.; *Hefermehl*,

„Willenserklärungen" stehen. Ebenso augenfällig ist der exakte Standort der Umdeutung, welcher sich im unmittelbaren Anschluss an die Teilnichtigkeit befindet. Darüber hinaus steht die Konversionsnorm zwischen den beiden zentralen Auslegungsvorschriften § 133 BGB und § 157 BGB. Daher liegt die Interpretation der Umdeutung als Auslegung jedenfalls systematisch nicht allzu fern, zumal auch die Teilnichtigkeit nach der vorherrschenden Auffassung eine Auslegungsregel ist.[70]

Dieser Schluss ist indes keineswegs zwingend. Insbesondere ist im gleichen Abschnitt des Gesetzes auch die Bestätigung nach § 141 BGB geregelt, welche unstreitig ein eigenes Institut darstellt[71] und ferner von § 140 BGB zu trennen ist.[72] Zudem ist in diesem Bereich mit § 138 BGB etwa die Sittenwidrigkeit normiert, welche ebenfalls keinen direkten Bezug zur Teilnichtigkeit oder Auslegung aufweist.[73] Darüber hinaus wurde die Umdeutung mit einer eigenen Norm systematisch von den Auslegungsnormen getrennt. Wenn es sich bei ihr um Auslegung handeln soll, hätte der Inhalt von § 140 BGB ohne weiteres im Rahmen der §§ 133, 157 BGB – beispielsweise als eigener Absatz – geregelt werden können. Obgleich sich der amtlichen Überschrift von § 140 BGB mit „Deutung" durchaus ein Auslegungsindiz entnehmen lässt,[74] unterscheidet sie sich klar von den Überschriften der §§ 133, 157 BGB, wobei eine Angleichung etwa mit „Auslegung von nichtigen Rechtsgeschäften" bedenkenlos möglich gewesen wäre.[75]

b) *Erbrecht*

Im Übrigen legt das Erbrecht eine Trennung nahe. Sowohl die Auslegung als auch die Teilnichtigkeit haben in diesem Bereich des Zivilrechts jeweils Besonderheiten

---

in: Soergel-BGB, Anh § 133 Rn. 6; *Schäfers*, JuS 2015, 875, 877 f. Ausf. auch *Bydlinski*, Methodenlehre, S. 442 ff.

70 Vgl. die Nachweise in Fn. 35.

71 Grundlegend zur Bestätigung: *Graba*, Bestätigung, passim; *M. Müller*, Bestätigung, passim.

72 Grundlegend *Rutenbeck*, Gegensatz, passim; ferner *Busche*, in: MüKo-BGB, § 141 Rn. 9; *H. Roth*, in: Staudinger-BGB (2015), § 141 Rn. 7. S. auch *Wolf/Neuner*, AT, § 58 Rn. 2 ff.; *Bork*, AT, Rn. 1237 f.

73 Vielmehr geht auch hier die Auslegung vor, vgl. BayObLG, NJW-RR 1992, 15, 16; *Arnold*, in: Erman-BGB, § 138 Rn. 2; *Ellenberger*, in: Palandt, § 138 Rn. 14; *Wendtland*, in: BeckOK-BGB, § 138 Rn. 7. S. ferner *Bork*, AT, Rn. 1183.

74 *V. Brasch*, Konversion, S. 23.

75 S. zu dem Umstand, dass die amtliche Überschrift erst im Rahmen der systematischen, nicht der grammatischen Auslegung Bedeutung findet *Wank*, Auslegung, S. 57.

erfahren, mit denen der Erblasserwille geschützt werden soll.[76] So wird für die Auslegung durch § 2084 BGB neben die erläuternde und ergänzende noch die sogenannte „wohlwollende Auslegung (favor testamenti/benigna interpretatio)" gestellt. Für die Teilnichtigkeit wird mit § 2085 BGB ein zu § 139 BGB konträres Regel-Ausnahme-Verhältnis begründet. Ein erbrechtliches Korrelat zur Umdeutung, nach welchem das Ersatzgeschäft im Zweifel „gewollt sein würde", findet sich indes nicht. Zwar drängt sich womöglich die Frage auf, ob das vermeintliche Institut der Umdeutung daher entweder von §§ 139, 2085 BGB oder von §§ 133, 157, 2084 BGB mitumfasst werden muss und in der Folge kaum eigenständig sein kann. Gleichwohl ist dies zwingend zu verneinen. Anderenfalls würde ein maßgeblicher Aspekt verkannt: Aufgabe der systematischen Auslegung ist es nämlich auch, „harmonisierende Interpretationen" zu schaffen, also Wertungswidersprüche zu vermeiden.[77] Widerspruchslos besteht die Systematik zwischen den §§ 2084, 2085 BGB einerseits und § 140 BGB andererseits aber nur bei einer Trennung der Umdeutung von Teilnichtigkeit und Auslegung. Im Rahmen der insoweit abweichenden Auffassungen wäre es äußerst bemerkenswert, dass entweder bezüglich der Teilnichtigkeit oder bezüglich der Auslegung nur für diejenigen Fallgestaltungen, welche § 140 BGB unterfallen sollen, keine für den Erblasserwillen opportune Norm geschaffen wurde. Eine Kontradiktion würde sich hier geradezu aufdrängen: Bei einer Gleichsetzung der §§ 139, 140 BGB wäre der Erblasser nur in den Fällen der quantitativen Teilnichtigkeit aufgrund § 2085 BGB besser geschützt, während es im Rahmen der qualitativen Teilnichtigkeit bei §§ 139, 140 BGB bliebe. Nach der Interpretation als Auslegung verbliebe die besondere Berücksichtigung des Erblasserwillens wegen § 2084 BGB nur bei einer typenwahrenden Auslegung,[78] während bei der Aufrechterhaltung eines Geschäfts anderen Typs „nur" nach § 140 BGB auslegt wird. Umgehen ließe sich die daraus resultierende Kontradiktion nur dann, wenn § 140 BGB im Erbrecht unanwendbar und eine Umdeutung daher allein über die §§ 2084, 2085 BGB zu vollziehen wäre. Das geht indes weder aus dem

76 Zu § 2084 BGB: BGH, LM Nr. 3 zu § 2084 BGB; ZEV 1997, 376; *Fleindl*, in: NK-BGB, § 2084 Rn. 1, 7; *Hoeren*, in: HK-BGB, § 2084 Rn. 2; *Leipold*, in: MüKo-BGB, § 2084 Rn. 53; *Loritz*, in: Soergel-BGB, § 2084 Rn. 1 f.; *Stürner*, in: Jauernig BGB, § 2084 Rn. 2. Zu § 2085 BGB: BayObLG, NJW-RR 1989, 326, 327; *Czubayko*, in: Burandt/Rojahn, § 2085 Rn. 1; *Leipold*, in: MüKo-BGB, § 2085 Rn. 1; *Litzenburger*, in: BeckOK-BGB, § 2085 Rn. 1; *M. Schmidt*, in: Erman-BGB, § 2085 Rn. 1; *Seiler-Schopp/Rudolf*, in: Damrau/Tanck, § 2085 Rn. 1.

77 Ausdrücklich *Rüthers/C. Fischer/Birk*, Rechtstheorie, Rn. 744 a.E. S. ferner *Kramer*, Methodenlehre, S. 86; *Larenz*, Methodenlehre, S. 325; *Zippelius*, Methodenlehre, S. 43.

78 Vgl. dazu o. § 2 B. III. m. Fn. 40.

Wortlaut noch der Systematik der Vorschriften hervor und bereitete apriorisch Probleme. Vor allem § 2085 BGB, der von „einer Verfügung" spricht und mithin nur eine quantitative Teilnichtigkeit regelt, kann kaum dahingehend verstanden werden, zumal angesichts des klaren Wortlauts auch eine Analogie ausgeschlossen sein muss.[79]

c) Zusammenfassende Würdigung zur systematischen Auslegung

Insgesamt überzeugt es daher in vielem, dass die Umdeutung auch systematisch ein eigenständiges Institut darstellt.

3. Historische Auslegung

Auf die systematische Auslegung des Gesetzes folgt sodann dessen historische Betrachtung, welche wenigstens[80] insofern relevant wird, „als sie die Richtigkeit einer nach den angegebenen Grundsätzen ermittelten Auslegung bestätigt oder Zweifel behebt, die auf dem angegebenen Weg allein nicht ausgeräumt werden können".[81]

a) Historischer Ausgangspunkt

Zu Zeiten des Römischen Rechts gab es die Konversion im heutigen Sinne nicht,[82] wenngleich einige Fälle durchaus Parallelen aufzuzeigen scheinen.[83] So sprach auch *Ulpian* bereits von „conversum",[84] dabei ging es jedoch um die

---

79 Umstritten ist sogar die entsprechende Anwendung auf die sog. quantitative Teilbarkeit einzelner Verfügungen, bei der eben nur ein Teil der Verfügung des ansonsten wirksamen Testaments respektive Erbvertrags nichtig ist, vgl. hierzu OLG Stuttgart, ZEV 2003, 79, 81; *Leipold*, in: MüKo-BGB, § 2085 Rn. 11; *Stürner*, in: Jauernig-BGB, § 2085 Rn. 3; *Weidlich*, in: Palandt, § 2085 Rn. 5; *Brox/Walker*, Erbrecht, Rn. 264; offengelassen von BGH, NJW 1959, 2113, 2114; 1962, 912 f.

80 Je nach dem, ob man einer objektiven oder subjektiven Sicht folgt, vgl. dazu die Nachweise in Fn. 55 sowie *Bydlinski*, Methodenlehre, S. 430 ff.; *Rüthers/C. Fischer/Birk*, Rechtstheorie, Rn. 792 ff.; *Wank*, Auslegung, S. 67; *Bork*, AT, Rn. 132.

81 BVerfGE 1, 299, 312. Vgl. auch BVerfGE 11, 126, 130; *Bork*, AT, Rn. 132; *Hefermehl*, in: Soergel-BGB, Anh § 133 Rn. 8.

82 *Krampe*, Die Konversion, S. 57: „behauptet niemand". Vgl. auch *Reinholz*, Die Konversion, S. 79 f.; *Wieacker*, FS H. Lange, 1017, 1019.

83 *Dorn*, in: HKK-BGB, §§ 139–141 Rn. 24. Vgl. auch *Kaser/Knütel*, Römisches Privatrecht, § 9 Rn. 6, § 76 Rn. 9. Ausf. zur Konversion im Römischen Recht *Reinholz*, Die Konversion, passim.

84 *Ulpian*, D. 29, 1, 19. Übersetzung bei *Schermaier*, in: Knütel/Kupisch/Rüfner/Seiler, CIC.

Geltung des Ersatzgeschäfts aufgrund einer privatautonomen Anordnung.[85] Maßgeblicher Ausgangspunkt für die Umdeutung ist daher erst die 1747 fertiggestellte Dissertation *Harpprechts*,[86] durch welche sie entscheidend entwickelt wurde.[87] *Harpprecht* interpretierte die Umdeutung dabei als „Akt, durch welchen aus mehreren Weisen, in denen ein Geschäft hätte abgeschlossen werden können, anstelle der einen, welche keinen Bestand haben kann, eine andere mögliche gesetzt und so der angestrebte Zweck wenigstens der Art nach beibehalten wird".[88] Durchaus bemerkenswert ist, dass der Anwendungsbereich der Konversion schon nach seiner Auffassung erst im Anschluss an eine Interpretation (Auslegung) eröffnet sei.[89]

b) Erste Kommission zum BGB

Für Interpretationen des heutigen[90] § 140 BGB ist zunächst Art. 82 aus dem „Entwurf eines Bürgerlichen Gesetzbuches für das Königreich Bayern" (1861–1864), durch welchen die Konversion explizit geregelt wurde,[91] von erheblicher Bedeutung. Dem liegt der Umstand zugrunde, dass die Beratungsgrundlage der ersten Kommission zum BGB ein Normentwurf war, der sich an Art. 82 des Bayeri-

---

85 *O. Fischer*, FS Wach I, 179, 205; vgl. auch *Krampe*, Die Konversion, S. 92 ff.

86 *Harpprecht*, conversionem, passim.

87 Vgl. *Dorn*, in: HKK-BGB, §§ 139–141 Rn. 258; *Krampe*, Die Konversion, S. 28 ff. Vgl. auch *Flume*, AT II, S. 590 m. Fn. 59.

88 *Harpprecht*, conversionem, S. 8 f. (§ 23). Übersetzung nach *Krampe*, Die Konversion, S. 30.

89 *Harpprecht*, conversionem, S. 47 f. (§§ 132, 134); vgl. auch *Dorn*, in: HKK-BGB, §§ 139–141 Rn. 25; *Krampe*, Die Konversion, S. 34. Aus diesem Grund berufen sich *O. Fischer* (FS Wach I, 179, 201, 221) und *Siller* (AcP 138 (1934), 144, 149) für ihre Darstellungen eben auch auf *Harpprecht*. *Krampe* (Die Konversion, S. 34) zweifelt daran, ob die von *Harpprecht* beschriebenen Fälle realiter nicht doch Auslegungsfälle waren.

90 Vgl. für einen ausf. Überblick zur Konversion vor den beiden Kommissionen zum BGB *Krampe*, Die Konversion, S. 28 ff.; *Dorn*, in: HKK-BGB, §§ 139–141 Rn. 24 ff.

91 Dies galt gleichermaßen für Art. 141 des „Dresdener Entwurfes eines allgemeinen deutschen Gesetzes über Schuldverhältnisse von 1866". Allerdings konnte auch diese Norm allein als Auslegungsvorschrift verstanden werden, vgl. *Schubert*, Protocolle zum Obligationenrecht, S. 385. S. ferner *Dorn*, in: HKK-BGB, §§ 139–141 Rn. 27; *Krampe*, Die Konversion, S. 130. Demgegenüber beinhaltete das 1865 in Kraft getretene „Bürgerliche Gesetzbuch für das Königreich Sachsen" bloß eine Norm zur Teilnichtigkeit. Dieser lag allerdings in gewissem Rahmen die Konversionsidee zugrunde, vgl. *Siebenhaar*, in: Siebenhaar/Siegmann, S. 129 f.; dazu auch *Dorn*, in: HKK-BGB, §§ 139–141 Rn. 27 m. Fn. 121; *Krampe*, Die Konversion, S. 124.

schen Entwurfes anlehnte und diesem in vielem entsprach.[92] Insofern ist es kaum verwunderlich, dass auch der von der ersten Kommission entwickelte § 111 BGB-E mit Art. 82 des Bayerischen Entwurfes weitestgehend übereinstimmte. Letzterer lautete:

> Hat das ursprünglich von den Parteien beabsichtigte, aber als solches nichtige Rechtsgeschäft alle Erfordernisse eines anderen Geschäftes, so ist es als das letztere aufrecht zu erhalten, wenn dies dem Willen der Parteien gemäß ist (Conversion).

Der von der ersten Kommission entwickelte § 111 BGB-E lautete im Vergleich:[93]

> Entspricht das beabsichtigte, aber als solches nichtige Rechtsgeschäft allen Erfordernissen eines anderen Rechtsgeschäftes, so ist es als das letztere aufrecht zu erhalten, wenn dies dem aus der Vornahme des nichtigen Rechtsgeschäftes sich ergebenden Willen gemäß ist.

Beide Vorschriften konnten letztlich nur als Auslegungsnormen verstanden werden,[94] womit die Normen im Einklang mit der vorherrschenden Auffassung zu Zeiten der Pandektistik standen.[95] Das ergibt sich in jedem Fall für den Bayerischen Entwurf und wegen ihrer Vergleichbarkeit daher auch für § 111 BGB-E: Nach den zu ersterem angefertigten Motiven war Art. 82 insbesondere von der Teilnichtigkeit zu trennen[96].[97] Überdies zeigte Art. 75 Abs. 2 des Entwurfes, dass die – auch in Art. 82 explizit genannte – Aufrechterhaltung allgemein der Auslegung zuzuordnen sei. Die Aufgabe der letzteren war es danach nämlich, „den Worten diejenige Bedeutung beizulegen, bei welcher das Geschäft rechtlich bestehen und einen Erfolg haben kann".[98]

---

92 Vgl. *Dorn*, in: HKK-BGB, §§ 139–141 Rn. 28; *Krampe,* Die Konversion, S. 130.

93 Vgl. *Jakobs/Schubert*, Die Beratung 1, S. 764.

94 Dazu ausf. *Krampe*, Die Konversion, S. 126 f.

95 S. *Hofacker*, Principia I, S. 175 m. Fn. a), der sich auf die Lehren *Harpprechts* beruft. Vgl. ferner *Dernburg*, Pandekten I, S. 289 m. Fn. 5, 6, sowie aus neuerer Zeit *H-J. Finger*, Die Umgestaltung, S. 9. Prägnant *Windscheid*, Pandekten I, § 82 5. m. Fn. 15: Rechtsgeschäft „als das, was es ist" charaktersieren. Im Sinne *Harpprechts* (Trennung von Auslegung und Umdeutung) damals nur *Regelsberger*, Pandekten I, S. 683 m. Fn. 7.

96 Motive zum Bayerischen Entwurf, S. 36 f.

97 Damit wurde im Übrigen einem nicht unerheblichen Teil der Pandektisten widersprochen, die die Konversion durchaus als Teilnichtigkeit verstanden. Vgl. dazu insb. *Thibaut*, Pandekten I, S. 64; *Puchta*, Pandekten, S. 105 f.; klar ablehnend hingegen *Römer*, AcP 36 (1853), 66, 67.

98 Nach den Motiven zum Bayerischen Entwurf (S. 34) waren Rechtsgeschäfte im Übrigen konservativ zu interpretieren, also auszulegen.

c) Zweite Kommission zum BGB

Der Entwurf der ersten Kommission scheint folglich durchaus dafür zu sprechen, dass § 140 BGB aus historischer Sicht als Auslegungsvorschrift zu verstehen ist.[99] Das gilt umso mehr, als in der zweiten Kommission ausdrücklich erklärt wurde, eine teleologische Abgrenzung zu § 111 BGB-E nicht vorzunehmen.[100] Gleichwohl erhielt die Fassung der ersten Kommission unter anderem deshalb deutliche Kritik, da die Norm vielfach als redundant eingestuft wurde.[101] Wohl auch deswegen[102] kam es durch die zweite Kommission wenigstens zu einer terminologischen Änderung i.S. des heutigen § 140 BGB, womit dieser fast unverändert seit in Kraft treten des BGB am 01.01.1900 Geltung hat.

Trotzdem gibt es gleichermaßen ein Indiz für die Eigenständigkeit der Konversion. Die zweite Kommission erklärte darüber hinaus, dass es für die Umdeutung nicht von Relevanz sei, ob sich der *rechtsgeschäftliche* Wille der Parteien auf das enthaltene Ersatzgeschäft beziehe, sondern hielt vielmehr den am ökonomischen Erfolg ausgerichteten Willen für entscheidend.[103] Da sich aber die Auslegung gerade mit dem rechtsgeschäftlichen Willen befasst,[104] lässt sich mit Recht ein Anhaltspunkt für den methodischen Vorrang der Auslegung erkennen.[105] Genährt wird die historische Interpretation einer Eigenständigkeit von § 140 BGB durch einen weiteren Aspekt: Trotz des mehrfachen Vorschlags wurde die geplante Konversionsnorm nicht durch die zweite Kommission gestrichen, sondern beibehalten, „weil sonst Mißverständnisse über die Zulässigkeit

---

99 A.A. wohl *Oepen*, Dogmatik, S. 25: „[…] zumal darauf verwiesen werden kann, daß § 140 BGB im Zuge der Entstehungsgeschichte des BGB seine heutige Fassung gerade in Angleichung an die damals aktuelle Entwurfs-Fassung des § 139 BGB erhalten hat".

100 Protokolle I, S. 127 = *Mugdan* I, S. 727: „Die Kom. genehmigte den Antrag 2, der vom Entw. sachlich sich nicht unterscheidet […]".

101 *Zitelmann*, Die Rechtsgeschäfte, S. 73; *Goldschmidt*, Kritische Erörterungen, S. 65: „Das, was er statuieren soll, statuiert er nicht und das, was er statuiert, ist selbstverständlich".

102 So *Krampe*, Die Konversion, S. 135; *Wieacker*, FS H. Lange, 1017, 1021.

103 Vgl. Protokolle I, S. 127 = *Mugdan* I, S. 727.

104 Vgl. nur *Busche*, in: MüKo-BGB, § 133 Rn. 11 ff.; *Ellenberger*, in: Palandt, § 133 Rn. 1; *Hefermehl*, in: Soergel-BGB, § 133 Rn. 1; *Singer*, in: Staudinger-BGB (2012), § 133 Rn. 2; *Bork*, AT, Rn. 502; *Medicus*, AT, Rn. 319 ff.; *Wolf/Neuner*, AT, § 35 Rn. 2 ff.

105 Zutreffend *O. Fischer*, FS Wach I, 179, 240; vgl. auch *Manigk*, ARSP 8 (1914/1915), 529, 531; *Busche*, in: MüKo-BGB, § 140 Rn. 21 m. Fn. 88; *Siller*, AcP 138 (1934), 144, 171. Dass eine solche Deutung möglich ist, erkennt auch *Krampe*, Die Konversion, S. 137 a.E.; vgl. dort aber auch S. 138.

der Konversion nicht ausgeschlossen seien".[106] Wenn jedoch Umdeutung „nur" Auslegung sein sollte, dann hätte es keiner eigenen Norm gebraucht, sondern gegebenenfalls einer diesbezüglichen Klarstellung im Rahmen der ohnehin geplanten Auslegungsvorschriften.

d) Zusammenfassende Würdigung zur historischen Auslegung

Die Interpretation von § 140 BGB als Teilnichtigkeitsvorschrift findet historisch betrachtet jedenfalls unter Berücksichtigung der Kommissionen zum BGB keine Berechtigung.[107] Anders verhält es sich indes mit dem Verständnis als Auslegungsvorschrift. Vor allem konnte der für die erste Kommission maßgebliche Art. 82 des Bayerischen Entwurfes nur als eine solche Norm verstanden werden. Wegen der Nähe zu diesem Entwurf gilt selbiges für den von dieser Kommission formulierten § 111 BGB-E.

Trotz der Absicht, diesen Entwurf teleologisch unberührt zu lassen, kann den Beratungen der zweiten Kommission aber fraglos ein Argument für die Eigenständigkeit der Konversion entnommen werden. Es kann sich bei § 140 BGB nicht mehr um eine Auslegungsfrage handeln, wenn der rechtsgeschäftliche Wille der Parteien für die Anwendung dieser Norm ohne jede Relevanz ist. Schlussendlich spricht die historische Auslegung von § 140 BGB daher weder allein für eine Auslegungsnorm, noch allein für ein eigenständiges Institut, sondern gleichermaßen für beide Interpretationen.

4. Teleologische Auslegung

a) Allgemeines Zivilrecht

Welche teleologischen Gesichtspunkte der Umdeutung im Genauen zugrunde liegen, erklärte das RG 1930 in aller Klarheit:

> Bei der gesetzlichen Regelung der Konversion war *„der Gedanke maßgebend* [...], *einerseits die Nichtigkeitsvorschriften zu achten, andererseits aber den rechtsunkundigen Parteien zu helfen, wenn sie sich zur Erreichung eines wirtschaftlichen Zwecks in Unkenntnis des Gesetzes lediglich in dem angewandten Mittel vergriffen und ihren Willem zu einem nichtigen Geschäft kundgegeben haben, obwohl ihre Erklärungen der Sache nach die Erfordernisse eines gültigen Geschäfts erfüllen und sie bei Kenntnis der Rechtslage im Hinblick auf den im wesentlichen gleichen wirtschaftlichen Erfolg das letztere gewählt haben würden"*.[108]

---

106 Protokolle I, S. 127 = *Mugdan* I, S. 727.

107 A.A. wiederum *Oepen*, Dogmatik, S. 25.

108 RGZ 129, 122, 123 f.; vgl. auch *H. Roth*, in: Staudinger-BGB (2015), § 140 Rn. 1; *Boemke/Ulrici*, AT, § 14 Rn. 30.

Dass § 140 BGB der Durchsetzung der Privatautonomie dient und gleichwohl der jeweilige Nichtigkeitsgrund im Einzelfall gewahrt werden muss, ist schon angesichts des Wortlauts der Norm eine Selbstverständlichkeit und gilt daher auch in der Literatur als Axiom.[109] Für eine teleologische Charakterisierung des § 140 BGB kann allein diese Feststellung indes nicht genügen; fraglich ist vielmehr, welcher der Konversionsauffassungen dem Telos am besten und methodisch einwandfrei gerecht wird.

Wenngleich die Interpretationen als Auslegung respektive Teilnichtigkeit auch teleologisch im Ergebnis nicht überzeugen können, ist ihre Existenz prima facie durchaus zu erklären: Durch die Deutung als Teilnichtigkeit,[110] nach welcher das Rechtsgeschäft zumindest „als solches" nichtig ist, wird dem im Einzelfall eingreifenden Nichtigkeitsgrund Rechnung getragen. Durch das Aufrechterhalten eines qualitativen Teils finden die Interessen der Parteien die notwendige Berücksichtigung. Ohnehin werden im Rahmen des § 139 BGB bezüglich der Geltung allein des wirksamen Rechtsgeschäftsteils („vorgenommen sein würde") ebenso hypothetische Willensmomente bemüht, wie bei § 140 BGB bezüglich des Ersatzgeschäfts („gewollt sein würde"): Bei beiden sind die methodischen Grundsätze der ergänzenden Vertragsauslegung (§ 157 BGB) heranzuziehen.[111] Aus denselben Gründen könnte die Umdeutung auch als Unterfall

---

109 Vgl. etwa *Ahrens*, in: PWW-BGB, § 140 Rn. 1; *Arnold*, in: Erman-BGB, § 140 Rn. 1; *Busche*, in: MüKo-BGB, § 140 Rn. 1; *Dörner*, in: HK-BGB, § 140 Rn. 1; *Ellenberger*, in: Palandt, § 140 Rn. 1; *Mansel*, in: Jauernig-BGB, § 140 Rn. 1; *Nassall*, in: jurisPK-BGB, § 140 Rn. 1; *H. Roth*, in: Staudinger-BGB (2015), § 140 Rn. 1; *Wendtland*, in: BeckOK-BGB, § 140 Rn. 1; *Schreiber*, Jura 2007, 25, 27; *Bork*, AT, Rn. 1227; *Medicus*, AT, Rn. 516; *Rüthers/Stadler*, AT, § 27 Rn. 9; *Wolf/Neuner*, AT, § 57 Rn. 1.

110 S. ausf. o. § 2 B. II.

111 Vgl. *Busche*, in: MüKo-BGB, § 140 Rn. 19; *Dorn*, in: HKK-BGB, §§ 139–141 Rn. 34; *H. Roth*, in: Staudinger-BGB (2015), § 140 Rn. 25; ferner *Oepen*, Dogmatik, S. 25; *Bork*, AT, Rn. 1231; *Medicus*, AT, Rn. 516; *Ellenberger*, in: Palandt, § 140 Rn. 8; *Wendtland*, in: BeckOK-BGB, § 140 Rn. 13; *Boecken*, AT, Rn. 479; *Brox/Walker*, AT, Rn. 370; *Leipold*, BGB I, § 21 Rn. 6 f. i.V.m. Rn. 13. Vgl. auch *Lieder/Berneith*, JuS 2015, 1063. Ausf. zur ergänzenden Vertragsauslegung *Cziupka*, JuS 2009, 103 ff.; *Henckel*, AcP 159 (1960/61), 106 ff.; *Lüderitz*, Auslegung, S. 386 ff.

eben dieser ergänzenden Auslegung verstanden werden,[112] obschon § 140 BGB damit gegebenenfalls kein eigener Anwendungsbereich bliebe.[113]

Trotzdem muss die Umdeutung auch teleologisch als eigenständig angesehen werden, schon aus strukturellen Gründen: Während die an § 157 BGB angelehnte ergänzende Auslegung einerseits zur Schließung regelungsinterner Lücken, andererseits zur Anpassung veränderter Umstände dient,[114] setzt die Umdeutung immer einen *rechtlichen* Mangel des Rechtsgeschäfts voraus.[115] Anders formuliert: Der entscheidende Unterschied zwischen beiden Instituten liegt nach zutreffender Auffassung darin, dass die (einfache wie ergänzende) Auslegung nur auf an sich wirksame,[116] die Umdeutung nur auf nichtige respektive unwirksame Geschäfte Anwendung findet.

Abseits davon überzeugt eine teleologische Eigenständigkeit des § 140 BGB wegen der sich aus dem Detail ergebenden Unterschiede: Gegen eine Gleichsetzung mit der Teilnichtigkeit spricht, dass § 139 BGB nur die Auswirkungen eines nichtigen Teils auf das ansonsten wirksame Rechtsgeschäft behandelt.[117]

---

112 Ausdrücklich *Otte*, in: Staudinger-BGB (2013), § 2084 Rn. 1; *Faust*, in: NK-BGB, § 140 Rn. 3 a.E. *Faust* beruft sich (dort m. Fn. 4) allerdings zu Unrecht auf *Medicus* (AT, Rn. 517), da dieser jede Form einer Auslegung der Umdeutung voranstellt. Im Sinne *Fausts* aber auch *Hager*, BB 1989, 693, 694. Vgl. auch *Palm*, in: Erman-BGB (12. Aufl. 2008), § 140 Rn. 6.

113 *Krampe* (Die Konversion, S. 289 f.) wirft der h.M. gerade vor, dass sie die Eigenständigkeit der Umdeutung nur deswegen annehme, damit § 140 BGB neben den §§ 133, 157 BGB noch Bedeutung zukommt.

114 Vgl. *Armbrüster*, in: Erman-BGB, § 157 Rn. 15 ff.; *Busche*, in: MüKo-BGB, § 157 Rn. 38 ff.; *Hefermehl*, in: Soergel-BGB, § 140 Rn. 1; *Leipold*, in: MüKo-BGB, § 2084 Rn. 77 ff.; *H. Roth*, in: Staudinger-BGB (2015), § 140 Rn. 8; *Loritz*, in: Soergel-BGB, § 2084 Rn. 38.

115 Ausdrücklich *Leipold*, in: MüKo-BGB, § 2084 Rn. 121 a.E.

116 AllgM., vgl. OLG Celle, NJW 1959, 1971, 1973; *Armbrüster*, in: Erman-BGB, § 157 Rn. 15; *Beurskens*, in: BeckOGK-BGB, § 140 Rn. 8; *Busche*, in: MüKo-BGB, § 157 Rn. 26; *Looschelders*, in: NK-BGB, § 157 Rn. 5, 17; *Wendtland*, in: BeckOK-BGB, § 157 Rn. 29, 33 f.; *Pieper*, in: RGRK-BGB, § 157 Rn. 98; *Wolf*, in: Soergel-BGB, § 157 Rn. 116; *H. Roth*, in: Staudinger-BGB (2015), § 157 Rn. 6; *Lieder/Berneith*, JuS 2015, 1063; *Zeiss*, NJW 1964, 477, 478. A.A. *Breitling*, Rechtsfolgen, S. 102; wohl auch *Canaris*, FS Steindorff, 519, 540. Damit ist die ergänzende Auslegung auf Nicht-Rechtsgeschäfte a fortiori unanwendbar, vgl. *Busche*, in: MüKo-BGB, § 157 Rn. 26 (Dissens).

117 Im Ergebnis wohl auch BGH, WuM 2006, 445, 447.

Die Umdeutung reduziert sich hingegen auf die Nichtigkeit.[118] Erst wenn man über § 139 BGB zur Gesamtnichtigkeit käme, ließe sich an § 140 BGB denken,[119] weshalb in Fällen teilweiser Nichtigkeit § 139 BGB abschließend vor der Umdeutung zu prüfen ist. Denkbar wäre allenfalls, bezüglich des nichtigen Teils § 140 BGB anzuwenden, was aber eher eine Frage der Umdeutungsvoraussetzungen wäre.[120]

Die Berechtigung einer Abgrenzung zur „allgemeinen" Auslegung folgt unweigerlich bereits aus der ersten in § 140 BGB postulierten Voraussetzung. Konvertiert werden kann erst, wenn ein nichtiges Rechtsgeschäft vorliegt, was zielführend aber nur mit der erläuternden Auslegung hinterfragt werden kann.[121] Zeigt die Auslegung indes, dass zwar objektiv ein nichtiges Geschäft, subjektiv aber ein wirksames vorliegt, ist schon gar kein Raum für § 140 BGB. Exemplarisch kann hier die Figur der „falsa demonstratio non nocet"[122] angeführt werden: Wenngleich die Erklärungen der Beteiligten objektiv widersprüchlich, different zum Gewollten oder sinnlos erscheinen und daher an einen Dissens zu denken ist, kann allein entscheidend sein, ob ein subjektiver Konsens gegeben ist. Es handelt sich dabei eigentlich unstreitig um einen Aspekt der Rechtsgeschäftsauslegung[123] und lässt die Konversion daher unberührt. Ohnehin wird die Frage nach dem für § 140 BGB maßgebenden hypothetischen Willen nicht selten

118 *Lieder/Berneith*, JuS 2015, 1063; *Arnold*, in: Erman-BGB, § 140 Rn. 5; *Faust*, in: NK-BGB, § 140 Rn. 4; *ders.*, AT, § 13 Rn. 1.

119 *Busche*, in: MüKo-BGB, § 140 Rn. 12; *Hefermehl*, in: Soergel-BGB, § 140 Rn. 2; *H. Roth*, in: Staudinger-BGB (2015), § 140 Rn. 14; *Mansel*, in: Jauernig-BGB, § 140 Rn. 2; *Wendtland*, in: BeckOK-BGB, § 140 Rn. 6; a.A. OLG Stuttgart, WuW-E, 3492, 3493; *Palm*, in: Erman-BGB (12. Aufl. 2008), § 140 Rn. 6.

120 Dazu u. § 2 C. III. 1. c).

121 *Ahrens*, in: PWW-BGB, § 140 Rn. 2; *Arnold*, in: Erman-BGB, § 140 Rn. 3; *Hefermehl*, in: Soergel-BGB, § 140 Rn. 1; *Matthiessen/Shea*, AuA 2005, 208, 210; *Medicus*, AT, Rn. 517; *Wolf/Neuner*, AT, § 57 Rn. 4. Vgl. auch o. § 2 B. IV. m. Fn. 52.

122 Vgl. o. § 2 B. III. m. Fn. 42.

123 Vgl. BGH, NJW 2002, 1038, 1039; 2008, 1568, 1659; *Ahrens*, in: PWW-BGB, § 133 Rn. 21; *Arnold*, in: Erman-BGB, § 133 Rn. 18; *Ellenberger*, in: Palandt, § 140 Rn. 4; *Wendtland*, in: BeckOK-BGB, § 133 Rn. 27; *Bork*, AT, Rn. 519; *Köhler*, AT, § 9 Rn. 13; *Schack*, AT, Rn. 207 f.; *Wolf/Neuner*, AT, § 35 Rn. 2, 39 ff.; *O. Fischer*, FS Wach I, 179, 196. S. auch *Busche*, in: MüKo-BGB, § 133 Rn. 14 m.w.N. Nach *Wiechell* (Konversion, S. 11) ist der falsa-demonstratio-Grundsatz mit § 140 BGB „in keinerlei Verbindung [...] zu bringen".

durch eine Betrachtung des wirtschaftlich angestrebten Erfolgs beantwortet.[124] Welches Ziel die Parteien verfolgten, kann aber wiederum nur anhand der Auslegung ermittelt werden.[125] Die Gleichsetzung von Auslegung und Umdeutung führte folglich zu unüberwindbaren Problemen, da eine Frage der Umdeutung letztlich mit der Umdeutung selbst beantwortet werden müsste.

b) Erbrecht, § 2084 BGB

Wegen § 2084 BGB ist es wiederum zu erklären, warum die Umdeutung in Teilen als Auslegung verstanden wird. Vorerst drängt sich der Eindruck eines sich entsprechenden Regelungsgehalts der §§ 140, 2084 BGB auf, wenn es für letzteren heißt: „[...] ist im Zweifel diejenige Auslegung vorzuziehen, bei welcher die Verfügung Erfolg haben kann". Letztlich findet die wohlwollende Auslegung dann Anwendung, wenn eine Verfügung von Todes wegen hinsichtlich Erreichens des Erfolges mehrdeutig ist, aber nur eine Deutung wirksam sein kann.[126] Ähnlich verhält es sich mit der Umdeutung, bei welcher trotz bestehender Nichtigkeit Interpretationsspielraum für Alternativen gesehen wird.[127] Ohnehin scheint eine Vergleichbarkeit der Vorschriften schon aufgrund der amtlichen Überschrift des § 2084 BGB („[...] zugunsten der *Wirksamkeit*") nahezuliegen.

Trotzdem gibt es einen eminenten strukturellen Unterschied zwischen der Umdeutung und der wohlwollenden Auslegung, wie anhand eines klassischen Beispielfalles[128] zu letzterer gezeigt werden soll:

Erblasserin E verfügt formell wirksam u.a. wie folgt: „Mein ganzes Vermögen soll die rechtswissenschaftliche Fakultät der Christian-Albrechts-Universität zu Kiel bekommen".

---

124 BGHZ 19, 269, 274; 125, 355, 363 ff.; BGH, NJW 1980, 2350, 2352; *Busche*, in: MüKo-BGB, § 140 Rn. 21; *Ellenberger*, in: Palandt, § 140 Rn. 8; *Enneccerus/Nipperdey*, AT II, S. 1222. Dies wird eben auch von denjenigen Autoren, welche sich bzgl. der Charakterisierung nicht der h.M. anschließen, nicht bestritten, vgl. etwa *Faust*, in: NK-BGB, § 140 Rn. 31 a.E.

125 Ausdrücklich *Hefermehl*, in: Soergel-BGB, § 140 Rn. 1.

126 Vgl. *Hoeren*, in: HK-BGB, § 2084 Rn. 2; *Litzenburger*, in: BeckOK-BGB, § 2084 Rn. 5, 29 f.; *Stürner*, in: Jauernig-BGB, § 2084 Rn. 6; *Loritz*, in: Soergel-BGB, § 2084 Rn. 55; *Avenarius*, in: PWW-BGB, § 2084 Rn. 17; *M. Schmidt*, in: Erman-BGB, § 2084 Rn. 8; *Weidlich*, in: Palandt, § 2084 Rn. 13; *K.W. Lange*, Erbrecht, § 35 Rn. 7; *Michalski*, Erbrecht, Rn. 345.

127 Vgl. die Formulierung des RG o. in § 2 B. V. 4. a) m. Fn. 108: „[...] lediglich in dem angewandten Mittel vergriffen [...]". S. auch *Olzen*, Erbrecht, Rn. 598.

128 Angelehnt an *Leipold*, Erbrecht, vor Rn. 385.

Die getroffene Verfügung ist unstreitig problembehaftet, weil es der Fakultät als solcher an der für § 1922 Abs. 1 BGB notwendigen Rechts- respektive Erbfähigkeit fehlt.[129] Angesicht der Umstände ist die Verfügung über § 2084 BGB indessen dahingehend auszulegen, dass die rechtsfähige Universität mit der Auflage (§ 1940 BGB) erbt, der Fakultät den Nachlass zukommen zu lassen.[130] Gleichwohl ist nicht zu verkennen, dass dieses Ergebnis nicht über § 2084 BGB erreichbar wäre, wandelte man den Fall wie folgt ab:

> *Erblasserin E verfügt formell wirksam u.a. wie folgt: „Mein ganzes Vermögen soll die rechtswissenschaftliche Fakultät der Christian-Albrechts-Universität zu Kiel bekommen. Niemand anderes soll mein Erbe werden".*

Hier kann ein wirksames Testament nicht mehr über § 2084 BGB erwirkt werden, sondern man stieße an die Grenzen der Norm.[131] Allgemein gilt, dass sich eine Verfügung von Todes wegen dann nicht wohlwollend auslegen lässt, wenn der Wille des Erblassers hinsichtlich des nichtigen Inhalts *feststeht* („Niemand anderes [...]"), mag es objektiv auch Interpretationsspielraum geben.[132] Vielmehr tritt in diesen Fällen die Nichtigkeit der Verfügung ein, weshalb allein die – also auch über § 2084 BGB hinausgehende[133] – Umdeutung i.S.v. § 140 BGB anzuwenden ist.[134] Obschon auch § 140 BGB an der mangelnden Erbfähigkeit der Fakultät nichts zu ändern vermag und daher letztlich dasselbe Ergebnis wie im Ausgangsfall zu erwirken bleibt (Auflage), argumentierte man damit nicht kontradiktorisch: Während die Auslegung (samt der wohlwollenden) schon danach fragt, was die Erblasserin tatsächlich *wollte,* würde über § 140 BGB antithetisch berücksichtigt,

---

129 *Geis/Madeja*, in: Ehlers/Fehling/Pünder, Bes. Verwaltungsrecht III, § 85 Rn. 32; *Lindner*, WissR 2007, 254, 278.

130 S. *Leipold*, Erbrecht, Rn. 387 f. Vgl. auch *Brox/Walker*, Erbrecht, Rn. 205; *v. Lübtow*, Erbrecht I, S. 278.

131 Vgl. auch *Werner*, FS v. Lübtow, 265, 266 f.

132 So explizit *Leipold*, in: MüKo-BGB, § 2084 Rn. 58. Vgl. auch *M. Schmidt*, in: Erman-BGB, § 2084 Rn. 10.

133 Weshalb *Fleindl*, in: NK-BGB, § 2084 Rn. 58; *Leipold*, in: MüKo-BGB, § 2084 Rn. 121; *M. Schmidt*, in: Erman-BGB, § 2084 Rn. 10; *Loritz*, in: Soergel-BGB, § 2084 Rn. 55, 64 die Konversion zwar i.R.v. § 2084 BGB erläutern, aber beides klar trennen.

134 Ausdrücklich *Fleindl*, in: NK-BGB, § 2084 Rn. 52 a.E.; *Hoeren*, in: HK-BGB, § 2084 Rn. 4; *Leipold*, in: MüKo-BGB, § 2084 Rn. 60; *Litzenburger*, in: BeckOK-BGB, § 2084 Rn. 5, 30; *Löhnig*, in: FAK-ErbR, § 2084 BGB Rn. 18; *Seiler-Schopp/Rudolf*, in: Damrau/Tanck, § 2084 Rn. 78; *Stürner*, in: Jauernig-BGB, § 2084 Rn. 8; *Weidlich*, in: Palandt, § 2084 Rn. 15; *Michalski*, Erbrecht, Rn. 345.

ob sie nicht doch „nur" eine Auflage zugunsten der Fakultät *gewollt hätte*, wenn ihr die Rechtslage bewusst gewesen wäre.

Im Ergebnis bleibt zu konstatieren, dass mit der wohlwollenden Auslegung eine Nichtigkeit der Verfügung von Todes wegen verhindert werden kann, im Falle des Nichtgelingens aber allein § 140 BGB maßgeblich ist. Beide Normen sind daher voneinander zu trennen, womit auch einer Minorität in der Literatur[135] entgegenzutreten ist, die § 2084 BGB als Unterfall des § 140 BGB versteht.

c) Zusammenfassende Würdigung zur teleologischen Auslegung

Danach ist auch teleologisch von der Eigenständigkeit der Konversion auszugehen, weil allein dann der janusköpfige Zweck von § 140 BGB hinreichend und widerspruchsfrei verfolgt werden kann. Durch das Hinterfragen der Nichtigkeit allein im Rahmen der Auslegung wird dem Nichtigkeitsgrund ebenso Rechnung getragen, wie mit den etwaigen Grenzen der dann folgenden Umdeutung. In dem man erst im Anschluss überprüft, ob das Ersatzgeschäft „gewollt sein würde", wird den Parteiinteressen die notwendige Relevanz zugesprochen.

VI. Zusammenfassende Würdigung zur Charakterisierung des § 140 BGB

Nach dem Dargestellten kann die Umdeutung nicht als Teilnichtigkeit respektive Auslegung, sondern allein als eigenständiges Institut interpretiert werden. Dafür streiten evident der Wortlaut, die Systematik und vor allem der Telos des § 140 BGB; in gewissen Zügen gilt dies auch für die historische Betrachtung. Zwar soll die oftmals schwer zu ziehende Grenze zwischen Auslegung und Umdeutung nicht geleugnet werden, gleichwohl ist es angesichts des eindeutigen Ergebnisses der durchführten Gesetzesauslegung notwendig, beides zumindest theoretisch voneinander abzugrenzen.[136]

Die Vorzugswürdigkeit einer solchen Trennung zeigt sich dabei insbesondere, aber nicht nur im Rahmen einer bloß akademischen Auseinandersetzung. Unmittelbare praktische Auswirkung zeitigt sie immer dann, wenn die Umdeutung an ihre Grenzen stößt. Sofern man die Umdeutung mit der Auslegung gleichsetzt, liefe man sodann Gefahr, letztere unnötig einzuschränken, wofür eine Anfechtung wegen arglistiger Täuschung (§ 123 Abs. 1 Var. 1 BGB) als Beispiel dient: Ist diese unbegründet, ließe sich allein im Wege einer Auslegung noch

---

135 So *v. Lübtow*, Erbrecht I, S. 278; *Johannsen*, in: RGRK-BGB, § 2084 Rn. 30; *Kipp/Coing*, Erbrecht, S. 147; *Thielmann*, Sittenwidrige Verfügungen, S. 186.

136 So ausdrücklich *Ahrens*, in: PWW-BGB, § 140 Rn. 2.

über eine etwaige Irrtumsanfechtung (etwa § 119 Abs. 2 BGB) nachdenken. Eine Konversion wäre hingegen ausgeschlossen, da die Irrtumsanfechtung wegen § 122 Abs. 1 BGB in ihren Folgen über eine Anfechtung wegen § 123 Abs. 1 Var. 1 BGB hinausgeht, was für § 140 BGB indes als unzulässig angesehen wird.[137] Wer Umdeutung und Auslegung gleichsetzt, liefe daher durchaus Gefahr, letztere anhand der Grenzen ersterer unnötig einzuschränken.[138]

Schlussendlich ist die Umdeutung i.S.v. § 140 BGB daher ein von der Auslegung graduell (nicht alternativ!) abzugrenzendes eigenständiges Institut,[139] weshalb das eingangs erwähnte Judikat des RG auch allein eine Konversionsentscheidung darstellen konnte.[140]

---

137 Ausf. zum Verhältnis von Ausgangs- und Ersatzgeschäft u. § 2 C. III. 2. a), b).

138 So auch *Köhler*, AT, § 15 Rn. 10; *H. Roth, in*: Staudinger-BGB (2015), § 140 Rn. 7 a.E. S. ferner *Beurskens*, in: BeckOGK-BGB, § 140 Rn. 9.

139 I.E. ebenso BGH, NJW 2001, 1217, 1218; BAG, NJW 2006, 2284, 2286; NZA 2008, 815, 818; OLG Bremen, OLGZ 1987, 10, 11; *Ahrens*, in: PWW-BGB, § 140 Rn. 2; *Arnold*, in: Erman-BGB, § 140 Rn. 3; *Beurskens*, in: BeckOGK-BGB, § 140 Rn. 5 ff.; *Busche*, in: MüKo-BGB, § 140 Rn. 1; *Dörner*, in: HK-BGB, § 140 Rn. 2; *Ellenberger*, in: Palandt, § 140 Rn. 4; *P. Finger*, in: AK-BGB, § 2084 Rn. 29 f.; *Fleindl*, in: NK-BGB, § 2084 Rn. 2; *Hefermehl*, in: Soergel-BGB, § 140 Rn. 1; *Leipold*, in: MüKo-BGB, § 2084 Rn. 121; *Mansel*, in: Jauernig-BGB, § 140 Rn. 2; *Nassall*, in: jurisPK-BGB, § 140 Rn. 28; *H. Roth, in*: Staudinger-BGB (2015), § 140 Rn. 7; *M. Schmidt*, in: Erman-BGB, § 2084 Rn. 10; *Seiler-Schopp/Rudolf*, in: Damrau/Tanck, § 2084 Rn. 79; *Sieghörtner*, in: Hausmann/Hohloch, Kap. 9 C. Rn. 272; *Wendtland*, in: BeckOK-BGB, § 140 Rn. 2; *Bichmann*, Umdeutung, S. 27 f.; *Boecken*, AT, Rn. 475; *Bork*, AT, Rn. 1228; *Diederichsen*, AT, Rn. 174; *Ebenroth*, Erbrecht, Rn. 295; *Faust*, AT, § 13 Rn. 1 f.; *H-J. Finger*, Die Umgestaltung, S. 12; *O. Fischer*, FS Wach I, 179, 201; *Grüter*, Schicksal, S. 91 f.; *M. Kahl*, Grenzen, S. 402; *Köhler*, AT, § 15 Rn. 10; *K.W. Lange*, Erbrecht, § 12 Rn. 69; *Lieder/Berneith*, JuS 2015, 1063; *Matthiessen/Shea*, AuA 2005, 208, 210; *Medicus*, AT, Rn. 517; *Muscheler*, Erbrecht I, Rn. 1884; *Reinicke*, Rechtsfolgen, S. 99; *Rüthers/Stadler*, AT, § 27 Rn. 10; *Schlüter/Röthel*, Erbrecht, § 19 Rn. 16; *Schönwetter*, Umdeutung, S. 4; *Siller*, AcP 138 (1934), 144, 149; *v. Brasch*, Konversion, S. 21; *v. Tuhr*, AT II/1, S. 287; *Wertenbruch*, AT, § 21 Rn. 2; *Wiechell*, Konversion, S. 10; *Wolf/Neuner*, AT, § 57 Rn. 4; *Molkenbur/Krasshöfer-Pidde*, RdA 1989, 337, 341.

140 Vgl. RG, JW 1910, 801, 802. Interessant ist im Übrigen, dass das RG selbst allein von der Umdeutung i.S.v. § 140 BGB spricht und keinerlei Bezug zur Auslegung nimmt: „Demnach liegen die Voraussetzungen vor, unter denen nach § 140 BGB im Wege der Umdeutung des Vertragswillens der Beteiligten einem nichtigen Vertrage in der Gestalt eines anderen Vertrages Geltung zu geben ist“.

C. § 140 BGB im Detail

I. Einführung

Bereits die systematische Stellung und der Wortlaut („Rechtsgeschäft") des § 140 BGB verraten, dass die Konversion grundsätzlich auf alle Bereiche dieses Gesetzbuches anwendbar ist,[141] wenngleich die Relevanz der einzelnen Fallgruppen divergiert.[142] Zudem wird § 140 BGB einerseits auf Rechtsgeschäfte in anderen Privatrechtskodifikationen direkt angewendet,[143] andererseits eine Analogie – mitunter auf weitere Rechtsgebiete[144] – diskutiert und in einer Vielzahl auch bejaht.[145]

Keine Anwendung kann die Konversion indes finden, wenn das Gesetz selbst eine spezifische Rechtsfolge für den Fall eines fehlgeschlagenen Rechtsgeschäfts anordnet.[146] Der Gesetzgeber lässt in diesen Fällen gar nicht erst die Frage aufkommen, was „gewollt sein würde", sondern gibt unabdingbar[147] vor, was zu gelten hat. Anders gewendet: Es handelt sich hierbei um lex speciales zu § 140 BGB.

---

141 Vgl. *Busche*, in: MüKo-BGB, § 140 Rn. 7; *Faust*, in: NK-BGB, § 140 Rn. 6; *H. Roth*, in: Staudinger-BGB (2015), § 140 Rn. 9.

142 Vgl. *H. Roth, in*: Staudinger-BGB (2015), § 140 Rn. 35 ff. Zu den relevanten Fallgruppen zählen neben dem Erbrecht vor allem Kündigungsfragen in Arbeits-, Miet- und Pachtrecht, vgl. dazu die Nachweise in Fn. 4.

143 Vgl. OLG Hamburg, NJW 1989, 1865 ff. zum GmbHG; OLG Stuttgart, WuW-E, 3492 ff. zum GWB.

144 Unstreitig über §§ 59 Abs. 1, 62 S. 2 VwVfG. Strittig ist, ob § 140 BGB auch auf Verwaltungsakte Anwendung findet oder ob § 47 VwVfG hier lex speciales ist. Nach BT-Drs. 7/910, S. 66 f. ist der Gesetzgeber von § 140 BGB als Grundidee bei § 47 VwVfG ausgegangen, womit letzterer obsolet sein könnte, vgl. *Redeker*, DVBl 1973, 744, 746. Da § 47 VwVfG aber z.B. mit dem Erfordernis der Rücknehmbarkeit (Abs. 2 S. 2) den § 140 BGB modifiziert, kann dem nicht gefolgt werden. So zutreffend bereits *Busche*, in: MüKo-BGB, § 140 Rn. 11.

145 Vgl. etwa für Prozesshandlungen BGHZ 100, 383, 387 f.; für die vor einem Grundbuchamt abzugebenden Erklärungen BayObLG, FamRZ 1983, 1033, 1034; OLG Bremen, OLGZ 1987, 10, 11; *Westermann*, NJW 1970, 1023 ff.; *Weimar*, WM 1966, 1098 ff. Bei ersteren handelt es sich aber regelmäßig gar nicht um eine Umdeutung, sondern um Auslegung, vgl. auch *Beurskens*, in: BeckOGK-BGB, § 140 Rn. 24.

146 So schon *O. Fischer*, FS Wach I, 179, 196 f. S. ferner *Busche*, in: MüKo-BGB, § 140 Rn. 5; *Faust*, in: NK-BGB, § 140 Rn. 14; *H. Roth*, in: Staudinger-BGB (2015), § 140 Rn. 4 f.; *v. Brasch*, Konversion, S. 21 f.; *Wiechell*, Konversion, S. 13 f.

147 Vgl. zu § 550 BGB BT-Drs. 14/4553, S. 47.

Exemplarisch lässt sich etwa § 550 S. 1 BGB anführen, nach dem ein nicht in Schriftform abgefasster Mietvertrag auf unbestimmte Zeit gilt.[148]

II. Disponibilität

Auszubleiben hat eine Umdeutung auch dann, wenn die Parteien privatautonom die Anwendung dieser abdingbaren[149] Norm verhindern. Das kann etwa durch einen bloßen Ausschluss des § 140 BGB erreicht werden, sodass im Falle der Nichtigkeit keinerlei rechtliche Wirkung aufrechterhalten wird.[150]

1. Konversionsklauseln; Dogmatik der vorherrschenden Auffassung

Praxisrelevanter ist indes der Abschluss sogenannter „Konversionsklauseln" (terminologisch auch „salvatorische Klauseln"[151]). Bei ihnen treffen die Parteien von vornherein eine Absprache, welche rechtsgeschäftlichen Folgen im Falle eines nichtigen Ausgangsgeschäfts eintreten sollen, womit es auf § 140 BGB nicht mehr ankommen kann.[152] Nach der wohl herrschenden Meinung – welche derartige Klauseln einhellig für zulässig erklärt – werden sie in rechtsdogmatischer Hinsicht als (aufschiebend) bedingtes Rechtsgeschäft behandelt, wobei das Ersatzgeschäft unter der Bedingung steht, dass das eigentliche Rechtsgeschäft nichtig ist.[153]

2. Stellungnahme

Richtigerweise sind Konversionsklauseln von der vorherrschenden Auffassung anerkannt, was sich a fortiori ergibt: Wenn bereits von Gesetzes wegen im Falle

148 Ausf. zu § 550 BGB: *Emmerich*, in: Emmerich/Sonnenschein, § 550 passim.

149 So ausdrücklich *Faust*, in: NK-BGB, § 140 Rn. 15. S. auch *H. Roth*, in: Staudinger-BGB (2015), § 140 Rn. 6; *Wendtland*, in: BeckOK-BGB, § 140 Rn. 4.

150 *Ahrens*, in: PWW-BGB, § 140 Rn. 3; *Beurskens*, in: BeckOGK-BGB, § 140 Rn. 16; *Busche*, in: MüKo-BGB, § 140 Rn. 6 a.E.; *Faust*, in: NK-BGB, § 140 Rn. 15; *Lieder/Berneith*, JuS 2015, 1063, 1065.

151 *Ahrens*, in: PWW-BGB, § 140 Rn. 3; *H. Roth*, in: Staudinger-BGB (2015), § 140 Rn. 6; *Wendtland*, in: BeckOK-BGB, § 140 Rn. 4.

152 Anders allenfalls, wenn auch das „bedingte" Geschäft nichtig ist, vgl. *M. Kahl*, Grenzen, S. 265.

153 *Ahrens*, in: PWW-BGB, § 140 Rn. 3; *Busche*, in: MüKo-BGB, § 140 Rn. 6; *Faust*, in: NK-BGB, § 140 Rn. 16; *Hefermehl*, in: Soergel-BGB, § 140 Rn. 9; *H. Roth*, in: Staudinger-BGB (2015), § 140 Rn. 6; *Wendtland*, in: BeckOK-BGB, § 140 Rn. 4. In eine solche Richtung bereits *O. Fischer*, FS Wach I, 179, 195 f. S. allgemein auch *Leipold*, BGB I, § 21 Rn. 13 a.E.

der Nichtigkeit zur Wahrung der Privatautonomie ein anderes Rechtsgeschäft gelten kann (§ 140 BGB), muss es erst recht den Parteien offenstehen, ein ganz bestimmtes Übereinkommen für diese Fälle gelten zu lassen.

Unzutreffend ist aber das insofern gegebene dogmatische Verständnis, was – soweit ersichtlich – bisher kaum auf Kritik gestoßen ist.[154] Genau genommen handelt es sich bei Konversionsklauseln nicht um Bedingungen i.e.S., sondern um eine Unterstellung (auch uneigentliche Bedingung, Voraussetzung oder Gegenwartsbedingung genannt[155]) im Hinblick auf das Ersatzgeschäft.[156] Bedingungen i.S.v. § 158 BGB zeichnen sich speziell dadurch aus, dass die Wirkung eines Rechtsgeschäfts subjektiv *und* objektiv von ungewissen Ereignissen abhängig gemacht wird.[157] Allerdings fehlt bei Konversionsklauseln die objektiv ungewisse Komponente immer dann, wenn es um eine anfängliche[158] Nichtigkeit geht, da diese bereits feststeht. Dass es unter Umständen einer – jederzeit möglichen – Feststellung derselben bedarf, betrifft allein die subjektive Komponente.[159]

---

154 Vgl. aber *Beyer*, Salvatorische Klauseln, S. 59; *Lieder/Berneith*, JuS 2015, 1063, 1065. S. auch *Flume*, AT II, S. 595, der von Bedingung „in weiterem Sinne" spricht.

155 Grundlegend dazu *Henle*, Unterstellung, passim. Vgl. ferner *H.P. Westermann*, in: MüKo-BGB, § 158 Rn. 52; *Medicus*, AT, Rn. 829.

156 Vgl. allgemein zu bloß subjektiv ungewissen Momenten *Brox/Walker*, AT, Rn. 481; *H.P. Westermann*, in: MüKo-BGB, § 158 Rn. 52; *Oertmann*, BGB, Vorbemerkung §§ 158 ff. Anm. 2 c); *Wackerbarth*, in: NK-BGB, § 158 Rn. 23; *Beyer*, Salvatorische Klauseln, S. 59.

157 BayObLG, NJW 1967, 729. Zwar ist der Begriff „Bedingung" i.S.v. § 158 BGB nicht legaldefiniert. Über die vom BayObLG angeführte Definition herrscht indes Konsens, vgl. schon *Oertmann*, BGB, Vorbemerkung §§ 158 ff. Anm. 2; ferner *Ellenberger*, in: Palandt, Einf v § 158 Rn. 1; *Mansel*, in: Jauernig-BGB, § 158 Rn. 1; *Bork*, AT, Rn. 1252, 1255; *Medicus*, AT, Rn. 824, 827; *Leipold*, BGB I, § 29 Rn. 1; *Wolf/Neuner*, AT, § 52 Rn. 1; *Flume*, AT II, S. 678.

158 Anders mag es im Falle der Anfechtung sein. Freilich handelte es sich dann ohnehin um eine Potestativbedingung.

159 Indes handelt es sich nach wohl h.M. nicht um eine Rechtsbedingung i.e.S. (a.A. wohl *Beurskens*, in: BeckOGK-BGB, § 140 Rn. 15) Eine solche wiederholt nur rechtliche Voraussetzungen und hat im Ergebnis keine eigenen Konsequenzen für die Wirksamkeit des Rechtsgeschäfts, vgl. *Armbrüster*, in: Erman-BGB, Vorbemerkung § 158 Rn. 5; *Bork*, in: Staudinger-BGB (2015), Vor. § 158 ff. Rn. 24; *H.P. Westermann*, in: MüKo-BGB, § 158 Rn. 54; *Leipold*, BGB I, § 29 Rn. 4. Deshalb sind hier die §§ 158 ff. BGB nicht einmal analog anwendbar, vgl. bereits RGZ 144, 71, 73. Allerdings hat der BGH (NJW 1989, 899) die „Bedingung", dass eine Zession nur dann erfolgen soll, wenn die Forderung nicht schon anderweitig zediert ist, als eine eben solche Rechtsbedingung betitelt, weshalb es danach wohl vertretbar wäre, auch für

Für Konversionsklauseln bleibt bezüglich § 158 BGB daher allenfalls die Frage nach einer entsprechenden Anwendung. Diese ließe sich wenigstens damit bejahen, dass der Begriff der Bedingung nicht legaldefiniert ist. Ferner ist eine dem § 158 BGB entsprechende Vorschrift für bloß subjektiv ungewisse Momente gerade aufgrund der insofern als ausreichend verstandenen Normen zur Bedingung i.e.S. nicht Gesetz geworden.[160] Allerdings besteht für die analoge Anwendung von § 158 BGB keinesfalls eine Notwendigkeit. Vielmehr können Konversionsklauseln über die „allgemeinen Überlegungen der Rechtslogik"[161] – also mit der direkten Anwendung des BGB – gehandhabt werden. Danach wirkt das Ersatzgeschäft aufgrund der objektiv gegebenen anfänglichen Nichtigkeit von Anfang in vollem Umfang, oder eben nicht.[162] Das gebietet auch ohne entsprechende Anwendung des § 158 BGB die Privatautonomie; dieselbe würde es nämlich auch etwa zulassen, Bedingungen i.e.S. zu vereinbaren, wenn § 158 BGB gar nicht kodifiziert wäre. Für Unterstellungen kann folglich nichts anderes gelten.

Selbst wenn man davon ausginge, dass ohne Analogie zu § 158 BGB beide Rechtsgeschäfte wirksam wären, ergäben sich wegen § 242 BGB keine Probleme. Insoweit verhinderte bei wirksamem Ausgangsgeschäft eine dieser Norm zu entnehmende Einrede die Durchsetzung des Ersatzgeschäfts, da dieses eben nur für den Fall der Nichtigkeit gelten sollte (venire contra factum propium[163]). Sofern sich die Parteien also jeweils auf das eine oder andere Geschäft berufen, wäre die Einrede jedenfalls konkludent erhoben. Damit spielte es auch keine entscheidende Rolle, dass Einreden nicht von Amts wegen zu beachten sind.[164]

III. Konversionsvoraussetzungen

Die in § 140 BGB normierten Voraussetzungen in Form des nichtigen Ausgangs-, eines wirksamen Sekundärgeschäfts und des Parteiwillens sind bereits beim

---

die Konversionsklauseln diesen Terminus anzuwenden. Dies ändert jedoch nichts daran, dass es sich dem Grunde nach nicht um eine Rechtsbedingung handelt und ein einfacher Verweis auf § 158 BGB jedenfalls ungenau ist.

160 Protokolle I, S. 185 = *Mugdan* I, S. 764; vgl. *H.P. Westermann*, in: MüKo-BGB, § 158 Rn. 6, 52.

161 *H.P. Westermann*, in: MüKo-BGB, § 158 Rn. 52. Gegen eine Analogie auch *Beyer*, Salvatorische Klauseln, S. 59. Vgl. bereits *Henle*, Unterstellung, S. 66.

162 So ebenfalls *Beyer*, Salvatorische Klauseln, S. 59. Vgl. auch *H.P. Westermann*, in: MüKo-BGB, § 158 Rn. 52.

163 Dazu ausf. *Singer*, Verbot, S. 49 ff.

164 Vgl. zum Erfordernis der Geltendmachung im Prozess allgemein *Gröschler*, AcP 201 (2001), 48, 68 ff.; *H. Roth*, Einrede, S. 1 ff., 279 ff.

erstmaligen Lesen erkennbar. Ohne weitergehende Erläuterungen hinsichtlich ihrer Einzelheiten und Kohärenzen wirkt die Norm gleichwohl defizient.

1. Nichtiges Rechtsgeschäft

Generell nicht anwendbar ist § 140 BGB auf „Nicht-Rechtsgeschäfte",[165] welche etwa in Folge eines Dissenses entstehen.[166] Vielmehr muss das zur Umdeutung führende Rechtsgeschäft nichtig sein, also an den einschneidensten Folgen fehlerhafter Rechtsgeschäfte leiden.[167] Insofern löst dieses Geschäft bereits von Gesetzes wegen ebenso anfänglich wie absolut die bezweckten Rechtsfolgen nicht aus.[168] Die Ursache der Nichtigkeit ist für § 140 BGB prinzipiell ohne Belang,[169] sodass grundsätzlich inhaltlich wie formell nichtige Rechtsgeschäfte konvertibel sind.[170]

a) Endgültige Nichtigkeit

Nicht selten wird der „Nichtigkeit" auch eine stete „Endgültigkeit" zugesprochen.[171] Dies ist aber deshalb ungenau, weil das BGB etwa mit dem Vollzug gem. § 311b Abs. 1 S. 2 BGB gleichsam eine „vorläufige Nichtigkeit" vorsieht. Zu beachten ist, dass diese Möglichkeiten dem Parteiwillen eher entsprechen[172] und einer Konversion nach § 140 BGB daher vorangehen müssen.[173] Letztere

---

165 S. dazu auch u. § 2 C. III. 1. d) bb).

166 Ausdrücklich RGZ 93, 297, 300; *Lieder/Berneith*, JuS 2015, 1063, 1064; ebenso *Armbrüster*, in: Erman-BGB, § 154 Rn. 1; *Ellenberger*, in: Palandt, § 154 Rn. 1; *Mansel*, in: Jauernig-BGB, § 154 Rn. 2; *Bork*, AT, Rn. 771; *Köhler*, AT, § 8 Rn. 38, 41; *Wolf/Neuner*, AT, § 38 Rn. 3. S. auch BGH, LM Nr. 1 zu § 154 BGB.

167 *Bork*, AT, Rn. 1207; *Flume*, AT II, S. 547 f.; *Medicus*, AT, Rn. 487; *Wolf/Neuner*, AT, § 55 Rn. 3.

168 *Bork*, AT, Rn. 1207; *Medicus*, AT, Rn. 487; *Wolf/Neuner*, AT, § 55 Rn. 1 ff.

169 *Ahrens*, in: PWW-BGB, § 140 Rn. 6; *Busche*, in: MüKo-BGB, § 140 Rn. 12 ff.; *Dörner*, in: HK-BGB, § 140 Rn. 4; *Faust*, in: NK-BGB, § 140 Rn. 10.

170 Wegen § 311a BGB gilt dies aber nicht mehr für Geschäfte, die auf eine unmögliche Rechtsfolge gerichtet sind. Zutreffend *Arnold*, in: Erman-BGB, § 140 Rn. 9; *Beurskens*, in: BeckOGK-BGB, § 140 Rn. 32; *Lieder/Berneith*, JuS 2015, 1063. Unzutreffend aber *Busche*, in: MüKo-BGB, § 140 Rn. 13; ebenso (indes durch Analogie) *Windel*, ZGS 2003, 466, 470 f.; *H. Roth*, in: Staudinger-BGB (2015), § 140 Rn. 14 a.E.

171 Vgl. etwa *Bork*, AT, Rn. 1207; *Wolf/Neuner*, AT, § 55 Rn. 8.

172 Ebenso ausdrücklich wie zutreffend *Boemke/Ulrici*, AT, § 14 Rn. 31.

173 AllgM., vgl. BGH, WM 1970, 1023 f.; *Arnold*, in: Erman-BGB, § 140 Rn. 8; *H. Roth*, in: Staudinger-BGB (2015), § 140 Rn. 14; *Dörner*, in: HK-BGB, § 140 Rn. 3; *Medicus*,

kommt demzufolge erst in Betracht, wenn auch diese Ausnahmemöglichkeiten ausgeschöpft sind und das Rechtsgeschäft tatsächlich endgültig nichtig ist.[174]

b) Unwirksamkeit

Schon weil selbst das Gesetz die Begriffe nicht einheitlich verwendet (vgl. § 2171 Abs. 1 BGB/ § 134 BGB, § 306 BGB a.F.) wird man unter „nichtig" i.S.v. § 140 BGB prinzipiell auch alle sonstigen Fälle der *endgültigen* Unwirksamkeit subsumieren können.[175]

Unabhängig davon fragt sich, wie die Unwirksamkeit von der Nichtigkeit zu trennen ist. Zuweilen wird letztere als rechtliche Nichtexistenz, erstere als rechtliche Existenz ohne Folgen verstanden.[176] Dies kann schon deshalb nicht überzeugen, weil etwa mit den §§ 122, 812 ff. BGB durchaus Rechtsfolgen an nichtige Geschäfte anknüpfen.[177] Zutreffend ist es daher vielmehr, die „Unwirksamkeit" als Oberbegriff für alle Fälle des fehlerhaften Rechtsgeschäfts zu verwenden.[178]

Zu diesen kann – gerade im Erbrecht – auch die Gegenstandslosigkeit gezählt werden, bei welcher der Mangel an Folgen nicht auf rechtlichen, sondern tatsächlichen Umständen beruht.[179] Obschon auch hier *im Ergebnis* eine Wirkung nicht bestünde, kann eine Konversion häufig nicht abhelfen:[180] Vergegenwärtigt man sich etwa das Vorversterben eines als Erben eingesetzten, so bliebe mangels

---

AT, Rn. 518; *Lieder/Berneith*, JuS 2015, 1063, 1064; *Mattern*, LM Nr. 5 zu § 140 BGB; *Hirsch*, AT, Rn. 801. S. auch *Flad*, in: Planck-BGB, § 140 Anm. 3 a).

174 BGHZ 40, 218, 222; BGH, NJW 1994, 1785, 1787; OLG Düsseldorf, ZIP 1998, 744, 745.

175 Vgl. *Beurskens*, in: BeckOGK-BGB, § 140 Rn. 29; *H. Roth*, in: Staudinger-BGB (2015), § 140 Rn. 14; *Mattern*, LM Nr. 5 zu § 140 BGB; *Spanke*, NJW 2005, 2947, 2949; *Leipold*, BGB I, § 21 Rn. 13.

176 Vgl. etwa *Leipold*, Erbrecht, Rn. 409 f. S. auch *Brox/Walker*, AT, Rn. 352: „[…] von Anfang an keine Rechtswirkungen". Ungenau *Michalski*, Erbrecht, Rn. 423.

177 *Flume*, AT II, S. 548; *Bork*, AT, Rn. 1207; *Wolf/Neuner*, AT, § 55 Rn. 8; *Cahn*, JZ 1997, 8, 9 f.

178 *Bork*, AT, Rn. 1204; *Köhler*, AT, § 15 Rn. 1; *Medicus*, AT, Einleitung zu § 34; *Michalski*, Erbrecht, Rn. 423; *v. Tuhr*, AT II/1, S. 273 ff.; *Wolf/Neuner*, AT, § 55 Rn. 1 a.E.

179 Vgl. bereits *Alexander*, Unwirksamkeit, S. 9 („wirkungslos"). S. ferner *K.W. Lange*, Erbrecht, § 12 Rn. 64; *Muscheler*, Erbrecht I, Rn. 1864 („undurchführbar"); *Michalski*, Erbrecht, Rn. 423 („Gegenstandslosigkeit"); ebenso bereits *Keuk*, Erblasserwille, S. 24; vgl. auch *Olzen*, Erbrecht, Rn. 580 a.E. („unerreichbar").

180 Ausdrücklich auch *Fleindl*, in: NK-BGB, § 2084 Rn. 60; *Leipold*, in: MüKo-BGB, § 2084 Rn. 127; *Seiler-Schopp/Rudolf*, in: Damrau/Tanck, § 2084 Rn. 79; *Sieghörtner*, in: Hausmann/Hohloch, Kap. 9 C. Rn. 273.

Erbfähigkeit (§ 1923 Abs. 1 BGB) letztlich eine unwirksame Verfügung.[181] Indes müsste der Unwirksamkeit hier – wie in nahezu allen Fällen der Gegenstandslosigkeit – bereits mit der ergänzenden Auslegung vorgebeugt werden,[182] weil die Verfügung hinsichtlich der Person des Erben trotz exakter Nennung auslegungsfähig und bedürftig ist, gerade wenn schlüssig ein Ersatzerbe vorgesehen ist.[183] So erklärt auch die vorherrschende Auffassung, dass in einem solchen Fall § 2069 BGB[184] als positivierte Regel der (ergänzenden[185]) Auslegung[186] anzuwenden sei. Das überzeugt vor allem deshalb, weil die Verfügung hier rechtlich beanstandungsfrei und daher im Grunde wirksam ist (wenn auch vorerst wirkungslos[187]) und auf wirksame Geschäfte allein die ergänzende Auslegung Anwendung findet.[188] Sofern über die ergänzende Auslegung keine Abhilfe geschaffen werden

---

181 Ausdrücklich *Leipold*, in: MüKo-BGB, § 1923 Rn. 7: „Wer vor dem Erblasser oder auch gleichzeitig mit diesem verstirbt, kann den Erblasser nicht beerben. Die gesetzliche oder gewillkürte Berufung zum Erben wird vielmehr unwirksam". Vgl. auch *dens.*, in: MüKo-BGB, § 2069 Rn. 1.

182 Vgl. allgemein auch *Bork*, AT, Rn. 1228.

183 Dies gilt vor allem deswegen, weil es nach vorzugswürdiger Auffassung keiner Andeutung in der Verfügung selbst bedarf, damit etwaige Umstände formwirksam erklärt sind. Die ergänzende Auslegung ist folglich umfänglich möglich. Ausf. zur Andeutungstheorie u. § 3 B. I. 2., 3.

184 Zur Anwendung des § 2069 BGB auch dann, wenn der einzige Abkömmling bedacht ist: BayObLGZ 1971, 386; *Leipold*, in: MüKo-BGB, § 2069 Rn. 6; *Loritz*, in: Soergel-BGB, § 2069 Rn. 4; *Otte*, in: Staudinger-BGB (2013), § 2069 Rn. 2; *Weidlich*, in: Palandt, § 2069 Rn. 3 a.E.; *Kipp/Coing*, Erbrecht, S. 153 a.E.; *Muscheler*, Erbrecht I, Rn. 1896. S. auch BayObLG, FamRZ 1995, 251, 253 f.; a.A. *Brüggemann*, ZBlJugR 1969, 305, 315.

185 Vgl. bereits RGZ 99, 82, 85 f. S. ferner OLG Düsseldorf, NJW 1956, 1880, 1881; BayObLG, NJW 1988, 2744; *Otte*, in: Staudinger-BGB (2013), § 2069 Rn. 1; *Leipold*, in: MüKo-BGB, § 2069 Rn. 1; *Loritz*, in: Soergel-BGB, § 2069 Rn. 1; *Beck*, in: NK-BGB, § 2069 Rn. 1; *Michalski*, Erbrecht, Rn. 353; *Ebenroth*, Erbrecht, Rn. 423; *v. Lübtow*, Erbrecht I, S. 287; *Muscheler*, Erbrecht I, Rn. 1896. S. auch *Hammann*, ErbR 2014, 420, 421.

186 Nur von „Auslegung" sprechend: BGHZ 33, 60, 63; BGH, MDR 1965, 468, 469; NJW 1974, 43, 44; OLG Stuttgart, OLGZ 1982, 271; *Weidlich*, in: Palandt, § 2069 Rn. 1. Zuweilen erkennt der BGH (NJW 1973, 240, 242) sogar eine Vermutungsvorschrift.

187 Vgl. *Leipold*, Erbrecht, Rn. 391: „*Bevor* man in solchen Fällen die Unwirksamkeit einer letztwilligen Verfügung annimmt und auf die gesetzliche Erbfolge zurückgreift, ist zu prüfen, ob nicht im Wege der ergänzenden Testamentsauslegung die im Testament enthaltene Lücke geschlossen werden kann". Hervorhebung vom Verfasser. Vgl. auch *Keuk*, Erblasserwille, S. 65; *Seiler-Schopp/Rudolf*, in: Damrau/Tanck, § 2084 Rn. 79.

188 Vgl. o. § 2 B. V. 4. a).

kann, verhielte es sich apriorisch ebenso mit der Konversion,[189] da die Frage nach dem hypothetischen Willen in beiden Instituten parallel verläuft.[190]

c) *Teilnichtige Rechtsgeschäfte*

Umstritten ist, ob bei Vorliegen von Teilnichtigkeit § 140 BGB zumindest für den nichtigen Teil des Rechtsgeschäfts in Betracht zu ziehen ist. Befürworter[191] argumentieren dabei vor allem teleologisch: Da die Umdeutung den Zweck habe, dem Parteiwillen bestmöglich zum Erfolg zu verhelfen, müsse § 140 BGB auch auf teilnichtige Rechtsgeschäfte Anwendung finden. Dabei habe § 140 BGB dem § 139 BGB sogar insofern vorzugehen, als erst gefragt werde, ob das teilnichtige Geschäft umzudeuten ist. Nur bei einer Verneinung werde sodann die Frage nach der Geltung des gültigen Teils (§ 139 BGB) gestellt. Ein Großteil der Literatur lehnt hingegen eine Anwendung von § 140 BGB auf bloß nichtige Teile ab, zuweilen aber lakonisch und daher ohne Argumentation.[192] Nur selten wird sich nicht auf eine bloße Feststellung beschränkt; vielmehr heißt es dann, dass für die Heranziehung von § 140 BGB wegen der in § 139 BGB vorrangigen Frage nach der Aufrechterhaltung allein des wirksamen Rechtsgeschäftsteils Zurückhaltung geboten sei.[193]

Dies trifft im Kern das Richtige: Genau genommen stellt sich die Frage der Konvertibilität teilnichtiger Geschäfte allerdings nicht, weil das hier festgelegte Verhältnis von Auslegung und Umdeutung die Anwendbarkeit von § 140 BGB insofern mittelbar präjudiziert: Ausgangspunkt der Problematik muss der jeweilige hypothetische Wille im Rahmen der primär zu beachtenden Auslegungs-

---

189 Ungenau *H. Roth*, in: Staudinger-BGB (2015), § 140 Rn. 14: „Umgedeutet werden kann auch […] die wegen Verfehlung des § 1280 BGB *wirkungslose Verpfändung* einer Forderung“ Hervorhebung im Original. Eine Verfehlung gegen § 1280 BGB fuhrt arg. e zum Text der Vorschrift aber nicht bloß zur Wirkungslosigkeit, sondern zur Unwirksamkeit. S. auch *Beurskens*, in: BeckOGK-BGB, § 140 Rn. 29; *Reinicke*, Rechtsfolgen, S. 89. Zu weiteren Problemen hierbei *Damrau*, in: MüKo-BGB, § 1280 Rn. 11.

190 Vgl. o. § 2 B. V. 4. a).

191 *Faust*, in: NK-BGB, § 140 Rn. 12; *Palm*, in: Erman-BGB (12. Aufl. 2008), § 140 Rn. 6; *Ebel*, DB 1979, 1973, 1974 f.; *v. Esch*, Teilnichtige Rechtsgeschäfte, S. 71.

192 *Ahrens*, in: PWW-BGB, § 140 Rn. 6; *Busche*, in: MüKo-BGB, § 140 Rn. 12; *H. Roth*, in: Staudinger-BGB (2015), § 140 Rn. 14; *Nassall*, BB 1988, 1264, 1265; *Ulmer*, NJW 1981, 2025, 2027. Kontradiktorisch *Hefermehl*, in: Soergel-BGB, § 140 Rn. 27 und 28.

193 *Arnold*, in: Erman-BGB, § 140 Rn. 5. S. auch *Beurskens*, in: BeckOGK-BGB, § 140 Rn. 13.

normen §§ 139, 2085 BGB sein. Ergibt dieser, dass allein der gültige Teil eines Rechtsgeschäfts nicht ohne den problembehafteten wirken soll, ist das gesamte Übereinkommen nach § 139 BGB nichtig. Dann kann § 140 BGB unstreitig zur Anwendung kommen. Soll nach dem Willen hingegen auch nur der wirksame Teil des Rechtsgeschäfts gelten, ist eine Umdeutung tatbestandlich ausgeschlossen. Würde der hypothetische Wille i.R.v. § 140 BGB eine Umdeutung verlangen, hätte die Frage nach der Geltung des wirksamen Teils i.S.v. § 139 BGB nicht bejaht werden dürfen. Anders gewendet: Genügt dem hypothetischen Willen i.R.v. § 139 BGB bloß der wirksame Teil des Rechtsgeschäfts, kann der Wille i.R.v. § 140 BGB zur Vermeidung von Kontradiktionen eine Umdeutung nicht für nötig erachten. Im Ergebnis kann es daher zur Umdeutung eines nichtigen Teiles realiter nicht kommen.

d) Angefochtene Rechtsgeschäfte

aa) Allgemeines, Meinungsübersicht

Das anfechtbare und daher fehlerhafte Rechtsgeschäft ist wegen seiner (vorläufigen) Wirksamkeit unbestritten nicht konvertibel.[194] Als geradezu neuralgisch verbleibt indes die Frage, ob ein durch Ausübung des Gestaltungsrechts nichtiges (§ 142 Abs. 1 BGB) Rechtsgeschäft über § 140 BGB erhalten werden kann.

Während sich eine Vielzahl an Stimmen für die Konvertibilität ausspricht,[195] trat dem schon das RG entgegen und erklärte in einem obiter dictum, eine Umdeutung sei mit dem Recht zur Anfechtung nicht vereinbar.[196] Dem folgend verneint auch eine Minorität in der Literatur die Konvertibilität. Argumentativ heißt es diesbezüglich, die Anfechtung „storniere" die Erklärung, sodass sie sich nicht

---

194 *Lieder/Berneith*, JuS 2015, 1063, 1064. Insofern ungenau *Volkmann*, Reurecht, S. 27.

195 Insgesamt für eine Konvertibilität *Beurskens*, in: BeckOGK-BGB, § 140 Rn. 31; *Ellenberger*, in: Palandt, § 140 Rn. 3; *Faust*, in: NK-BGB, § 140 Rn. 10; *Hefermehl*, in: Soergel-BGB, § 140 Rn. 3; *Mansel*, in: Jauernig-BGB, § 140 Rn. 2; *H. Roth*, in: Staudinger-BGB (2015), § 140 Rn. 15; *Wendtland*, in: BeckOK-BGB, § 140 Rn. 6; *Bork*, AT, Rn. 1228 m. Fn. 38; *Enneccerus/Nipperdey*, AT II, S. 1223; *Köhler*, AT, § 15 Rn. 11; *Wolf/Neuner*, AT, § 57 Rn. 2; *O. Fischer*, FS Wach I, 179, 264; *Leenen*, FS Canaris, 699, 715; *v. Brasch*, Konversion, S. 111; *Schönwetter*, Umdeutung, S. 19. Vgl. bereits *Gleim*, PosMSchr. 1914, 101, 102.

196 RGZ 79, 306, 310. Damit widersprach der 7. Senat allerdings in gewisser Weise dem 5. Senat, der in einem anderen Fall (RGZ 62, 184, 186) wegen des klaren Wortlauts von § 142 Abs. 1 BGB den § 139 BGB für zweifellos anwendbar hielt.

mehr als Grundlage einer Konversion eigne.[197] Außerdem könne die Umdeutung den der Anfechtung zugrundeliegenden Willensmangel nicht beheben.[198]

bb) Exakte Betrachtung des Problems

Diese beiden Argumente der Literatur vermögen letztlich nur in Teilen zu überzeugen. Ersteres verkennt den Unterschied zwischen nichtigem Rechtsgeschäft und einem Nicht-Rechtsgeschäft und somit die Differenz zwischen nur tatbestandlichen und tatbestandlich-wirksamen Geschäften:[199] Ein nur tatbestandliches Geschäft besteht als Folge mindestens einer Willenserklärung,[200] unabhängig von seiner Wirksamkeit; ein tatbestandlich-wirksames Geschäft besteht in jedem Fall als solches und wird zugleich von der Rechtsordnung anerkannt.[201] Diese Differenzierung ist nicht nur vernünftig, sondern wird durch den anderenfalls bedeutungslosen § 141 BGB unmittelbar zum Ausdruck gebracht. Überdies bleibt zu erkennen, dass ein nichtiges gegenseitiges Geschäft die vom Gesetz vorgesehenen Rechtsfolgen (§§ 812 ff. BGB) nach vorherrschender Auffassung sogar abändert,[202] was es wiederum von Nicht-Rechtsgeschäften unterscheidet. Ausweislich des Wortlauts führt die Anfechtung aber zu einer nichtigen Willenserklärung und in der Folge zu einem ebenso nichtigen Rechtsgeschäft

---

197 *Flume*, AT II, S. 592 f.; vgl. auch *Dorn*, in: HKK-BGB, §§ 139–141 Rn. 35; *Krampe*, JZ 1975, 574; *dens.*, Die Konversion, S. 178; *H-J. Finger*, Die Umgestaltung, S. 60 f.; *Medicus*, AT, Rn. 518; *Siller*, AcP 138 (1934), 144, 159 f.; *Spieß*, JZ 1985, 593, 597 f.

198 Ausdrücklich *Busche*, in: MüKo-BGB, § 140 Rn. 14. Vgl. auch *Krampe*, Die Konversion, S. 247 ff.

199 So auch *Hefermehl*, in: Soergel-BGB, § 140 Rn. 3; *H. Roth*, in: Staudinger-BGB (2015), § 140 Rn. 15; vgl. ferner *Arnold*, in: Erman-BGB, § 140 Rn. 10.

200 S. allgemein zum Verhältnis von Willenserklärung und Rechtsgeschäft *Bork*, AT, Rn. 395 ff.; *Flume*, AT II, S. 23 ff.; *Medicus*, AT, Rn. 175 a.E., 202 ff., 242 ff.; *Wolf/Neuner*, AT, § 28 passim; eher kurz hingegen *Köhler*, AT, § 5 Rn. 6; *Leipold*, BGB I, § 10 Rn. 5 f.

201 Vgl. allgemein zur Differenzierung: *Ellenberger*, in: Palandt, Überbl v § 104 Rn. 1 ff., insb. Rn. 28; *Mansel*, in: Jauernig-BGB, Vorbemerkungen §§ 104 ff. Rn. 1 ff., 16 ff.; *Bork*, AT, Rn. 395 ff., 1207 f.; *Flume*, AT II, S. 23 ff.; *Köhler*, AT, § 5 Rn. 5 f.; *Medicus*, AT, Rn. 480 ff.; *Wolf/Neuner*, AT, § 28 Rn. 1 ff., § 55 Rn. 1 ff.

202 S. zur sog. „Saldotheorie" j.m.z.N. (auch zu abweichenden Auffassungen) *Büdenbender*, AcP 200 (2000), 627 ff.; *Wandt*, Gesetzliche Schuldverhältnisse, § 12 Rn. 29 ff.; *Schwab*, in: MüKo-BGB, § 818 Rn. 209 ff. Nicht ohne jeden Widerspruch daher *Medicus*, AT, Rn. 518 im Vergleich mit *Medicus/Lorenz*, Schuldrecht II, Rn. 1138 a.E., 1184 ff.

(§ 142 Abs. 1 BGB).[203] Systematisch verbleiben darüber hinaus zwar nicht die primär bezweckten, aber mit §§ 122 Abs. 1, 812 Abs. 1 S. 1 Var. 1[204] BGB sekundäre Rechtsfolgen.[205] Für eine tatbestandliche, wenngleich nichtige Willenserklärung als Folge der Anfechtung streitet auch die (fiktive) Folge des § 142 Abs. 2 BGB.

Das von der ablehnenden Auffassung geäußerte Argument der fehlenden Behebbarkeit eines Willensmangels ist zumindest etwas ungenau, indem es den Eindruck eines kategorischen Ausschlusses vermittelt. Angebracht ist eine differenzierte Betrachtung: In aller Regel wird die Konversion eines angefochtenen Rechtsgeschäfts tatsächlich scheitern, weil die dafür notwendigen Tatbestandsvoraussetzungen nicht kumulativ vorliegen werden. Charakteristisch für Erklärungs- und Inhaltsirrtümer ist es nach dem im BGB getroffenen Kompromiss zwischen gemeinrechtlicher Willens- respektive Erklärungstheorie[206] gerade, dass subjektiv Gewolltes und objektiv Erklärtes auseinanderfallen, letzteres aber zum Schutze des Rechtsverkehrs gilt.[207] Das heißt, der sich Irrende und später Anfechtende hatte von Beginn an nur einen um den Irrtum bereinigten Willen, muss sich aber seine objektiv divergierende Erklärung zurechnen lassen. In der

---

203 Nach zutreffender Lesart wird stets die Willenserklärung als solche angefochten, was in der Folge auch zur Nichtigkeit des Geschäfts führt. Unerheblich ist es im Grunde auch, ob es sich um die Willenserklärung eines einseitigen oder mehrseitigen Geschäfts handelt. Vgl. dazu jeweils korrekt *Bork*, AT, Rn. 915; *H. Roth*, in: Staudinger-BGB (2015), § 142 Rn. 15; *Brox/Walker*, AT, Rn. 439; *Flume*, AT II, S. 421; *Wolf/Neuner*, AT, § 41 Rn. 1; wohl auch *Medicus*, AT, Rn. 714; insofern ungenau aber *Köhler*, AT, § 7 Rn. 69; *Leenen*, AT, § 14 Rn. 2; *Ellenberger*, in: Palandt, § 142 Rn. 1.

204 A.A. (§ 812 Abs. 1 S. 2 Var. 1 BGB – condictio ob causam finitam) *Sprau*, in: Palandt, § 812 Rn. 26; *Heimann-Trosien*, in: RGRK-BGB, § 812 Rn. 82; *Conrad*, JuS 2009, 397, 398. Angesichts von § 142 Abs. 1 BGB ist dies richtigerweise abzulehnen.

205 Vgl. *Ahrens*, in: PWW-BGB, § 140 Rn. 6: „[…] da die angefochtene Erklärung ihre Bedeutung als Manifestation eines Willens nicht restlos verloren hat". Allgemein auch *Ellenberger*, in: Palandt, Überbl v § 104 Rn. 28.

206 Dazu ausf. *Vogenauer*, in: HKK-BGB, §§ 133, 157 Rn. 34 ff.; ferner *Busche*, in: MüKo-BGB, § 133 Rn. 9; *Wolf/Neuner*, AT, § 30 Rn. 2 ff.; *Flume*, AT II, S. 398 ff.; *v. Tuhr*, AT II/1, S. 26 ff.

207 Vgl. bereits Motive I, S. 196 ff. = *Mugdan* I, S. 460 ff. S. auch Denkschrift zum BGB, S. 32 f. = *Mugdan* I, S. 833 f. S. ferner *Armbrüster*, in: MüKo-BGB, § 119 Rn. 1; *Arnold*, in: Erman-BGB, Vorbemerkungen §§ 116 ff. Rn. 12, 18, § 119 Rn. 1; *Ellenberger*, in: Palandt, § 119 Rn. 1; *Mansel*, in: Jauernig-BGB, § 119 Rn. 1; *Wendtland*, in: BeckOK-BGB, § 119 Rn. 1; *Bork*, AT, Rn. 818 f., 824; *Enneccerus/Nipperdey*, AT I, S. 1028 ff.; *Flume*, AT II, S. 415 ff.; *Köhler*, AT, § 7 Rn. 15; *Leipold*, BGB I, § 18 Rn. 4; *v. Tuhr*, AT II/1, S. 568.

Folge kann die für § 140 BGB relevante Frage, was „gewollt sein würde", gar nicht geklärt werden, wenn diese nach vorherrschender Auffassung mit dem hypothetischen Willen zu beantworten ist. Dass der Erklärende das Rechtsgeschäft aber ohne seinen Irrtum möchte, ist wie beschrieben kein *hypothetischer*, sondern ein von Anfang an existenter *realer* Wille.

Dies gilt auch für den in § 119 Abs. 2 BGB normierten Eigenschaftsirrtum,[208] selbst wenn man ihn als ausnahmsweise beachtlichen Motivirrtum interpretiert.[209] Wer sich eine vergoldete Uhr in dem Glauben kauft, sie sei aus Gold, hatte zu jeder Zeit nur den tatsächlichen Willen, eine Golduhr zu kaufen. Bei einseitigen (empfangsbedürftigen) Rechtsgeschäften ergibt sich im Grunde nichts anderes: Verschreibt sich der Arbeitgeber bei der Kündigung und erklärt daher anstatt einer ordentlichen eine (für die Darstellung gleichwohl wirksame!) außerordentliche Kündigung, kann er letztere wegen § 119 Abs. 1 Var. 2 BGB anfechten. Der Wille zu einer ordentlichen Kündigung ist aber ebenfalls nicht hypothetisch, sondern real.

Im Ergebnis ist der Anfechtende daher regelmäßig auf eine Neuvornahme des Geschäfts zu verweisen, womit die vom RG eingangs zitierte[210] Erklärung durchaus überzeugend ist. Anderenfalls würde der althergebrachte Grundsatz, wonach die Anfechtung „nur kassiere, nicht reformiere",[211] umgegangen werden. Allerdings: Entgegen der genannten Literaturauffassung scheitert die Umdeutung nicht an einer „stornierten" Willenserklärung, sondern tatbestandlich am Mangel eines hypothetischen Willens. Ist ein solcher in Ausnahmefällen doch erkennbar, kann das angefochtene Rechtsgeschäft auch umgedeutet werden. Dies ist vor allem bei erbrechtlichen, nicht empfangsbedürftigen Erklärungen und der

---

208 Für § 123 Abs. 1 BGB ergibt sich nichts anderes. In Var. 1 beruht der Wille des Anfechtenden von Beginn an auf dem Vertrauen, seine Motivbildung entstamme zutreffender Tatsachen. Bei Var. 2 hätte der Anfechtende ohne die Drohung wohl schon keinem Willensbildungsprozess unterlegen. Hier kann § 140 BGB a fortiori nicht greifen.

209 Vgl. zu dieser Kontroverse ausf. *Armbrüster*, in: MüKo-BGB, § 119 Rn. 103 ff.; *Singer*, in: Staudinger-BGB (2012), § 119 Rn. 79 i.V.m. Rn. 47 ff.; *Flume*, AT II, S. 484 ff.; *Bork*, AT, Rn. 860 ff.; *Medicus*, AT, Rn. 767 ff.; *Leipold*, BGB I, § 18 Rn. 31 ff.

210 Vgl. o. § 2 C. III. 1. d) aa) m. Fn. 196.

211 S. bereits *Siber*, Reichsgerichtspraxis, 350, 378; ferner *Arnold*, in: Erman-BGB, § 142 Rn. 1; *J. Mayer*, in: Reimann/Bengel/J. Mayer, § 2281 BGB Rn. 51; *Otte*, in: Staudinger-BGB (2013), § 2078 Rn. 6 a.E.; *Bork*, AT, Rn. 916; *Flume*, AT II, S. 421; *M. Müller*, JuS 2005, 18. Ähnlich *Küntzel*, Anwendungsgebiet, S. 29.

Kodifizierung von § 2078 Abs. 2 BGB denkbar, worauf aber an späterer Stelle eingegangen sein soll.[212]

cc) Weitere Bedenken

Sofern hierzu anderes vertreten wird, gelangte man bei *mehrseitigen* Rechtsgeschäften zu einem weiteren Problem. Konkret stellte sich bei der Umdeutung die Frage, ob der Anfechtungsgegner auch das irrtumsfreie Rechtsgeschäft mit dem Anfechtenden abgeschlossen hätte. Sofern dies anzunehmen ist, wird das an sich nichtige Ausgangsgeschäft aber wegen der untersagten Interpretation der Anfechtung als Reurecht[213] auf die Irrtumsfreiheit reduziert.[214] Demnach läge das nichtige Ausgangsgeschäft schon gar nicht mehr vor. Da – sieht man von der Kipp'schen Lehre von der Doppelwirkung im Recht ab[215] – bei anfechtbaren Rechtsgeschäften ohne Ausübung des Gestaltungsrechts in der Regel keine Nichtigkeit besteht, hat dieses der Umdeutung voranzugehen. Somit stellte sich das Problem der Umdeutung angefochtener Geschäfte praktisch nicht,[216] was im Übrigen auch dadurch deutlich wird, dass ein Nachweis der praktischen Relevanz weder in der Literatur noch in der Rechtsprechung auszumachen ist.[217]

---

212 S.u. § 3 C. I. 2. c).

213 Erstmals *Gradenwitz*, Reurecht, passim. Grds. zustimmend, wenngleich ggf. mit differenter dogmatischer Herleitung: *Armbrüster*, in: MüKo-BGB, § 119 Rn. 141; *Feuerborn*, in: NK-BGB, § 119 Rn. 22; *Ellenberger*, in: Palandt, § 119 Rn. 2; *H. Roth*, in: Staudinger-BGB (2015), § 142 Rn. 38; *Mansel*, in: Jauernig-BGB, § 119 Rn. 4; *Wendtland*, in: BeckOK-BGB, § 119 Rn. 46 a.E.; *Bork*, AT, Rn. 954; *Enneccerus/Nipperdey*, AT I, S. 1056; *Flume*, AT II, S. 421 f.; *Medicus*, AT, Rn. 781; *Wolf/Neuner*, AT, § 41 Rn. 150; *Lobinger*, AcP 195 (1995), 274 ff.; *M. Müller*, JuS 2005, 18 ff. S. auch LG Berlin, NJW-RR 2009, 132, 133; vgl. zum Verstoß der Anfechtung gegen Treu und Glauben bereits RGZ 102, 88, 90. A.A freilich *Hefermehl*, in: Soergel-BGB, § 142 Rn. 9; *Spieß*, JZ 1985, 593 ff.

214 Soweit ersichtlich wird dies zutreffend aktuell nur von *Arnold* (in: Erman-BGB, § 140 Rn. 10) erkannt. Zustimmend *Lieder/Berneith*, JuS 2015, 1063, 1064. Vgl. aber auch *Schönwetter*, Umdeutung, S. 19 f.; *H-J. Finger*, Die Umgestaltung, S. 62 f. Anders *Volkmann*, Reurecht, S. 25 ff., insb. S. 39.

215 Grundlegend *Kipp*, FS v. Martitz, 211 ff. Aus neuerer Zeit dazu *Würdinger*, JuS 2011, 769 ff.

216 *Arnold*, in: Erman-BGB, § 140 Rn. 10.

217 So schon *Küntzel*, Anwendungsgebiet, S. 28.

Der grundlegende Aspekt des Reurechts ist aber womöglich sogar fortzuführen, wie die klassische Abwandlung des häufig und hier abermals angeführten „Portwein-Falls“[218] zeigt:

A will am 01.02.2016 im Laden des B fünf Flaschen Portwein kaufen. Er verspricht sich und sagt Sherry. Am 02.02.2016 verkauft B seine fünf Flaschen Portwein an C – der Lagerbestand kann am Markt nur mit erhöhten Preisen aufgefüllt werden. Am 03.02.2016 bemerkt A seinen Irrtum, er ficht an. Besteht zwischen A und B ein Kaufvertrag über den Portwein?

Unstreitig steht A ein Anfechtungsrecht zu (§ 119 Abs. 1 Var. 2 BGB). Ebenso unstreitig dürfte sein, dass sich B auf den eigentlichen Aspekt des Reurecht-Gedankens nicht berufen wird, denn in dem für die Anfechtung maßgeblichen Zeitpunkt (hier 03.02.2016) wird er mangels Ware kein Interesse mehr daran haben, Portwein an A zu verkaufen. Denkbar wäre nun allerdings, dass das angefochtene Geschäft über Sherry in ein solches über Portwein umgedeutet wird, zumal B in dem dafür relevanten Zeitpunkt des Vertragsschlusses[219] den Portwein wohl an A verkauft hätte.[220]

Die daraus für B resultierende Unbilligkeit liegt auf der Hand. Bei dem Wein wird es sich um eine Gattungsschuld (§ 243 Abs. 2 BGB) handeln,[221] sodass B entsprechend § 275 Abs. 2 BGB bis zum „groben Missverhältnis“[222] gehalten wäre, Wein zu beschaffen. Gelingt ihm das nicht, wäre die Folge von § 140 BGB schlussendlich eine Schadensersatzpflicht des B. Dies würde von dem eigentlichen Reurecht-Gedanken indes nur wenig übriglassen. Insofern ließe sich wenigstens theoretisch über eine derartige Fortführung der Reurecht-Figur nachdenken, nach der dem Anfechtenden durch seinen zufälligen Irrtum nicht nur treuwidrige[223]

---

218 Ausgangsfall nach *Gradenwitz*, Reurecht, S. 3; aufgegriffen auch von *Volkmann*, Reurecht, S. 35; oben dargestellte Abwandlung etwa bei *Küntzel*, Anwendungsgebiet, S. 32; *Krampe*, Die Konversion, S. 249.

219 Ausf. u. § 2 C. III 3. c).

220 Insgesamt müsste man sich erneut darüber hinwegsetzen, dass der Kauf von Portwein von A tatsächlich, nicht hypothetisch gewollt war.

221 Vgl. allgemein OLG Düsseldorf, NJW-RR 2000, 1654 f.; *Berger*, in: Jauernig-BGB, § 243 Rn. 3 ff.; *Schulze*, in: HK-BGB, § 243 Rn. 3; *Sutschet*, in: BeckOK-BGB, § 243 Rn. 4 ff.

222 Dazu allgemein *Ernst*, in: MüKo-BGB, § 275 Rn. 89 ff.; *H.P. Westermann*, in: Erman-BGB, § 275 Rn. 24 ff.; *Unberath*, in: BeckOK-BGB, § 275 Rn. 55 ff. S. auch BGH, NJW 2010, 2050, 2052.

223 Dass die Figur des Reurechts dem § 242 BGB entspringt, ist trotz der Kontroverse um die weitere Dogmatik wohl unstreitig. Vgl. dazu die Nachweise in Fn. 213.

Vorteile vorenthalten werden, sondern dem Anfechtungsgegner spiegelbildlich soweit wie möglich keine treuwidrigen und unnötigen Nachteile entstehen.

Losgelöst davon wäre über eine analoge Anwendung des § 122 Abs. 1 BGB zulasten von A nachzudenken. So entstünde die dem B gegenüber A obliegende Schadensersatzpflicht im Vertrauen auf die Wirksamkeit der einstigen Willenserklärung. Die in § 122 Abs. 1 BGB niedergelegte Wertung – also der Versuch einer „Gleichbehandlung von Erklärendem und Erklärungsempfänger“[224] – ließe es unbillig erscheinen, dass B bezüglich seines Vertrauens ohne Ausgleich verbleibt. Wenn A sodann nach § 122 Abs. 1 BGB ebenfalls schadensersatzpflichtig ist, wäre trefflich darüber zu streiten, ob er i.S.v. § 140 BGB das Ersatzgeschäft gewollt haben würde.

Ein weitergehendes Problem stellte sich im Beispielsfall[225] bezüglich der irrtümlichen Kündigung. Nimmt der fristlos gekündigte Arbeitnehmer eine neue Tätigkeit auf, wäre er im Anschluss an die ex-tunc wirkende Anfechtung (§ 142 Abs. 1 BGB) der Kündigung zugleich seinem neuen und alten Arbeitgeber zum Dienst verpflichtet. Da er selbstredend nur einer Pflicht nachkommen kann, wäre auch er gegebenenfalls schadensersatzpflichtig. Nicht anders wäre es, wenn nun die angefochtene Kündigung in eine ordentliche umzudeuten ist, weil der Arbeitnehmer jedenfalls temporär dem Altarbeitgeber gegenüber verpflichtet wäre. Auch die Umdeutung in einen Aufhebungsvertrag muss scheitern: Neben dem Problem der Konversion eines einseitigen in ein mehrseitiges Rechtsgeschäft, hätte der Arbeitnehmer im Zeitpunkt der Kündigung einer Auflösung wahrscheinlich nicht zugestimmt. Erneut erscheint es unbillig, dass dem Anfechtungsgegner durch das Gestaltungsrecht derartige Nachteile auferlegt werden.[226]

dd) Zusammenfassende Würdigung

Im Ergebnis kann ein kategorischer Konversionsausschluss für angefochtene Rechtsgeschäfte nicht ausgemacht werden, da es Fälle geben mag, in denen § 140 BGB zu einer sachgerechten Lösung führen wird. Größtenteils wird die Konversion im Anschluss an eine Anfechtung indes tatbestandlich scheitern, insbesondere weil kein *hypothetischer* Wille zu ermitteln ist. Darüber hinaus muss eine Umdeutung in Einzelfällen dann ausbleiben, wenn dem Anfechtungsgegner

224 Prägnant *Bydlinski*, JZ 1975, 1, 5; zustimmend *Schermaier*, in: HKK-BGB, §§ 116–124 Rn. 99; vgl. auch Protokolle I, S. 108 = *Mugdan* I, S. 716.

225 Vgl. o. § 2 C. III. 1. d) bb).

226 Im Fall des Arbeitnehmers wäre daher einzig der vollständige Ausschluss des Anfechtungsrechts eine methodisch unbedenkliche Lösung.

im Lichte des Reurecht-Gedankens treuwidrige Nachteile obliegen würden und die Anwendung von § 140 BGB im Widerspruch zur Rechtsordnung (hier § 242 BGB) stünde.[227]

2. *Ersatzgeschäft*

Für die Umdeutung eines nichtigen Geschäfts bedarf es schon apriorisch eines Ersatzgeschäfts. Obschon es nicht gleichfalls der Nichtigkeit unterfallen darf, muss es nicht zwingend wirksam, sondern nur „weniger fehlerhaft" sein. Demnach kann unter anderem auch von einem nichtigen zu einem schwebend unwirksamen Geschäft konvertiert werden.[228]

a) Kein „Enthalten-Sein"

Grundsätzlich umstritten ist, in welchem Verhältnis beide Geschäfte zueinander stehen respektive inwiefern sie vergleichbar sein müssen. Während die wohl vorherrschende Meinung die Frage allein mit Rücksicht auf die wirtschaftliche Kongruenz beider Geschäfte beantwortet,[229] muss das Ersatz- nach einer teils älteren Ansicht im Ausgangsgeschäft *enthalten sein*.[230]

---

227 Nochmals: Für diese Erkenntnis muss sich darüber hinweggesetzt werden, dass der Wille des Anfechtenden ein realer, kein hypothetischer ist.

228 *Hefermehl*, in: Soergel-BGB, § 140 Rn. 4; *Faust*, in: NK-BGB, § 140 Rn. 17; *Busche*, in: MüKo-BGB, § 140 Rn. 15; *Lieder/Berneith*, JuS 2015, 1063, 1064. Weitestgehend ungeklärt ist die Frage, was infolge der Versagung einer diesbezüglichen Genehmigung (§§ 182 Abs. 1, 184 Abs. 1 BGB) geschieht. Da diese (wohl) ex-nunc wirkt (vgl. auch *Bork*, AT, Rn. 1711: „nunmehr"), ist das Geschäft ab diesem Zeitpunkt endgültig nichtig (vgl. *Gursky*, in: Staudinger-BGB (2014), § 182 Rn. 38 m.z.N.). Somit läge für § 140 BGB wiederum ein Ausgansgeschäft vor (vgl. BGHZ 40, 218, 222 f.). Indes wird hier höchste Vorsicht hinsichtlich des hypothetischen Parteiwillens geboten sein. Durch die Verweigerung der Genehmigung hat die Partei deutlich zum Ausdruck gebracht, dass wenigstens das schwebend unwirksame Geschäft keinesfalles wirksam werden sollte. Die mangelde praktische Relevanz derart gelagerte Fälle erklärt sich freilich von selbst. Vgl. allenfalls zur Umdeutung in ein heilbar nichtiges Geschäft RGZ 129, 122, 124.

229 BGHZ 68, 204, 206; *Ahrens*, in: PWW-BGB, § 140 Rn. 8 f.; *Arnold*, in: Erman-BGB, § 140 Rn. 11; *Busche*, in: MüKo-BGB, § 140 Rn. 16; *Ellenberger*, in: Palandt, § 140 Rn. 5 f.; *Hefermehl*, in: Soergel-BGB, § 140 Rn. 4; *H. Roth*, in: Staudinger-BGB (2015), § 140 Rn. 21; *Sieghörtner*, in: Hausmann/Hohloch, Kap. 9 C. Rn. 274; *Larenz/Wolf*, AT, § 45 Rn. 91 f.; *Reinicke*, Rechtsfolgen, S. 97 f.; *Zeiss*, WM 1963, 906, 908.

230 So RGZ 121, 99, 106; BGHZ 19, 269, 275; 20, 363, 370; 26, 320, 329; OLG Stuttgart, JZ 1975, 572, 573; *Flume*, AT II, S. 591 ff.; *Bork*, AT, Rn. 1230; *Löwisch/Neumann*, AT, Rn. 325; *Schreiber*, Jura 2007, 25, 27.

Unbestreitbar ist, dass bereits in den Motiven zum BGB durchaus von einem „enthalten sein" des Ersatzgeschäfts gesprochen wurde.[231] Es fragt sich allerdings, inwieweit diese Formulierung wörtlich genommen werden und inwiefern sie als argumentative Grundlage dienen kann. Augenfällig wird nämlich ebenso, dass das Ersatzgeschäft in den Gesetzesmaterialien als „statthaftes Rechtsgeschäft" und nicht etwa als „statthafter Teil des nichtigen Geschäfts" bezeichnet wird,[232] was klar gegen ein „enthalten sein" streitet. Abseits davon kann einer dahingehenden Interpretation, welche den Anwendungsbereich von § 140 BGB stark einengen würde, wenigstens teleologisch keinesfalls gefolgt werden. Vor allem wäre anderenfalls das Umdeuten zu einem im Ausgangsgeschäft nicht enthaltenen Aliud ausgeschlossen. Darüber hinaus bestünde auch für solche Rechtsgeschäfte keine Konvertibilität, die gleichsam den „kleinsten möglichen Nenner" darstellen und überhaupt kein weiteres Geschäft enthalten. Ohnehin kann das Erfordern eines „enthalten seins" methodisch unbedenklich nur dann vertreten werden, wenn man in der Umdeutung auch einen Fall der Teilnichtigkeit erblickt, mit der Konsequenz, dass das enthaltene Rechtsgeschäft einen qualitativen Teil ausmachen würde. Die Kongruenz von §§ 139, 140 BGB wurde indes ausführlich abgelehnt.[233] Insbesondere müssten die Parteien dieses Geschäft auch wirklich (als Teil des anderen Geschäfts) abgeschlossen haben, obwohl die Umdeutung auf hypothetische Momente Bezug nimmt.[234] Schlussendlich spricht vieles dafür, dass das Ersatz- nicht im Ausgangsgeschäft enthalten sein muss. Vielmehr trifft es unter Berücksichtigung der Privatautonomie das Richtige, allein die wirtschaftliche Vergleichbarkeit der Geschäfte zu berücksichtigen.

b) Umfang des Ersatzgeschäfts

Obschon ein „enthalten sein" des Ersatzgeschäfts nicht zu fordern ist, kann als solches nicht jedes Rechtsgeschäft infrage kommen. Daran ändert trotz teilweise vertretener Meinung auch der Umstand nichts, dass die Parteien ihren wirtschaftlichen Zielvorstellungen womöglich eine höhere Priorität einräumen würden, als der Form des Rechtsgeschäfts.[235] Vielmehr gibt bereits der Wortlaut des § 140 BGB zu verstehen, dass das Ersatz- dem Ausgangsgeschäft „entsprechen" muss.

---

231 Vgl. Motive I, S. 218 = *Mugdan* I, S. 473. S. auch Protokolle I, S. 127 = *Mugdan* I, S. 727.

232 Vgl. erneut Protokolle I, S. 127 = *Mugdan* I, S. 727.

233 Vgl. ausf. o. § 2 B. V.

234 Vgl. *Arnold*, in: Erman-BGB, § 140 Rn. 11; *H. Roth*, in: Staudinger-BGB (2015), § 140 Rn. 21; *Medicus*, AT, Rn. 519.

235 *Bürck*, SchlHA 1973, 37, 40. S. auch *O. Fischer*, FS Wach I, 179, 263.

Überdies setzt die Vertragsfreiheit der Parteien dem Ersatzgeschäft apriorisch Grenzen: Wenngleich das von ihnen geschlossene Rechtsgeschäft nichtig ist, haben sie sich explizit auf diesen Inhalt geeinigt, womit das Ersatzgeschäft inhaltlich nicht über das nichtige Rechtsgeschäft hinausgehen kann.[236] Es wäre jedenfalls kaum davon auszugehen, dass ein „Mehr“ gegenüber dem Ausgangsgeschäft, wie von § 140 BGB vorausgesetzt, „gewollt sein würde“.[237] In Betracht kommen daher allein solche Rechtsgeschäfte, die insgesamt gegenüber der nichtigen Vereinbarung ein „Minus“ oder „Aliud“[238] ausmachen. Schon aus diesem Grund wäre beispielsweise die Konversion einer nichtigen Verpfändung in eine Sicherungsübertragung ausgeschlossen.[239]

c) Geschäft anderen Typs?

Zuweilen wird – gerade im Erbrecht – sprachlich und methodisch danach differenziert, ob das Ersatzgeschäft ein solches anderen Typs oder aber desselben Typs bei divergentem Inhalt ist.[240] Nur in den zuerst genannten Fällen (z.B. die Konversion eines Erbvertrags in ein Testament), soll es demnach auf § 140 BGB und eine „Konversion“ ankommen, während in den zweitgenannten Fällen eine „Umdeutung“ nach § 2084 BGB maßgeblich sei.[241] Dies ergebe sich jedenfalls daraus, dass mit § 2084 BGB die von der Konversion divergente Umdeutung explizit kodifiziert sei.[242] Argumentativ wird auch eine Entscheidung des BGH angeführt, in der es heißt:

---

236 H.M., vgl. etwa BAGE 118, 159, 167; BAG, DB 1975, 214; *Beurskens*, in: BeckOGK-BGB, § 140 Rn. 46 ff.; *Hefermehl*, in: Soergel-BGB, § 140 Rn. 5; *H. Roth*, in: Staudinger-BGB (2015), § 140 Rn. 22; *Lieder/Berneith*, JuS 2015, 1063, 1064; *Spanke*, NJW 2005, 2947, 2949. Dieser Aspekt könnte selbstverständlich auch im Rahmen des Parteiwillens explizit angesprochen werden.

237 Ausdrücklich *Faust*, in: NK-BGB, § 140 Rn. 18. Vgl. ferner BGHZ 125, 355, 363; *Ellenberger*, in: Palandt, § 140 Rn. 6; *Mansel*, in: Jauernig-BGB, § 140 Rn. 4; *Wendtland*, in: BeckOK-BGB, § 140 Rn. 11. S. auch *Busche*, in: MüKo-BGB, § 140 Rn. 17.

238 A.A. wohl *Flume*, AT II, S. 593: „[...] immer nur zu einer minderen Regelung [...]“.

239 Vgl. *Hefermehl*, in: Soergel-BGB, § 140 Rn. 5; *Enneccerus/Nipperdey*, AT II, S. 1222 m. Fn. 66; *Reinicke*, Rechtsfolgen, S. 94.

240 Vgl. *Kipp/Coing*, Erbrecht, S. 147; *v. Lübtow*, Erbrecht I, S. 278. Vgl. im Allgemeinen *v. Tuhr*, AT II/1, S. 287.

241 *V. Tuhr*, AT II/1, S. 287; *v. Lübtow*, Erbrecht I, S. 278; zustimmend *Thielmann*, Sittenwidrige Verfügungen, S. 186.

242 Vgl. *Kipp/Coing*, Erbrecht, S. 147; *v. Lübtow*, Erbrecht I, S. 278.

„§ 2084 BGB ist nämlich über den Wortlaut hinaus auch dann anwendbar, wenn es sich darum handelt, ob eine Erklärung des Erbl. als Rechtsgeschäft unter Lebenden oder als eine letztwillige Verfügung anzusehen ist. Darin *drückt sich auch der in § 140 BGB verkörperte Grundgedanke aus, der dem wirklichen Willen soweit wie möglich Geltung zu verschaffen sucht*".[243]

Womöglich mag dieser Entscheidung entnommen werden, dass der BGH bei einer Umdeutung innerhalb der Verfügung von Todes wegen allein § 2084 BGB bemüht hätte, während bei der Frage nach einem anderen Rechtsgeschäft (hier ein solches unter Lebenden) offensichtlich auch § 140 BGB für maßgeblich erklärt wurde.[244] Trotzdem kann einer solchen Differenzierung nicht gefolgt werden. Sie lässt sich schon im allgemeinen Zivilrecht nicht dem zugegeben defizienten Wortlaut des § 140 BGB entnehmen,[245] wenngleich hierbei „ein anderes" Rechtsgeschäft gefordert ist. Ein solches ist ebenso veritabel, wenn es nur einen anderen Inhalt hat, vom Typus aber dasselbe ist. Obschon der Kauf eines Grundstücks einen Kaufvertrag i.S.v. § 433 BGB darstellt, ist es kaum von der Hand zu weisen, dass dieser sich bereits in seinen formellen Anforderungen stark von dem Kauf eines Bonbons unterscheidet und daher einen „anderen" Kaufvertrag darstellt. Überdies können, wie bereits aufgezeigt,[246] nicht alle Fälle der bloß inhaltlichen „Aufrechterhaltung" über § 2084 BGB gelöst werden. Vielmehr erfolgt eine Zuordnung zu § 2084 BGB respektive § 140 BGB danach, ob es sich um die Frage nach dem tatsächlich (§ 2084 BGB) oder hypothetisch Gewollten (§ 140 BGB) handelt.[247] Wenngleich die wohlwollende Auslegung durchaus für die Charakterisierung eines Geschäfts als lebzeitiges oder erbrechtliches analog heranzuziehen ist, kann darin nicht der Gedanke des § 140 BGB gesehen werden.[248] Die Aufgabe der Konversion liegt nicht in der typologischen Charakterisierung, sondern in der möglichen Aufrechterhaltung eines bereits charakterisierten Geschäfts.

Schlussendlich ist es daher einerseits für den Anwendungsbereich des § 140 BGB, andererseits für die Begriffe Umdeutung und Konversion grundsätzlich ohne Belang, ob eine bloß inhaltliche oder typenändernde Aufrechterhaltung in Rede steht.[249]

---

243 BGH, FamRZ 1985, 693, 695. Hervorhebung durch Verfasser.

244 In diese Richtung deuten das Urteil *Kipp/Coing*, Erbrecht, S. 147. Ob der BGH dies wirklich vermitteln wollte, vermag indes nicht gesagt zu werden.

245 So wohl auch *Wieacker*, FS H. Lange, 1017, 1023 f.

246 S.o. § 2 B. V. 4. b).

247 S.o. § 2 B. V. 4. b).

248 A.A. wohl BGH, FamRZ 1985, 693, 695.

249 So auch die h.M., s. BGHZ 40, 218, 224; OLG Stuttgart, JZ 1975, 572, 573; *Busche*, in: MüKo-BGB, § 140 Rn. 15; *Hefermehl*, in: Soergel-BGB, § 140 Rn. 4; *Loritz*, in:

3. *Parteiwille*

Als letzte Voraussetzung für eine Umdeutung normiert § 140 BGB, dass das aufrecht zu erhaltende Rechtsgeschäft dem Willen der Parteien entsprechen muss. Schon deshalb ist übrigens die Folge einer Scherzerklärung nicht konvertibel: Wenn schon das Ausgangsgeschäft nicht ernstlich gewollt war, kann a maiore ad minus kein ernstgemeinter Wille hinsichtlich eines Ersatzgeschäfts angenommen werden.[250]

Im Übrigen erklärt es sich selbst, dass es bei einem zweiseitigen Geschäft auch auf die beiderseitigen Interessen ankommt,[251] während etwa bei einseitigen Testamenten nur auf den Erblasser abzustellen ist. Darin unterscheidet sich § 140 BGB nicht von der Auslegung.

a) *Hypothetisch oder wirklich?*

Obwohl sich § 140 BGB schon ausweislich des Wortlauts allein auf einen hypothetischen Willen bezieht, wird hinsichtlich des Ersatzgeschäfts i.R. der Umdeutung teilweise ein tatsächlicher Parteiwille für maßgeblich erachtet.[252] Allerdings verkennt dies den Anwendungsbereich der Umdeutung ebenso wie den der Auslegung: Lässt sich der tatsächliche Wille der Parteien bezüglich des Ersatzgeschäfts übereinstimmend darlegen, kommt es schon gar nicht zu einer Umdeutung, denn das „Ersatzgeschäft" gilt bereits über § 133 BGB. Genau genommen handelt es sich dabei um die Falschbezeichnung eines Rechtsgeschäfts, welche aber einen Fall der Auslegung darstellt.[253] Gegen einen wirklichen Willen spricht auch, dass sich Ausgangs- und Ersatzgeschäft in rechtlicher oder tatsächlicher Hinsicht jedenfalls marginal unterscheiden müssen.[254] Auf dieses

---

Soergel-BGB, § 2084 Rn. 64; *Seiler-Schopp/Rudolf*, in: Damrau/Tanck, § 2084 Rn. 87; *Wendtland*, in: BeckOK-BGB, § 140 Rn. 9; *Oertmann*, BGB, § 140 Anm. 2 c); *Enneccerus/Nipperdey*, AT II, S. 1222 m. Fn. 64; *O. Fischer*, FS Wach I, 179, 199; *Grüter*, Schicksal, S. 93. Vgl. mit Beispielen auch *Beurskens*, in: BeckOGK-BGB, § 140 Rn. 45 f.

250 S. bereits *Siller*, AcP 138 (1934), 144, 158; ebenso *Beurskens*, in: BeckOGK-BGB, § 140 Rn. 12; *Busche*, in: MüKo-BGB, § 140 Rn. 12; *Dörner*, in: HK-BGB, § 140 Rn. 3 a.E.; *Arnold*, in: Erman-BGB, § 140 Rn. 9.

251 BGH, NJW 1980, 2517, 2518; *Beurskens*, in: BeckOGK-BGB, § 140 Rn. 60.

252 *Bürck*, SchlHA 1973, 37, 40. In diese Richtung auch *Coing*, in: Staudinger-BGB (11. Aufl. 1957), § 140 Rn. 3. Ungenau auch *Sieghörtner*, in: Hausmann/Hohloch, Kap. 9 C. Rn. 276: „Vorrangig kommt es auf den tatsächlichen Willen an. Wenn ein solcher [...] nicht feststellbar ist, so ist auf den hypothetischen Willen abzustellen".

253 § 2 B. V. 4. a).

254 *Battes*, AcP 178 (1978), 337, 354.

zu unterscheidende Geschäft ist der wirkliche Wille aber nur dann ausgerichtet, wenn die Parteien für eine etwaige Nichtigkeit bereits Regelungen getroffen haben.[255] Mithin kann der wirkliche Wille der Parteien zumindest nicht den maßgeblichen Ausschlag i.R.v. § 140 BGB geben.[256]

b) *Konsequenz*

Dem folgend bezieht sich § 140 BGB schlussendlich auf einen irrealen und hypothetischen Parteiwillen, womit zumindest insoweit Parallelen zu § 139 BGB gezogen werden können.[257] Gefragt wird also danach, ob sich die Parteien bei Kenntnis der Nichtigkeit auf das Ersatzgeschäft geeinigt hätten, was logisch und teleologisch dann zu verneinen ist, wenn beide die Nichtigkeit schon bei Vertragsschluss kannten.[258] Sofern also für etwaige Mängel nicht schon ipso iure eine Folge vorgesehen ist,[259] kann die Norm Anwendung finden, wenn sich ein oben beschriebener Wille der Parteien in irgendeiner Art manifestieren lässt.[260] Anderenfalls ist das Rechtsgeschäft endgültig nichtig. So stellt auch der BGH klar, dass die Konversion „nicht zu einer im Gegensatz zur Privatautonomie stehenden Bevormundung der Parteien führen darf, die sich einfach gegen die besondere Willensrichtung und über die besonderen Vorstellungen der Parteien hinwegsetzt".[261] Daraus folgt zugleich, dass der tatsächliche Parteiwille bei

---

255 *Battes*, AcP 178 (1978), 337, 354. S. zu Konversionsklauseln allgemein o. § 2 C. II.

256 So auch die h.M., vgl. etwa BGHZ 19, 269, 273; BGH, NJW 2001, 1855; NJW-RR 2013, 410, 412; BAG, NJW 2002, 2972, 2973; BayObLGZ 2003, 338, 343; *Arnold*, in: Erman-BGB, § 140 Rn. 14; *Beurskens*, in: BeckOGK-BGB, § 140 Rn. 53; *Busche*, in: MüKo-BGB, § 140 Rn. 19; *Ellenberger*, in: Palandt, § 140 Rn. 1, 8; *Hefermehl*, in: Soergel-BGB, § 140 Rn. 8; *H. Roth*, in: Staudinger-BGB (2015), § 140 Rn. 24; *Seiler-Schopp/Rudolf*, in: Damrau/Tanck, § 2084 Rn. 90; *Wendtland*, in: BeckOK-BGB, § 140 Rn. 13; *Lieder/Berneith*, JuS 2015, 1063, 1064; *Westermann*, NJW 1970, 1023, 1027; *Windel*, ZGS 2003, 466, 470; *Bork*, AT, Rn. 1231; *Leipold*, BGB I, § 21 Rn. 13; *Medicus*, AT, Rn. 520; *Wolf/Neuner*, AT, § 57 Rn. 8. Zur sonstigen Berücksichtigung des wirklichen Willens bei der Umdeutung u. § 2 C. III. 3. b).

257 Vgl. bereits o. § 2 B. V. 4. a) m. Fn. 111.

258 *Reinicke*, Rechtsfolgen, S. 100. Ausf. dazu *Mühlhans*, NJW 1994, 1049 f. Zutreffend erkennt letzterer, dass die bloß einseitige Kenntnis der Nichtigkeit regelmäßig nicht ausreicht.

259 Vgl. o. § 2 C. I. für § 550 BGB.

260 BGHZ 19, 269, 273; BGH, NJW 1980, 2517; BAG, NJW 2002, 2972, 2973; *Graf*, Vertrag und Vernunft, S. 319 f. S. auch *Hefermehl*, in: Soergel-BGB, § 140 Rn. 8 f.

261 BGHZ 19, 269, 273; wiederholt in BGH, NJW 2008, 1070, 1072. Vgl. auch *R. Fischer*, LM Nr. 1 zu § 140 BGB; zustimmend auch *Oepen*, Dogmatik, S. 25.

einer Konversion nicht gänzlich außen vor bleibt. Haben die Parteien sich etwa einvernehmlich nur auf eine bestimmte Form des Rechtsgeschäfts geeinigt, kann § 140 BGB nicht zur Anwendung kommen.[262]

c) *Relevanter Zeitpunkt*

Abgesehen von einer Entscheidung des RG[263] ist es – soweit ersichtlich – allgemeine Auffassung, dass für die Frage nach dem hypothetischen Parteiwillen nicht auf den Zeitpunkt der Umdeutung selbst oder der endgültigen Unwirksamkeit,[264] sondern auf den der Rechtsgeschäftsvornahme abzustellen ist.[265] Dem ist zu folgen. Wäre das Ausgangsgeschäft der Parteien wirksam zustande gekommen, hätten spätere Änderungen der Verhältnisse grundsätzlich keinen Einfluss auf diese Vereinbarung, wie letztlich durch § 313 BGB deutlich wird. Gleiches muss sodann für die Umdeutung gelten. Nur wenn auf den Zeitpunkt des eigentlich gewollten Geschäfts abgestellt wird, kann verhindert werden, dass Veränderungen bis zur Feststellung der Nichtigkeit relevant werden.

IV. Grenzen der Umdeutung

Zu beachten ist freilich, dass die Umdeutung ebenso wenig wie mit dem Parteiwillen auch mit der Rechtsordnung unvereinbar sein darf, mit der möglichen Konsequenz, dass diese auf sekundärer Ebene umgangen wird. Mithin stößt § 140 BGB trotz kumulativen Vorliegens aller Voraussetzungen an seine Grenzen, wenn ansonsten die ratio legis der Nichtigkeitsnorm unterlaufen würde.[266]

---

262 BGHZ 19, 269, 273; BAG, DB 1976, 2163, 2164; *Busche*, in: MüKo-BGB, § 140 Rn. 20; *Mayer-Maly*, FS Flume I, 621, 623 ff.; in diese Richtung auch *Battes*, AcP 174 (1974), 429, 436; a.A. *Hieber*, DNotZ 1954, 303, 304; *Reinicke*, Rechtsfolgen, S. 99.

263 RGZ 79, 306, 309 f.

264 Ausdrücklich *Reinicke*, Rechtsfolgen, S. 104.

265 BGHZ 19, 269, 273; 40, 218, 223; BGH, MDR 2004, 867, 868; *Arnold*, in: Erman-BGB, § 140 Rn. 14 f.; *Beurskens*, in: BeckOGK-BGB, § 140 Rn. 54; *Ellenberger*, in: Palandt, § 140 Rn. 8; *Faust*, in: NK-BGB, § 140 Rn. 31; *Mansel*, in: Jauernig-BGB, § 140 Rn. 5; *Seiler-Schopp/Rudolf*, in: Damrau/Tanck, § 2084 Rn. 90; *O. Fischer*, FS Wach I, 179, 203; *H-J. Finger*, Die Umgestaltung, S. 74; *M. Kahl*, Grenzen, S. 280; *H. Roth*, in: Staudinger-BGB (2015), § 140 Rn. 27 m.w.N.; *Wieacker*, FS H. Lange, 1017, 1026; vgl. auch *Herschel*, DRiZ 1952, 41 f.

266 BGHZ 68, 204, 206 f.; 125, 355, 363 f.; *Arnold*, in: Erman-BGB, § 140 Rn. 12; *Busche*, in: MüKo-BGB, § 140 Rn. 13; *Hefermehl*, in: Soergel-BGB, § 140 Rn. 5 ff.; *H. Roth*, in: Staudinger-BGB (2015), § 140 Rn. 29 ff.; *Derleder*, JZ 1999, 176, 179; *Lieder/Berneith*, JuS 2015, 1063, 1064; *Bork*, AT, Rn. 1235; *Leenen*, AT, § 9 Rn. 287 f.; *Medicus*, AT, Rn. 522 f.; *Wolf/Neuner*, AT, § 57 Rn. 11.

Zu hinterfragen ist also, „ob die Umdeutung in ein gültiges Ersatzgeschäft an der Nichtigkeit des von den Parteien *abgeschlossenen* Rechtsgeschäfts scheitert".[267] Paradigmatisch hierfür sind vor allem Formvorschriften, deren Zwecke durch die Umdeutung illusorisch werden könnten.[268]

1. *BGHZ 77, 293 ff.*

Eine (vermeintliche) Exemplifikation der Grenzen von § 140 BGB soll eine kritische Auseinandersetzung mit einer Entscheidung des BGH aus dem Jahr 1980[269] darstellen.

a) *Sachverhalt (vereinfacht dargestellt)*

Der Erblasser hatte zu Lebzeiten ein Grundstück an seine Tochter aus erster Ehe veräußert. Die Witwe des Erblassers verlangt unter der Annahme, es falle in die ihr unstreitig zustehende Erbmasse, die Herausgabe des Grundstücks. Die Tochter verweigert dies.

b) *Lösung des Senats*

Vordergründig bezieht der Senat Stellung zu § 1365 Abs. 1 BGB. Für die dort vorzunehmende Berechnung des „Vermögens im Ganzen" stellt der BGH zwei in diesem Rahmen relevante Grundsätze auf, welche hier aber ohne Bedeutung sind. Maßgeblich ist stattdessen, dass der BGH tatsächlich einen Verstoß gegen § 1365 Abs. 1 BGB erkannte, womit der zu Lebzeiten geschlossene Kaufvertrag und die darauffolgende Verfügung[270] zunächst schwebend unwirksam waren (§ 1366 Abs. 1 BGB). Durch die Genehmigungsverweigerung seitens der Witwe wurden beide Geschäfte sodann endgültig unwirksam (§ 1366 Abs. 4 BGB).[271]

---

267 *Tiedtke*, FamRZ 1981, 1, 4. Hervorhebung durch Verfasser.

268 Als häufig bemühter Beispielsfall gilt insofern die nicht mögliche Konversion einer formunwirksamen Bürgschaft (§§ 125 S. 1, 766 S. 1 BGB) in einen formfreien Schuldbeitritt bzw. Kreditauftrag, vgl. *Lieder/Berneith*, JuS 2015, 1063, 1064; *Hefermehl*, in: Soergel-BGB, § 140 Rn. 6; *Bork*, AT, Rn. 1235; *Medicus*, AT, Rn. 522; so wohl auch *Reinicke*, Rechtsfolgen, S. 107; *Zeiss*, WM 1963, 906, 910.

269 BGHZ 77, 293 ff.

270 Allgemein zur Reichweite der Zustimmungspflicht: *Budzikiewicz*, in: Erman-BGB, § 1365 Rn. 2; *Czeguhn*, in: Soergel-BGB, § 1365 Rn. 4; *Koch*, in: MüKo-BGB, § 1365 Rn. 34 ff.; *Thiele*, in: Staudinger-BGB (2007), § 1365 Rn. 94; *Rauscher*, Familienrecht, Rn. 383.

271 Vgl. zu Einzelheiten *Tiedtke*, FamRZ 1981, 1 f.; *Budzikiewicz*, in: Erman-BGB, § 1366 Rn. 7 ff.; *Koch*, in: MüKo-BGB, § 1366 Rn. 21 f.; *J. Mayer*, in: BeckOK-BGB, § 1366

Beachtlich ist vor allem die Erklärung des BGH, nach welcher eine Umdeutung i.S.v. § 140 BGB hier grundsätzlich derart möglich sei, dass der Kaufvertrag als wirksamer Erbvertrag mit einer Zuwendung an die Tochter aufrechterhalten wird.[272]

c) *Stellungnahme*

Für diese Lösung spricht, dass ein Ehegatte nach § 1365 Abs. 1 BGB tatsächlich nicht gehindert ist, seinen Ehepartner bei einer Verfügung von Todes wegen unbedacht zu lassen.[273] Letzterer ist jedenfalls über das Pflichtteilsrecht nach § 2302 Abs. 2 S. 1 BGB ausreichend geschützt. Zudem erscheint es nicht ausgeschlossen, dass ein Erbvertrag mit Vermächtnisanordnung, durch welche die Tochter dem Herausgabeverlangen der Witwe ihren Legatsanspruch entgegenhalten könnte (§ 242 BGB),[274] ein taugliches Ersatzgeschäft darstellt. All dies kann die mit der Umdeutung einhergehende Untergrabung des eigentlichen Zwecks von § 1365 Abs. 1 BGB aber kaum rechtfertigen. Die Norm dient dem Schutz des Familienvermögens und des etwaigen Zugewinnausgleichsanspruches i.S.v. § 1378 Abs. 1 BGB.[275] Trennt man das Grundstück aus dem Vermögen des Ehegatten heraus, wird beidem entgegengewirkt. Der Vermächtnisanspruch wäre dann eine mit dem Tode anfallende Nachlassverbindlichkeit (§ 1967 Abs. 2 BGB,

---

Rn. 3; *Kemper*, in: HK-BGB, § 1366 Rn. 5; vgl. auch BGH, NJW 1994, 1785, 1786 (vgl. bereits Ls. 1).

272 In der Sache wurde allerdings an das Berufungsgericht zurückverwiesen, vgl. BGH, NJW 1980, 2350, 2352 (insofern nicht in BGHZ 77, 293 ff. abgedruckt). Grds. zustimmend indes *Busche*, in: MüKo-BGB, § 140 Rn. 26; *Hefermehl*, in: Soergel-BGB, § 140 Rn. 20; *Wertenbruch*, AT, § 21 Rn. 4; unter Einschränkungen auch *Arnold*, in: Erman-BGB, § 140 Rn. 21; *Faust*, in: NK-BGB, § 140 Rn. 28; *Koch*, in: MüKo-BGB, § 1366 Rn. 37 f.; *Loritz*, in: Soergel-BGB, § 2084 Rn. 76; *H. Roth*, in: Staudinger-BGB (2015), § 140 Rn. 54; *Seiler-Schopp/Rudolf*, in: Damrau/Tanck, § 2084 Rn. 85.

273 BGHZ 40, 218, 224 f.; BGH, FamRZ 1969, 323, 325 m. Anm. *Bosch*; *Koch*, in: MüKo BGB, § 1365 Rn. 39 f.; *J. Mayer*, in: BeckOK-BGB, § 1365 Rn. 19.26; *Weidlich*, in: Palandt, § 2278 Rn. 1 a.E.; *Bosch*, FamRZ 1958, 81, 86. S. auch *Budzikiewicz*, in: Erman-BGB, § 1365 Rn. 26.

274 Sog. dolo agit qui petit quod statim redditurus est Einrede, vgl. dazu *Wacke*, JA 1982, 477 ff.

275 BGHZ 101, 225, 228; 132, 218, 221. S. auch *Budzikiewicz*, in: Erman-BGB, § 1365 Rn. 1; *J. Mayer*, in: BeckOK-BGB, § 1365 Rn. 1; *Kemper*, in: HK-BGB, § 1365 Rn. 1; *Koch*, in: MüKo-BGB, § 1365 Rn. 1 f.; *Dethloff*, Familienrecht, § 5 Rn. 57.

sogenannte „Erbfallschuld“[276]) und würde die zu verteilende Erbmasse – auch für die Pflichtteilsansprüche –schmälern. Nicht ohne Grund hat der BGH 1994 seine Rechtsprechung daher relativiert und geäußert, dass eine uneingeschränkte Umdeutung in einen Erbvertrag mit dem Telos des § 1365 Abs. 1 BGB unvereinbar sei, weil ansonsten in fast jedem Fall der verweigerten Genehmigung „das Rechtsgeschäft mit dem Tode des Erblassers als ersatzweise gewollte erbrechtliche Regelung weiterbestehen würde“.[277] Gleichwohl erkennt der Senat die grundsätzliche Konversionsmöglichkeit weiterhin an, sofern sich im Einzelfall ein hypothetischer Parteiwille feststellen lasse.[278]

Überzeugen kann das allerdings nur, wenn sich das gegen § 1365 Abs. 1 BGB verstoßende Geschäft eigentlich unzweideutig so verstehen lässt, dass es eventuell auch als Verfügung von Todes wegen gelten soll.[279] Für eine Umdeutung bleibt ansonsten nur wenig Raum. Besonders problematisch mutet es nämlich an, dass der zustimmungsberechtigte Ehegatte den Vermögensabfluss gar nicht verhindern könnte: Entweder, er genehmigt die Verfügung, oder aber er verweigert sie, ebnet damit aber – egal ob der verfügende Ehegatte noch lebt oder bereits verstorben ist – den Weg zu § 140 BGB. Damit entstünde indes dasselbe Ergebnis, als wenn i.R.v. §§ 1365, 1366 BGB schon durch den Tod des verfügenden Ehegatten Konvaleszenz eintreten würde. Dem ist der BGH in einer anderen Entscheidung klar entgegengetreten,[280] da der Zweck von § 1365 Abs. 1 BGB dies zur Sicherung künftiger Ansprüche auf den Zugewinnausgleich gebiete.[281] Kaum überzeugend ist es, dass der BGH dieses Problem zuvor bereits erkannt hat, ihm aber entgegenhält, es sei eine zu akzeptierende „Folge seiner (scil.: des zustimmungsberechtigten Ehegatten) auf Grund freier Willensentschließung

---

276 RGZ 93, 196, 197 (Vorausvermächtnis); BGH, NJW 1998, 682; BayObLGZ 1982, 20, 27; *Hoeren*, in: HK-BGB, § 1967 Rn. 5; *Horn*, in: Erman-BGB, § 1967 Rn. 6; *Joachim*, in: Burandt/Rojahn, § 1967 BGB Rn. 27; *Jülicher*, in: Große-Wilde/Ouart, § 1967 BGB Rn. 7; *Krug*, in: NK-BGB, § 1967 Rn. 46; *Lohmann*, in: BeckOK-BGB, § 1967 Rn. 17; *Löhnig*, in: FAK-ErbR, § 1967 BGB Rn. 7; *Weidlich*, in: Palandt, § 1967 Rn. 7; *Zimmer*, in: PWW-BGB, § 1967 Rn. 9; *Brox/Walker*, Erbrecht, Rn. 656; *Leipold*, Erbrecht, Rn. 702; *Michalski*, Erbrecht, Rn. 905; *Muscheler*, Erbrecht II, Rn. 3394; *Schmoeckel*, Erbrecht, § 40 Rn. 3.

277 BGHZ 125, 355, 363.

278 BGHZ 125, 355, 364 f. Vgl. aus der Literatur die Nachweise in Fn. 272.

279 Gegen jede Aufrechterhaltung *Tiedtke*, FamRZ 1981, 1, 4 f. S. auch *Lieder/Berneith*, JuS 2015, 1063, 1065.

280 BGH, FamRZ 1980, 765, 767.

281 BGH, FamRZ 1980, 765, 767. Vgl. auch *Koch*, in: MüKo-BGB, § 1366 Rn. 34 m.w.N. Anerkannt wird nur der umgekehrte Fall, vgl. BGH, NJW 1982, 1099 f.; 1994, 1785 ff.

erklärten Verweigerung seiner Genehmigung, die er in Kauf nehmen muß, wenn das umgedeutete Rechtsgeschäft rechtlich nicht zu beanstanden ist".[282] Dass es kontradiktorisch ist, einerseits von „freier" Willensentschließung zu sprechen, andererseits aber die Wirksamkeit der Verfügung unabhängig von der Erteilung der Genehmigung eintreten zu lassen, liegt auf der Hand. Im Ergebnis bleibt es folglich dabei, dass gegen § 1365 Abs. 1 BGB verstoßende Rechtsgeschäfte über § 140 BGB kaum aufrecht zu erhalten sind, schon weil das Genehmigungserfordernis zu leicht umgangen werden könnte.[283]

2. *Nichtigkeit wegen Gesetzeswidrigkeit*

Teilweise wird eine absolute Grenze der Umdeutung auch in § 134 BGB gesehen. Auf hiernach nichtige Rechtsgeschäfte könne § 140 BGB deswegen keine Anwendung finden, weil die rechtliche Missbilligung anderenfalls wirkungslos bliebe.[284] Dem kann im Ergebnis nicht gefolgt werden.[285] Allerdings stellt sich die Diskussion in vielen Fällen schon deshalb nicht, weil Verbotsgesetze zuweilen selbst bloß auf Teilnichtigkeit ausgerichtet sind, während der problemlose Vertragsrest erhalten bleibt.[286] Von daher kann sich im Einzelfall schon aus dem Zweck der Verbotsnorm selbst eine andere Folge als die (Gesamt-)Nichtigkeit ergeben,[287] wie es der Wortlaut von § 134 BGB auch andeutet („[...] wenn sich aus dem Gesetz nicht ein anderes ergibt"). Insofern ist § 140 BGB überhaupt nicht einschlägig. In allen sonstigen Fällen ist indes kein Grund ersichtlich, warum das gesetzeswidrige Rechtsgeschäft nicht in ein solches umgedeutet werden kann, dass dem Verbot nicht mehr entgegensteht.[288] Schon aufgrund der genannten „Teilnichtigkeitswirkung" des § 134 BGB respektive des bestimmten Verbotsgesetzes kann dasselbe nicht als kategorisches Konverionsverbot

282 BGHZ 40, 218, 223.

283 Vgl. zu diesem Aspekt auch *Lieder/Berneith*, JuS 2015, 1063, 1065; *Tiedtke*, FamRZ 1981, 1, 5; *Dethloff*, Familienrecht, § 5 Rn. 82; *Koch*, in: MüKo-BGB, § 1366 Rn. 37. Zu dem weiteren Problem, dass hier ein lebzeitiges Geschäft in eine Verfügung von Todes wegen umgedeutet würde u. § 3 C. III. 2.

284 So *Mansel*, in: Jauernig-BGB, § 140 Rn. 2.

285 I.E. auch RGZ 125, 209, 212; LG Düsseldorf, JZ 2014, 635, 638 (Inkassozession); *Beurskens*, in: BeckOGK-BGB, § 140 Rn. 41; *Busche*, in: MüKo-BGB, § 140 Rn. 13; *H. Roth*, in: Staudinger-BGB (2015), § 140 Rn. 31.

286 Ausdrücklich *H. Roth*, in: Staudinger-BGB (2015), § 140 Rn. 31 m. Verweis auf BGHZ 89, 316 ff. Vgl. allgemein *Sack/Seibl*, in: Staudinger-BGB (2011), § 134 Rn. 86 ff.

287 Ebenso *Beurskens*, in: BeckOGK-BGB, § 140 Rn. 41.

288 Vgl. zu § 14 HeimG als Beispiel u. § 3 C. I. 2. a).

gewertet werden. Anderenfalls würde man eine Aufrechterhaltung nur i.S. einer Teilnichtigkeit anerkennen, nicht aber im Sinne der Konversion, obwohl beides darauf gerichtet ist, den Gesetzesverstoß zu beheben.

3. Nichtigkeit wegen Sittenverstoßes

a) Allgemeines

Noch strenger als bei Verstößen gegen gesetzliche Verbote wird ein Umdeutungsausschluss bei Missachtung der guten Sitten i.S.v. § 138 Abs. 1 BGB gehandhabt,[289] wenngleich ein solcher Verstoß zur Nichtigkeit führt und der Anwendungsbereich von § 140 BGB damit prinzipiell eröffnet ist.[290] Nach der überwiegenden Auffassung[291] kann eine Konversion zumindest immer dann nicht in Betracht kommen, wenn die Erfolgsabsichten der Parteien der Sittenwidrigkeit unterfallen, was gerade bei wucherischen Geschäften der Fall sein soll. Dafür spreche, dass das Verdikt der Sittenwidrigkeit, also der Verstoß gegen das Anstandsgefühl aller billig und gerecht Denkenden,[292] nicht per Umdeutung auf ein akzeptables Maß reduziert werden dürfe. Anderenfalls würde man dem Sittenverstoß sowohl den abschreckenden Charakter als auch das ihm innewohnende Risiko der Nichtigkeitsfolgen nehmen.[293] Anders verfahren könne man nur, wenn lediglich das von den Parteien gewählte Mittel sittenwidrig sei.[294]

Angesichts der mit § 138 BGB bezweckten und auch über § 134 BGB hinausgehenden Abschreckungswirkung ist es prinzipiell zutreffend, § 140 BGB

---

289 Vgl. auch u. § 3 C. I. 2. b).

290 Zutreffend zwischen Anwendungsbereich und Grenzen differenzierend: *Busche*, in: MüKo-BGB, § 140 Rn. 13; *Damm*, in: AK-BGB, § 140 Rn. 6.

291 Grundlegend BGHZ 68, 204, 206. S. ferner BGH, NJW 1986, 2944, 2945; *Ahrens*, in: PWW-BGB, § 140 Rn. 7; *Ellenberger*, in: Palandt, § 140 Rn. 7; *Hefermehl*, in: Soergel-BGB, § 140 Rn. 7; *Mansel*, in: Jauernig-BGB, § 140 Rn. 2; *Wendtland*, in: BeckOK-BGB, § 140 Rn. 8; *Medicus*, AT, Rn. 523; *M. Kahl*, Grenzen, S. 286 ff.; *Krampe*, Die Konversion, S. 241 ff.; *Wolf/Neuner*, AT, § 57 Rn. 11. Vgl. auch *Krampe*, AcP 194 (1994), 1, 3 f., 22, der darin dasselbe Ergebnis wie bei einer über § 140 BGB vorzunehmenden aufrechterhaltenden *Auslegung* sehen will.

292 Motive II, 727 = *Mugdan* II, S. 404; st. Rspr. seit RGZ 48, 114, 124. S. ferner BGHZ 52, 17, 20; BGH, NJW 2004, 2668, 2670.

293 Für eine Umdeutung trotz Sittenwidrigkeit: OLG Stuttgart, JZ 1975, 572, 573; LAG Berlin, DB 1989, 1344; *O. Fischer*, FS Wach I, 179, 260; *v. Brasch*, Konversion, S. 52 f., 60 f. Ablehnend BGHZ 68, 204, 206 ff.; BGH, NJW 1986, 2944, 2945; *Larenz/Wolf*, AT, § 44 Rn. 80 f.

294 BGHZ 68, 204, 206; BGH, NJW 1986, 2944, 2945; *Ellenberger*, in: Palandt, § 140 Rn. 7.

bei sittenwidrigen Zwecken für unanwendbar zu erklären. Dabei kann die Umdeutung ohnehin nicht das richtige Instrument sein, und zwar aus zweierlei Grund: Zum einen, weil es beim Erhalt trotz Sittenwidrigkeit nicht um die Ermittlung des hypothetischen Parteiwillens, sondern um die nötige Wahrung der Nichtigkeitsnorm geht.[295] Zum anderen ist wenigstens die ex lege Wirkung des § 140 BGB deshalb mit § 138 BGB unvereinbar, weil sie das Risiko einer Gesamtnichtigkeit bezüglich des sittenwidrigen Geschäfts entfallen ließe.[296]

Trotzdem erscheint es richtig, auch für sittenwidrige Geschäfte eine Aufrechterhaltungsmöglichkeit anzunehmen.[297] Insoweit kann § 138 BGB mit einer teleologischen Reduktion Genüge getan werden: Maßgeblich ist eine Nichtigkeit demnach nur, wenn und soweit es die Norm selbst fordert.[298] Anders als in § 134 BGB ist dies in § 138 BGB zwar nicht kodifiziert, in Ansehung ersterer Norm aber entsprechend zu handhaben. Zum einen muss es als „geringstmöglicher Eingriff" genügen, wenn der Sittenwidrigkeit die Nichtigkeit nur insoweit folgt, wie der Sittenverstoß auch tatsächlich reicht. Zum anderen führte eine stete Gesamtnichtigkeit zuweilen zu wenig opportunen Ergebnissen. In letzter Konsequenz müsste demnach ein sittenwidriger Arbeitsvertrag absolut und ex-tunc nichtig sein, obwohl gerade hier häufig eine ex-nunc Wirkung angezeigt ist.[299] Überdies hat die Judikatur eine solch methodische Reduktion zwar nicht

---

295 Ausdrücklich *H. Roth*, in: Staudinger-BGB (2015), § 140 Rn. 2, 32; *ders.*, JZ 1989, 411, 413 ff. Ebenso verhält es sich mit einer Auslegung, weil prinzipiell feststeht, dass die Parteien eine Abrede wollten, die auf einem Sittenverstoß basiert.

296 *H. Roth*, in: Staudinger-BGB (2015), § 140 Rn. 2, 32.

297 *Busche*, in: MüKo-BGB, § 140 Rn. 13 a.E.; *H. Roth*, in: Staudinger-BGB (2015), § 140 Rn. 2, 32 m.w.N. Vgl. auch *v. Brasch*, Konversion, S. 55 ff.; *Wieacker*, FS H. Lange, 1017, 1027: „verbotskonforme Auslegung". Grds. a.A. BGHZ 68, 204, 207; *Wolf/Neuner*, AT, § 57 Rn. 11; *Hefermehl*, in: Soergel-BGB, § 140 Rn. 7. Aber nochmals: Anders als i.R.v. § 134 BGB kann es bei sittenwidrigen Zielen nie auf § 140 BGB ankommen.

298 I.E. auch *Sack*, RdA 1975, 171, 176 ff.; *ders/Fischinger*, in: Staudinger-BGB (2011), § 138 Rn. 112; *Damm*, in: AK-BGB, § 138 Rn. 87 ff.; *Hager*, Auslegung, S. 87 ff., 145 ff.; *Kohte*, NJW 1982, 2803, 2804 f.; *Lindacher*, AcP 173, (1973) 125, 131; mit anderer Begründung *Armbrüster*, in: MüKo-BGB, § 138 Rn. 157, 161. S. auch OLG Köln, NZG 2001, 165, 167; *Arnold*, in: Erman-BGB, § 138 Rn. 30; *H. Roth*, in: Staudinger-BGB (2015), § 140 Rn. 32. A.A. *Bork*, AT, Rn. 1201, der allein § 139 BGB heranziehen möchte.

299 Vgl. hierzu und zur Anfechtung von Arbeitsverträgen BAG, AP Nr. 3 zu § 119 BGB; Nr. 18 zu § 611 BGB; NZA 1999, 584, 585; *Ahrens*, in: PWW-BGB, § 142 Rn. 5; *Armbrüster*, in: MüKo-BGB, § 138 Rn. 162; *Arnold*, in: Erman-BGB, § 138 Rn. 33, 65 f.; *Busche*, in: MüKo-BGB, § 142 Rn. 18; *Edenfeld*, in: Erman-BGB, § 611 Rn. 267 ff.; *Ellenberger*, in: Palandt, § 119 Rn. 5; *Preis*, in: ErfK, § 611 BGB Rn. 365 ff.; *H. Roth*,

ausdrücklich, gleichwohl im Ergebnis praktiziert: Bei überlangen vertraglichen Bindungen wurden die Verträge wenigstens für eine gewisse Zeit als wirksam erachtet;[300] bei sittenwidrigen Verfügungen von Todes wegen wird jedenfalls insoweit eine Wirksamkeit angenommen, wie der Erblasser sie rechtswirksam hätte verfügen können.[301] Letztlich ist daran zu erinnern, dass sittenwidrige Geschäfte ohnehin (vorrangig) anhand des § 134 BGB beurteilt werden, wenn sie zugleich auch gegen eine Verbotsnorm verstoßen.[302] In Abhängigkeit von den Umständen des Einzelfalles ist daher jedenfalls generell die Möglichkeit einer teleologischen Reduktion von § 138 BGB bzw. einer geltungserhaltenden Reduktion des Geschäfts anzuerkennen.

b) Sittenwidrige Bedingungen

Wenig Differenzen dazu zeigt auch die Behandlung sittenwidriger Bedingungen (§ 158 BGB). Während bei auflösenden Bedingungen vielfach die Normen über Teilnichtigkeit bzw. Teilunwirksamkeit (§§ 138, 2085 BGB) bemüht werden,[303] wird dies bei aufschiebenden Bedingungen zu Recht einhellig verneint. Hauptgeschäft und aufschiebende Bedingung werden als Einheit erklärt, sodass sie nicht im Sinne der §§ 139, 2085 BGB teilbar sind.[304] Anders formuliert: Sofern nicht unzweideutige Anhaltspunkte für eine Teilbarkeit sprechen, wird i.R.v.

---

in: Staudinger-BGB (2015), § 142 Rn. 34; *Wendtland*, in: BeckOK-BGB, § 119 Rn. 15; *Bork*, AT, Rn. 960; *Sack*, RdA 1975, 171, 177; *dens./Fischinger*, in: Staudinger-BGB (2011), § 138 Rn. 112. S. auch *Müller-Glöge*, in: MüKo-BGB, § 611 Rn. 638; *Leipold*, BGB I, § 18 Rn. 58; *Wolf/Neuner*, AT, § 41 Rn. 146.

300 BGHZ 68, 1, 5; 68, 204, 206 f.; NJW 1972, 1459; 1979, 865, 866; 1985, 2693, 2695, S. bereits *Nipperdey*, JW 1927, 119, 120. Zu diesem Argument auch *Sack/Fischinger*, in: Staudinger-BGB (2011), § 138 Rn. 111.

301 BGHZ 52, 17, 23 f.; 53, 369, 383; BGH, FamRZ 1963, 287, 289. S. zu diesem Argument wiederum *Sack/Fischinger*, in: Staudinger-BGB (2011), § 138 Rn. 111, 604 ff.

302 BAG, NJW 1993, 2701, 2703; BayObLGZ 2000, 301, 308; *Armbrüster*, in: MüKo-BGB, § 138 Rn. 4; *Arnold*, in: Erman-BGB, § 138 Rn. 10; wohl auch BGH, NJW 1983, 868, 869 f. S. auch *Sack/Fischinger*, in: Staudinger-BGB (2011), § 138 Rn. 113 m.w.N. Ungenau aber etwa BGH, NJW 1970, 609, 611.

303 BAGE 4, 274, 275; *Bork*, in: Staudinger-BGB (2015), Vorbem §§ 158–163 Rn. 33; *Wolf*, in: Soergel-BGB, § 158 Rn. 32; *Wackenbarth*, in: NK-BGB, § 158 Rn. 53. Vgl. auch *H.P. Westermann*, in: MüKo-BGB, § 158 Rn. 46 i.V.m. Rn. 9. Infolgedessen gilt hier das zur Umdeutung teilnichtiger Geschäfte Gesagte, vgl. insofern o. § 2 C. III. 1. c).

304 *Armbrüster*, in: Erman-BGB, Vorbemerkung § 158 Rn. 9; *Bork*, in: Staudinger-BGB (2015), Vorbem §§ 158–163 Rn. 33; *Wolf*, in: Soergel-BGB, § 158 Rn. 32; *Leipold*, in: MüKo-BGB, § 2074 Rn. 27 m.w.N.; vgl. bereits Motive I, S. 251 = *Mugdan* I, S. 491.

§ 139 BGB niemals, i.R.v. § 2085 BGB stets der Zweifelsfall gelten. Da insofern Gesamtnichtigkeit die Folge wäre, fragt sich, ob wenigstens über § 140 BGB ein sittengemäßes Rechtsgeschäft erhalten werden kann.

Streitbar wäre dabei zunächst, ob die sittenwidrige Bedingung nicht nur Mittel, sondern gerade Ziel des Geschäfts ist,[305] womit eine Umdeutung nach den allgemeinen Grundsätzen bei Sittenverstößen ausbleiben müsste.[306] Indes: Zweifelsohne ist auch der Bedingungseintritt ein Ziel der Vertragsparteien; gleichwohl stellt sich dieses vielmehr als Mittel zum Zweck, also zum eigentlichen Ziel des Hauptgeschäfts, dar. Trennte man beides hier nicht, führte eine sittenwidrige Bedingung stets zu einem sittenwidrigen Geschäft, obgleich die erstere das Hauptgeschäft nur „auslösen", nicht aber modifizieren soll. Daher wird § 140 BGB in solchen Fällen jedenfalls die Ratio der Nichtigkeitsnorm nicht entgegenstehen.

Gleichwohl wird eine Umdeutung in praxi aber – genau wie die §§ 139, 2085 BGB – daran scheitern, dass das unbedingte Geschäft kaum „gewollt sein würde", also keine Kongruenz aufweist.[307] Etwas anderes lässt sich auch nicht durch eine ergänzende Auslegung erreichen,[308] da diese auf das gesamtnichtige Geschäft ohnehin keine Anwendung findet.

V. Rechtsfolgen

Sind alle Voraussetzungen des § 140 BGB gegeben, wirkt das Ersatzgeschäft ex-tunc.[309] Auszuräumen bleibt eine etwaige Fehlinterpretation, nach welcher das Gericht gleichsam „gestalterisch"[310] das Ersatzgeschäft aufrechterhält.[311] § 140 BGB hat primär eine feststellende Funktion. Wie schon der Wortlaut

305 So *Breitling*, Rechtsfolgen, S. 95. Zutreffend erklärt *Breitling*, dass dieses Problem weitestgehend „totgeschwiegen" wird.

306 Vgl. o. § 2 C. IV. 2. a).

307 *Wolf*, in: Soergel-BGB, § 158 Rn. 32; *H.P. Westermann*, in: MüKo-BGB, § 158 Rn. 46 a.E.; i.E. auch *Mansel*, in: Jauernig-BGB, § 158 Rn. 13 f. Vgl. zu bedingungsfeindlichen Geschäften auch *Bork*, in: Staudinger-BGB (2015), Vorbem §§ 158–163 Rn. 44; *Flume*, AT II, S. 698. A.A. wohl *Armbrüster*, in: Erman-BGB, Vorbemerkung § 158 Rn. 9.

308 So aber wohl *Breitling*, Rechtsfolgen, S. 101 ff.

309 Ausdrücklich *Beurskens*, in: BeckOGK-BGB, § 140 Rn. 3; *Nassall*, in: jurisPK-BGB, § 140 Rn. 23; *Wendtland*, in: BeckOK-BGB, § 140 Rn. 14.

310 Vgl. *Busche*, in: MüKo-BGB, § 140 Rn. 2, § 141 Rn. 9; *H-J. Finger*, Die Umgestaltung, S. 8.

311 Ungenau ist daher die Formulierung in BGHZ 19, 269, 274, nach der § 140 BGB eine „rechtgestaltende Aufgabe" habe. So aber auch schon *Siller*, AcP 138 (1934), 144, 148. Beachtlich ist außerdem, dass der BGH nicht nur unzutreffend formuliert hat, sondern auch seinem in der gleichen Entscheidung zuvor aufgestellten Grundsatz

unzweideutig zu verstehen gibt, „gilt" das Ersatzgeschäft ex lege, weshalb es auch einer Parteierklärung – gerade in Abgrenzung zu sogenannten „Konversionsklauseln" – nicht bedarf.[312] Daran ändert im Übrigen auch die Bezeichnung „Konversion" – bzw. allgemeiner: Aufrechterhaltung – nichts. Beide Begriffe können auch ohne Missverständnisse kongruent zur „Umdeutung" derart genutzt werden, als man auf das Gesetz als den „Konvertierenden/Aufrechterhaltenden" abstellt.[313]

(vgl. Fn. 261) widerspricht und zu einer Bevormundung der Parteien kommt, dazu *Dorn*, in: HKK-BGB, §§ 139–141 Rn. 32; *Medicus*, AT, Rn. 521.

312 BGH, NJW 1963, 339, 340; BAG, NJW 2002, 2972, 2973; NZA 2008, 815, 818; LAG Hamm, BB 1982, 2109; *Beurskens*, in: BeckOGK-BGB, § 140 Rn. 2 f.; *Faust*, in: NK-BGB, § 140 Rn. 34; *Bork*, AT, Rn. 1234; *M. Kahl*, Grenzen, S. 380 f.; *Hirsch*, AT, Rn. 805. A.A. ausdrücklich *Siller*, AcP 138 (1934), 144, 185. Da § 140 BGB also gleichsam „automatisch" gilt, ist es allerdings ungenau, davon zu reden, die Konversion sei „von Amts wegen" zu berücksichtigen. Wie hier auch LAG Hamm, BB 1982, 2109; *H. Roth*, in: Staudinger-BGB (2015), § 140 Rn. 33.

313 Bzgl. „Konversion" zurückhaltend *H. Roth*, in: Staudinger-BGB (2015), § 140 Rn. 1.

§ 3. Die Konversion nichtiger Verfügungen von Todes wegen

Verschiedenste Kontroversen wirft § 140 BGB bei den Folgen nichtiger Verfügungen von Todes wegen[314] auf, welche es im Folgenden zu untersuchen gilt. Dies soll anhand von Fallgruppen erfolgen, die schon häufiger Gegenstand von juristischen Untersuchungen waren,[315] auch weil hier das Verhältnis zur Auslegung immer wieder im Mittelpunkt steht.

A. Einführung, Anwendbarkeit von § 140 BGB

Die Anwendbarkeit des § 140 BGB im Erbrecht steht außer Frage[316] und ist bereits in den (zu § 140 BGB bemerkenswert kurzen) Motiven zum BGB vorgesehen.[317] Insgesamt stellt sich das Erbrecht sogar als eine der relevantesten Fallgruppen der Umdeutung dar,[318] was letztlich jedoch kaum überrascht: Speziell hier steht wegen der Formstrenge des BGB[319] eine Nichtigkeit häufig in Rede. Gleichzeitig obliegt den §§ 1922 ff. BGB primär der besondere Schutz des Erblasserwillens.[320] Die Wahrung und bestmögliche Durchsetzung desselben wird durch eine

---

314 Vermerkt werden soll, dass sich tatsächlich auf Verfügungen von Todes wegen beschränkt wird, also die Umdeutung von Rechtsgeschäften bloß erbrechtlichen Einschlags (vgl. etwa OLG Bremen, OLGZ 1987, 10 ff., Umdeutung eines nichtigen Anteilsverkaufs) weitestgehend außer Betracht bleibt.

315 So vor allem bei *Krampe*, Die Konversion, S. 142 ff. Deshalb wird sich die eigene Arbeit bisweilen daran anlehnen.

316 *Leipold*, Erbrecht, Rn. 401; ausf. *ders.*, in: MüKo-BGB, § 2084 Rn. 120 ff.; *Loritz*, in: Soergel-BGB, § 2084 Rn. 64; *Sieghörtner*, in: Hausmann/Hohloch, Kap. 9 C. Rn. 272.

317 Motive I, S. 218 = *Mugdan* I, S. 473: „In Frage kann ferner kommen, ob im Wege der Konversion ein ungultiger Erbeinsetzungsvertrag sich als letztwillige Verfügung aufrecht erhalten läßt".

318 Vgl. zur Relevanz die exemplarischen Darstellungen bei *Busche*, in: MüKo-BGB, § 140 Rn. 23 ff.; *Hefermehl*, in: Soergel-BGB, § 140 Rn. 17 ff.; *Medicus*, AT, Rn. 524 ff.

319 *Frank/Helms*, Erbrecht, § 5 Rn. 1; *Leipold*, Erbrecht, Rn. 290 ff.; *Muscheler*, Erbrecht I, Rn. 1725. Zur Bedeutung der Formvorschriften: OLG Köln, NJW-RR 2006, 225 f. Vgl. auch schon Motive V, S. 257 = *Mugdan* V, S. 135. Als Ausnahme mögen besondere Konstellationen des Höferechts gelten, dazu *Musielak*, in: MüKo-BGB, § 2276 Rn. 13; *Wolf*, in: Soergel-BGB, § 2276 Rn. 19.

320 BVerfGE 91, 346, 358; 99, 341, 351 f.; BGHZ 118, 361, 365; *Meyer-Pritzl*, in: Staudinger-Eckpfeiler, Y Rn. 100; dazu ausf. auch *Kroppenberg*, Privatautonomie, passim.

Vielzahl allgemeiner (z.B. § 133 BGB) wie erbrechtlicher (§§ 1937–1941, 2066 ff., 2084 BGB) Vorschriften manifestiert und bei § 2302 BGB bereits in der amtlichen Überschrift verdeutlicht („Unbeschränkbare Testierfreiheit").[321] Darüber hinaus wird – was auf den ersten Blick paradox erscheinen mag – die Testierfreiheit zur Wahrung derselben teilweise eingeschränkt, wofür das Verbot der Erbeinsetzung eines Heims paradigmatisch ist.[322] Im Ergebnis kann auch § 140 BGB als Postulat verstanden werden, nach welchem dem Erblasserwillen innerhalb der Rechtsordnung in größtmöglichem Umfang Geltung verschafft werden sollte.[323] Zu erkennen bleibt letztlich, dass eine etwaige Nichtigkeit oftmals erst zu einem Zeitpunkt bekannt wird, in dem eine vollwirksame Neuvornahme des Geschäfts wegen des zwischenzeitlichen Todes des Erblassers nicht mehr realisierbar ist, wodurch die Konversion erneut an Relevanz gewinnt.[324]

Aufgrund dieser Umstände fungiert § 140 BGB nicht selten als Schnittstelle zwischen dem allgemeinen Zivilrecht und dem Erbrecht, welche an einigen Punkten als geradezu neuralgisch verstanden werden muss. Dies gilt für das Vorliegen der in § 140 BGB aufgestellten Tatbestandsvoraussetzungen genauso, wie gegebenenfalls für zu beachtende Umdeutungsgrenzen.

B. Auslegung im Erbrecht

Für die Umdeutung im Erbrecht ist eine Betrachtung der Auslegung keineswegs trivial,[325] handelt es sich hierbei doch gleichsam um das Eingangstor zu § 140

321 Vgl. in diese Richtung auch *Kanzleiter*, in: Staudinger-BGB (2014), § 2302 Rn. 3; *Musielak*, in: MüKo-BGB, § 2302 Rn. 1; *M. Schmidt*, in: Erman-BGB (13. Aufl. 2011), § 2302 Rn. 1; *S. und T. Kappler*, in: Erman-BGB, § 2302 Rn. 1; *Brox/Walker*, Erbrecht, Rn. 23; *K. W. Lange*, Erbrecht, § 11 Rn. 14; *Leipold*, Erbrecht, Rn. 236; *Leitzen*, ZEV 2010, 401; a.A. *Battes*, AcP 178 (1978), 337, 345 ff.; *Muscheler*, Erbrecht I, 333; *van Veenroy*, JZ 1985, 609, 611.

322 Vgl. allgemein zu § 14 HeimG: BGHZ 110, 235, 240; BayObLG, NJW 1992, 55, 56; *Sieghörtner*, in: Hausmann/Hohloch, Kap. 9 C. Rn. 235 ff.; *Duvenkrop*, Übergehung, passim; *Hollstein*, Nichtigkeit, passim; *Brox*, FS Benda, 17 ff.; *Dubischar*, DNotZ 1993, 419, 421. Zur Verfassungsmäßigkeit der Norm BGH, ZEV 1996, 145 ff. Zu den landesrechtlichen Vorschriften und eine Anwendung des § 140 BGB auf solche Fälle u. § 3 C. I. 2. a).

323 Vgl. zu § 140 BGB im Allgemeinen *Leenen*, AT, § 9 Rn. 278 a.E.

324 *Medicus*, AT, Rn. 528; *Lieder/Berneith*, JuS 2015, 1063, 1065; *Grüter*, Schicksal, S. 92.

325 Interessant ist vor allem auch eine von *Leipold* 2010 durchgeführte quantitative Rechtsprechungsanalyse. Danach ging es in 834 BGH-Entscheidungen 90 Mal um die Auslegung von Verfügungen von Todes wegen. Damit machte die Auslegung den dritthäufigsten Entscheidungsgegenstand aus. Vor allem der dem § 140 BGB

BGB, indem die Auslegung das von den Parteien tatsächlich Gewollte und damit die Ausgangsposition für den jeweiligen hypothetischen Willen veranschaulicht. Ohnehin ermöglicht ein Blick auf die Auslegung ein besseres – erbrechtliches – Gesamtverständnis von § 140 BGB.

I. Dogmatische Grundlagen

Ausgangspunkt sind auch im Erbrecht die erläuternde Auslegung und somit die an den Wortlaut anknüpfende Frage, was der Erblasser wirklich zum Ausdruck bringen wollte.[326] Wie schon § 133 BGB zu verstehen gibt, ist dabei nicht mit letzter Konsequenz an den gewählten Worten festzuhalten, weshalb grundsätzlich auch bei Mehrdeutigkeiten oder einem Versprechen/Verschreiben des Erklärenden nach allen rechtlichen Möglichkeiten das tatsächlich Gewollte zu erforschen ist.[327]

Wenngleich die Auslegung im Erbrecht der im allgemeinen Zivilrecht an vielen Stellen entspricht,[328] ist jedenfalls die Unterscheidung zwischen natürlicher

---

ähnelnde § 2084 BGB nahm davon wiederum 33 Entscheidungen ein. Vgl. zu den gennanten Zahlen www.jura.uni-freiburg.de/institute/izpr2/downloads/dateienlei pold/quantitativerechtsprechungsanalyse, zuletzt abgerufen am 30.04.2016.

326 BGH, FamRZ 1987, 475, 476; NJW 1993, 256; ZEV 2002, 20; BayObLG FamRZ 1994, 1554, 1555; 2003, 326, 327; NJW-RR 2001, 1521, 1522; *Fleindl*, in: NK-BGB, § 2084 Rn. 8; *Leipold*, in: MüKo-BGB, § 2084 Rn. 6; *Ebenroth*, Erbrecht, Rn. 391; *Muscheler*, Erbrecht I, Rn. 1858; *Schlüter/Röthel*, Erbrecht, § 19 Rn. 2; *Olzen*, Erbrecht, Rn. 562. Prägnant zur Auslegung im Allgemeinen bereits *v. Savigny*, System III, S. 258: „Denn eigentlich muß der Wille an sich als das einzig Wichtige und Wirksame gedacht werden, und nur weil er ein inneres, unsichtbares Ereignis ist, bedürfen wir eines Zeichens, woran er von Anderen erkannt werden könne, und dieses Zeichen, wodurch sich der Wille offenbart, ist eben diese Erklärung. Daraus folgt aber, daß die Übereinstimmung des Willens mit der Erklärung nicht etwas Zufälliges, sondern ihr naturgemäßes Verhältnis ist".

327 BGHZ 86, 41, 45; 945, 36, 38, 43; BGH, FamRZ 1987, 475, 476; *Fleindl*, in: NK-BGB, § 2084 Rn. 7; *Leipold*, in: MüKo-BGB, § 2084 Rn. 6; *Loritz*, in: Soergel-BGB, § 2084 Rn. 2; *Weidlich*, in: Palandt, § 2084 Rn. 1; *Ebenroth*, Erbrecht, Rn. 392; *K. W. Lange*, Erbrecht, § 35 Rn. 2; *Schlüter/Röthel*, Erbrecht, § 19 Rn. 6.

328 So ist auch die ergänzende Auslegung im Erbrecht durchweg anerkannt, vgl. RGZ 99, 82, 85; 134, 277, 280; BGHZ 22, 357, 360; BGH, LM Nr. 5 zu § 2084 BGB; OLG Nürnberg, ZEV 2010, 410, 414; *Fleindl*, in: NK-BGB, § 2084 Rn. 38; *M. Schmidt*, in: Erman-BGB, § 2084 Rn. 7; *Weidlich*, in: Palandt, § 2084 Rn. 8. Zur Rechtsgrundlage s. *Leipold*, in: MüKo-BGB, § 2084 Rn. 76.

und normativer Auslegung von erhöhter Relevanz.[329] Während es außerhalb des Erbrechts in der Mehrzahl der Fälle um empfangsbedürftige Willenserklärungen geht, werden ebensolche im Erbrecht nur im Rahmen des Erbvertrags (§§ 2274 ff. BGB) bzw. des gemeinschaftlichen Testaments (§§ 2265 ff. BGB) relevant.[330] Dementsprechend seltener wird im fünften Buch des BGB normativ, also „unter Berücksichtigung von Treu und Glauben mit Rücksicht auf die Verkehrssitte“[331] (vgl. § 157 BGB), ausgelegt. Mangels schutzwürdiger Interessen kommt es vielmehr auf eine natürliche Auslegung an, womit dem Vorstellungsbild des Erklärenden soweit wie möglich entsprochen werden soll,[332] was vor allem durch die Kodifikation einer Vielzahl erbrechtlicher Auslegungs- bzw. Ergänzungsregeln[333] (§§ 2066–2073, 2077, 2087 f., 2092, 2094 BGB) deutlich wird[334].[335]

Einen tatsächlichen Unterschied zur Auslegung im allgemeinen Zivilrecht und damit eine erbrechtliche Besonderheit stellt die favor testamenti i.S.v. § 2084 BGB dar, deren Wirkungsweise bereits an anderer Stelle erörtert wurde.[336] Letztlich kommt eine Umdeutung daher immer erst in Betracht, wenn trotz Deutung des Wortlauts, der Möglichkeit der Lückenfüllung im Rahmen einer ergänzenden Auslegung, der Heranziehung sämtlicher Auslegungsregeln und der Auslegung zugunsten der Wirksamkeit eine nichtige Verfügung von Todes wegen übrigbleibt.[337]

---

329 Für das Erbrecht ausf. *Muscheler*, Erbrecht I, Rn. 1830 ff. Vgl. allgemein *Bork*, AT, Rn. 512 ff.; *Flume*, AT II, S. 307 ff.; *Medicus*, AT, Rn. 322 ff.; *Wolf/Neuner*, AT, § 35 Rn. 3 ff.

330 Vgl. *Leipold*, Erbrecht, Rn. 290, 456 a.E., 495; *Brox/Walker*, Erbrecht, Rn. 83, 176; *Michalski*, Erbrecht, Rn. 229, 254; *Muscheler*, Erbrecht I, § 8 passim.

331 *Bork*, AT, Rn. 525; vgl. auch *Litzenburger*, in: BeckOK-BGB, § 2084 Rn. 19.

332 *Hefermehl*, in: Soergel-BGB, § 133 Rn. 11; *Bork*, AT, Rn. 512; *Medicus*, AT, Rn. 322; *Wolf/Neuner*, AT, § 35 Rn. 31 f.

333 Zur zwar theoretisch denkbaren, in der Regel aber nicht notwendigen Unterscheidung beider Begriffe *Otte*, in: Staudinger-BGB (2013), § 2069 Rn. 1 i.V.m. Vorbem zu §§ 2064–2086 Rn. 98 ff. m.w.N.; *Leipold*, Erbrecht, Rn. 365 m. Fn. 19; *Muscheler*, Erbrecht I, Rn. 1862. Weitergehend *Tappmeier*, Auslegungsvorschriften, S. 4 ff. Angesichts der tatsächlichen Wirkweise dieser Normen wäre es jedenfalls verfehlt, von Auslegungs*grundsätzen* zu sprechen; vgl. auch *Larenz*, Auslegung, S. 3 m. Fn. 1.

334 *Brox/Walker*, Erbrecht, Rn. 206: „Die Regeln entsprechen allgemeinen Erfahrungssätzen“.

335 Richtigerweise sind diese Normen auch bei der ergänzenden Auslegung von Bedeutung, vgl. *Brox/Walker*, Erbrecht, Rn. 206.

336 Vgl. zur Abgrenzung gegenüber § 140 BGB o. § 2 B. V. 4. b).

337 Ausdrücklich *P. Finger*, in: AK-BGB, § 2084 Rn. 30; *Avenarius*, in: PWW-BGB, § 2084 Rn. 18. S. auch *Seiler-Schopp/Rudolf*, in: Damrau/Tanck, § 2084 Rn. 79.

1. *Freie Testamentsauslegung*

Weitestgehende Einigkeit herrscht darüber, dass im Rahmen der Auslegung alle Umstände mit berücksichtigt werden müssen, selbst wenn sie außerhalb der Urkunde liegen.[338] Weniger einig ist man sich indes, ob dies uneingeschränkt gilt.

Dies wäre jedenfalls bei einer freien[339] Testamentsauslegung der Fall, wenn die Berücksichtigung des Erblasserwillens ohne weitere Einschränkungen erfolgte. Unabhängig von den Vor- und Nachteilen einer solchen Auslegung muss dieser wenigstens im Detail terminologisch wie dogmatisch entgegnet werden: Selbst bei freier Auslegung ist nicht allein auf einen losgelösten Erblasserwillen abzustellen, weil dieser ohne die Rechtsordnung keinerlei Rechtsfolgen auslösen kann.[340] Daher ist wegen der im BGB verankerten Lösung zwischen gemeinrechtlicher Willens- und Erklärungstheorie[341] entscheidend, was der Erblasser mit seinen Worten rechtlich *sagen wollte*.[342]

2. *Grenzen einer freien Testamentsauslegung*

Um einer freien (erläuternden wie ergänzenden) Auslegung Grenzen zu setzen, hat sich die vorherrschende Auffassung in Rechtsprechung[343] und Literatur[344] im allgemeinen wie besonderen Zivilrecht schon früh der sogenannten

---

338 *Brox/Walker*, AT, Rn. 126; *Otte*, in: Staudinger-BGB (2013), Vorbem zu §§ 2064–2086 Überschrift zu Rn. 26: „Oberste Grundsätze der Testamentsauslegung".

339 Terminologisch hat sich für diese Auffassung wohl kein Begriff endgültig durchgesetzt. So wird sowohl von „Auslegungstheorie", als auch von „empirischer" oder „subjektiver" Auslegung gesprochen. Vgl. dazu *Muscheler*, Erbrecht I, Rn. 1831 m.w.N.

340 Ungenau daher etwa *Ebenroth*, Erbrecht Rn. 397; kritisch auch *Muscheler*, Erbrecht I, Rn. 1831, 1858.

341 Vgl. o. § 2 C. III. 1. d) bb).

342 S. die Nachweise in Fn. 326.

343 Im heutigen Sinne erstmals wohl RGZ 59, 217, 218 ff. Ansonsten st. Rspr.: RGZ 160, 109, 111; RG, LZ 1932, 338; BGHZ 26, 204, 210; 80, 242, 244; 87, 150, 154; BGH, NJW 1980, 1276, 1277; 1996, 2792, 2793; 1999, 2591, 2592 f.; 2011, 218, 219; WM 1970, 221, 222; 1997, 1024, 1025; OLG Hamm, NJW 1974, 60, 61; OLG Düsseldorf, ZEV 1998, 229, 230; OLG Karlsruhe, ZEV 1999, 438; KG, NJW 1970, 758; BayObLG, FamRZ 1986, 608, 609; 1991, 231, 232; ZEV 2004, 200 f. m. Anm. *Kasper*.

344 *Czubayko*, in: Burandt/Rojahn, § 2084 BGB Rn. 11 ff.; *Fleindl*, in: NK-BGB, § 2084 Rn. 15 ff.; *Leipold*, in: MüKo-BGB, § 2084 Rn. 14; *Litzenburger*, in: BeckOK-BGB, § 2084 Rn. 20 f.; *Loritz*, in: Soergel-BGB, § 2084 Rn. 8 f.; *A. Staudinger*, in: Hausmann/Hohloch, Kap. 9 A. Rn. 4 ff.; *Stürner*, in: Jauernig-BGB, § 2084 Rn. 4; *Weidlich*, in: Palandt, § 2084 Rn. 4; *Foer*, falsa, S. 145 ff.; *Ebenroth*, Erbrecht, Rn. 399; *Frank/Helms*, Erbrecht, § 7 Rn. 3, 7, 10; *Kipp/Coing*, Erbrecht, S. 139; *Michalski*, Erbrecht, Rn. 336;

„Andeutungstheorie/Andeutungsformel" verschrieben. Danach muss jeder durch Auslegung ermittelte Partei- respektive Erblasserwille in irgendeiner Weise im Testament formwirksam angedeutet sein, sei es auch nur versteckt. Im Ergebnis ist die Andeutungsformel daher keine Frage der Auslegung selbst, sondern der Formwirksamkeit des Auslegungsergebnisses,[345] sodass nicht von einer „gebundenen Auslegung" gesprochen werden sollte. Wenngleich sich eine Diskussion um diese Theorie im Rahmen der Auslegung anbietet (so auch hier), ist die Andeutungstheorie klar von ihr zu trennen.[346]

3. *Berechtigung der Andeutungstheorie*

a) *Zwei-Stufen-Lösung*

Losgelöst von der Berechtigung dieser Theorie ist es jedenfalls zu begrüßen, dass sie mittlerweile[347] allein eine Frage der Formwirksamkeit und nicht mehr der Auslegung selbst ist.[348] Andernfalls wäre ein Widerspruch zu § 133 BGB im Allgemeinen und zum Erblasserwillen im Speziellen kaum zu vermeiden, denn warum etwa ein Brief des Erblassers den Inhalt seines Testaments nicht konkretisieren können sollte, erschließt sich nicht. Womöglich unterlag der Erblasser nämlich dem Glauben, dass die Ausführungen im Testament auch objektiv einen ausreichenden Anhaltspunkt für außerhalb liegende Umstände darstellt und sein Wille daher durchgesetzt wird.

Schlüter, Erbrecht (16. Aufl. 2007), Rn. 192; *K. W. Lange*, Erbrecht, § 35 Rn. 16; *Olzen*, Erbrecht, Rn. 573 ff.; *Schmoeckel*, Erbrecht, § 22 Rn. 5; *Wolf/Neuner*, AT, § 35 Rn. 48; grundlegend auch *I. Scherer*, Andeutungsformel, allgemein passim, besonders S. 76; *Otte*, in: Staudinger-BGB (2013), Vorbem zu §§ 2064–2086 Rn. 28 ff. m.w.N. Zur Andeutungstheorie im allgemeinen Zivilrecht etwa *Einsele*, in: MüKo-BGB, § 125 Rn. 37 f.

345 Vgl. BGHZ 80, 242 (Ls.); 80, 246, 250; 86, 41, 45 ff.; OLG München, NJW-RR 2008, 1327, 1328; *Muscheler*, Erbrecht I, Rn. 1856; *Schlüter*, Erbrecht (16. Aufl. 2007), Rn. 192; *Einsele*, in: MüKo-BGB, § 125 Rn. 38; *Leipold*, in: MüKo-BGB, § 2084 Rn. 14 m.z.N.

346 Sprachlich wie systematisch wird ein gegenteiliger Eindruck zuweilen dadurch vermittelt, dass die Andeutungstheorie nicht im Rahmen der Formfragen, sondern bei der Auslegung dargestellt wird. Exemplarisch: *Leipold*, Erbrecht, Rn. 364.

347 Vgl. zu der diesbezüglichen Änderung *Muscheler*, Erbrecht I, Rn. 1856 m.w.N.

348 Wie hier *Gerhards*, JuS 1994, 642, 645 f.; *Schlüter*, Erbrecht (16. Aufl. 2007), Rn. 192; so zu verstehen auch *Einsele*, in: MüKo-BGB, § 125 Rn. 38; a.A. etwa *Foer*, falsa, S. 185.

Die insofern geäußerte Kritik[349] ist dabei im Grunde zutreffend: So müsste im Zuge einer stringenten Durchsetzung dieses Zwei-Stufen-Modells (Auslegung/ Form) auch ein per E-Mail verfasstes Testament zunächst ausgelegt werden, um es erst im Anschluss für formnichtig zu erklären. Überhaupt könnte eine umfassende Beweisführung hinsichtlich des Willens über § 125 S. 1 BGB kurzerhand bedeutungslos werden. Allerdings – und das muss entscheidend sein – kann kaum davon ausgegangen werden, dass es in praxi tatsächlich dazu kommt; vielmehr wird die Auslegung parallel zur Frage der Formwirksamkeit verlaufen.

b) Andeutungstheorie und § 2078 BGB

Gleichwohl ist die Andeutungstheorie zu Recht Kritik ausgesetzt. Zuzugeben ist zwar, dass sich ohne dieselbe die Frage nach der Existenzberechtigung von § 2078 BGB stellte, da die Verfügung von Todes wegen bereits um den Irrtum bereinigt auszulegen wäre und die Norm damit wohl nicht selten leerliefe. Auch kann diesen Bedenken nicht entgegnet werden, § 2078 BGB fände jedenfalls dann Anwendung, wenn nur das vom Erblasser negativ (nicht B als Erbe), nicht zugleich aber das positiv Gewollte (A als Erbe) feststellbar sei.[350] Es wäre hierbei – wie bereits mehrfach kritisiert[351] – durchaus fraglich, wie in solchen Fällen der Beweis des negativ ohne den des positiv Gewollten konkret gelingen soll; somit ist dieser teilweise angenommene Anwendungsbereich des § 2078 BGB größtenteils nur theoretischer Natur.

Trotzdem überzeugt es im Ergebnis nicht, die im Erbrecht kodifizierte Anfechtungsmöglichkeit als „Bollwerk" gegen eine grenzenlose Testamentsauslegung heranzuziehen.[352] Der Anwendungsbereich des § 2078 BGB basiert schlicht auf dem im Erbrecht schwach ausgeprägten Bezug zum objektiven Empfängerhorizont und damit auf dem geringen Schutz des jeweils Bedachten. Dies durch das Erfordernis einer Andeutung einzuschränken, stellt daher wohl eher einen juristischen Kunstgriff dar, vor allem weil die Andeutungstheorie ohne direkte kodifizierte Grundlage dasteht. Zudem verkennen die Befürworter der Theorie

---

349 Vgl. *Muscheler*, Erbrecht I, Rn. 1856; *Wingerter*, Eigenhändige Verfügung, S. 178 ff.; ferner *Leipold*, FS Müller-Freienfels, 421, 429 m.w.N.

350 *Brox*, Einschränkung, S. 142; *ders./Walker*, Erbrecht, Rn. 199 a.E.; *Flume*, AT II, S. 430; *Wingerter*, Eigenhändige Verfügung, S. 184; *Foerste*, DNotZ 1993, 84, 95 m.w.N.

351 *Leipold*, in: MüKo-BGB, § 2084 Rn. 19; *Muscheler*, Erbrecht I, Rn. 1834; *Michalski*, Erbrecht, Rn. 335; mit anderem Argument auch *Schulz*, GS Seckel, 70, 86 m. Fn. 1.

352 Vgl. insb. *Foerste*, DNotZ 1993, 84, 89 ff.; *v. Lübtow*, Erbrecht I, S. 267; *Singer*, in: Staudinger-BGB (2012), § 133 Rn. 38. I.E. auch *Wingerter*, Eigenhändige Verfügung, S. 184 f.

im Hinblick auf § 2078 BGB, dass diesem ohne weiteres ein Anwendungsbereich, etwa bei (gegenseitigen) Erbverträgen respektive in analoger Anwendung bei gemeinschaftlichen Testamenten, verbleibt (§ 2281 BGB).

c) Andeutungstheorie und klassische Gegenargumente

Abgesehen davon überzeugen in Teilen die gleichsam „klassischen" Argumente, die gegen die Andeutungstheorie vorgebracht werden.

aa) Bevorzugung des vielschreibenden Erblassers

Wenigstens theoretisch kann kaum abgestritten werden, dass die Andeutungstheorie den weitschweifigen gegenüber dem eher knapp formulierenden Erblasser bevorzugt,[353] da bei ersterem eine objektive Andeutung eher gegeben sein wird. Dem kann nicht entgegengehalten werden, der Vorteil des vielschreibenden Erblassers reduziere sich auf die seltenen Fälle gänzlich vergessener Verfügungen und habe daher ohnehin kaum praktische Relevanz.[354] Insbesondere verstricken sich diese Stimmen in eine methodische Kontradiktion, indem sie mit dieser (vermeintlich) mangelnden Relevanz argumentieren und zugleich darauf verweisen, dass § 2078 BGB ohne Andeutungstheorie leerliefe. Bis heute ist jedenfalls das Vorliegen eines Erklärungsirrtums i.S.v. § 2078 Abs. 1 Var. 2 BGB nicht bekannt,[355] sodass sich dem gleichermaßen die Relevanz absprechen ließe.

bb) Mangel an objektiven Kriterien

Davon abgesehen ginge mit der Andeutungstheorie insofern eine eminente Rechts*unsicherheit* einher, als die Annahme einer Andeutung vom Richter im Einzelfall abhängig gemacht wird. Vor allem ist es nicht bestreitbar, dass objektive Kriterien bezüglich des Feststellens einer Andeutung nicht existent sind, weshalb gleichgelagerte Fallgestaltungen im Lichte der Andeutungstheorie durchaus

---

353 *Dörner*, in: HK-BGB, § 125 Rn. 19; *Brox*, JA 1984, 549, 555; *ders./Walker*, Erbrecht, Rn. 200; *Gerhards*, JuS 1994, 642, 648.

354 So etwa *Muscheler*, Erbrecht I, Rn. 1841 m. Verweis auf BGHZ 80, 242; *Loritz*, in: Soergel-BGB, § 2084 Rn. 8 m Verweis auf OLG Köln, Rpfleger 1981, 357. S. ferner *Olzen*, Erbrecht, Rn. 574.

355 Vgl. *Muscheler*, Erbrecht I, Rn. 1964; *Otte*, in: Staudinger-BGB (2013), § 2078 Rn. 10. Letzterer erklärt, dass dies vor allem dadurch bedingt sei, dass häufig eine Auslegung helfe. Ob der Testator, der statt Magda etwa Martha schreibt, ersteres nach der von *Otte* (in: Staudinger-BGB (2013), Vorbem zu §§ 2064–2086 Rn. 28 ff.) vertretenen Andeutungstheorie tatsächlich andeutet, ist fraglich. Letztlich zutreffend ist es aber, dass es praxisbezogene Nachweise zu einem Erklärungsirrtum nicht gibt.

different gelöst wurden.[356] Daher werden die Bedenken auch nicht durch die teilweise getroffene Aussage entkräftet, nach welcher dem zur Entscheidung berufenen Richter bei der Frage nach der Andeutung im Testament keine höhere Fehleranfälligkeit als bei der Frage eines generell vorliegenden Willens unterstellt werden könne.[357] Zumindest überzeugt es in letzter Konsequenz ebenso wenig, wenn sich die Befürworter der Theorie demgegenüber gerade auf eine Rechts*sicherheit* stützen wollen. So wird argumentiert, das Erfordernis eines Andeutens verringere die Gefahr einer missbräuchlichen Beweisführung hinsichtlich des tatsächlich Gewollten im Prozess.[358] In gleichem Umfang besteht doch aber die Gefahr eines missbräuchlichen Beweises, mit dem dargelegt werden soll, dass ein bestimmtes Wort respektive ein bestimmter Teil der Verfügung diesen oder jenen Willen andeuten soll. Dies gilt umso mehr, als die Anforderungen an die Andeutungstheorie auf das marginale Erfordernis eines „Verstecktseins" heruntergebrochen werden.[359]

cc) Telos der Formforschriften

Insbesondere bedarf es der Andeutungsformel nicht – wie teilweise vertreten – um Formerfordernissen überhaupt Relevanz zuzusprechen[360] oder deren besonderen Zwecken gerecht zu werden.[361] Gerade das Risiko eines voreiligen Rechtsgeschäftsabschlusses kann mit ihr kaum eingeschränkt werden, weil die Parteien das jeweilige Formerfordernis selbst ohne Andeutungsformel grundsätzlich gewahrt haben müssen. Ist dies geschehen, haben sie es von Beginn an in Ansehung des von ihnen tatsächlich Gewollten getan, weshalb das

356 Vgl. jeweils mit Beispielen: *Brox*, JA 1984, 549, 555; *Singer*, in: Staudinger-BGB (2012), § 133 Rn. 32; *Häsemeyer*, Form, S. 130 f.

357 So aber *Otte*, in: Staudinger-BGB (2013), Vorbem zu §§ 2064–2086 Rn. 30.

358 *Otte*, in: Staudinger-BGB (2013), Vorbem zu §§ 2064–2086 Rn. 40; vgl. auch BayObLG, ZEV 1995, 408 f. m. Anm. *Otte*.

359 BGHZ 80, 242, 244; vgl. auch BGH, LM Nr. 1 zu § 2100 BGB; BayObLG, ZEV 2004, 200; *Leipold*, in: MüKo-BGB, § 2084 Rn. 14; *Litzenburger*, in: BeckOK-BGB, § 2084 Rn. 20; *Weidlich*, in: Palandt, § 2084 Rn. 4; *Ebenroth*, Erbrecht, Rn. 399; vgl. auch *Otte*, in: Staudinger-BGB (2013), Vorbem zu §§ 2064–2086 Rn. 28; *Stürner*, in: Jauernig BGB, § 2084 Rn. 4: „[…] sehr entfernter Anhalt".

360 So aber *Frank/Helms*, Erbrecht, § 7 Rn. 10 a.E.; *K.W. Lange*, Erbrecht, § 35 Rn. 16; *Schlüter*, Erbrecht (16. Aufl. 2007), Rn. 192 m. Verweis auf BGHZ 80, 246, 250 f. Dieses Argument ist schon deshalb bedenklich, weil die Andeutungstheorie an keiner Stelle des Gesetzes selbst angedeutet ist.

361 Ausf. *Brox/Walker*, Erbrecht, Rn. 200; vgl. auch *Medicus*, AT, Rn. 331; *Harder/Kroppenberg*, Erbrecht, Rn. 195; mit älteren Nachweisen auch *v. Lübtow*, Erbrecht I, S. 271.

Außerachtlassen von außerhalb der Urkunde liegenden Umständen kaum zu erklären ist. Anders gewendet: Auch ohne Andeutungstheorie wird der Wille der Parteien zeitlich nicht erst nach dem Einhalten der Form gebildet beziehungsweise hinterfragt. Vielmehr erfüllen sie den jeweiligen Formalismus bereits mit dem Willen hinsichtlich einer bestimmten Rechtsfolge und sind daher ohnehin vor Übereilung gefeit. Ebenso verhält es sich hinsichtlich einer etwaigen Beratungsfunktion, zumal auf dieselbe bei einer Heilung der Formnichtigkeit gänzlich verzichtet wird (§§ 311b Abs. 1 S. 2, 518 Abs. 2 BGB).[362]

Auch die Beweisfunktion zwingt im Ergebnis nicht zur Andeutungstheorie. Dies scheint zwar auf den ersten Blick weniger eindeutig, allerdings muss das Gericht bei Berücksichtigung der Andeutungsformel zur Überprüfung einer irgendwie getroffenen Andeutung nicht selten ohnehin außerhalb der Urkunde liegende Umstände heranziehen. Hinsichtlich dieser Umstände und einer diesbezüglichen Andeutung besteht doch aber erneut dieselbe Missbrauchsgefahr, wie bei dem Beweis eines Willens im Generellen.[363]

dd) Falschbezeichnungen

Ferner ist die Andeutungstheorie mit dem – auch im Erbrecht geltenden[364] – Grundsatz der „falsa demonstratio non nocet" unvereinbar.[365] Es erklärt sich bereits nicht, warum bei einem Kaufvertrag die Falschbezeichnung hinsichtlich

---

362 Ausdrücklich *Medicus*, AT, Rn. 331. Vgl. allgemein zur Wirkung der Heilung auch *Grziwotz*, in: Erman-BGB, § 311b Rn. 71 ff.; *Grüneberg*, in: Palandt, § 311b Rn. 55; *Kanzleiter*, in: MüKo-BGB, § 311b Rn. 84 ff.; *Stadler*, in: Jauernig-BGB, § 311b Rn. 36.

363 Vgl. auch *Flume*, NJW 1983, 2007, 2008; *Harder/Kroppenberg*, Erbrecht, Rn. 195; a.A. *Otte*, in: Staudinger-BGB (2013), Vorbem zu §§ 2064–2086 Rn. 30, 40; *ders.*, ZEV 1995, 409, 410.

364 Vgl. bereits Protokolle V, S. 49 = *Mugdan* V, S. 540; vgl. ferner *Leipold*, in: MüKo-BGB, § 2084 Rn. 18 f.; *dens.*, Erbrecht, Rn. 363; *A. Staudinger*, in: Hausmann/Hohloch, Kap. 9 A. Rn. 7; *Weidlich*, in: Palandt, § 2084 Rn. 5; *Flume*, AT II, S. 334; *dens.*, NJW 1983, 2007, 2008; *Brox*, JA 1984, 549, 556; *Welter*, Auslegung, S. 81 f. S. zur Geltung im Römischen Recht *Foerste*, DNotZ 1993, 84, 92 f.; *Kaser/Knütel*, Römisches Privatrecht, § 8 Rn. 15 ff.

365 So auch *Busche*, in: MüKo-BGB, § 133 Rn. 60; *Singer*, in: Staudinger-BGB (2012), § 133 Rn. 33; *Häsemeyer*, Form, S. 144; *Flume*, AT II, S. 302 f.; *Wingerter*, Eigenhändige Verfügung, S. 182 ff. S. ferner *Grunewald*, ZGR 1995, 68, 76 f.; *Harder/Kroppenberg*, Erbrecht, Rn. 195. Vgl. dazu auch BGHZ 87, 150, 154 f.; BGH, NJW 2008, 1658, 1659; *Ellenberger*, in: Palandt, § 133 Rn. 19. *Wieling* (Jura 1979, 524 ff.) spricht sich daher gegen die falsa-Regel aus; dagegen aber mit Recht *Singer*, in: Staudinger-BGB (2012), § 133 Rn. 33.

des übereinstimmend gewollten, aber keineswegs angedeuteten Grundstücks unschädlich,[366] ein zum selben Zweck aufgesetztes Testament mangels Andeutung indes formnichtig sein soll.[367] Das überrascht vor allem deshalb, weil mit der falsa-Regel ebenso der tatsächliche Parteiwille gewahrt werden soll, wie auch mit der Andeutungsformel. Besonders befremdlich mutet es überdies an, dass der Beweis einer irrtümlichen Falschbezeichnung nicht selten nur durch äußere Umstände zu führen ist, diese hier aber herangezogen werden dürfen. Sofern man dies als „zulässige Ausnahme"[368] ansieht, bleibt von der Andeutungstheorie letztlich nicht viel übrig.[369] Da das tatsächlich Gewollte wiederum vor Einhaltung der Form feststand, ließe sich argumentieren, alles nicht in der Urkunde Angedeutete ist übereinstimmend gewollt, fälschlicherweise nur nicht bezeichnet. Auch im Erbrecht ergibt sich hierbei nichts anderes: Für die Frage nach einer Falschbezeichnung ist auf den Horizont des Erblassers abzustellen[370] und in der Konsequenz zwischen bewusst und unbewusst falschen Bezeichnungen zu differenzieren. Bei ersteren bezeichnet der Erblasser etwa eine Person oder einen

---

366 Vgl. BGHZ 87, 150, 152.

367 Prägnant *Singer*, in: Staudinger-BGB (2012), § 133 Rn. 33: „[…] würde […] zu einem wenig praxisgerechten ‚gespaltenen Formzwang' […] führen". Ebenso *Wingerter*, Eigenhändige Verfügung, S. 186. Problematisch ist vor allem, dass die h.M. bei einem Erbvertrag, welcher wie ein lebzeitiger Vertrag ebenfalls nach § 157 BGB auszulegen ist (vgl. o. § 3 B. I.) wohl entsprechend der Handhabung beim Kaufvertrag die falsa-Regel anwenden und damit zu einem wirksamen Geschäft kommen würde, während die identischen Anordnungen des Erblassers in einem Testament nicht ausreichend wären.

368 Ausdrücklich *Foer*, falsa, S. 172. S. auch *Larenz/Wolf*, AT, § 28 Rn. 97: „Abgeschwächte Andeutungstheorie"; *Wolf/Neuner*, AT, § 35 Rn. 49: „Evidenzkontrolle".

369 S. auch *Welter*, Auslegung, S. 79; *Häsemeyer*, Form, S. 140 ff.; *Lüderitz*, Auslegung, S. 183 ff.

370 RG, JW 1910, 61; 1911, 544 ff.; *Flad*, in: Planck-BGB, Vorbem 4 c) zu § 2064; *Leipold*, in: MüKo-BGB, § 2084 Rn. 17; *Loritz*, in: Soergel-BGB, § 2084 Rn. 19; *Wolf/Neuner*, AT, § 35 Rn. 46; *Otte*, in: Staudinger-BGB (2013), Vorbem zu §§ 2064–2086 Rn. 35. Letzterer wirft *Brox/Walker* (Erbrecht, Rn. 200) vor, dies zu verkennen. Das ist indes nur bedingt zutreffend. *Brox/Walker* beziehen sich explizit auf BGHZ 80, 242 und damit auf ein gemeinschaftliches Testament. Solche werden aber nicht allein nach § 133 BGB, sondern gerade auch nach § 157 BGB ausgelegt (vgl. dazu: BGHZ 112, 229, 233; BGH, LM Nr. 7 zu § 242 BGB; NJW 1993, 256; OLG Hamm, FamRZ 1994, 188, 189; *Litzenburger*, in: Hausmann/Hohloch, Kap. 7 A. Rn. 10; *Loritz*, in: Soergel-BGB, § 2084 Rn. 50 f. m.w.N.; ebenso *Stürner*, in: Jauernig-BGB, § 2084 Rn. 2; *Weidlich*, in: Palandt, § 2084 Rn. 1, 5; *K.W. Lange*, Erbrecht, § 35 Rn. 3), sodass eine differenzierte Betrachtung durchaus angebracht ist.

Gegenstand entgegen der objektiven Bedeutung wissentlich anders (Weinkeller als Bibliothek[371]). Problematisch ist hieran, dass der Erblasser den Weinkeller explizit benennt, sodass es sich im Grunde weder um eine Falschbezeichnung noch um eine Andeutung handelt.[372] Insoweit muss die Idee der Andeutungstheorie erhebliche Abstriche machen.[373] Denn: Entweder ist die Andeutung des Weinkellers in dem Begriff „Bibliothek" zu verneinen oder man muss sich allein auf den Sprachgebrauch des Erblassers besinnen. Dass er mit „Bibliothek" den Weinkeller meint, wird ohne über die Verfügung hinausgehende Anhaltspunkte aber kaum zu beweisen sein. Zur Vermeidung von Ungleichbehandlungen kann dieser Aspekt vor allem nicht damit ausgeräumt werden, der Erblasser gebrauche in vielen Fällen einen bestimmten Ausdruck häufiger und nicht allein im Testament.[374]

Die verbleibenden Fälle unbewusster Falschbezeichnungen, also klassischer Inhalts- wie Erklärungsirrtümer, sollen nach den Befürwortern der Andeutungstheorie die „in der Natur der Sache" liegende Grenze zur Irrtumsanfechtung aufzeigen, wobei § 2078 BGB gerade nicht gegenstandslos werden dürfe.[375]

---

371 Ausgangspunkt zu diesem Fall ist wohl *Ulpian*, D. 32, 52, (7/7a); Übersetzung bei *Kupisch*, in: Knütel/Kupisch/Rüfner/Seiler, CIC. Ansonsten ist dieser Fall das gängigste Beispiel im Rahmen der Testamentsauslegung, vgl. *Muscheler*, Erbrecht I, Rn. 1847; *v. Lübtow*, Erbrecht I, S. 269; *Harder/Kroppenberg*, Erbrecht, Rn. 196; *Brox*, Einschränkung, S. 141; *K.W. Lange*, Erbrecht, § 35 Rn. 14; *Ebenroth*, Erbrecht, Rn. 398; *Michalski*, Erbrecht, Rn. 338; *Olzen*, Erbrecht, Rn. 567; *Leipold*, Erbrecht, Rn. 363; *dens.*, in: MüKo-BGB, § 2084 Rn. 18; *H. Lange/Kuchinke*, Erbrecht, S. 784; *Hoeren*, in: HK-BGB, Vorbemerkung zu §§ 2084–2099 Rn. 5; *M. Schmidt*, in: Erman-BGB, § 2084 Rn. 3; *Loritz*, in: Soergel-BGB, § 2084 Rn. 20; *Otte*, in: Staudinger-BGB (2013), Vorbem zu §§ 2064–2086 Rn. 34; *A. Staudinger*, in: Hausmann/Hohloch, Kap. 9 A. Rn. 7 a.E.; *Schulz*, GS Seckel, 70, 87.

372 Zutreffend *Muscheler*, Erbrecht I, Rn. 1848; *v. Lübtow*, Erbrecht I, S. 269. A.A. offenbar *Otte*, in: Staudinger-BGB (2013), Vorbem zu §§ 2064–2086 Rn. 35: „hinreichend angedeutet"; *A. Staudinger*, in: Hausmann/Hohloch, Kap. 9 A. Rn. 7: „[…] einen hinreichenden Niederschlag im Text gefunden"; ebenso *Michalski*, Erbrecht, Rn. 338: „zumindest angedeutet"; i.E. wohl auch *Loritz*, in: Soergel-BGB, § 2084 Rn. 19. Für eine Falschbezeichnung hingegen RGZ 70, 391, 393 f.

373 Ausdrücklich bereits *Muscheler*, Erbrecht I, Rn. 1848.

374 Wie hier *Muscheler*, Erbrecht I, Rn. 1848; a.A. *Leipold*, in: MüKo-BGB, § 2084 Rn. 18 f.; *Loritz*, in: Soergel-BGB, § 2084 Rn. 19.

375 Ausdrücklich *Otte*, in: Staudinger-BGB (2013), Vorbem zu §§ 2064–2086 Rn. 36; ebenso *Leipold*, in: MüKo-BGB, § 2084 Rn. 19; *Schulz*, GS Seckel, 70, 85 f.; *Foer*, falsa, S. 173 ff.; *I. Scherer*, Andeutungsformel, S. 75: widergesetzliche „de facto" Beseitigung. I.E. auch RGZ 70, 391, 393.

Diese Stimmen verkennen eine in Teilen gegebene Kontradiktion. Wird wie im Weinkeller-Fall entscheidend auf den spezifischen Sprachgebrauch des Erblassers abgestellt, muss dieser in letzter Konsequenz auch dann berücksichtigt werden, wenn er auf einem Irrtum beruht.[376] Dann verschwimmen die Grenzen zu § 2078 BGB aber ebenso wie ohne Andeutungstheorie.[377]

d) Andeutungstheorie im Lichte der ergänzenden Auslegung und § 140 BGB

Darüber hinaus steht die Theorie im Hinblick auf die anerkannten Grundsätze der ergänzenden Auslegung vor unüberwindbaren Hürden.[378] Die insofern zur Lückenschließung herangezogenen Willensmomente werden schon aufgrund ihres hypothetischen Charakters kaum in der Rechtsgeschäftsurkunde angedeutet sein.[379] Dem wird zuvorderst entgegengehalten, dass zwischen dem Ziel und dem Mittel des Testats zu unterscheiden sei, wobei ersteres ausreichend angedeutet und letzteres im Wege der ergänzenden Auslegung zu korrigieren sei.[380] Zu erkennen bleibt aber, dass das Ziel des Testats zugleich das Ergebnis der erläuternden Auslegung darstellt und daher im Rahmen der ergänzenden Auslegung apriorisch angedeutet ist,[381] weshalb diese tautologische Aussage kaum als Argument dienen kann. Das zeigt sich auch daran, dass die Anforderungen an

376 *Muscheler*, Erbrecht I, Rn. 1851 a.E.; *Loritz*, in: Soergel-BGB, § 2084 Rn. 19.

377 Überzeugend *Muscheler*, Erbrecht I, Rn. 1851 a.E. i.V.m. Rn. 1855: „Es ist inkonsequent zu sagen, die Vorschrift (scil.: § 2078 BGB) dürfe ihren Anwendungsbereich nicht verlieren, wenn sie es zur Hälfte doch tut (was freilich niemand zugibt)". Zweiter Klammerzusatz auch im Original.

378 Die Andeutungstheorie auch hier anwenden wollen: RGZ 99, 82, 85 f.; 134, 277, 280; BGHZ 22, 357, 362; BGH, FamRZ 1962, 256, 257; OLG Köln, ZEV 2009, 241, 242; BayObLG, ZEV 2001, 24, 25; j.m.w.N. auch *Czubayko*, in: Burandt/Rojahn, § 2084 BGB Rn. 17; *Fleindl*, in: NK-BGB, § 2084 Rn. 44; *Leipold*, in: MüKo-BGB, § 2084 Rn. 87 ff.; *Loritz*, in: Soergel-BGB, § 2084 Rn. 36; *Otte*, in: Staudinger-BGB (2013), Vorbem zu §§ 2064–2086 Rn. 83 ff.; *M. Schmidt*, in: Erman-BGB, § 2084 Rn. 7; *A. Staudinger*, in: Hausmann/Hohloch, Kap. 9 A. Rn. 53 ff.; *K. W. Lange*, Erbrecht, § 35 Rn. 24; *Hammann*, ErbR 2014, 420, 425. S. ferner *Gerhards*, JuS 1994, 642, 645; die Theorie insoweit ablehnend: *Ellenberger*, in: Palandt, § 133 Rn. 19.

379 Vgl. auch *Harder/Kroppenberg*, Erbrecht, Rn. 195; *Brox*, Einschränkung, S. 151; *dens./Walker*, Erbrecht, Rn. 204.

380 Diesbezüglich instruktiv *Otte*, in: Staudinger-BGB (2013), Vorbem zu §§ 2064–2086 Rn. 83 ff.; *Leipold*, in: MüKo-BGB, § 2084 Rn. 87 ff.; *Gerhards*, JuS 1994, 642, 645. S. auch *A. Staudinger*, in: Hausmann/Hohloch, Kap. 9 A. Rn. 53; *Hammann*, ErbR 2014, 420, 425.

381 *H. Lange/Kuchinke*, Erbrecht, S. 787; *Muscheler*, Erbrecht I, Rn. 1872.

die Andeutung erneut marginalisiert werden.[382] Wer sie deshalb allein für die erläuternde, nicht für die ergänzende Auslegung heranziehen will,[383] sieht sich jedenfalls dem Vorwurf der Inkonsequenz ausgesetzt.

Weitergehend – und für diese Arbeit insbesondere – problematisch ist die Theorie im Hinblick auf § 140 BGB, womit gleichermaßen die Frage verbunden ist, ob diese auf eine von der Auslegung differente Umdeutung anzuwenden ist. Davon wäre jedenfalls dann auszugehen, wenn in der Konversion ein Teilaspekt der favor testamenti gesehen wird.[384] Abseits dieser und bei Übereinstimmung zu der hier vertretenen Auffassung erschiene die Heranziehung der Andeutungsformel für § 140 BGB allerdings ebenso konsequent:[385] Wenn eine Andeutung sowohl zum Schutze des Rechtsverkehrs als auch zum Schutze des Erklärenden gefordert wird, müsste zur konsequenten Durchsetzung dieser Ziele das Ersatzgeschäft im Ausgangsgeschäft angedeutet sein. Ansonsten könnten qua Umdeutung bei womöglich zufälliger Nichtigkeit Umstände herangezogen werden, die mit dem Ausgangsgeschäft keinerlei Übereinstimmung mehr aufweisen.

Wiederum ließe sich lapidar hinterfragen, wie das Ersatzgeschäft als etwas nicht Existentes – weil Hypothetisches – im Ausgangsgeschäft angedeutet sein soll. Zudem streitet gegen die Andeutungstheorie in diesem Rahmen, dass sie die Anwendung von § 140 BGB ohne Grund einzuschränken vermag. Insbesondere wäre die Konversion zu einem Aliud bei formgebundenen Erklärungen deutlich erschwert und bei (häufig) mangelnder Andeutung sogar unmöglich,

---

382 Vgl. insb. OLG Köln, ZEV 2009, 241, 242: „Dem Formerfordernis ist deshalb bereits dann Rechnung getragen, wenn sich für die Willensrichtung des Erblassers, seine Motivation oder Zielsetzung ein – auch noch so geringer – Anhaltspunkt oder ein – noch so unvollkommener – Ausdruck aus dem Testament selbst ergibt". S. ferner BayObLG, FamRZ 1991, 982, 984; 1993, 1496, 1497; *A. Staudinger*, in: Hausmann/Hohloch, Kap. 9 A. Rn. 53; *Hammann*, ErbR 2014, 420, 425.

383 So aber *Brinkmann*, in: PWW-BGB, § 157 Rn. 16 a.E.; *Ellenberger*, in: Palandt, § 133 Rn. 19; wohl auch BGHZ 86, 47, 48 f.

384 So zu verstehen daher *Otte*, in: Staudinger-BGB (2013), § 2084 Rn. 1, 10.

385 Vgl. auch *Breitling*, Rechtsfolgen, S. 97; ebenso wohl OLG Hamm, FamRZ 1974, 48, 50: „Voraussetzung dieser Umdeutung war, daß der Wille der Erblasser, damit ihren gemeinschaftlichen Kindern die künftige Erbfolge zu sichern, *genügend deutlich* in der Erklärung zum *Ausdruck* kam"; ferner *Wieling*, Jura 1979, 524, 530: „Hat der Testator seinen Sohn enterbt, so kann das nicht durch Umstände außerhalb des Testaments in eine Erbeneinsetzung *umgedeutet* werden". Hervorhebungen durch Verfasser. S. auch OLG Hamm, JMBlNRW 1960, 125, 126 f.; ferner *Krampe*, Die Konversion, S. 174; a.A. offenbar *Küntzel*, Anwendungsgebiet, S. 29 f.; *Thielmann*, Sittenwidrige Verfügungen, S. 195 f.

obwohl das Aliud als Ersatzgeschäft i.S.v. § 140 BGB allgemein anerkannt ist.[386] Zwar mögen diese Fälle eher seltener Natur sein. Allerdings sind sie speziell im Erbrecht samt den hier geltenden Besonderheiten des Anfechtungsrechts durchaus denkbar und in der Literatur mitunter „klassisch“. Zur Vergegenwärtigung folgendes Beispiel:

Erblasser E testiert: „Mein Freund B soll Alleinerbe werden“. Dabei geht E fälschlicherweise davon aus, sein Freund A wäre schon verstorben. Hätte E um das Leben des A gewusst, hätte er diesen zum Alleinerben eingesetzt.[387]

Abseits von Einzelheiten[388] wäre eine Umdeutung im Rahmen der Andeutungstheorie nicht möglich, da die Erbeneinsetzung von A im Testament an keiner Stelle angedeutet ist.[389] Insofern kann es auch kaum ausreichen, dass E formwirksam testiert hat und dies auch bei Irrtumsfreiheit getan hätte.[390] Will man die Andeutungstheorie nicht aufgeben, darf sie nicht danach fragen, ob ein Wille formwirksam angedeutet *worden wäre*, sondern ob dieser in der vorliegenden Urkunde formwirksam angedeutet *ist*. Andernfalls müsste die Theorie speziell beim Rekurrieren auf die Beweisfunktion von Formvorschriften erneut erhebliche Abstriche machen. Wer nun wiederum darauf abstellen mag, dass zwischen Ziel und Mittel zu unterscheiden sei, sieht sich daher der Kritik ausgesetzt, dass diese Unterscheidung bei erbrechtlichen Verfügungen in Ansehung der Andeutungstheorie nicht immer zu einer Konfliktlösung führt. Überdies ist es wegen des Stufenverhältnisses von Auslegung und Umdeutung eine Selbstverständlichkeit, dass das Ziel des Erblassers angedeutet ist. Daher kann der Andeutungstheorie auch im Lichte von § 140 BGB nicht gefolgt werden.

---

386 AllgM., vgl. *Ahrens*, in: PWW-BGB, § 140 Rn. 9; *Arnold*, in: Erman-BGB, § 140 Rn. 11; *Busche*, in: MüKo-BGB, § 140 Rn. 17; *Ellenberger*, in: Palandt, § 140 Rn. 6; *Faust*, in: NK-BGB, § 140 Rn. 18; *Wendtland*, in: BeckOK-BGB, § 140 Rn. 11; *Bork*, AT, Rn. 1230.

387 Beispiel nach *Krampe*, Die Konversion, S. 175; *Harder/Kroppenberg*, Erbrecht, Rn. 204; *Schulz*, GS Seckel, 70, 75 f.; *Wingerter*, Eigenhändige Verfügung, S. 216. S. bereits *Endemann*, Erbrecht, S. 59. Weitere Beispiele finden sich bei *Küntzel*, Anwendungsgebiet, S. 30 ff.; *Schulz*, GS Seckel, 70, 75 f.; *Brox*, Einschränkung, S. 144.

388 Dazu ausf. u. § 3 C. I. 2. c).

389 Vgl. *Wieling*, Jura 1979, 524, 529 zu einem falsch bezeichneten Grundstück; ebenso *v. Lübtow*, Erbrecht I, S. 269; *Brox*, Einschränkung, S. 111 zum klassischen Weinkeller-Fall.

390 A.A. *Schulz*, GS Seckel, 70, 84: „primitivrechtlich“.

e) *Zusammenfassende Würdigung*

Nach dem Gesagten kann die Andeutungstheorie im allgemeinen Zivilrecht wie im Erbrecht nicht überzeugen, weshalb ihr insgesamt entgegenzutreten ist.[391]

II. Exkurs: § 2084 BGB als Auslegungsregel i.e.S.?

Autoren, die die §§ 140, 2084 BGB nicht gleichsetzen, verstehen letzteren oftmals als Auslegungsregel.[392] Kommentierungen stellen dem folgend die gesamte erbrechtliche Auslegung im Rahmen des § 2084 BGB dar und gehen oftmals erst im Anschluss daran tatsächlich auf die favor testamenti ein.[393] Unterstützt wird diese Sichtweise wenigstens dadurch, dass die amtliche Überschrift der Norm von „Auslegung" spricht. Zudem erklären die Motive zum BGB, dass mit der Norm eine „in ihrem Grundgedanken allen geltenden Rechten entsprechende Auslegungsregel" normiert ist.[394]

Trotzdem verbleiben an dieser Interpretation durchaus Zweifel. *Werner* stellt sich auf den Standpunkt, § 2084 BGB bestimme als Unklarheitenregel allein, „was bei unklarem Auslegungsergebnis gelten soll".[395] Zur Begründung führt er an, dass die Norm bereits eine abgeschlossene Auslegung voraussetze und nur dann zur Anwendung kommen könne, wenn anhand des wirklichen Willens des Erblassers mehrere Interpretationen möglich und dadurch Unklarheiten gegeben

---

391 I.E. auch OLG Frankfurt, NJW 1980, 1592 (Vorlagebeschluss); *Busche*, in: MüKo-BGB, § 133 Rn. 60; *Hefermehl*, in: Soergel-BGB, § 133 Rn. 28; *Singer*, in: Staudinger-BGB (2012), § 133 Rn. 31 f.; *Flume*, AT II, S. 302 ff., 331 ff.; *Brox*, Einschränkung, S. 107 ff.; *ders.*, JA 1984, 549 ff.; *Foerste*, DNotZ 1993, 84, 93 ff.; *Smid*, JuS 1987, 283, 286 f.; *Häsemeyer*, Form, S. 129 ff.; *Grunewald*, ZGR 1995, 68, 76 f.; *Säcker*, JurA 1971, 509, 513; *Petersen*, Jura 2005, 597, 599; *v. Lübtow*, Erbrecht I, S. 267 ff.; *Harder/Kroppenberg*, Erbrecht, Rn. 195; *Wingerter*, Eigenhändige Verfügung, S. 177 ff.; kritisch auch *Kroppenberg*, Privatautonomie, S. 317 m. Fn. 281; *Muscheler*, Erbrecht I, Rn. 1858 a.E.; *Arnold*, in: Erman-BGB, § 125 Rn. 28, § 133 Rn. 31; differenzierend *Medicus*, AT, Rn. 330 f.

392 *Linnartz*, in: jurisPK-BGB, § 2084 Rn. 1; *Leipold*, in: MüKo-BGB, § 2084 Rn. 58; *Litzenburger*, in: BeckOK-BGB, § 2084 Rn. 4; *Avenarius*, in: PWW-BGB, § 2084 Rn. 17; *Otte*, in: Staudinger-BGB (2013), § 2084 Rn. 1; *M. Schmidt*, in: Erman-BGB, § 2084 Rn. 1; *Hoeren*, in: HK-BGB, § 2084 Rn. 2. So auch schon *Larenz*, Auslegung, S. 3.

393 Vgl. etwa *Fleindl*, in: NK-BGB, § 2084 passim; *Linnartz*, in: jurisPK-BGB, § 2084 passim; *Loritz*, in: Soergel-BGB, § 2084 passim; *M. Schmidt*, in: Erman-BGB, § 2084 passim; *Weidlich*, in: Palandt, § 2084 passim.

394 Motive V, S. 43 = *Mugdan* V, S. 23.

395 *Werner*, FS v. Lübtow, 265, 268.

seien. Wenn § 2084 BGB aber eine abgeschlossene Auslegung voraussetze, könne die Vorschrift selbst keine Auslegungsregel im eigentlichen Sinne mehr sein.[396]

Im Ergebnis wird dem zuzustimmen sein, da es jedenfalls an der Notwendigkeit einer Auslegungs*regel* fehlt. Die über § 2084 BGB angeordnete Auslegung zugunsten der Wirksamkeit wäre auch ohne die Norm bei richtiger Handhabung bereits über § 133 BGB zu erarbeiten.[397] Das wird zuweilen erkannt und zumindest dadurch paraphrasiert, dass § 2084 BGB allenfalls ein analoger, kaum aber ein direkter Anwendungsbereich zugesprochen wird.[398] Vergleichbare Deutungen sind auch in der Rechtsprechung auszumachen, wenn die Normen §§ 133, 2084 BGB nebeneinander, ohne Auseinandersetzung bezüglich ihres Verhältnisses, zitiert werden.[399] Im Detail: Erscheinen prima vista eine wirksame und desgleichen eine unwirksame Verfügung möglich, spricht bereits der unstrittig in § 133 BGB verankerte Erblasserwille allein für die wirksame, schon weil durch die Verfügung von Todes wegen von der gesetzlichen Erbfolge abgewichen werden sollte und dieser Wille bei ansonsten eintretender Nichtigkeit unberücksichtigt bliebe. Lediglich überprüfen respektive bestätigen lässt sich dieses Ergebnis über die vergleichende Heranziehung der wohlwollenden „Auslegung", womit diese zu einem „an sich überflüssigen Hilfsmittel" wird.[400] Es wäre jedenfalls kaum vorstellbar, dass sich die Judikatur zugunsten der nichtigen Verfügung entscheiden würde, wäre der Grundsatz einer wohlwollenden Auslegung nicht kodifiziert. Ebenso verhält es sich, wenn zwar mehrere rechtlich mögliche Wege denkbar sind, aber nur einer das Ziel des Erblassers erreichen kann. Beinhaltet die Norm indes keine eigene Regelung, kann sie folgerichtig nicht wie die Auslegung im eigentlichen Sinne ein Ergebnis fest-, sondern nur klarstellen. Zurecht heißt es deshalb bereits in den Gesetzesmaterialen, dass es einer über den § 133 BGB hinausgehenden Auslegungsregel eigentlich nicht bedurft hätte.[401]

Überzeugender ist es nach alledem, bei § 2084 BGB von einer sogenannten „Unklarheitenregel" zu sprechen, welche mehr dem Unterstreichen des bedeutsamen Erblasserwillens als einer Notwendigkeit bzw. eines Regelungszwecks

---

396 *Werner*, FS v. Lübtow, 265, 268.

397 Vgl. *Leipold*, in: MüKo-BGB, § 2084 Rn. 56; *Hoeren*, in: HK-BGB, § 2084 Rn. 1; *Seiler-Schopp/Rudolf*, in: Damrau/Tanck, § 2084 Rn. 72.

398 *Fleindl*, in: NK-BGB, § 2084 Rn. 56; *Loritz*, in: Soergel-BGB, § 2084 Rn. 63; *Muscheler*, Erbrecht I, Rn. 1883. S. auch *A. Staudinger*, in: Hausmann/Hohloch, Kap. 9 A. Rn. 118.

399 Exemplarisch BGHZ 32, 60, 63: „Ob das zutrifft, ist eine Rechtsfrage (§§ 133, 2084 BGB), die der Prüfung des Revisionsgerichts unterliegt (§ 550 ZPO)".

400 *Muscheler*, Erbrecht I, Rn. 1883.

401 Motive V, S. 43 = *Mugdan* V, S. 23.

geschuldet ist. Insgesamt ähnelt die Norm daher in vielem der Wirkungsweise von § 305c Abs. 2 BGB, bei welchem der Charakter als Unklarheitenregel unstrittig ist.[402] Unerheblich ist es, ob man derartige Normen als Auslegungsregeln im weiteren Sinne versteht; jedenfalls sind sie, da sich diese auf das unklare Ergebnis der tatsächlichen Auslegung stützten,[403] keine Auslegungsregeln im eigentlichen/engeren Sinne. Gleichwohl überrascht es nicht, dass § 2084 BGB im Rahmen der Auslegung herangezogen wird.

C. Der Konversionsfall

Betrachtet man bereits erschienene Darstellungen zur Umdeutung nichtiger Verfügungen von Todes wegen, handelt es sich gerade bei Kommentierungen eher um Ausführungen zu Einzelfällen als um eine grundlegende Dogmatik. Letztlich ist das aufgrund der von § 140 BGB postulierten Berücksichtigung des hypothetischen Parteiwillens durchaus verständlich. Nicht ohne Grund eilt der Umdeutung der Ruf voraus, ein stark einzelfallbezogenes Institut zu sein, welches sich kaum verallgemeinern lässt.[404]

Gleichwohl sind abstraktere Ausführungen nicht vollends unmöglich. Vielmehr bleibt die Erwägung, die Darstellungen anhand von Zweifelsregeln in gewissem Rahmen zu verallgemeinern. Das gilt im Ergebnis auch für die Fragen nach Konversionsgrenzen und danach, ob die Parteien das Ersatzgeschäft „gewollt haben würden" (Konversions*möglichkeit*). Vorab bleibt indes gegebenenfalls zu untersuchen, ob es der Heranziehung von § 140 BGB zur Aufrechterhaltung überhaupt bedarf, oder ob es bereits am nichtigen Ausgangsgeschäft fehlt. Dies wäre wenigstens dann der Fall, wenn sich die prima vista nichtige Verfügung von Todes wegen bereits als wirksame auslegen lässt (Konversions*notwendigkeit*[405]) – was allerdings stets unmöglich ist, sofern es sich seitens des Erblassers (und gegebenenfalls weiterer Parteien) um eine bewusste Entscheidung für das nichtige

---

402 *Bork*, AT, Rn. 1772; *Wolf/Neuner*, AT, § 47 Rn. 47; *Badesow*, in: MüKo-BGB, § 305c Rn. 27; *H. Schmidt*, in: BeckOK-BGB, § 305c Rn. 39 ff.; *Stadler*, in: Jauernig-BGB, § 305c Rn. 5; *Roloff*, in: Erman-BGB, § 305c Rn. 19; *Schlosser*, in: Staudinger-BGB (2013), § 305c Rn. 101. S. auch *Leenen*, AT, § 21 Rn. 35; *Köhler*, AT, § 16 Rn. 26.

403 BGH, NJW 2002, 2102, 2103; NJW-RR 2010, 63, 64; OLG Düsseldorf, NJW-RR 1990, 821; j.m.w.N.: *Badesow*, in: MüKo-BGB, § 305c Rn. 29; *H. Schmidt*, in: BeckOK-BGB, § 305c Rn. 39; kritisch *Krampe*, Die Unklarheitenregel, S. 32 ff.

404 Vgl. die Nachweise in Fn. 10.

405 Diese Frage stellt sich auch dann, wenn § 140 BGB als von der Auslegung zu trennendes Institut angesehen wird. Denn diese Ansicht setzt sich nicht darüber hinweg, dass die Verfügung von Todes wegen stets auszulegen ist.

Rechtsgeschäft handelt. Überhaupt ist diese Frage trotz der erklärten Trennung von Umdeutung und Auslegung nicht obsolet, da letztere gleichwohl vorzunehmen ist. Insoweit sind Zweifelsregeln ebenso denkbar, wie die nachfolgenden Ausführungen zeigen sollen.

Zur Exemplifizierung dieser These dienen drei übergeordnete Fallgruppen: Zunächst geht es um die Aufrechterhaltung von inhaltlich nichtigen Verfügungen von Todes wegen. Beispielhaft sei die Anordnung eines dinglichen Vermächtnisses (sogenanntes „Vindikationslegat") genannt, welches nach geltendem Recht allenfalls als bloß obligatorisches Legat i.S.d. §§ 2147, 2174 BGB (sogenanntes „Damnationslegat") zu erhalten ist.[406] Abseits davon ist die getroffene Verfügung zuweilen als eine solche anderen Typs aufrechtzuerhalten,[407] was vor allem[408] bei Formverstößen relevant wird: Ist beispielsweise das notarielle Testament formnichtig, kann es nicht als ein eben solches aufrechterhalten werden, sondern allenfalls als handschriftliches Testament mit einem identischen oder gegebenenfalls divergierenden Inhalt. Schlussendlich geht es um das Verhältnis von lebzeitigen Rechtsgeschäften und ein solches von Todes wegen und hierbei um die Frage, ob das eine in das jeweils andere umgedeutet werden kann.

I. Konversion zu Verfügungen anderen Inhalts

Häufig stehen der getroffenen Verfügung als solcher keine Bedenken entgegen, insbesondere dann nicht, wenn sie formwirksam aufgesetzt wurden. Gleichwohl können sie im Gesamten oder auch nur in Teilen (vgl. § 2085 BGB) nichtig sein, wenn der Inhalt der Verfügung insoweit nicht von der Rechtsordnung anerkannt wird.

1. Umdeutungsnotwendigkeit

In all diesen Fällen ließe sich zunächst darüber nachdenken, ob die Verfügung nicht so auszulegen ist, dass sie wirksam sein kann. Damit scheiterte § 140 BGB schon in Ermangelung eines nichtigen Ausgangsgeschäfts. Allerdings: Selbst § 2084 BGB sieht eine dahingehende Auslegung nur dann vor, wenn die Verfügung von vornherein mehrdeutig ist. Bei Eindeutigkeit ist freilich davon

406 Vgl. *Schlüter*, Erbrecht (16. Aufl. 2007), Rn. 198; vgl. auch *Flume*, AT II, S. 590 f. zur Retrospektive.

407 Selbstverständlich kann es dabei auch zur Änderung des Verfügungsinhaltes kommen.

408 Vgl. auch *Leipold*, in: MüKo-BGB, § 2084 Rn. 125: „In Betracht kommen vor allem Formmängel [...]". S. auch *Medicus*, AT, Rn. 528.

auszugehen, dass es sich um eine insoweit absichtlich getroffene Verfügung handelt. Insbesondere führt jede Abänderung des verfügten Inhalts zu einer – sei es im Ergebnis oder bloß bezüglich der Modalitäten – anderen Verteilung der Erbmasse und/oder zu einer anderen Zusammensetzung der Erbengemeinschaft. Schon daher kann nicht davon ausgegangen werden, dass der Erblasser mit dem Inhalt X zugleich den Inhalt Y anordnen wollte. Nur in seltenen Ausnahmefällen wird daher (zu Recht) an der Konversionsnotwendigkeit gezweifelt.

a) Unwirksamkeit nach § 2160 BGB

Tatsächlich kann es nicht auf § 140 BGB ankommen, sofern ein Vermächtnis nach § 2160 BGB – also wegen Vorversterbens des Bedachten – „unwirksam" ist. Allerdings geht die Frage nach der Konversionsnotwendigkeit mit der nach der Möglichkeit hier genau genommen einher. Denn: Bevor die Unwirksamkeitsfolge des § 2160 BGB eintritt, ist der Begriff des „Bedachten" (ergänzend) auszulegen. Das Vermächtnis wird also deswegen nicht mit dem Versterben des „zunächst" Bedachten per se unwirksam,[409] weil vielmehr das ausdrückliche oder konkludente Berufen von Ersatzerben zu hinterfragen ist. Für Letzteres sind dabei insbesondere auch die Regeln der ergänzenden Auslegung und auch § 2069 BGB[410] anwendbar, weshalb die getroffene Verfügung tatsächlich als solche mit anderem Inhalt ausgelegt werden kann. Im Grunde genommen handelt es sich in den Fällen des § 2160 BGB vorerst also nur um gegenstandlose Verfügungen.[411] Kann einer solchen auch mit der ergänzenden Auslegung ein wirksamer Inhalt nicht zugesprochen werden, kann dies ebenso wenig mit der Konversion erreicht werden, weil die Frage nach dem hypothetischen Willen in beiden Instituten parallel verläuft.[412]

---

409 Ausdrücklich *Otte*, in: Staudinger-BGB (2013), § 2160 Rn. 2; *Rudy*, in: MüKo-BGB, § 2160 Rn. 1. S. auch *Burandt*, in: Burandt/Rojahn, § 2160 BGB Rn. 2; *J. Mayer*, in: NK-BGB, § 2160 Rn. 2.

410 Vgl. OLG Jena, OLG-NL 2003, 89 ff.; BayObLG, NJW-RR 1997, 517, 518 f.; *Burandt*, in: Burandt/Rojahn, § 2160 BGB Rn. 2; *J. Mayer*, in: NK-BGB, § 2160 Rn. 2; *Schäckel*, in: Große-Wilde/Ouart, § 2160 BGB Rn. 2; *Weidlich*, in: Palandt, § 2160 Rn. 2; *Nobis*, in: Erman-BGB, § 2160 Rn. 2; *Rudy*, in: MüKo-BGB, § 2160 Rn. 1; *Müller-Christmann*, in: BeckOK-BGB, § 2160 Rn. 2; *Reymann*, in: jurisPK-BGB, § 2160 Rn. 6; *Stürner*, in: Jauernig-BGB, § 2160 Rn. 1; *Otte*, in: Staudinger-BGB (2013), § 2160 Rn. 2. S. auch OLG Oldenburg, NdsRpfl 1948, 8, 9; RG, LZ 1920, 385, 386.

411 Vgl. allgemein o. § 2 C. III. 1. b).

412 Vgl. o. § 2 B. V. 4. a).

Für ein neben dem – unwirksamen – Haupt- getroffenen Untervermächtnis kann es von vornherein nicht auf Umdeutungsfragen ankommen, vielmehr greift hier § 2161 BGB.[413]

b) Verstoß gegen § 2302 BGB

aa) Streitgegenstand

Bezweifelt wird das Vorliegen eines nichtigen Rechtsgeschäfts auch dann, wenn ein Teil des Testats mit § 2302 BGB und deshalb mit der unbeschränkbaren Testierfreiheit nicht vereinbar ist. Im Konkreten geht es um ein Testament, über welches das OLG Hamm 1974 zu entscheiden hatte.[414] In diesem erklärte der Erblasser, seine Frau „verpflichte" (!) sich „ihrerseits", ausschließlich bezüglich der gemeinsamen Kinder eine testamentarische Verfügung vorzunehmen. Die Unvereinbarkeit dieser grundsätzlich als Auflage i.S.v. §§ 1940, 2192 ff. BGB zu qualifizierende Verpflichtung mit § 2302 BGB lag auf der Hand: Letztere Vorschrift führt gerade dann zur Unwirksamkeit, wenn der Erblasser (hier die Ehefrau nach ihrem Tod) sich verpflichtet, eine bestimmte Verfügung von Todes wegen zu errichten, einer solchen einen bestimmten Inhalt zu geben oder all dies nicht zu tun. Ebendies wäre jedoch dadurch eingetreten, dass die Ehefrau die Vermögensnachfolge nach ihr selbst nur anhand der Kinder hätte ausrichten können. Daher verwundert es nicht, dass die gemeinsamen Kinder dem per Vorbescheid[415] erteilten Erbschein zugunsten der Ehefrau als Alleinerbin widersprachen.

Auch der Umstand, dass die Kinder mit dem Widerspruch Erfolg hatten, überrascht nicht unbedingt, wenngleich sich die Ehefrau hiergegen wehrte. Denn obschon § 2302 BGB die Wirkung der darin geregelten Verpflichtungen verhindert und zumeist als einfachgesetzliches Aushängeschild der Testierfreiheit gesehen

---

413 Vgl. *J. Mayer*, in: NK-BGB, § 2160 Rn. 3 a.E.; *Müller-Christmann*, in: BeckOK-BGB, § 2160 Rn. 3; *Reymann*, in: jurisPK-BGB, § 2160 Rn. 8; *Rudy*, in: MüKo-BGB, § 2160 Rn. 2; *Otte*, in: Staudinger-BGB (2013), § 2160 Rn. 2; *Weidlich*, in: Palandt, § 2161 Rn. 1; *Wolf*, in: Soergel-BGB, § 2160 Rn. 4.

414 OLG Hamm, FamRZ 1974, 48. Aufgegriffen etwa auch von *Arnold*, in: Erman BGB, § 140 Rn. 21; *Große-Wilde*, in: Große-Wilde/Ouart, § 2302 BGB Rn. 5; *Hefermehl*, in: Soergel-BGB, § 140 Rn. 21; *Krüger*, in: Damrau/Tanck, § 2302 Rn. 2; *Litzenburger*, in: BeckOK-BGB, § 2302 Rn. 4; *Stürner*, in: Jauernig-BGB, § 2302 Rn. 3; *Weidlich*, in: Palandt, § 2302 Rn. 4; *Lieder/Berneith*, JuS 2015, 1063, 1066; *Krampe*, Die Konversion, S. 166.

415 Vgl. zur damaligen Praxis des Vorbescheids *Schlögel*, in: BeckOK-FamFG, § 352e Rn. 11; *Zimmermann*, in: Keidel-FamFG, § 352 Rn. 111.

wird,[416] kann der Norm weder grammatikalisch noch teleologisch ein generelles Erhaltungsverbot entnommen werden.[417] Vielmehr scheint eine Erhaltungsmöglichkeit sogar in erhöhtem Maße geboten, schon weil § 2302 BGB gerade bestimmte Rechtsgeschäfte unmöglich macht.[418] Etwas anderes ergibt sich auch nicht daraus, dass der Erblasser hier gegen die Testierfreiheit seiner Frau verstoßen hat. Daher war es im Ergebnis unstreitig zutreffend, dass das mit dem Widerspruch betraute Landgericht anstatt einer Verpflichtung zulasten der Ehefrau eine Vor- und Nacherbschaft nach dem Erblasser annahm und den (irgendwann folgenden) Todesfall der Ehefrau insofern als Eintritt der Nacherbfolge i.S.v. § 2106 BGB anerkannte.

bb) Ergebnis der Auslegung?

Streitig ist allein, ob sich die vom Erblasser getroffene Verpflichtung bereits qua Auslegung (auch) als Vor- und Nacherbschaft verstehen lässt oder ob dafür § 140 BGB maßgeblich war. Ersteres vertrat jedenfalls das vorinstanzliche Landgericht und hat damit in der Literatur auch partiell Zustimmung erfahren.[419] Argumentativ heißt es insofern, die aus der Verpflichtung der Ehefrau resultierende Notwendigkeit einer weiteren Verfügung von Todes wegen derselben trete hinter dem Inhalt und der Unausweichlichkeit der Bestimmung selbst zurück.[420] Daneben lasse die Interpretation des Testamentswortlauts mit „verpflichten"

416 Vgl. die Nachweise in Fn. 321.

417 Ausdrücklich BGH, LM Nr. 3 zu § 140 BGB; OLG Stuttgart, NJW 1989, 2700, 2701. Ebenso die h.L.: *Arnold*, in: Erman-BGB, § 140 Rn. 21; *Burandt*, in: Burandt/Rojahn, § 2302 BGB Rn. 5; *Große-Wilde*, in: Große-Wilde/Ouart, § 2302 BGB Rn. 5; *Hefermehl*, in: Soergel-BGB, § 140 Rn. 21; *Hoeren*, in: HK-BGB, § 2302 Rn. 6; *Kanzleiter*, in: Staudinger-BGB (2014), § 2302 Rn. 12; *Krüger*, in: Damrau/Tanck, § 2302 Rn. 3; *Litzenburger*, in: BeckOK-BGB, § 2302 Rn. 4; *Zimmer*, in: FAK-ErbR, § 2302 BGB Rn. 4 f.; *Musielak*, in: MüKo-BGB, § 2302 Rn. 6; *Nassall*, in: jurisPK-BGB, § 140 Rn. 34; *H. Roth*, in: Staudinger-BGB (2015), § 140 Rn. 52 a.E.; *Stürner*, in: Jauernig-BGB, § 2302 Rn. 3; *Weidlich*, in: Palandt, § 2302 Rn. 4; ausf. *Battes*, AcP 178 (1978), 337, 353 ff. Vgl. auch OLG Hamm, FamRZ 1974, 48, 50: „Die Möglichkeit einer Umdeutung besteht gerade auch im Fall des § 2302 BGB". Insg. zurückhaltend hingegen *Müßig*, in: NK-BGB, § 2302 Rn. 11: „In einigen wenigen Ausnahmefällen [...]".

418 Ähnlich *Kroppenberg*, Privatautonomie, S. 329 m. Fn. 360.

419 I.E. *H. Lange/Kuchinke*, Erbrecht, S. 796; *Krampe*, Die Konversion, S. 167 f. Vgl. auch BayObLG, AgrarR 1983, 158, 159 wo ebenfalls allein eine Auslegung bemüht wurde. Vgl. auch BayObLGZ 1958, 225, 230.

420 Vgl. die Zitation durch das OLG Hamm, FamRZ 1974, 48, 49. Zustimmend wohl *H. Lange/Kuchinke*, Erbrecht, S. 796.

durchaus eine Vor- und Nacherbschaft zu.[421] Insbesondere würde man die Auslegung andernfalls (unnötig) einengen.[422]

Diese Stimmen übersehen indes einen wichtigen Aspekt: Sowohl bei einer Auflage als auch bei Vor- und Nacherbschaft hätte die umfassende Erbeinsetzung der Kinder nur durch eine zweite Verfügung von Todes wegen erfolgen können. Bei letzterer wäre die Ehefrau anders als nach der gewollten Auflage jedoch lediglich hinsichtlich des Vermögens des Erblassers „verpflichtet" gewesen, während sie über ihr eigenes hätte frei verfügen können.[423] Dem klaren Wortlaut der vom Ehemann getroffenen Verfügung kann eine solche Entscheidungsfreiheit aber nicht entnommen, die Auslegung ihm daher kaum gerecht werden.[424] Auch das letztinstanzliche OLG Hamm erklärte, die getroffene Terminologie („verpflichtet") „erlaubt nicht die Annahme, daß der Erbl. damit selbst Erben nach dem Tod seiner Ehefrau einsetzen sollte. Er hat es vielmehr der Bet. zu 1) (scil.: der Ehefrau) überlassen, diese Regelung selbst […] zu treffen […]".[425] Daher waren die Worte „ihrerseits verpflichten" keineswegs zweideutig, sondern konnten eben nur als Auflage i.S.v. § 1940 BGB verstanden werden. Etwas anderes hätte sich allein dann ergeben können, wenn der Erblasser die Ehefrau bloß hinsichtlich seines Vermögens hätte verpflichten wollen. So verhielt es sich etwa in einem Urteil des BGH, in dem der Erblasser seiner Ehefrau einen GbR-Anteil vermachte und zugleich bestimmte, sie „soll" denselben an näher bestimmte Abkömmlinge weiter „vererben".[426] Da sich insofern zwischen einer Auflage und der Vor- und Nacherbschaft keine signifikanten Unterschiede ergaben, hat er BGH zu Recht allein auf die Auslegung abgestellt.[427] Beim streitgegenständlichen Testament des OLG Hamm sollte die Ehefrau aber *insgesamt* verpflichtet werden, allein an die Kinder zu verfügen, weshalb die Fälle im Ergebnis auch

421 *Krampe*, Die Konversion, S. 167 f.

422 *Krampe*, Die Konversion, S. 168.

423 Ausdrücklich *Muscheler*, Erbrecht I, Rn. 1885. Vgl. allgemein zur Position des Nacherben nach dem Nacherbfall: BGHZ 37, 319, 326; *Avenarius*, in: Hausmann/Hohloch, Kap. 13 C. Rn. 117 ff.; *M. Schmidt*, in: Erman-BGB, § 2100 Rn. 8; *Litzenburger*, in: BeckOK-BGB, § 2100 Rn. 48; *Stürner*, in: Jauernig-BGB, § 2100 Rn. 1; *W. Roth*, in: W. Roth/Hannes/Mielke, 2. Teil passim; *Brox/Walker*, Erbrecht, Rn. 371; *Leipold*, Erbrecht, Rn. 670.

424 Kritisch daher auch *Muscheler*, Erbrecht I, Rn. 1885.

425 OLG Hamm, FamRZ 1974, 48, 50.

426 BGH, Urt. v. 06.06.1966, III ZR 161/64 (unveröffentlicht), dort S. 3. Vgl. auch *Keßler*, DRiZ 1966, 395, 398.

427 BGH, Urt. v. 06.06.1966, III ZR 161/64 (unveröffentlicht), dort S. 8. Vgl. auch *Keßler*, DRiZ 1966, 395, 398.

nicht vergleichbar sind. Vielmehr lag hier eine nichtige Verfügung vor, wodurch allein die Umdeutung und die dadurch in Konkurrenz tretende Frage nach dem, was „gewollt sein würde", zu einer Vor- und Nacherbschaft führen konnten[428].[429]

Schlussendlich waren auch die weiteren Voraussetzungen des § 140 BGB gegeben.[430] Daran ließe sich zwar grundsätzlich dadurch zweifeln, dass eine Auflage wegen mangelnder Einklagbarkeit ein „Weniger" etwa gegenüber einer Erbeneinsetzung darstellt.[431] Gleichwohl begründet auch sie eine Verpflichtung des Beschwerten, wie sich bereits aus der in § 1940 BGB getroffenen Legaldefinition ergibt.[432] Im konkreten Fall wäre die Ehefrau – nochmals – bei Wirksamkeit folglich hinsichtlich beider Vermögen „verpflichtet" gewesen (wenn auch ohne Möglichkeit der gerichtlichen Geltendmachung), bei der Vor- und Nacherbschaft hingegen nur bezüglich Erbmasse des Ehemannes.

c) *Alternative Erbeneinsetzung*

Einer umfänglicheren Ausführung bedarf zudem die wegen § 2065 Abs. 2 BGB unstreitig nicht mögliche alternative Erbeneinsetzung, nach der „A oder B" Erbe werden sollen. Voranzugehen hat hier die Frage, wie derart gelagerte Fälle

---

428 I.E. ebenso, allerdings ohne nähere Begründung: *Arnold*, in: Erman-BGB, § 140 Rn. 21; *Große-Wilde*, in: Große-Wilde/Ouart, § 2302 BGB Rn. 5; *Hefermehl*, in: Soergel-BGB, § 140 Rn. 21; *Litzenburger*, in: BeckOK-BGB, § 2302 Rn. 4; *Sieghörtner*, in: Hausmann/Hohloch, Kap. 9 C. Rn. 285; *A. Staudinger*, in: Hausmann/Hohloch, Kap. 9 A. Rn. 136; *Stürner*, in: Jauernig-BGB, § 2302 Rn. 3; *Weidlich*, in: Palandt, § 2302 Rn. 4; wohl auch *Kanzleiter*, in: Staudinger-BGB (2014), § 2302 Rn. 12, wenngleich seine Zitation ungenau ist.

429 S. für vergleichbare Fälle etwa OLG Stuttgart, NJW 1989, 2700, 2701: Hier wurde die in einem Scheidungsvergleich abgegebene Erklärung, ein Testament nicht zu ändern, auch über § 140 BGB als Erbvertrag erhalten. Vgl. ferner OLG Hamm, FamRZ 1997, 581 f.: Hier deutete der Senat eine Verpflichtung, ein Testament zu errichten, in einen bedingten Erbvertrag um. Bei beiden Fällen handelt es sich strenggenommen auch um die Umdeutung lebzeitiger Geschäfte in Verfügungen von Todes wegen, dazu ausf. u. § 3 C. III. 2.

430 A.A. *M. Kahl*, Grenzen, S. 156 ff.

431 Ausdrücklich *Schlüter/Röthel*, Erbrecht, § 37 Rn. 2.

432 Auch ansonsten ist der Charakter einer Verpflichtung unbestritten, vgl. BGH, ZEV 2009, 459, 460; OLG Koblenz, NJW-RR 1986, 1039, 1040; *Leipold*, in: MüKo-BGB, § 1940 Rn. 4; *Lieder*, in: Erman-BGB, § 1940 Rn. 2; *Weidlich*, in: Palandt, § 1940 BGB Rn. 1; *Muscheler*, Erbrecht II, Rn. 2657; vgl. bereits Protokolle V, S. 7 = *Mugdan* V, S. 403.

überhaupt einzustufen sind. Vielfach wird eine solch „echte" Alternativität[433] – also eine Einsetzung ohne weitere Anhaltspunkte – letzten Endes analog § 2073 BGB gehandhabt.[434] Dagegen spricht, dass der Gesetzgeber von einer dem § 2073 BGB entsprechenden Fiktion für alternative Erbeinsetzungen gerade abgesehen hat,[435] weshalb es jedenfalls an der Planwidrigkeit der Regelungslücke mangelt.[436] Zudem gibt es keine entsprechende Interessenlage, denn es bestehen insofern keine Unklarheiten über den Erblasserwillen. Vielmehr ist nur ersichtlich, dass der Erblasser keine Entscheidung treffen konnte.[437] Wäre hingegen einer Anwendung von § 2073 BGB zuzustimmen, lägen weder ein Auslegungs- noch ein Konversionsproblem vor. Die Norm stellt schon ausweislich ihres Wortlauts („gelten") eine gesetzliche Fiktion, also weder eine Auslegungs- noch Konversionsnorm,[438] dar, sodass ein Rekurrieren auf diese für die Grundsatzdiskussion um Auslegung und Umdeutung ohne Folge wäre.

Folglich bleibt das Problem, ob eine solch alternative Erbeinsetzung prinzipiell zu einer Unwirksamkeit führt oder ob insofern eine Auslegungsfähigkeit anzuerkennen ist (Konversionsnotwendigkeit). Diesbezüglich wird sich in Teilen dafür ausgesprochen, das Wort „oder" ließe durchaus die Interpretation als kopulatives „und" zu, weshalb die Verfügung bereits wirksam ausgelegt werden könne.[439]

Zuzugeben ist, dass der Erblasser durch seine Verfügung verdeutlich hat, dass nur einer von den Bedachten erben soll. Zugleich hat er kundgetan, dass niemand anderes als die alternativ eingesetzten Personen die Vermögensnachfolge (zumindest bezüglich dieser Verfügung) antreten soll. Kumulativ würde man aber beides nicht erreichen, wenn die Verfügung endgültig nichtig ist. Selbst in dem Fall, dass

---

433 Vgl. die Unterscheidung von echter und unechter Alternativität bei *Spanke*, NJW 2005, 2947, 2948 f.

434 Insb. *Baldus*, JR 1969, 179, 180; ferner *Stürner*, in: Jauernig-BGB, § 2073 Rn. 1; *Weidlich*, in: Palandt, § 2073 Rn. 2; *Otte*, in: Staudinger-BGB (2013), § 2073 Rn. 8. Letzterer spricht sich sogar für eine direkte Anwendung aus.

435 Protokolle V, S. 24 = *Mugdan* V, S. 524 f.

436 Vgl. *Leipold*, in: MüKo-BGB, § 2073 Rn. 10; *Loritz*, in: Soergel-BGB, § 2073 Rn. 9. S. auch *M. Schmidt*, in: Erman-BGB, § 2073 Rn. 3; *Litzenburger*, in: BeckOK-BGB, § 2073 Rn. 3; *Kipp/Coing*, Erbrecht, S. 123 m. Fn. 8.

437 *Spanke*, NJW 2005, 2947, 2949; ebenso *Leipold*, in: MüKo-BGB, § 2073 Rn. 10.

438 Vgl. *Diederichsen*, NJW 1965, 671, 674; *Johannsen*, in: RGRK-BGB, § 2073 (ohne Rn.); *Leipold*, in: MüKo-BGB, § 2073 Rn. 1; *Loritz*, in: Soergel-BGB, § 2073 Rn. 1; *M. Schmidt*, in: Erman-BGB, § 2073 Rn. 1; *Weidlich*, in: Palandt, § 2073 Rn. 1. Ebenso *Otte*, in: Staudinger-BGB (2013), § 2073 Rn. 1.

439 *Krampe*, Die Konversion, S. 165.

A und B die Abkömmlinge des Erblassers sind, würden beide nämlich zu gleichen Teilen erben (§ 1924 Abs. 4 BGB). Dieser Aspekt kann trotzdem nicht darüber hinwegtäuschen, dass der Erblasser beide expressis verbis in ein alternatives, nicht in ein gemeinsames Verhältnis gesetzt hat. Einem im Testament respektive Erbvertrag niedergeschriebenen „oder" wird dabei wohl eher ein kontravalenter, als ein disjunktiver Inhalt zuzuordnen sein. Ohne weitere Anhaltspunkte kann das „oder" daher nicht als „und", auch nicht kopulativ verstanden werden, was unstreitig sein sollte, wenn der Erblasser ausdrücklich „*entweder* A oder B" bedenkt. Das gilt insbesondere deshalb, weil selbst bei einem disjunktiven „oder" jedenfalls eine zum „und" differente Erbfolge einträte, wenn letztlich doch etwa nur B erbt. Davon losgelöst sind die Begriffe schlicht unterschiedlich, weshalb eine Auslegungslösung unbedingt abzulehnen ist. Das zeigte sich vor allem ab einem Dreipersonenverhältnis (A oder B oder C): Hier bemüht der Erblasser gleich mehrfach das „oder"; wer diese nun – konsequenterweise – ebenfalls als kopulatives „und" verstehen möchte, unterstellte dem Erblasser doch ein vollständiges Verkennen der Begriffsbedeutungen. Denn nur wenn erkennbare Umstände das Alternativverhältnis korrigieren, wäre im Zuge der Auslegung von einer Miterbenstellung auszugehen (sogenanntes „unechtes Alternativverhältnis"[440]). Abgesehen davon kann wegen des konkretisierten Willens allein eine über die Auslegung hinausgehende – und daher notwendige[441] – Konversion der Nichtigkeit abhelfen, wobei durch das Gegenüberstellen von tatsächlich (§ 133 BGB) und hypothetisch Gewolltem (§ 140 BGB) kein Widerspruch verbleibt. Wiederum ist der hypothetische Erblasserwille genauestens zu hinterfragen und wird dabei im Zweifel abzulehnen sein,[442] wenngleich der Erhalt etwa als alternatives Vermächtnis (§ 2151 Abs. 1 BGB) oder im Einzelfall als gemeinsame Erbeinsetzung *möglich* bleibt[443].[444]

---

440 Gleichermaßen denkbar ist ein Rangverhältnis: „Erst A, wenn nicht A, dann B". Vgl. auch *Spanke*, NJW 2005, 2947, 2948.

441 So auch *Spanke*, NJW 2005, 2947, 2949; a.A. *Krampe*, Die Konversion, S. 164 ff.

442 Zutreffend *Spanke*, NJW 2005, 2947, 2949: „der erste Anschein". So wohl auch *Leipold*, in: MüKo-BGB, § 2073 Rn. 10: „unter Umständen durch individuelle Umdeutung". A.A. *Krampe*, Die Konversion, S. 165.

443 Vgl. Beispiel 2 bei *Spanke*, NJW 2005, 2947, 2949. Vgl. ferner *Leipold*, in: MüKo-BGB, § 2073 Rn. 10; *M. Schmidt*, in: Erman-BGB, § 2073 Rn. 3; *Litzenburger*, in: BeckOK-BGB, § 2073 Rn. 3; *Helms*, ZEV 2007, 1, 5; i.E. wohl auch *Sieghörtner*, in: Hausmann/Hohloch, Kap. 9 C. Rn. 283; a.A. ausdrücklich *Otte*, in: Staudinger-BGB (2013), § 2073 Rn. 8; *Loritz*, in: Soergel-BGB, § 2073 Rn. 10 a.E.; *Löhnig*, in: FAK-ErbR, § 2084 BGB Rn. 18 a.E.; *Avenarius*, in: PWW-BGB, § 2084 Rn. 18 a.E.

444 Möglich ist es überdies, eine wegen § 2065 Abs. 2 BGB nicht mögliche Übertragung der Erbquotenbestimmung in ein Zweckvermächtnis umzudeuten, vgl. *Beck*, in:

d) Nicht mögliche vertragsmäßige Verfügungen

Die in einem Erbvertrag enthaltenen Verfügungen sind danach zu differenzieren, ob sie vertragsmäßig oder einseitig getroffen wurden. Für letztere gilt wegen § 2299 Abs. 2 S. 1 BGB das Testamentsrecht, womit sie jederzeit widerrufen werden können.[445] Vertragsmäßig getroffene Verfügungen zeichnen sich wegen § 2289 Abs. 1 BGB hingegen dadurch aus, dass sie den Erblasser hinsichtlich früherer und späterer Verfügungen binden.[446] Zu beachten ist freilich, dass solche Verfügungen nach § 2278 Abs. 2 BGB nur in geringem Rahmen möglich sind. Arg. e ist eine Verfügung also immer dann problembehaftet, wenn sie weder Erbeinsetzung, noch Vermächtnis oder Auflage ist, aber vertragsmäßig gewollt war. Dass diese Verfügungen wenigstens als einseitige erhalten werden *können*, ist zu Recht allgemein anerkannt.[447] Schlussendlich ist § 140 BGB im Zweifelsfall hier auch maßgeblich, womit die Konversion insofern *notwendig* wird.[448] Das ergibt sich bereits aus der grundlegenden Differenz zwischen einseitig und vertragsmäßig getroffenen Verfügungen. Insbesondere muss erkannt werden, dass es im Rahmen der Auslegung bezüglich der Vertragsmäßigkeit um den Willen des Erblassers *und* der anderen Vertragspartei geht (§ 157 BGB). Gerade letzterer

---

NK-BGB, § 2065 Rn. 24; *Leipold*, in: MüKo-BGB, § 2065 Rn. 37; *Otte*, in: Staudinger-BGB (2013), § 2065 Rn. 65; *Sieghörtner*, in: Hausmann/Hohloch, Kap. 9 C. Rn. 283.

445 *Hoeren*, in: HK-BGB, § 2299 Rn. 5; *Musielak*, in: MüKo-BGB, § 2299 Rn. 5; *S. und T. Kappler*, in: Erman-BGB, § 2299 Rn. 3; *Stürner*, in: Jauernig-BGB, § 2292 Rn. 2; *Weidlich*, in: Palandt, § 2278 Rn. 5, § 2299 Rn. 2; *Wolf*, in: Soergel-BGB, § 2299 Rn. 1; *Brox/Walker*, Erbrecht, Rn. 149; *Ebenroth*, Erbrecht, Rn. 251; *Harder/Kroppenberg*, Erbrecht, Rn. 167; *H. Lange/Kuchinke*, Erbrecht, S. 474; *K.W. Lange*, Erbrecht, § 17 Rn. 165; *Leipold*, Erbrecht, Rn. 507; *Michalski*, Erbrecht, Rn. 287; *Muscheler*, Erbrecht I, Rn. 2205; *Olzen*, Erbrecht, Rn. 514, 522; *Schlüter/Röthel*, Erbrecht, § 23 Rn. 11. Vgl. auch *Frank/Helms*, Erbrecht, § 13 Rn. 8.

446 *Wolf*, in: Soergel-BGB, § 2278 Rn. 2; *Frank/Helms*, Erbrecht, § 13 Rn. 14 ff.; *K.W. Lange*, Erbrecht, § 17 Rn. 164 f.; *Leipold*, Erbrecht, Rn. 505; *Muscheler*, Erbrecht I, Rn. 2204, 2221 ff.; *Olzen*, Erbrecht, Rn. 514; *Schlüter/Röthel*, Erbrecht, § 23 Rn. 11, 16 ff.

447 *B. Hamdan/M. Hamdan*, in: jurisPK-BGB, § 2278 Rn. 18; *Burandt*, in: Große-Wilde/Ouart, § 2278 BGB Rn. 28 a.E.; *J. Mayer*, in: Reimann/Bengel/J. Mayer, § 2278 BGB Rn. 46; *Kanzleiter*, in: Staudinger-BGB (2014), Einl zu §§ 2274 ff Rn. 12; *Kregel*, in: RGRK-BGB, § 2278 Rn. 3; *Litzenburger*, in: BeckOK-BGB, § 2278 Rn. 1; *Zimmer*, in: FAK-ErbR, § 2299 BGB Rn. 2; *Musielak*, in: MüKo-BGB, § 2278 Rn. 12; *v. Lübtow*, Erbrecht I, S. 400.

448 Zutreffend auch *Musielak*, in: MüKo-BGB, § 2278 Rn. 12 a.E.; a.A. noch *Siber*, Erbrecht, S. 35.

wird eine Verfügung mit Bindungswirkung eher wollen als eine, die jederzeit widerrufen werden kann. Daher kann eine vertragsmäßige Verfügung im Zweifel nicht als einseitige ausgelegt, sondern bloß nach § 140 BGB als solche aufrechterhalten werden.[449]

Gleichwohl bleibt die Verfügung vorab genauestens auszulegen. Zum einen fragt sich, ob die Verfügung tatsächlich vertragsmäßig gewollt war; zum anderen ob sie zwar nicht prima vista, letztlich aber doch eine Erbeinsetzung, ein Vermächtnis oder eine Auflage darstellt. Nicht immer wird dies konsequent gehandhabt, wie folgendes Beispiel[450] zeigt:

> *Erblasser E schließt mit A einen Erbvertrag, in dem es heißt: „A soll mein Universalerbe werden. Als solcher soll er meinen Hof an meinen Verwandten X übergeben und den restlichen Nachlass meinen Verwandten Y und Z zuwenden und die Auseinandersetzung insofern vollziehen*“.

Da A als „Universalerbe“ letztlich nichts behalten soll, unterscheidet sich seine Funktion kaum von der eines Testamentsvollstreckers.[451] Eine Testamentsvollstreckung kann jedoch nicht vertragsmäßig angeordnet werden (vgl. § 2278 Abs. 2 BGB),[452] weshalb der Beispielsfall bisweilen derart gelöst wird, dass die Anordnung qua Umdeutung als einseitige Verfügung zu erhalten ist.[453] An anderer Stelle wird sich sogar für die Konversion des Erbvertrags in ein Testament ausgesprochen.[454] Beiden Lösungsvorschlägen ist dezidiert zu widersprechen.[455] Insbesondere verkennen sie, dass der Erblasser überhaupt nicht von einer

---

449 Vgl. auch BGH, LM Nr. 4 zu § 2278 BGB; WM 1970, 482, 483; BayObLG, FamRZ 1994, 190, 191; 1997, 911; *Kornexl*, in: NK-BGB, § 2278 Rn. 12; *Musielak*, in: MüKo-BGB, § 2278 Rn. 3; *Litzenburger*, in: BeckOK-BGB, § 2278 Rn. 1; *Wolf*, in: Soergel-BGB, § 2278 Rn. 5; *Brox/Walker*, Erbrecht, Rn. 150; *Frank/Helms*, Erbrecht, § 13 Rn. 9; *Ebenroth*, Erbrecht, Rn. 251; *Harder/Kroppenberg*, Erbrecht, Rn. 205; *K.W. Lange*, Erbrecht, § 17 Rn. 168; *Leipold*, Erbrecht, Rn. 503 a.E.; *Michalski*, Erbrecht, Rn. 366; *Muscheler*, Erbrecht I, Rn. 2221 i.V.m. Rn. 2207; *v. Lübtow*, Erbrecht I, S. 401.

450 Angelehnt an RG, LZ 1923, 321.

451 Vgl. auch RG, LZ 1923, 321, 322; *Kanzleiter*, in: Staudinger-BGB (2014), Einl zu §§ 2274 ff Rn. 12.

452 Nach RG, LZ 1923, 321, 322 wollte der Erblasser indes in jedem Fall eine vetragsmäßige Verfügung.

453 Vgl. *Kanzleiter*, in: Staudinger-BGB (2014), Einl zu §§ 2274 ff Rn. 12.

454 Vgl. BayObLG, FamRZ 1995, 1449, 1450.

455 Interessant ist vor allem, dass das RG selbst eine Auslegung vorgenommen hat und es daher auf die Umdeutung nicht ankam. Vgl. RG, LZ 1923, 321, 322: „Dagegen unterliegt es keinen Bedenken, den Bekl. als Erben (Vollerben), die Verwandten als Vermächtnisnehmer *anzusehen*“. Hervorhebung vom Verfasser.

Testamentsvollstreckung gesprochen hat; vielmehr bemühte er den Terminus eines „Universalerben". Daher kann die Verfügung bereits qua Auslegung so verstanden werden, dass A eine Erbenstellung mit gewisser Treuhandfunktion einnehmen solle. Vor allem verlangt das Erbrecht des BGB nicht den endgültigen Verbleib der Erbmasse beim Erben, wie sich etwa bei einer Vor- und Nacherbschaft zeigt, bei welcher die Nacherbfolge bereits kurz nach dem eigentlichen Erbfall eintritt. Für den Beispielsfall gilt daher, dass es auf § 140 BGB ausnahmsweise nicht ankommt, sondern die Verfügung vielmehr zugunsten der Wirksamkeit auszulegen ist.

2. *Konversionsmöglichkeit*

Im Folgenden bleiben diejenigen Verfügungen zu untersuchen, bei denen allein die Möglichkeit der Konversion, nicht aber die Nichtigkeit/Unwirksamkeit des Ausgangsgeschäfts zur Diskussion stand. Dazu zählt etwa ein Beschluss des BGH von 1953, nach welchem ein wegen § 134 BGB i.V.m. § 16 HöfeO nichtiges Grundstücksvermächtnis als Geldvermächtnis aufrechterhalten werden kann.[456] Das RG erklärte schon 1912, dass die testamentarisch unwirksame Anordnung einer besonderen Pflegschaft zugleich eine Willenserklärung beinhalte, welche auf die Einrichtung einer Testamentsvollstreckung gerichtet sei.[457] Deshalb könne zumindest letzteres aufrechterhalten werden, wobei sich diese Interpretation im konkreten Fall fast schon „unzweideutig" ergebe. Ein Jahr später entschied ebenfalls das RG, eine unmögliche dingliche Verfügungsbeschränkung könne einerseits als Vor- und Nacherbschaft, andererseits als Testamentsvollstreckung erhalten werden – wobei es sich allerdings auf § 2084 BGB, nicht auf § 140 BGB bezog.[458] Aus neuerer Zeit exemplifiziert das BayObLG mit einem Beschluss aus dem Jahr 2003, wie die Umdeutung eine Verfügung inhaltlich ändern kann. Hierbei hatte ein Rechtsanwalt (!) eigentlich unzweideutig für seine Kinder Singularsukzession angeordnet („Meine Tochter erbt das Grundstück"), wobei für zwei seiner Kinder noch die Bedingung aufgestellt wurde, dass sie § 2307 Abs. 1 BGB (Pflichtteilergänzung) nicht geltend machen. Diese unstreitig nicht mögliche Einzelrechtsnachfolge[459] deutete das BayObLG folgerichtig in eine

456 BGH, MDR 1953, 669.

457 RG, WarnRspr 1913, Nr. 239.

458 RG, SeuffertsA 78, Nr. 3.

459 Zu Ausnahmen vgl. ausf. *Muscheler*, Erbrecht I, Rn. 852 ff.; *Lieder*, in: Erman-BGB, § 1922 Rn. 53 ff.

Alleinerbenstellung der Tochter und einen bedingten Vermächtnisanspruch der übrigen Kinder um, wofür nicht zuletzt § 2087 Abs. 1 BGB spreche.[460]

Gemeinsam ist allen genannten Fällen, dass Anwendung und Folge von § 140 BGB vergleichsweise eindeutig waren, weshalb ihnen eine solche bloß kurze Erwähnung bereits gerecht wird. Anders verhält es sich indes für die folgenden Nichtigkeitsgründe:

a) Nichtigkeit einer Zuwendung an den Träger, Leiter oder Beschäftigte eines Heims

Wie bereits dargestellt besteht auch i.R.v. § 134 BGB grundsätzlich eine Konversionsmöglichkeit, sofern nicht das Verbotsgesetz als solches eine andere Rechtsfolge als die Nichtigkeit vorsieht.[461] Um einen solchen Fall wird es sich bei Verfügungen von Todes wegen handeln, die eine Zuwendung an Träger, Leiter oder Beschäftigte des Heims eines Erblassers beinhalten und daher nach § 134 BGB i.V.m. den jeweiligen landesrechtlichen Vorschriften,[462] die im Zuge der Föderalismusreform § 14 HeimG abgelöst haben, nichtig sind.[463] Interessant ist

---

460 BayObLGZ 2003, 338, 343 ff.

461 S.o. § 2 C. IV. 2. Vgl. zu weiteren Fällen von § 134 BGB, die hier aufgrund der generellen Konvertibilität verbotswidriger Rechtsgeschäfte nicht alle aufgeführt werden, *Otte*, in: Staudinger-BGB (2013), Vorbem zu §§ 2064–2086 Rn. 129 ff.

462 Vgl. § 16 WTPG (Baden-Württemberg), Art. 8 PfleWoqG (Bayern), § 12 WTG (Berlin), § 14 BbgPBWoG (Brandenburg), § 20 BremWoBeG (Bremen), § 5a HmbWBG (Hamburg), § 7 HGBP (Hessen), § 6 EQG (Mecklenburg-Vorpommern), § 1 Abs. 1 S. 3 NHeimG i.V.m. § 14 HeimG (Niedersachsen), § 10 WTG (Nordrhein-Westfahlen), § 11 LWTG (Rheinland-Pfalz), § 8 LHeimGS (Saarland), § 7 SächsBeWoG (Sachsen), § 15 WTG LSA (Sachsen-Anhalt), § 28 SbStG (Schleswig-Holstein), § 12 ThürWTG (Thüringen).

463 Ohne weiteres sind die Normen – und schon § 14 HeimG – auf Testamente eigentlich nicht anwendbar. Den Fällen des „versprechen lassens" sind mit § 2302 BGB ohnehin Grenzen gesetzt; das „gewähren lassen" stellt wohl prinzipiell auf eine Zuwendung ab, die auch ohne weiteres hätte abgelehnt werden können, was bei Testamenten vor dem Erbfall aber gerade nicht zutrifft, vgl. wie hier *Muscheler*, Erbrecht I, Rn. 1921. Konsequent werden die Vorschriften trotzdem, schon wegen ihrer generellen Intention, für Erbverträge *und* Testamente herangezogen, vgl. zu § 14 HeimG: BVerwG, NJW 1990, 2268; BayObLG, NJW 1993, 1143, 1144; *Petersen*, DNotZ 2000, 739 f. (analog); *Brox/Walker*, Erbrecht, Rn. 261a; bestätigt durch BVerfG, NJW 1998, 2964; a.A. noch *Brox*, FS Benda, 17, 20 ff. Kritisch auch *Leipold*, Erbrecht, Rn. 242. Zutreffend ist es aber, dass aufgrund der Formulierung sog. „stille Testamente" nicht dem Schutzzweck der Norm unterfallen; der Bedachte muss also von der Erbeinsetzung zu Lebzeiten bereits gewusst haben, vgl. zu § 14 HeimG: BGH, NJW 2012, 155 f.;

eine Betrachtung derselben jedenfalls wegen der grundlegenden Debatte um diese Vorschriften und deren Folgen.[464] Allerdings ist unschwer zu erkennen, dass eine Anwendung des § 140 BGB hier in einer Vielzahl von Fällen trotz etwaigen Vorliegens der tatbestandlichen Erfordernisse ausscheiden muss. Erkennt man die Normen als verfassungsmäßigen und notwendigen Schutz der Testierfreiheit an, so nimmt deren Telos – Schutz der Heimbewohner vor finanzieller Ausbeutung oder Benachteiligung sowie Bewahrung des Heimfriedens[465] – den Anwendungsbereich der Umdeutung vorweg: Wird eine von den Normen erfasste Institution (und/oder Personal) mit deren Wissen[466] bedacht und ist die jeweilige Vorschrift daher tatbestandlich erfüllt, kann die Umdeutung nicht zu einem solchen Ersatzgeschäft führen, bei dem dieselben ebenfalls Erben oder Vermächtnisnehmer würden. Das zeigt sich auch in den Vorschriften selbst, die nur in geringem Umfang Ausnahmen von der grundsätzlichen Regelung zulassen.[467] Prinzipiell würde die Konversion also an ihre Grenzen stoßen. Etwas anderes sollte allerdings in folgendem[468] Beispiel gelten:

Erblasser E verfügt: „Da sowohl meine gesetzlichen Erben als auch der Staat nichts erhalten sollen, möchte ich, dass mein gesamtes Vermögen die Residenz X bekommt, in der ich bis zu meinem Lebensende wohnen werde“.

Armbrüster, in: MüKo-BGB, § 134 Rn. 102; *Ellenberger*, in: Palandt, § 134 Rn. 19 m.w.N. A.A. *Sagmeister*, ZEV 2012, 99, 100.

464 Vgl. zu § 14 HeimG: S. *Hollstein*, Nichtigkeit, passim; *Duvenkrop*, Übergehung, S. 159 ff.; *Muscheler*, Erbrecht I, Rn. 1918 m.w.N.; *Meyer-Pritzl*, in: Staudinger-Eckpfeiler, Y Rn. 93; *Otte*, in: Staudinger-BGB (2013), Vorbem zu §§ 2064–2086 Rn. 132 ff. m.z.N.; *Leipold*, in: MüKo-BGB, Vorbemerkung zu §§ 2064 ff. Rn. 31 ff.

465 Vgl. zu § 14 HeimG: BT-Drs. 7/180, S. 12; 11/5120, S. 17 f. Vgl. auch *Hollstein*, Nichtigkeit, S. 44 ff.; *Nieder/W. Kössinger*, in: Nieder/Kössinger, § 3 Rn. 4; *Otte*, in: Staudinger-BGB (2013), Vorbem zu §§ 2064–2086 Rn. 134; *Muscheler*, Erbrecht I, Rn. 1922. S. auch BGHZ 110, 235, 239; BVerwG, NJW 1990, 2268; *Dubischar*, DNotZ 1993, 419, 421. Vgl. etwa zu § 7 HGBP (Hessen): LT-Drs. 18/3763, S. 22 f.; OLG Frankfurt, NJW 2015, 2351, 2352.

466 Vgl. Fn. 463 a.E.

467 Vgl. § 16 Abs. 5 WTPG (Baden-Württemberg), Art. 8 Abs. 5 PfleWoqG (Bayern), § 12 Abs. 3 WTG (Berlin), § 20 Abs. 5 BremWoBeG (Bremen), § 5a Abs. 5 HmbWBG (Hamburg), § 7 Abs. 4 HGBP (Hessen), § 6 Abs. 5 EQG (Mecklenburg-Vorpommern), § 1 Abs. 1 S. 3 NHeimG i.V.m. § 14 Abs. 6 HeimG (Niedersachsen), § 11 Abs. 4 LWTG (Rheinland-Pfalz), § 8 Abs. 5 LHeimGS (Saarland), § 7 Abs. 5 SächsBeWoG (Sachsen), § 15 Abs. 5 WTG LSA (Sachsen-Anhalt), § 28 Abs. 5 SbStG (Schleswig-Holstein), § 12 Abs. 6 ThürWTG (Thüringen).

468 Gleiches gilt selbstverständlich für entsprechende Fälle.

Offensichtlich ist, dass die Residenz (deren Rechtsfähigkeit zu unterstellen ist) als Träger respektive Betreiber wegen des jeweiligen ersten Absatzes der Landesnormen nicht erben kann.[469] Klar ist desgleichen, dass die gesetzlichen Erben und der Staat nicht nach E die Rechtsnachfolge antreten sollen, was aber jedenfalls bei endgültiger Nichtigkeit der Verfügung geschehen würde (§§ 1924 ff., 1936 BGB). Daher ist das Erwirken eines Ersatzgeschäfts über § 140 BGB gleichsam zwingend und jedenfalls insofern möglich, als X nicht doch auf Umwegen Erbe wird. Denkbar wäre es, die Einsetzung der X dahingehend umzudeuten, dass (näher zu bestimmende) soziale Einrichtungen die Vermögensnachfolge nach E antreten sollen. Insbesondere wäre eine Auflage möglich, von der auch X profitieren *kann*, nicht aber *muss*.[470] Abseits von solch gelagerten Fällen bleibt es aber dabei, dass das Verbot einer Zuwendung an den Träger, den Leiter sowie die Beschäftigten eines Heims eine zwingend einzuhaltende Konversionsschranke darstellt.

b) Sittenwidrige Verfügungen von Todes wegen

aa) Allgemeines

Zuweilen unterliegen Verfügungen von Todes wegen dem Verdikt der Sittenwidrigkeit, wobei schon mit einem Hinweis auf das häufig angeführte Mätressentestament[471] gezeigt werden kann, dass solche Fälle nicht nur theoretischer

---

469 Vgl. § 16 Abs. 1 WTPG (Baden-Württemberg), Art. 8 Abs. 1 PfleWoqG (Bayern), § 12 Abs. 1 WTG (Berlin), § 14 Abs. 1 BbgPBWoG (Brandenburg), § 20 Abs. 1 BremWoBeG (Bremen), § 5a Abs. 1 HmbWBG (Hamburg), § 7 Abs. 1 HGBP (Hessen), § 6 Abs. 1 EQG (Mecklenburg-Vorpommern), § 1 Abs. 1 S. 3 NHeimG i.V.m. § 14 Abs. 1 HeimG (Niedersachsen), § 10 Abs. 1 WTG (Nordrhein-Westfahlen), § 11 Abs. 1 LWTG (Rheinland-Pfalz), § 8 Abs. 1 LHeimGS (Saarland), § 7 Abs. 1 SächsBeWoG (Sachsen), § 15 Abs. 1 WTG LSA (Sachsen-Anhalt), § 28 Abs. 1 SbStG (Schleswig-Holstein), § 12 Abs. 1 ThürWTG (Thüringen).

470 Vgl. BayObLG, ZEV 2001, 121 f.; *Otte*, in: Staudinger-BGB (2013), Vorbem zu §§ 2064–2086 Rn. 138. Zu beachten ist, dass dieses Ergebnis nicht über eine bloße Teilnichtigkeit i.R.v. § 134 BGB (s. o. § 2 C. IV. 2.) erwirkt werden kann, weil das etwaige Ersatz- hier kein Teil des Ausgangsgeschäfts ist.

471 S. BGHZ 52, 17 ff.; 53, 369 ff.; BGH, NJW 1983, 674 ff.; ausf. *Simshäuser*, Geliebten-Testamente, passim. S. aus der Ausbildungsliteratur etwa *Brox/Walker*, Erbrecht, Rn. 263; *Ebenroth*, Erbrecht, Rn. 290; *K.W. Lange*, Erbrecht, § 12 Rn. 51; *Leipold*, Erbrecht, Rn. 243 ff.; *Michalski*, Erbrecht, Rn. 431 f.; *Schlüter/Röthel*, Erbrecht, § 20 Rn. 12; *Schmoeckel*, Erbrecht, § 19 Rn. 30; *Petersen*, Jura 2005, 387, 389. Weitere „klassische" Fälle der Sittenwidrigkeit wären etwa das sog. „Behindertentestament" und das sog. „Hohenzoller-Testament", vgl. zu beiden *Meyer-Pritzl*, in: Staudinger-

Natur sind. Jedenfalls in Kommentierungen wird die Umdeutung sittenwidriger erbrechtlicher Willenserklärungen häufig gar nicht explizit beleuchtet, sondern es findet vielmehr eine Äußerung zur Sittenwidrigkeit im Allgemeinen statt.[472] Deshalb kann von der dortigen Ablehnung der Konvertibilität[473] auf eine solche für das Erbrecht geschlossen werden, wenngleich es eine Grundsatzrechtsprechung zur Umdeutung sittenwidriger Verfügungen von Todes wegen nicht gibt. In einer monographischen Analyse[474] solcher Verfügungen hat sich *Thielmann* zugleich mit der Konversion derselben auseinandergesetzt, wobei er sich schlussendlich gegen einen kategorischen Konversionsausschluss ausgesprochen hat. Zumindest in einer analogen Anwendung der §§ 140, 2084 BGB seien entsprechende Verfügungen dann aufrecht zu erhalten, wenn bei ihnen ein erlaubtes Motiv bzw. Motivbündel zu finden sei.[475] Die Notwendigkeit einer Analogie ergibt sich aus dem Umstand, dass *Thielmann* mit derjenigen Mindermeinung sympathisiert, nach der § 140 BGB nur die Aufrechterhaltung anderer Rechtsgeschäftstypen, nicht aber anderer Inhalte umfasst.[476]

Jedenfalls wenn *Thielmann* seine Ergebnisse auf eine analoge Anwendung des § 140 BGB stützen will, ist ihm zu widersprechen.[477] Diejenigen Bedenken, die einer Konversion von sittenwidrigen Geschäften im Allgemeinen Teil des BGB entgegenstehen,[478] gelten für das Erbrecht gleichermaßen; eine Konversion ist hier folglich nicht möglich. Gefolgschaft verdient es dementgegen, wenn grundsätzlich eine Aufrechterhaltungsmöglichkeit für sittenwidrige Verfügungen von Todes wegen gesehen wird. Insgesamt stellte sich dies aber wie bei nichtigen Rechtsgeschäften im allgemeinen Zivilrecht als Aspekt einer – wegen des Erblasserwillens a fortiori zu bejahenden – Möglichkeit der geltungserhaltenden bzw. teleologischen Reduktion dar,[479] über welche eine Aufrechterhaltung zu ermöglichen ist.

Eckpfeiler, Y Rn. 97 ff.; *Sieghörtner*, in: Hausmann/Hohloch, Kap. 9 C. Rn. 257 ff.; *Muscheler*, Erbrecht I, Rn. 1933 ff., 1944; *Otte*, in: Staudinger-BGB (2013), Vorbem zu §§ 2064–2086 Rn. 150 ff., 165 ff.

472 Vgl. etwa *Arnold*, in: Erman-BGB, § 140 Rn. 12; *Busche*, in: MüKo-BGB, § 140 Rn. 13; *H. Roth*, in: Staudinger-BGB (2015), § 140 Rn. 2, 32, 49 ff.; *Mansel*, in: Jauernig-BGB, § 140 Rn. 2.

473 Vgl. o. § 2 C. IV. 2. a) m. Fn. 291.

474 *Thielmann*, Sittenwidrige Verfügungen, passim.

475 *Thielmann*, Sittenwidrige Verfügungen, S. 187 ff.

476 *Thielmann*, Sittenwidrige Verfügungen, S. 186. Vgl. zu dieser Auffassung o. § 2 C. III. 3. c).

477 I.E. auch *Krampe*, Die Konversion, S. 171.

478 Vgl. o. § 2 C. IV. 2. a).

479 Vgl. o. § 2 C. IV. 2. a).

bb) Sittenwidrige Bedingungen

(1) Problemstellung

Durchaus kontrovers werden im Erbrecht indes Rechtsgeschäfte diskutiert, bei denen „nur" die diesen zugehörigen Bedingungen nicht sittenkonform sind. Dazu folgendes Beispiel:

> *Erblasser A verfügt, dass sein drittgeborener Sohn S Alleinerbe werden solle, allerdings nur für den Fall, dass dieser die adelige C heirate.*

Derartige Fallgestaltungen haben bereits eine „lange Tradition"[480] und werden wegen der Einschränkungen der Entschließungsfreiheit beim Betroffenen vermehrt als sittenwidrig und daher nichtig angesehen.[481] Dabei hat jedenfalls für aufschiebende Bedingungen eine direkte Anwendung der §§ 139, 2085 BGB auszubleiben, weil sich die Bedingungen des Erblassers als nicht abtrennbarer Teil der gesamten Verfügung darstellen.[482] Würde man in der Folge ohne weiteres wie im allgemeinen Zivilrecht zur Gesamtnichtigkeit der Verfügung kommen, träte die gesetzliche Erbfolge nach A ein. Für eine derartig kongruente Behandlung von sittenwidrigen Bedingungen im allgemeinen Zivilrecht wie im Erbrecht scheinen die Motive zum BGB eindeutig Stellung zu beziehen. Bei der Überlegung, eine Sonderregelung für das Erbrecht zu schaffen, heißt es:

> *„Dieser Erfolg (scil.: Wahrung der Nichtigkeitsnorm) kann erreicht werden, indem entweder das ganze Geschäft für nichtig erklärt oder die Bedingung als nicht beigefügt angesehen, also die Verfügung als unbedingt angesehen wird. […] Der Liberalitätscharakter der letztwilligen Zuwendung bringt keineswegs mit sich, anzunehmen, der Erblasser habe das Hauptgewicht auf die Zuwendung gelegt und die Ausführung der Bedingung als etwas Nebensächliches erachtet. […] Jene Auslegung nöthigt ferner dazu, die Zuwendung und das Setzen der Bedingung als zwei besondere Theile der Verfügung zu behandeln, von welchen der eine Theil fallen kann, ohne den anderen nach sich zu ziehen. Dies aber steht mit dem Wesen des bedingten Rechtsgeschäfts im Widerspruche".*[483]

---

480 *Krampe*, Die Konversion, S. 172.

481 Grundlegend *v. Schrenck-Notzing*, Bedingungen, passim. Ausf. zudem *Goebel*, FamRZ 1997, 659 f.; *Leipold*, in: MüKo-BGB, § 2074 Rn. 18 ff.; *Otte*, in: Staudinger-BGB (2013), § 2074 Rn. 30 ff. Vgl. ferner BVerfG, ZEV 2004, 241 ff.; *Muscheler*, Erbrecht I, Rn. 1941 ff.; *Haegele*, JurBüro 1969, 1, 5 f.; *Otte*, JA 1985, 192, 199.

482 Vgl. o. § 2 C. IV. 2. b) m. Fn. 304. Vgl. auch *v. Schrenck-Notzing*, Bedingungen, S. 88. A.A. allerdings *Sieghörtner*, in: Hausmann/Hohloch, Kap. 9 C. Rn. 270.

483 Motive V, S. 19 f. = *Mugdan* V, S. 10 m. Verweis auf Motive I, S. 250 ff. = *Mugdan* I, S. 491 ff.

(2) Ansätze der Literatur

Warum sich in der Literatur trotzdem gegen eine Gesamtnichtigkeit ausgesprochen wird, zeigen folgende Überlegungen: Sofern eine sittenwidrige (aufschiebende) Bedingung eine Verfügung von Todes wegen im Gesamten nichtig werden lässt, tritt mit dem Tod des Erblassers die gesetzliche Erbfolge und daher gleichwohl eine Rechtswirkung ein. Somit erfolgt die fragliche Zuwendung in jedem Fall, sie kommt nur nicht dem eigentlich (allein) Bedachten zu Gute.[484] Verkannt würde folglich, dass der Erblasser eine davon abweichende Verfügung getroffen hat, wenngleich diese bedingt war. Es kommt folglich die Frage auf, ob der Erblasser seine gesetzlichen Erben nicht nur im Falle des Bedingungseintritts, sondern generell nicht erben lassen wollte. Demgegenüber führt die Gesamtnichtigkeit im allgemeinen Zivilrecht zu einem „Nichts", ohne jedwede primäre Rechtswirkung. Zudem kann der Erblasser nach dem Tode und des Bekanntwerdens der „sittenwidrigen Gesamtnichtigkeit" anders als im sonstigen Rechtsverkehr dasselbe Geschäft nicht sittenkonform neu vornehmen.[485] Insofern wird nach Ablehnung einer Lösung über §§ 139, 2085 BGB vielfach vorgeschlagen, die Verfügung – wie übrigens zu Zeiten des Römischen Rechts üblich[486] – trotzdem unbedingt, also als „pro non scripta" aufrecht zu erhalten.[487] Immerhin habe sich der Wille des Erblassers als nicht sittenkonform erwiesen und es sei daher kaum zu rechtfertigen, auch die Frage nach der Gesamtnichtigkeitsfolge in sein Belieben zu stellen.[488] Zudem könne der testamentarisch Bedachte die Zuwendung selbst dann nicht erhalten, wenn er sich aus freien Stücken der Bedingung entsprechend verhalte.[489] Dass sich der Gesetzgeber gegen eine Sonderregelung ausgesprochen habe, sei dabei ohne Belang, da schon die Behandlung im Allgemeinen Teil nur auf einem Schweigen des Gesetzes und die erbrechtliche Behandlung auf der damaligen Interpretation

---

484 *Flume*, AT II, S. 694. So zu verstehen auch *H.P. Westermann*, in: MüKo-BGB, § 158 Rn. 46.

485 *Leipold*, in: MüKo-BGB, § 2074 Rn. 28.

486 *V. Lübtow*, Erbrecht I, S. 351; *Muscheler*, Erbrecht I, Rn. 1957; *Krampe*, Die Konversion, S. 172; *v. Schrenck-Notzing*, Bedingungen, S. 88.

487 *Leipold*, in: MüKo-BGB, § 2074 Rn. 27; *H.P. Westermann*, in: MüKo-BGB, § 158 Rn. 46; *Flume*, AT II, S. 695; *Michalski*, Erbrecht, Rn. 451; *Natter*, DRZ 1946, 163, 166 f. (auflösende Bedingung); *Keuk*, FamRZ 1972, 9, 15 f.; *Otto*, Freiheit, S. 121, 201; *Lindacher*, AcP 175 (1975), 257, 259 f.; *Meincke*, FS Kaser, 437, 458 f. In gewisser Hinsicht wird damit eine Analogie zu § 2085 BGB geschaffen.

488 Vgl. *Muscheler*, Erbrecht I, Rn. 1957.

489 *Leipold*, in: MüKo-BGB, § 2074 Rn. 27; *ders.*, Erbrecht, Rn. 449.

der Testierfreiheit beruhe. Ein seitdem eingetretener Wertungswandel verlange daher eine abweichende Handhabung.[490]

(3) Stellungnahme

Trotz all dieser Argumente erscheint es richtig, zumindest bei der Frage nach der Gesamtnichtigkeit nicht vom allgemeinen Zivilrecht abzuweichen. Wenn dort ein „pro non scripta“ abgelehnt wird, weil die Bedingung untrennbarer Teil des restlichen Geschäfts ist, muss das im Erbrecht erst recht gelten. Zwar deutet der Erblasser seinen Willen an, von der gesetzlichen Erbfolge abzuweichen; genauso gibt er aber auch unzweifelhaft zu verstehen, dass der tatsächliche Erfolg der Verfügung von dem Eintritt einer (Potestativ-)Bedingung abhängen soll. Hätte der Bedachte ohnehin erben sollen, hätte die Bedingung weggelassen werden können. In aller Regel und ohne weitere Anhaltspunkte, die eine anderweitige Auslegung[491] zulassen, wird daher zu vermuten sein, dass die Bedingung zwingend einzuhalten war.[492] Dem Erblasser eine unbedingte Verfügung aufzudrängen, widerspricht folglich seinem Willen sowie der Testierfreiheit im Generellen[493] und kann insbesondere nicht mit der Schutzwürdigkeit des eigentlich Bedachten gerechtfertigt werden – selbst wenn er sich „bedingungskonform“ verhält. Das Erbrecht zeichnet sich nämlich gerade durch den hohen Schutz des Erblassers und den niedrigen des Bedachten aus, wie etwa die §§ 2253 ff. BGB exemplarisch zeigen.[494] Ohnehin stellte sich die Frage der Schutzwürdigkeit des Bedachten nur, wenn er nicht zugleich gesetzlicher Erbe ist und bei Gesamtnichtigkeit gleichwohl erbt.[495] Überdies ginge jede kategorische Entscheidung zugunsten des Bedachten mit einer solchen zulasten anderer potentieller Erben einher. Jedenfalls ist es richtig, trotz sittenwidriger Bedingung die Gesamtnichtigkeit in das Belieben des Erblassers zu stellen, um eine faktische Verwirkung der Testierfreiheit zu

---

490 *Leipold*, in: MüKo-BGB, § 2074 Rn. 28; vgl. auch *Michalski*, Erbrecht, Rn. 451.

491 Welche freichlich zu einem anderen Ergebnis kommen kann, vgl. allgemein *Litzenburger*, ZEV 2008, 369, 370 f.; *dens.*, in: BeckOK-BGB, § 2074 Rn. 26.

492 A.A. *Keuk*, FamRZ 1972, 9, 16.

493 *Beck*, in: NK-BGB, § 2074 Rn. 28 a.E.; *Litzenburger*, in: BeckOK-BGB, § 2074 Rn. 26; *Otte*, in: Staudinger-BGB (2013), § 2074 Rn. 76; *Muscheler*, Erbrecht I, Rn. 1957; so zu verstehen auch *Röthel*, AcP 210 (2010), 32, 53 f.; *M. Schmidt*, in: Erman-BGB, § 2074 Rn. 2.

494 Dazu *Muscheler*, Erbrecht I, Rn. 327 ff., 1793 f.; vgl. auch *Meyer-Pritzl*, in: Staudinger-Eckpfeiler, Y Rn. 7, 100.

495 *Muscheler*, Erbrecht I, Rn. 1957.

verhindern, weil diese unstreitig contra legem wäre.[496] Daneben kann es ebenso wenig unbeachtet bleiben, dass sich die Verfasser des BGB trotz der Historie und trotz anders gelagerter europäischer Rechtsordnungen[497] gegen die Einführung einer Sondernorm ausgesprochen haben.[498]

Anwendbar bleibt jedoch § 140 BGB.[499] Mag die Norm auch weitere Voraussetzungen aufweisen, kann eine Umdeutung im Erbrecht in derart gelagerten Fällen häufiger zur Anwendung gelangen, als im sonstigen Zivilrecht. Insbesondere wird die unbedingte Verfügung nicht selten hypothetisch gewollt sein, schon weil bei endgültiger Nichtigkeit gleichwohl eine Rechtsfolge einträte und eine vollwirksame Neuvornahme des Rechtsgeschäfts nicht mehr möglich ist.[500]

c) *Irrtümliche Verfügungen von Todes wegen*

Anders als bei „normalen" Willenserklärungen (arg. e § 130 Abs. 1 S. 2 BGB) kann der Erblasser als Ausfluss der Testierfreiheit seine letztwillige Verfügung jederzeit widerrufen (§§ 2253 ff. BGB).[501] Unterliegt er also etwa einem Motivirrtum, braucht er eine Anfechtung gar nicht erst zu bemühen, eine gegenläufige oder neue Verfügung von Todes wegen ist vollkommen ausreichend. Die Anfechtung solcher Verfügungen wird regelmäßig[502] erst dann nötig, wenn der Irrtum nach dem Tode des Erblassers bekannt wird, wobei selbstverständlich nicht dieser, sondern die in § 2080 Abs. 1 BGB genannten Personen anfechtungsberechtigt

---

496 Vgl. *Loritz*, in: Soergel-BGB, § 2074 Rn. 33; *Otte*, in: Staudinger-BGB (2013), § 2074 Rn. 76.

497 Vgl. etwa Art. 900 Code Civil (Frankreich); Art. 634 Codice Civile (Italien). Vgl. auch § 700 ABGB (Österreich) – allerdings nur für Eheverbote.

498 S. auch *Muscheler*, Erbrecht I, Rn. 1957.

499 *Czubayko*, in: Burandt/Rojahn, § 2075 BGB Rn. 18; *Weidlich*, in: Palandt, § 2074 Rn. 5; *v. Lübtow*, Erbrecht I, S. 352; *v. Schrenck-Notzing*, Bedingungen, S. 94; *Haegele*, JurBüro 1969, 1, 6; *Otte*, JA 1985, 192, 200. Für eine bloß analoge Anwendung hingegen *Thielmann*, Sittenwidrige Verfügungen, S. 194 ff. Gänzlich anderer Meinung wohl *Breitling*, Rechtsfolgen, S. 103 f.: „[...] so richtig passen wird die Umdeutung nic".

500 In diese Richtung, wenngleich in Bezug zu § 2084 BGB, *Otte*, in: Staudinger-BGB (2013), § 2074 Rn. 77; *ders.*, JA 1985, 192, 200. A.A. *Breitling*, Rechtsfolgen, S. 98.

501 *Voit*, in: Reimann/Bengel/J. Mayer, § 2253 BGB Rn. 3; *Hagena*, in: MüKo-BGB, § 2253 Rn. 1; *Hoeren*, in: HK-BGB, § 2253 Rn. 1; *Litzenburger*, in: BeckOK-BGB, § 2253 Rn. 1; *Roglmeier*, in: Damrau/Tanck, § 2253 Rn. 1; *T. Kahl*, in: FAK-ErbR, § 2253 BGB Rn. 1; *S. und T. Kappler*, in: Erman-BGB, § 2253 Rn. 1; *Leipold*, Erbrecht, Rn. 329. S. auch Motive V, S. 322 = *Mugdan* V, S. 170: Das „stärkere Recht des freien Widerrufes".

502 Anders etwa bei Erbverträgen, vgl. § 2281 BGB.

sind. Rechtsfolge ist dabei häufig, dass der erfolgreich Anfechtende selbst Erbe wird. Problematisch bleibt allerdings, dass dies nicht in jedem Fall dem Erblasserwillen entsprechen muss, der Erblasser also für den Fall der Nichtigkeit (§ 142 Abs. 1 BGB) eine andere Person bedacht hätte. Dazu erneut folgendes Beispiel:[503]

> *Erblasser E testiert: „Mein Freund B soll Alleinerbe werden". Dabei geht E fälschlicherweise davon aus, sein Freund A wäre schon verstorben. Hätte E um das Leben des A gewusst, hätte er diesen zum Alleinerben eingesetzt.*

Wenig problematisch ist der für eine Anfechtung notwendige Grund, welcher im Beispielsfall offensichtlich in einem Motivirrtum des E liegt (vgl. § 2078 Abs. 2 BGB). Diffizil gestaltet sich der Fall indes wegen der Anfechtungsberechtigung; diese steht nach § 2080 Abs. 1 BGB nur demjenigen zu, dem die Nichtigkeit der Verfügung „unmittelbar zustatten kommen", also unmittelbar einen Vorteil bringen würde.[504] Unmittelbar helfen würde die Folge des § 142 Abs. 1 BGB hier aber prima vista allein den gesetzlichen Erben, mit deren Erbenstellung dem Willen von E gleichwohl nicht gedient wäre.

aa) Lösungsversuche der Literatur

Dieses Problem wurde und wird in der Literatur vielfach diskutiert. Dabei ist die Suche nach einer Erhaltungsmöglichkeit nur verständlich, andernfalls – wie *Schulz* prägnant formuliert – „beleidigt das geltende Recht unser Rechtsgefühl".[505] So verbliebe es ohne weitere Lösung bei der angefochtenen Verfügung, deren sekundäres Resultat die ebenso wenig gewollte gesetzliche Erbfolge wäre. *Schulz* erklärt dazu treffend:

> *„Es ist aber in sich widerspruchsvoll, die getroffene Verfügung zu vernichten, weil sie der Testator bei Irrtumsfreiheit nicht getroffen haben würde und damit eine Rechtslage herbeizuführen, die der Erblasser bei Irrtumsfreiheit gleichfalls nicht gewollt haben würde. Zu angemessenen Entscheidungen gelangen wir allein dann, wenn wir nicht nur der negativen Seite des irrealen Willens Beachtung schenken, sondern auch seiner positiven Seite* […]".[506]

Trotz dieser und der Erkenntnis, dass dem positiven irrealen Willen mit § 140 BGB Ausdruck verschafft wird, spricht sich *Schulz* vehement gegen eine

---

503 S. bereits o. § 3 B. I. 3. d).

504 Vgl. BGH, NJW 1985, 2025, 2026: „Dieser Vorteil kann nicht bloß unterstellt, sondern muß festgestellt werden". Vgl. auch Motive V, S. 55 f. = *Mugdan* V, S. 30; *Loritz*, in: Soergel-BGB, § 2080 Rn. 3; *Obergfell*, in: Hausmann/Hohloch, Kap. 9 B. Rn. 184; *Otte*, in: Staudinger-BGB (2013), § 2080 Rn. 2 f.

505 *Schulz*, GS Seckel, 70, 77.

506 *Schulz*, GS Seckel, 70, 78.

Anwendung dieser Norm auf den Beispielsfall bzw. vergleichbare Konstellationen aus. Andernfalls würde dem Willen des Gesetzgebers „schnurstracks" widersprochen werden.[507] Letztlich könne nach ihm daher die Lösung allein de lege ferenda zu suchen sein.

V. Lübtow[508] hingegen offeriert eine Lösung de lege lata, im dem er § 140 BGB für diesen Fall analog anwenden möchte. Den nach § 2080 Abs. 1 BGB Anfechtungsberechtigten sei die Ausübung dieses Gestaltungsrechts nach Treu und Glauben verboten. Ganz im Gegenteil müsse die Verfügung zugunsten des eigentlich gewollten Erben – hier A – ohne jedwede tatsächliche Anfechtungserklärung aufrechterhalten werden. Lediglich analog sei § 140 BGB dadurch anwendbar, dass die Norm unmittelbar allein die Aufrechterhaltung eines Ersatzgeschäfts regele, welches annähernd dieselben wirtschaftlichen Folgen habe. Sofern nach einer Umdeutung eine andere Person erbe, sei dies nicht mehr gewährleistet.[509]

Andere Autoren gelangen schon seit Längerem zu demselben Ergebnis, allerdings über eine ergänzende Auslegung der Verfügung.[510] Inzwischen wird es abseits dieser Fallgestaltung fast axiomatisch verstanden, dass die Anfechtung einer Verfügung von Todes wegen rein negative Folgen habe und der positive Erblasserwille daher nach Möglichkeit mithilfe der ergänzenden Auslegung, welche der Anfechtung eben voranzugehen habe, durchzusetzen sei.[511]

bb) Stellungnahme

Bei genauer Betrachtung dieses Falles und vergleichbarer Konstellationen verlagert sich die Suche nach der zutreffenden Lösung von einer Kontroverse um die Konvertibilität im Konkreten zur grundlegenden Debatte um die Aufrechterhaltung

---

507 *Schulz*, GS Seckel, 70, 84.

508 *V. Lübtow*, Probleme, S. 70; *ders.*, Erbrecht I, S. 301 f.

509 *V. Lübtow*, Probleme, S. 70.

510 Vgl. bereits *Brox*, Einschränkung, S. 144 ff.; *Flume*, FS 100 Jahre DJT I, 135, 197 f. (allerdings im Rahmen allgemeiner Erwägungen zur ergänzenden Auslegung), *Siber*, Reichsgerichtspraxis, 350, 380. Vgl. auch *Krampe*, Die Konversion, S. 177; *Kipp/Coing*, Erbrecht, S. 169 f.

511 BGH, MDR 1951, 474; KG, NJW 1963, 766, 767; 1971, 1922; *J. Mayer*, in: Reimann/Bengel/J. Mayer, § 2281 BGB Rn. 51; *Kanzleiter*, in: Staudinger-BGB (2014), § 2281 Rn. 35; *Musielak*, in: MüKo-BGB, § 2281 Rn. 20; *S. und T. Kappler*, in: Erman-BGB, § 2281 Rn. 1; *Weidlich*, in: Palandt, § 2078 Rn. 1; *Schlüter/Röthel*, Erbrecht, § 21 Rn. 3; *Hack*, Auslegung, S. 88; m.w.N. auch *Obergfell*, in: Hausmann/Hohloch, Kap. 9 B. Rn. 154 m. Fn. 543.

formgebundener Rechtsgeschäfte (und jede Verfügung von Todes wegen ist eine solche) im Abstrakten. Eine solch irrtümlich getroffene Verfügung könnte daher ebenso paradigmatisch bezüglich des Für und Wider einer freien Testaments-, Erbvertrags- oder allgemein Rechtsgeschäftsauslegung herangezogen werden, wie der Schulbuchfall des mit dem Begriff „Bibliothek" vermachten Weinkellers.[512] Schlussendlich orientiert sich eine jeweils treffende Lösung daher vor allem an einem Dafürhalten bzw. einem Ablehnen der Andeutungsformel, was anhand dreier Gegebenheiten verdeutlich werden soll.

(1) Wirksamkeit durch Auslegung

Beispiel 1: *E glaubt, sein bester Freund A sei tot, sodass nun B sein bester Freund ist. E testiert: „Mein bester Freund soll erben".*

Hier verdient es Zuspruch, dass die Verfügung bereits durch Auslegung als solche mit einer Erbeinsetzung des A zu verstehen ist. Dies ergibt sich mit und ohne Andeutungsformel gleichermaßen, denn im Testament ist zumindest marginal angedeutet („, […] mein bester Freund […]"), dass E seinen besten Freund A zum Alleinerben einsetzen wollte, wenngleich er hierbei einem Irrtum unterlag.

(2) Wirksamkeit durch Umdeutung

(α) Theoretischer Ansatz

Beispiel 2: *E glaubt, sein bester Freund A sei tot, sodass nun B sein bester Freund ist. E testiert: „Da mein Freund A bereits verstorben ist, soll mein Freund B Alleinerbe werden".*

Jedenfalls erläuternd auslegen lässt sich die Verfügung des E nicht zu Gunsten des A. Denn selbst wenn der Motivirrtum des E offensichtlich ist, verhält es sich ebenso mit dem Umstand, dass er im maßgeblichen Zeitpunkt allein B zum Erben einsetzen wollte. Der Hinweis auf A zeigt demnach nur, was E gewollt *hätte*, ändert jedoch nichts an dem was er gewollt *hat*. Beherzigt man indes den prinzipiellen Vorrang der (gesamten) Auslegung vor der Anfechtung, erschiene eine Erbeinsetzung des A durch *ergänzende* Auslegung der Verfügung durchaus interessengerecht.[513] Trotzdem ist einem solchen Ergebnis dezidiert zu widersprechen. Die ergänzende Auslegung käme prinzipiell nur in Betracht, wenn das Testament wirksam, aber lückenhaft ist.[514] Die Verfügung von E ist im Beispielsfall 2 jedoch allenfalls

512 S. bereits o. § 3 B. I. 3. c) dd).

513 Vgl. die Nachweise in Fn. 510. S. auch *Brox*, JR 1960, 321, 324 f.

514 Vgl. zum allgemeinen Zivilrecht OLG Oldenburg, NJW-RR 2008, 399, 400; LAG Sachsen-Anhalt, NZA 1995, 791. Vgl. zu weiteren Fundstellen aus der Rechtsprechung

irrtums-, nicht aber lückenbehaftet. Ganz im Gegenteil: Es bestehen weder hinsichtlich des Ziels (Bedenken des B) noch des Mittels (Erbeinsetzung des B) Einwände.[515] Wer gleichwohl die ergänzende Auslegung bemühte, gäbe ihr damit zumindest einen anderen Anwendungsbereich als im sonstigen Zivilrecht. Ohnehin träten sie und folglich der hypothetische Parteiwille damit in ein schwieriges Verhältnis zum tatsächlichen Willen.[516] Letztlich ist das Spektrum der Auslegung hier erschöpft, sie kann nicht zur Erbeinsetzung des A führen.

Grundsätzlich möglich erscheint es hingegen, die von E getroffene Verfügung umzudeuten, sofern sie angefochten und der Anwendungsbereich des § 140 BGB damit eröffnet wurde.[517] Dass E bei Kenntnis der Sachlage A zum Erben eingesetzt hätte, ergibt sich unmittelbar aus der Verfügung, sodass einer Umdeutung auch die Andeutungsformel letztlich nicht entgegenstünde. Überdies ergeben sich, anders als bei der Umdeutung angefochtener Rechtsgeschäfte im Allgemeinen, keine etwaigen Probleme mit dem Aspekt eines „Reurechts".[518] Abweichend zu sonstigen Willenserklärungen werden Verfügungen von Todes wegen regelmäßig nicht vom Erklärenden selbst, sondern von den in § 2080 BGB berufenen Personen angefochten. Diesen kann durch die Anfechtung der Reurecht-Aspekt grundsätzlich nicht vorgehalten werden.[519]

auch *H. Roth*, in: Staudinger-BGB (2015), § 157 Rn. 4, 15; *Brinkmann*, in: PWW-BGB, § 157 Rn. 19 ff.; *Mansel*, in: Jauernig-BGB, § 157 Rn. 2.

515 Ausdrücklich auch *Harder/Kroppenberg*, Erbrecht, Rn. 204; vgl. auch *v. Lübtow*, Probleme, S. 70 m. Fn. 300; *Wingerter*, Eigenhändige Verfügung, S. 211.

516 Die in Fn. 510 Genannten erklären eben auch, dass sich der *tatsächliche* Wille von E allein auf die Einsetzung von B bezieht. Anderenfalls müssten sie ihre Lösung bereits an der erläuternden Auslegung festmachen.

517 Vgl. ausf. o. § 2 C. III. 1. d).

518 Vgl. o. § 2 C. III. 1. d) bb).

519 Auch wenn der Erblasser selbst etwa einen Erbvertrag anficht (vgl. § 2281 BGB) heißt es nicht selten, die Anfechtung habe bloß negative Wirkungen, vgl. etwa *J. Mayer*, in: Reimann/Bengel/J. Mayer, § 2281 BGB Rn. 51; *Kanzleiter*, in: Staudinger-BGB (2014), § 2281 Rn. 35. Allerdings: Verspricht sich der Erblasser etwa gegenüber dem Notar und setzt sein Gegenüber anstatt für elf bloß für zehn Jahre Pflege zum Erben ein, müsste wenigstens dann an die Figur des Reurechts (s. allgemein o. § 2 C. III. 1. d) bb)) gedacht werden, wenn die andere Vertragspartei auch mit elf Jahren Pflege einverstanden wäre. Für die h.M. wäre es indes bereits mehr als problematisch, dass die verlängerte Pflegezeit keinesfalls im Erbvertrag angedeutet ist (vgl. zur Andeutungstheorie o. § 3 B I. 2.).

(β) Praktische Umsetzung

Problembehaftet scheint indes die praktische Umsetzung der Überlegungen, vor allem wegen der Anfechtungsberechtigung i.S.v. § 2080 Abs. 1 BGB. Im Konkreten kommt die Frage auf, ob die Nichtigkeit der Verfügung A im Beispielsfall „unmittelbar" zustatten kommen würde, erwirkte man seine Erbeinsetzung erst über § 140 BGB.

Einer solchen Interpretation des Wortes „unmittelbar" steht es eigentlich entgegen, dass die Umdeutung wenigstens für eine juristische Sekunde die Nichtigkeit der Verfügung voraussetzt und in dieser Sekunde allein die gesetzlichen Erben durch die Anfechtung bevorteilt wären. Zudem heißt es in den Gesetzesmaterialien, dass die Anfechtung nicht zur Durchsetzung des positiven Willens führen solle, da dieser „nicht erklärt ist und deshalb nicht unter positiver Umgestaltung des Inhaltes der Verfügung zur Geltung gebracht werden kann".[520] Nicht ohne Grund widerspräche eine Lösung de lege lata nach der Interpretation von *Schulz* dem Willen des Gesetzgebers „schnurstracks".[521] Ohnehin ist es einhellige Meinung, dass die Anfechtung einer Verfügung von Todes wegen diese bloß kassiere, nicht aber eine neue Verfügung erwirken könne.[522]

Im Ergebnis würde dies allerdings bedeuten, dass im Beispielsfall allein die gesetzlichen Erben anfechtungsberechtigt wären, wenngleich über § 140 BGB – der im Grunde auf angefochtene Rechtsgeschäfte Anwendung findet[523] – bereits nach einer juristischen Sekunde A zum Erben berufen wäre. Auch das ist mit dem Wortlaut von § 2080 Abs. 1 BGB nur bedingt vereinbar. Insofern ist eine Anfechtungsberechtigung des A durch eine weite Wortlautinterpretation nur interessengerecht. Zwar stimmt es, dass damit eine gewisse Rechtsunsicherheit einhergeht.[524] Grund dafür ist indes allein, dass das Nachlassgericht als Anfechtungsgegner (§ 2081 Abs. 1 BGB) die Erklärung bloß entgegennimmt, nicht aber

---

520 Motive V, S. 56 = *Mugdan* V, S. 30.

521 Vgl. o. § 3 C. I. 2. c) aa) m. Fn. 507.

522 Vgl. etwa RG, LZ 1920, 340, 341; *Fleindl*, in: NK-BGB, § 2078 Rn. 37; *Gemmer*, in: Große-Wilde/Ouart, § 2078 BGB Rn. 22; *Leipold*, in: MüKo-BGB, § 2078 Rn. 56; *Litzenburger*, in: BeckOK-BGB, § 2078 Rn. 16; *Loritz*, in: Soergel-BGB, § 2078 Rn. 27; *Otte*, in: Staudinger-BGB (2013), § 2078 Rn. 36; *Weidlich*, in: Palandt, § 2078 Rn. 10; *Harder/Kroppenberg*, Erbrecht, Rn. 262; *K. W. Lange*, Erbrecht, § 36 Rn. 105; *Michalski*, Erbrecht, Rn. 400 a.E.; *Schlüter/Röthel*, Erbrecht, § 22 Rn. 32; *Hack*, Auslegung, S. 87.

523 Vgl. ausf. o. § 2 C. III. 1. d).

524 Kritisch deshalb *Muscheler*, Erbrecht I, Rn. 2022. S. bereits *E. Schmidt*, Motivirrtum, S. 140 ff.

die Anfechtungsberechtigung hinterfragt.[525] Gerade hier wäre de lege ferenda oder durch sonstige Gestaltung aber anzusetzen,[526] da die Anfechtung spätestens im Erbscheinsverfahren respektive Zivilprozess ohnehin lediglich dann Erfolg hätte, wenn A den Irrtum und insofern das Vorliegen aller von § 140 BGB postulierten Voraussetzungen beweisen kann.[527] Letztlich wäre der Schritt zur Erweiterung der Anfechtungsbefugnis auf A nur ein kleiner: Insbesondere stünde ihm unstreitig eine Anfechtungsberechtigung zu, wenn E ihn in einem ersten Testament zum Erben einsetzte und dann – weil er A für vorverstorben hält – B erst in einer zweiten Verfügung von Todes wegen diese Position einräumt.[528] Nicht nur, dass derselbe Irrtum des E hierbei verglichen mit dem oben genannten Beispielsfall vollständig anders gewertet würde, beschränkte sich die Berechtigung zur Anfechtung wegen § 2080 Abs. 2 BGB sogar auf A.[529]

All dem steht die erwähnte Aussage in den Motiven zum BGB nicht entscheidend entgegen, denn es geht letztlich nicht um die – zugegeben systemwidrige (vgl. § 142 Abs. 1 BGB) – Umsetzung des positiven Willens durch Anfechtung. Vielmehr geht es darum, die Möglichkeit einer Umdeutung zu eröffnen, gerade weil der positive Wille in § 140 BGB Anklang gefunden hat.[530] Die Vorschrift fände eben auch Anwendung, wenn die gesetzlichen Erben die Verfügung anfechten und für eine juristische Sekunde Erben würden; dann sollte für eine

525 Vgl. OLG München, JFG 16, 244, 245; BayObLG, FamRZ 1997, 1179 (Ls.); OLG Köln, FamRZ 1993, 1124 (Ls. 1).

526 Zumal für die Kodifikation von § 2081 BGB Aspekte der Rechtssicherheit gerade im Vordergrund standen, vgl. Protokolle V, S. 67 = *Mugdan* V, S. 550. I. E. auch *Wingerter*, Eigenhändige Verfügung, S. 214 ff.; *Schulz*, GS Seckel, 70, 75 ff. Gegen einen Änderungsbedarf freilich *Muscheler*, Erbrecht I, Rn. 2022 a.E.; *E. Schmidt*, Motivirrtum, S. 75 ff., 101 ff., 148.

527 Wenngleich dies im Einzelfall schwierig sein mag (a. A. offenbar *Wingerter*, Eigenhändige Verfügung, S. 215), bedarf es trotzdem der grds. Möglichkeit einer Anfechtung durch A.

528 Vgl. RG, LZ 1920, 340, 341; KG, NJW 2001, 903, 905; *Fleindl*, in: NK-BGB, § 2080 Rn. 3; *Leipold*, in: MüKo-BGB, § 2080 Rn. 5; *Loritz*, in: Soergel BGB, § 2080 Rn. 5; *Otte*, in: Staudinger-BGB (2013), § 2080 Rn. 13; *Stürner*, in: Jauernig-BGB, § 2078 Rn. 6; *Weidlich*, in: Palandt, § 2080 Rn. 5.

529 Vgl. dazu Motive V, S. 56 = *Mugdan* V, S. 30. S. ferner *Loritz*, in: Soergel-BGB, § 2080 Rn. 15; *Otte*, in: Staudinger-BGB (2013), § 2080 Rn. 12 ff.; *Brox/Walker*, Erbrecht, Rn. 238; *Harder/Kroppenberg*, Erbrecht, Rn. 259; *K. W. Lange*, Erbrecht, § 36 Rn. 112; *Michalski*, Erbrecht, Rn. 389; *Schlüter/Röthel*, Erbrecht, § 21 Rn. 24.

530 Ob der positive Wille erforscht werden kann, muss eine Frage des Einzelfalles sein und kann nicht kategorisch zum Anfechtungsausschluss führen. A.A. freilich *Muscheler*, Erbrecht I, Rn. 2022.

Anfechtung durch A selbst nichts anderes gelten. Im Ergebnis gibt es also „keinen überzeugenden Grund", eine wegen Motivirrtums angefochtene Verfügung von Todes wegen nicht im Sinne des positiven irrealen Willens umzudeuten.[531] Zwar mag sich die Diskussion noch auf Schulbeispiele reduzieren;[532] indes würde die Berechtigung dieser Lösung schon bei erstmaliger praktischer Relevanz erheblich unterstrichen werden.

(3) Auslegung und Umdeutung greifen nicht bei Andeutungstheorie

Beispiel 3 (entsprechend der Ausgangssituation): *Erblasser E testiert: „Mein Freund B soll Alleinerbe werden". Dabei geht E fälschlicherweise davon aus, sein Freund A wäre schon verstorben. Hätte E um das Leben des A gewusst, hätte er diesen zum Alleinerben eingesetzt.*

Wenn dies schon für den zweiten Beispielsfall abgelehnt wurde, können erläuternde und ergänzende Auslegung dem eigentlichen Ansinnen von E hier erst recht keine Geltung verschaffen. Anders als dort scheint – abseits der Frage nach einer Anfechtungsberechtigung – auch eine Umdeutung nicht unproblematisch. Insbesondere offenbart die Andeutungsformel eine Schwierigkeit: Eine konsequente Umsetzung derselben würde verlangen, dass sie auch auf eine von der Auslegung losgelöste Konversion anzuwenden ist.[533] Dann könnte § 140 BGB im Beispielsfall aber kaum greifen, denn die Erbeneinsetzung des A ist an keiner Stelle des Testaments angedeutet. Umgehen ließe sich das Problem für Verfechter der Andeutungsformel nur dann, wenn ein im Testament niedergelegter Anhaltspunkt bereits für den (Motiv-)Irrtum selbst gefordert würde. Dann wäre schon die Anfechtung ausgeschlossen, sodass man ohne nichtiges Geschäft an § 140 BGB gar nicht erst zu denken hätte. Indes hat die zweite Kommission zum BGB einen insoweit angedachten § 1781 Abs. 2 BGB gerade verworfen,[534] sodass dem nicht gefolgt werden kann.[535]

Einmal mehr zeigt sich daher, dass der Andeutungstheorie entgegenzutreten ist. Ein derart gelagerter Fall ließe zwar eine Anfechtung aufgrund des negativ Gewollten zu, versperrte aber den Weg zum belegbaren positiv (hypothetisch) Gewollten. Nach vorzugswürdiger – die Andeutungsformel ablehnender –

---

531 *Krampe*, Die Konversion, S. 178 unter der Prämisse, er folge der h.M. zu § 140 BGB.

532 Vgl. *Muscheler*, Erbrecht I, Rn. 2022.

533 Vgl. o. § 3 B. I. 3. d).

534 Vgl. Protokolle V, S. 50 = *Mugdan* V, S. 541.

535 S. BGH, NJW 1965, 584; BayObLG, FamRZ 1997, 772, 773; *Otte*, in: Staudinger-BGB (2013), § 2078 Rn. 25; *Leipold*, in: MüKo-BGB, § 2078 Rn. 36; *Loritz*, in: Soergel-BGB, § 2078 Rn. 20; *Weidlich*, in: Palandt, § 2078 Rn. 11 a.E.

Auffassung ist im Ausgangsfall daher eine Umdeutung zu Gunsten von A möglich.

cc) Ergebnis

In den Beispielen 2 und 3 scheitert die Aufrechterhaltung jedenfalls nicht an den Tatbestandsvoraussetzungen des § 140 BGB.[536] Damit bedarf es der entsprechenden Heranziehung nach *v. Lübtow*[537] nicht, zumal seine Lösung im Gesamten ohnehin vor methodischen Schwierigkeiten steht. Problematisch verbleibt hier allenfalls die Befugnis zur Anfechtung nach § 2080 Abs. 1 BGB. Sofern dies allerdings durch Erweiterung der Anfechtungsberechtigung (hier für A) gelöst wird, zeigt der Fall einmal mehr, warum der Andeutungsformel entgegenzutreten ist.

d) Unwirksamkeit nach § 2171 BGB

Weitestgehend unbeleuchtet ist die Frage nach einer Umdeutungsmöglichkeit von unwirksamen Vermächtnissen i.S.v. § 2171 BGB. Letztlich ist dies nicht weiter problematisch: Eine generelle Möglichkeit ergibt sich i.R.v. Abs. 1 Var. 1 schon aus der zum Allgemeinen Teil gegenteiligen Regelung: Nach § 311a BGB sind Rechtsgeschäfte mit anfänglich unmöglichem Leistungsinhalt wirksam, hier unwirksam.[538] Somit ist bei § 2171 Abs. 1 Var. 1 BGB – sofern nicht schon die Absätze 2 und 3 der Unwirksamkeit abhelfen – der Anwendungsbereich von § 140 BGB eröffnet. Dafür müssten sich a fortiori diejenigen Autoren aussprechen, die eine dahingehende Möglichkeit schon bei § 311a BGB sehen.[539] Als Ersatzgeschäft kommt jedes Vermächtnis in Betracht, welches zwar auf eine mögliche Leistung gerichtet ist, nicht aber über das Ausgangsgeschäft hinausgeht; dabei ist insbesondere an Geldvermächtnisse zu denken. Für Abs. 1 Var. 2 BGB ergibt sich die Konvertibilität indes schon aus dem Verweis auf § 134 BGB.[540]

3. Zusammenfassende Würdigung

Die gezeigten erbrechtlichen Einzelfälle von § 140 BGB machen bereits deutlich, dass trotz einer Trennung von Auslegung und Umdeutung erstere genauestens

---

536 Ebenso wohl auch *Küntzel*, Anwendungsgebiet, S. 29 ff.

537 Vgl. erneut *v. Lübtow*, Probleme, S. 70; *dens.*, Erbrecht I, S. 301 f.

538 Vgl. allgemein auch *Rudy*, in: MüKo-BGB, § 2171 Rn. 1; *Hoeren*, in: HK-BGB, § 2171 Rn. 1; *Müller-Christmann*, in: BeckOK-BGB, § 2171 Rn. 2; *Otte*, in: Staudinger-BGB (2013), § 2171 Rn. 2.

539 Vgl. die Nachweise in Fn. 170.

540 Vgl. dazu o. § 2 C. IV.

vorzunehmen ist, um die Frage nach der Konversionsnotwendigkeit zu beantworten. Insbesondere wenn die Grenzen der Auslegung überschritten werden, widerspräche man dem Erblasser nicht weniger, als bei verkannter Umdeutungsmöglichkeit. Die Entscheidung des OLG Hamm zu § 2302 BGB ist dafür geradezu paradigmatisch: Wer hier von einem Auslegungsergebnis ausgeht, setzt sich klar über den Willen des Erblassers hinweg. Ausweislich des Testaments sollte die Ehefrau des Erblassers hinsichtlich beider Vermögen gebunden werden, was mit einer Vor- und Nacherbschaft aber nicht zu erreichen gewesen wäre. Eine solche konnte daher allenfalls hypothetisch gewollt sein.

Nicht weniger Relevanz zeitigt der Erblasserwille im Tatbestand des § 140 BGB. Daher ist etwa bei sittenwidrigen Bedingungen im Zweifelsfall davon auszugehen, dass die Verfügung von Todes wegen nicht unbedingt gelten soll und vielmehr Gesamtnichtigkeit eintritt. Um sodann wenigstens den hypothetischen Willen zu realisieren, wird grundsätzlich anzunehmen sein, dass der Erblasser i.S.v. § 140 BGB eine unbedingte Verfügung „gewollt haben würde".

Noch deutlicher tritt die Bedeutung seines Willens i.R. irrtümlicher Verfügungen von Todes wegen hervor. Wenigstens anhand des dort angesprochenen zweiten Beispiels zeigt sich, dass angefochtene Rechtsgeschäfte prinzipiell konvertibel sein müssen: Ließe man die Umdeutung in Folge einer Anfechtung nicht zu, könnten die betroffenen Parteien bei lebzeitigen Rechtsgeschäften dasselbe zumindest erneut vornehmen. Konträr dazu entstünde ein nahezu unerträgliches[541] Ergebnis, würde § 140 BGB auf angefochtene Verfügungen von Todes wegen keine Anwendung finden, denn eine erneute Vornahme ist durch das Versterben des Erklärenden unmöglich. Die Anfechtung würde somit zwar eine Verfügung verhindern, die der Erblasser nicht will; zugleich erwirkte sie aber eine Erbfolge, die ebenfalls nicht dem Erblasserwillen entspräche.[542] Die Kodifikation des im Erbrecht beachtlichen Motivirrtums (§ 2078 Abs. 2 BGB) verlöre hier ihren Sinn. Entscheidet man sich nach all dem für die Umdeutung angefochtener Verfügungen, müssen a minore ad maius angefochtene Geschäfte im allgemeinen Zivilrecht ebenso umdeutungsfähig sein, denn entweder ist die Willenserklärung stets restlos „storniert",[543] oder eben nicht.

541 Arg. e *Pringsheim*, JW 1925, 359, 360; zustimmend *Küntzel*, Anwendungsgebiet, S. 29.
542 *Küntzel*, Anwendungsgebiet, S. 30.
543 Vgl. zu dieser Auffassung die Nachweise in Fn. 197.

II. Konversion zu Verfügungen anderen Typs

Bei Konversionen zu Verfügungen anderen Typs unterfällt die jeweils getroffene Verfügung schon apriorisch nicht den Formerfordernissen oder der Testator nicht dem subjektiven Anwendungsbereich. Wiederum stellt sich bei diesen Fällen die Frage nach der Konversions*möglichkeit* respektive *-notwendigkeit*.

1. *Aufrechterhaltung eines formnichtigen notariellen Testaments*

Unmöglich ist die Umdeutung eines formnichtigen eigenhändigen Testaments, weil diesem bereits die geringsten Formerfordernisse aller Verfügungen von Todes wegen obliegen (§ 2247 BGB). Allerdings kann ein solches durchaus als Ersatzgeschäft für ein unwirksames notarielles Testament in Betracht kommen.[544]

a) Konversionsnotwendigkeit

aa) Bestehende Zweifel

In der Literatur wird teilweise ein „allgemeiner Konsens" angenommen, nach welchem die Aufrechterhaltung eines notariellen als eigenhändiges Testament stets eine reine Auslegungsfrage sei,[545] womit im Grunde kein nichtiges Ausgangsgeschäft vorliegen würde. Festgemacht wird dies vor allem daran, dass sogar Befürworter der vorherrschenden Auffassung zur Dogmatik des § 140 BGB eine Reichsgerichtsentscheidung von 1890 für richtig befinden,[546] in welcher ein schriftliches Testament unwirksam war, aber als (damals noch mögliches) wirksames mündliches *ausgelegt* wurde.[547] Auch das KG erklärte sich 1907 in eine solche Richtung. Nach einer ausführlichen Auseinandersetzung mit der Konversion gemeinschaftlicher Testamente durch Nichtehegatten führte es weitergehend aus:

> „*Die Möglichkeit der Aufrechterhaltung eines nichtigen notariellen Testaments als [sic.] eines eigenhändigen Testaments beruht* nicht auf Konversion, *sondern lediglich darauf, daß die notarielle Form für die Errichtung eines in der Form des § 2231 Nr. 2 BGB bereits abgefaßten Testaments nicht mehr erforderlich ist, das Testament vielmehr bereits gültig errichtet ist und gültig bleibt, gleichviel ob außerdem noch den Formerfordernissen des § 2231 Nr. 1 BGB genügt wird oder nicht*".[548]

---

544 S. zur Umdeutung unwirksamer gemeinschaftlicher Testamente u. § 3 C. II. 5.

545 *Krampe*, Die Konversion, S. 147.

546 *O. Fischer*, FS Wach I, 179, 229; vgl. dort auch S. 274. S. allgemein auch *H. Lange/Kuchinke*, Erbrecht, S. 799.

547 RGZ 26, 202 f.

548 KGJ 35, A 93, A 99. Hervorhebung durch Verfasser.

Ebenso wird bereits eine Rechtsauffassung *Ulpians* im Römischen Recht interpretiert, weil diese auf den Willen des Testators bezogen sei und es sich daher allein um das Verfahren der Auslegung handeln könne:[549] Konkret ging es um einen Soldaten, der es zu Lebzeiten trotz gefassten Willens verpasste, nach gemeinem Zivilrecht zu testieren. Gleichwohl blieb die Möglichkeit eines Erhalts als formlos gültiges Soldatentestament, welche nach *Ulpian* aus zweierlei Gründen bejaht wurde. Zum einen verzichte ein Soldat mit der Absicht zur Errichtung eines allgemeinen Testaments nicht auf das Vorrecht zur Errichtung eines mündlichen Testaments. Zum anderen müsse davon ausgegangen werden, dass ein Soldat seinem Willen stets durch beide möglichen Arten der Testamentserrichtung Ausdruck verleihen wolle.[550]

bb) Berechtigung dieser Zweifel

Einer endgültigen Stellungnahme ist angesichts der §§ 2231, 2232 BGB eine detaillierte und differenzierende Betrachtung voranzustellen: Erklärt der Erblasser dem Notar gegenüber mündlich seinen Willen (§ 2232 S. 1 Var. 1 BGB), so liegt im Regelfall kein Ersatzgeschäft im Sinne eines formwirksamen Privattestaments vor; eine Aufrechterhaltung muss ausbleiben.

Übergibt der Erblasser dem Notar jedoch eine Niederschrift (§ 2232 S. 1 Var. 2 BGB), bedarf es einer weiteren Unterscheidung: Sofern die Schrift bereits ein formwirksames Testament darstellte, verliert dieses durch die Übergabe nicht seinen Rechtscharakter.[551] Zwar existieren dann nicht zwei Testamente;[552]

---

549 *Krampe*, Die Konversion, S. 66. A.A. ausdrücklich *O. Fischer*, FS Wach I, 179, 211: „Es gibt nun zwei Fälle im römischen Recht, die alle Merkmale der Konversion im heutigen Sinne an sich tragen". Unrichtig ist es jedenfalls, dass *O. Fischer* darin einen historischen Beleg für die Trennung von Umdeutung und Auslegung sehen will. Es gab zu Zeiten des Römischen Rechts keinerlei Umdeutungsaspekte, wie sie heute existieren, eine Auslegung hingegen schon. Das Römische Recht spricht folglich nicht für die heute herrschende Auffassung, vgl. o. § 2 B. V. 3. a).

550 *Ulpian*, D. 29, 1, 3. Übersetzung nach *Schermaier*, in: Knütel/Kupisch/Rüfner/Seiler, CIC.

551 KGJ 50, A 81, A 83 f.; *Hagena*, in: MüKo-BGB, § 2232 Rn. 34; *J. Mayer*, in: Soergel-BGB, § 2232 Rn. 24. S. auch *Baumann*, in: Staudinger-BGB (2012), § 2231 Rn. 30; *S. und T. Kappler*, in: Erman-BGB, § 2232 Rn. 6 a.E. Ungenau *Litzenburger*, in: BeckOK-BGB, § 2232 Rn. 18 a.E.

552 *V. Lübtow*, Erbrecht I, S. 187; *Hagena*, in: MüKo-BGB, § 2232 Rn. 34; *J. Mayer*, in: Soergel-BGB, § 2232 Rn. 24.

das privatrechtliche wird vielmehr ein Teil des notariellen Testaments.[553] Ist letzteres formnichtig, bedarf es wegen der fortwirkenden Geltung des privatschriftlichen Testaments weder der Auslegung noch einer Umdeutung – das Testament i.S.v. § 2231 Nr. 1 BGB gilt ohne weiteres,[554] wobei wenigstens theoretisch der Beweis eines gegenteiligen Willens denkbar ist.[555]

Anders stellt es sich dar, wenn die (den § 2247 BGB erfüllende) Schrift bis zur Übergabe an den Notar als Entwurf[556] gedacht war, die Rechtserheblichkeit der Erklärung also erst mit der Übergabe eintrat. Allein an dieser Konstellation kann sich die Kontroverse um die Konversions*notwendigkeit* stellen, wobei dem angesprochenen „allgemeinen Konsens" im Ergebnis nicht zu folgen ist:[557] Zwar trifft es zu, dass keine Konversion, sondern vielmehr eine Auslegungsfrage vorläge, sofern die Wirkung des nichtigen und des wirksamen Testaments nicht divergierten.[558] Denn bei zwei Geschäften exakt selben Inhalts kann kaum davon

553 RGZ 84, 163, 165; *Hagena*, in: MüKo-BGB, § 2232 Rn. 34; *J. Mayer*, in: Soergel-BGB, § 2232 Rn. 24. Die Schrift wird indes kein Teil der notariellen Niederschrift (§ 8 BeurkG), vgl. § 30 S. 5 BeurkG. S. dazu auch *Hagena*, in: MüKo-BGB, § 30 BeurkG Rn. 15; *Obergfell*, in: Hausmann/Hohloch, Kap. 6 A. Rn. 46; *W. Kössinger*, in: Nieder/Kössinger, § 17 Rn. 39.

554 So auch BGH, BWNotZ 1965, 158 (Ls.); RG, WarnR 1931, Nr. 50; *Baumann*, in: Staudinger-BGB (2012), § 2231 Rn. 30; *Beck*, in: NK-BGB, § 2232 Rn. 29; *Hagena*, in: MüKo-BGB, § 2232 Rn. 34; *J. Mayer*, in: Soergel-BGB, § 2232 Rn. 24; *S. und T. Kappler*, in: Erman-BGB, § 2232 Rn. 6; a.A. (Umdeutung) *Voit*, in: Reimann/Bengel/J. Mayer, § 2232 BGB Rn. 23; *Litzenburger*, in: BeckOK-BGB, § 2232 Rn. 18.

555 Ausdrücklich *Kregel*, in: RGRK-BGB, § 2232 Rn. 5; *J. Mayer*, in: Soergel-BGB, § 2232 Rn. 24; *Voit*, in: Reimann/Bengel/J. Mayer, § 2232 BGB Rn. 23; *Hagena*, in: MüKo-BGB, § 2232 Rn. 34.

556 Vertreten wird insoweit, dass ein verschlossenes Schriftstück als endgültiges Testament, ein offenes hingegen als Entwurf anzusehen sei (vgl. *Baumann*, in: Staudinger-BGB (2012), § 2231 Rn. 30). Dies sollte allerdings nicht kategorisch angenommen werden. Vielmehr handelt es sich um ein Indiz bei der Hinterfragung des Einzelfalles.

557 I.E. (Anwendung des § 140 BGB) auch *Reinicke*, Rechtsfolgen, S. 92; *Fleindl*, in: NK-BGB, § 2084 Rn. 58, 63; *J. Mayer*, in: Soergel-BGB, § 2232 Rn. 24; *Voit*, in: Reimann/Bengel/J. Mayer, § 2232 BGB Rn. 23; *Leipold*, in: MüKo-BGB, § 2084 Rn. 136; *Loritz*, in: Soergel-BGB, § 2084 Rn. 73; *Baumann*, in: Staudinger-BGB (2012), § 2231 Rn. 30; *H. Roth*, in: Staudinger-BGB (2015), § 140 Rn. 49; *Hefermehl*, in: Soergel-BGB, § 140 Rn. 22; *v. Tuhr*, AT II/1, S. 289; *O. Fischer*, FS Wach I, 179, 211; *v. Lübtow*, Erbrecht I, S. 187 m.w.N. aus der älteren Literatur.

558 Dies würde nach *O. Fischer* (FS Wach I, 179, 229 f.) jedenfalls für die o.g. Reichsgerichtsentscheidung zum mündlichen Testament gelten (s. o. § 3 C. II. 1. a) aa)

gesprochen werden, dass das eine als das andere erhalten bleibt.[559] Vielmehr ergibt sich, dass der objektiven Bezeichnung des Geschäfts derjenige Charakter beigemessen wird, der wirksam werden kann – was eine Frage der Auslegung ist. Allerdings gibt es nach geltendem Recht nicht zwei Testamentsarten, die sich allein terminologisch unterscheiden. Dies gilt insbesondere auch für den Vergleich von notariellen und privatschriftlichen Testamenten.[560] Zum einen zählt – so bereits *Leipold* zutreffend[561] – die Wahl der Testamentsart in aller Regel zum Inhalt der Verfügung. Zum anderen bestehen im Detail Unterschiede tatsächlicher und rechtlicher Natur: Zunächst verbürgt die Rechtsordnung für handschriftliche Testamente ein deutlich geringeres Schutzniveau, weil nur das öffentliche Testament zur Vermeidung von Fälschung und Vernichtung unverzüglich der Verwahrung beim Amtsgerichts zuzuführen ist (§ 346 FamFG, § 34 BeurkG). Insoweit kommt dem privatschriftlichen Testament eine „Minderwirkung" zu.[562] Daneben divergieren beide Testamentsarten insofern als das öffentliche Testament mit § 2256 Abs. 1 S. 1 BGB eine weitere Widerrufsmöglichkeit erfährt[563] und der Kreis der Testierfähigen i.R.v. § 2231 Nr. 1 BGB nach § 2233 BGB zweifach erweitert ist.[564] Würde man darüber hinwegsehen, wären eigenhändiges und notarielles Testament nicht zwei ordentliche Testamente, sondern zwei unterschiedliche Formen des ordentlichen Testaments, wogegen schon die im Plural abgefasste amtliche Überschrift zu § 2231 BGB („Ordentliche Testamente") streitet.

Somit kann im Zweifel nicht davon ausgegangen werden, dass sich der tatsächliche Wille des Erblassers auch auf ein Privattestament bezog. Dies gilt ohne weiteres für Fälle, in denen sich der Erblasser gerade wegen des höheren Schutzniveaus für das öffentliche Testament entschieden hat. Dann hat er die andere

m. Fn. 547), da beide Testamente nach ihm „ganz den gleichen Wirkungen" unterlagen. Ob dem wirklich so war, soll hier offen bleiben.

559 S. auch *H-J. Finger*, Die Umgestaltung, S. 64; *Siber*, Erbrecht, S. 30.

560 Ebenso *Leipold*, in: MüKo-BGB, § 2084 Rn. 129; *Krampe*, Die Konversion, S. 145; differenzierend *Loritz*, in: Soergel-BGB, § 2084 Rn. 67. A.A. KGJ 35, A 93, A 99; *Siber*, Erbrecht, S. 30. Ungenau auch *H. Roth*, in: Staudinger-BGB (2015), § 140 Rn. 49: „Typenwahrende Umdeutung".

561 *Leipold*, in: MüKo-BGB, § 2084 Rn. 129.

562 Vgl. *O. Fischer*, FS Wach I, 179, 212 zum Verhältnis eines Soldatentestaments und eines ordentlichen Testaments im Römischen Recht.

563 So ausdrücklich auch *Leipold*, in: MüKo-BGB, § 2084 Rn. 129. S. auch *Baumann*, in: Staudinger-BGB (2012), § 2256 Rn. 7, 20. Vgl. auch § 2256 Abs. 3 Hs. 2 BGB.

564 Dazu *Baumann*, in: Staudinger-BGB (2012), § 2233 Rn. 7 ff.; *Hagena*, in: MüKo-BGB, § 2231 Rn. 16.

Testamentsart nicht wirklich, sondern allenfalls hypothetisch gewollt, weshalb nur § 140 BGB und nicht §§ 133, 2084 BGB Anwendung finden kann. Gleiches gilt selbst dann, wenn der Erblasser deshalb notariell testiert hat, weil er dies als einzig denkbare Möglichkeit ansah.[565] Zwar kam es ihm dabei allein auf den Rechtserfolg an, gleichwohl hat er sich durchaus bewusst für diese Testamentsart entschieden. Dass er sich über die Alternative eines handschriftlichen Testaments irrt, kann die Hinterfragung seines Willens nicht obsolet machen. Ansonsten würde man unterstellen, der Erblasser hätte in jedem Fall privat testiert, wenn ihm diese Möglichkeit bekannt gewesen wäre. Dafür werden allerdings in der Regel kaum Anhaltspunkte zu finden sein. Der Irrtum ist somit nicht per se eine Frage der Auslegung, sondern erst i.R.v. § 140 BGB virulent.

b) Konversionsmöglichkeit

Die Möglichkeit einer Konversion von notariellen in privatschriftliche Testamente ist heute unstreitig.[566] In der Tat werden die (übrigen) Tatbestandsvoraussetzungen des § 140 BGB in fast allen Fällen gegeben sein, weil es zwischen beiden Testamentsarten zwar detaillierte, aber eben keine eminenten Unterschiede gibt und § 2232 BGB ohnehin nur ein rein fakultativ einzuhaltendes Formerfordernis sein kann. So erklärt es sich auch, dass in der Literatur bisweilen davon gesprochen wird, beide Testamentsarten seien im Grunde gleichwertig nebeneinandergestellt.[567] Letztlich bliebe zu erkennen, dass bei Nichtanwendung des § 140 BGB die gesetzliche Erbfolge einträte, von welcher aber mit dem nichtigen Testament abgewichen werden sollte. Auch das spricht in Zweifelsfällen für einen Umdeutungswillen, wenngleich ein Gegenbeweis nicht absolut ausgeschlossen ist.[568]

---

565 A.A. *Loritz*, in: Soergel-BGB, § 2084 Rn. 67.

566 Vgl. *Leipold*, in: MüKo-BGB, § 2084 Rn. 136; *J. Mayer*, in: Soergel-BGB, § 2232 Rn. 24; *H. Roth*, in: Staudinger-BGB (2015), § 140 Rn. 49; *Voit*, in: Reimann/Bengel/J. Mayer, § 2232 BGB Rn. 23; *Gemmer*, in: Große-Wilde/Ouart, § 2084 BGB Rn. 40; *Loritz*, in: Soergel-BGB, § 2084 Rn. 73; *Seiler-Schopp/Rudolf*, in: Damrau/Tanck, § 2084 Rn. 80; *Krampe*, Die Konversion, S. 145; *v. Lübtow*, Erbrecht I, S. 187 mit weiteren, wenngleich älteren Nachweisen.

567 *J. Mayer*, in: Soergel-BGB, § 2231 Rn. 3; *Hoeren*, in: HK-BGB, § 2231 Rn. 1 a.E.; *Leipold*, Erbrecht, Rn. 291; *K.W. Lange*, Erbrecht, § 14 Rn. 16; *Schlüter/Röthel*, Erbrecht, § 17 Rn. 4; *Michalski*, Erbrecht, Rn. 207. S. auch *Hagena*, in: MüKo-BGB, § 2231 Rn. 15.

568 So wohl auch *J. Mayer*, in: Soergel-BGB, § 2232 Rn. 24; *Voit*, in: Reimann/Bengel/J. Mayer, § 2232 BGB Rn. 23; *Hagena*, in: MüKo-BGB, § 2232 Rn. 34.

2. *Aufrechterhaltung von unzulässigen Testamenten und von Nottestamenten*

Aufgrund des Umstands, dass das BGB bloß eigenhändige, notarielle und gemeinschaftliche Testamente vorsieht, wäre § 140 BGB zur Aufrechterhaltung immer dann notwendig, wenn eine vom Gesetz nicht vorgesehene Testamentsart gewählt wurde. Obschon die Umdeutung hierbei immer dann möglich wäre, wenn insofern wenigstens die Voraussetzungen des § 2247 BGB erfüllt werden, erklärt sich die geringe praktische Relevanz dieser Überlegung von selbst.[569]

Keine Anwendung kann § 140 BGB indes bei einem Nottestament (§§ 2249 ff. BGB) als Ausgangs- respektive als Ersatzgeschäft finden. Für erstere Fälle würde § 140 BGB schon per se nicht passen, da für das „Ersatzgeschäft" wenigstens die Form des § 2247 BGB gewahrt sein müsste. Ist sie das, so liegt neben dem Notohnehin schon ein eigenhändiges Testament vor, sodass eine Umdeutung obsolet wird und daher nicht notwendig ist. Der Aufrechterhaltung als Nottestament steht entgegen, dass etwa bei der Errichtung eines Testaments i.S.v. § 2247 BGB nicht zugleich eine kodifizierte Notsituation (§§ 2249–2251 BGB) gegeben sein wird und darüber hinaus § 2252 Abs. 1 BGB unterlaufen werden könnte. Aus Letzterem lässt sich zugleich die allgemeine Erkenntnis ziehen, dass die Konversion einer Verfügung von Todes wegen in ein bloß mündliches Testament stets unmöglich ist. Wenngleich dies in der Retrospektive[570] und noch 1890 vom RG angenommen wurde,[571] sieht das heutige BGB zu Recht die Möglichkeit eines bloß mündlichen Testaments nicht mehr vor.

Die Erhaltung eines außerordentlichen Testaments mag daher nach geltendem Recht allenfalls für ein solches vor einem Konsulatsbeamten nach dem KonsularG[572] (vgl. §§ 10, 11 KonsularG) möglich erscheinen. Jedoch wird deren Beurkundungen denen von Notaren umfassend gleichgestellt (§ 10 Abs. 2

---

569 Vgl. aber *Krampe*, Die Konversion, S. 145 f., der beispielhaft ein „testamentum mysticum" anführt.

570 So schon *Harpprecht*, conversionem, S. 22 (§ 61). Vor allem galt dies bei Kodizillarklauseln, vgl. *Coels*, Conversion, passim; ferner *Krampe*, Die Konversion, S. 91 ff., 146; *O. Fischer*, FS Wach I, 179, 207 ff.; *Küntzel*, Anwendungsgebiet, S. 6.

571 RGZ 26, 202 ff. Allerdings ging das Gericht dabei wohl von einer Auslegungsfrage aus.

572 Basierend auf dem Wiener Übereinkommen vom 24.04.1963, dazu BGBl. II 1969, 1585 f.; zur weiteren Gesetzesentwicklung BGBl. I 1974, 2317 ff.; BGBl. I 2008, 2586 (Artikel 20).

KonsularG),[573] sodass es sich hierbei ohnehin um die eingangs dargestellte Aufrechterhaltung „notarieller/öffentlicher" Testamente handelt.[574] Zwar werden nach § 2249 Abs. 1 S. 4 BGB auch das Testament vor einem Bürgermeister und nach § 2250 Abs. 3 S. 2 BGB das vor drei Zeugen in gewisser Hinsicht dem eines Notars gleichgestellt. Für beide gilt aber § 2252 Abs. 1 BGB explizit; insofern bleibt es bei dem Gesagten.

3. *Umdeutung nichtiger Erbverträge*

a) *Nichtigkeitsursachen im Überblick*

Neben den bereits aufgezeigten bloß inhaltlichen Mängeln,[575] die sich primär auf einzelne Aspekte des Erbvertrages beziehen (vgl. § 2085 BGB), können letztere vor allem aufgrund der Nichtberücksichtigung ihrer Besonderheiten im Gesamten nichtig sein:

Insofern bleiben zunächst die Formanforderungen zu erkennen. Aufgrund von § 2276 Abs. 1 S. 1 BGB sind etwa privatschriftlich geschlossene Erbverträge per se formunwirksam, da solche Verfügungen von Todes wegen stets durch eine notarielle Beurkundung (§ 128 BGB) bei gleichzeitiger Anwesenheit festgehalten werden müssen. Darüber hinaus kann ein Erbvertrag aufgrund subjektiver Anforderungen an die Vertragsschließenden scheitern. Der Erblasser selbst muss für seine vertragsmäßig getroffenen Verfügungen[576] voll geschäftsfähig sein (§ 2275 Abs. 1 BGB); mit § 2275 Abs. 2, 3 BGB sind nur enge Ausnahmen vorgesehen.[577]

---

573 S. auch *Beck*, in: NK-BGB, § 2231 Rn. 7; *Hagena*, in: MüKo BGB, § 2231 Rn. 30; *J. Mayer*, in: Soergel-BGB, § 2231 Anh Rn. 3; eher kritisch *Baumann*, in: Staudinger-BGB (2012), Vorbem zu §§ 2229 ff Rn. 50 a.E.

574 Dazu o. § 3 C. II. 1.

575 Dazu o. § 3 C. I.

576 Für einseitige Verfügungen gilt nach § 2299 Abs. 2 S. 1 BGB das Testamentsrecht. Daher kommt es auf die Testierfähigkeit an; die Erleichterungen der Absätze 2 und 3 in § 2275 BGB gelten richtiger Weise nicht. So auch *Wolf*, in: Soergel-BGB, § 2299 Rn. 4; *Krüger*, in: Damrau/Tanck, § 2299 Rn. 4; *Seiler*, in: NK-BGB, § 2299 Rn. 5; *P. Finger*, in: AK-BGB, § 2299 Rn. 3; *Kregel*, in: RGRK-BGB, § 2299 Rn. 2; ebenso wohl *Weidlich*, in: Palandt, § 2299 Rn. 1. A.A. *J. Mayer*, in: Reimann/Bengel/J. Mayer, § 2299 BGB Rn. 10 f.; *Kanzleiter*, in: Staudinger-BGB (2014), § 2299 Rn. 5; *Musielak*, in: MüKo-BGB, § 2299 Rn. 4 a.E.; *Kornexl*, in: NK-BGB, § 2275 Rn. 17; *Schlüter*, Erbrecht (16. Aufl. 2007), Rn. 320.

577 Wenngleich die Geschäftsfähigkeit bzgl. eines in hohem Alter geschlossenen Erbvertrages häufiger mal infrage stehen kann, müsste eine Geschäfts*un*fähigkeit selbstverständlich voll bewiesen werden, vgl. BayObLG, Rpfleger 1982, 286 f.; RNotZ 2001,

Demgegenüber gelten für den Vertragspartner, der nicht gleichzeitig von Todes wegen verfügt,[578] die allgemeinen Vorschriften zur Geschäftsfähigkeit (§§ 104 ff. BGB),[579] insbesondere auch § 107 BGB.

Letztlich bleibt eine rein inhaltliche Anforderung, nach welcher jeder geschlossene Erbvertrag wenigstens eine vertragsmäßige Verfügung i.S.v. § 2278 Abs. 1 BGB enthalten muss,[580] um wirksam zu sein. Anderenfalls wären die durch den Vertag ermöglichten Besonderheiten – vor allem die Bindungswirkung – redundant. Wird ein Erbvertrag ohne eine solche Verfügung geschlossen, kann er folglich allenfalls als (gemeinschaftliches) Testament erhalten werden.

b) *Konversionsnotwendigkeit*

Zuweilen wird dezidiert der Standpunkt vertreten, es komme für die Aufrechterhaltung (vermeintlich) nichtiger Erbverträge als Testament nicht auf eine Umdeutung an. Dies zeige sich unter anderem darin, dass es „bis heute" (scil.: indes bezogen auf Januar 1980) keinen von der Judikatur entschiedenen Fall gebe, bei dem die Aufrechterhaltung nicht qua Auslegung hätte erfolgen können.[581]

Einer solchen Auffassung ist es inhärent, dass sich jeder Erbvertrag als Testament verstehen lässt, dass es seitens des Erblassers also keine bewusste Entscheidung für ersteren war. Dies könnte allerdings allein dann Gefolgschaft erhalten, wenn sich der Erbvertrag gegenüber dem Testament nur als weitere Option darstellt und insbesondere keine grundsätzlichen charakteristischen Differenzen

---

524 f. Vgl. auch BayObLG, BeckRS 1994, 11847 wo dieser Nachweis beispielhaft erfolgt.

578 Dann würde für vertragsmäßige Verfügungen § 2275 Abs. 1 BGB, für einseitige § 2299 Abs. 2 S. 1 BGB gelten, vgl. *K.W. Lange*, Erbrecht, § 17 Rn. 156; *Litzenburger*, in: BeckOK-BGB, § 2275 Rn. 1, 8.

579 *Keim*, in: Hausmann/Hohloch, Kap. 8 B. Rn. 6; *Musielak*, in: MüKo-BGB, § 2275 Rn. 6 f.; *Wolf*, in: Soergel-BGB, § 2275 Rn. 4; *Muscheler*, Erbrecht I, Rn. 2193; *Ebenroth*, Erbrecht, Rn. 250; *K.W. Lange*, Erbrecht, § 17 Rn. 158; *Schlüter/Röthel*, Erbrecht, § 23 Rn. 6; *Leipold*, Erbrecht, Rn. 498; *Brox/Walker*, Erbrecht, Rn. 146; *Michalski*, Erbrecht, Rn. 284; *v. Lübtow*, Erbrecht I, S. 411.

580 Vgl. BGHZ 26, 204, 208 f.; BGH, MDR 1958, 223; *Musielak*, in: MüKo-BGB, § 2278 Rn. 2 a.E.; *Kanzleiter*, in: Staudinger-BGB (2014), § 2278 Rn. 3; *Wolf*, in: Soergel-BGB, § 2278 Rn. 3; *Brox/Walker*, Erbrecht, Rn. 151; *Ebenroth*, Erbrecht, Rn. 251; *Leipold*, Erbrecht, Rn. 504.

581 *Krampe*, Die Konversion, S. 150. Vgl. auch *Kanzleiter*, in: Staudinger-BGB (2014), Einl zu §§ 2274 ff Rn. 12, der davon ausgeht, dass jedenfalls ein Erbvertrag ohne vertragsmäßige Verfügung nicht umgedeutet werden muss, sondern immer bereits ein Testament darstellt.

aufweist, ein Testament also stets mit einschließt. Indessen: Das dem nicht so ist, zeigt bereits das durch Gesetz aufgestellte Formerfordernis für den Erbvertrag, welcher lediglich bei notarieller Beurkundung formwirksam ist (§ 2276 Abs. 1 S. 1 BGB). Abseits davon sind die materiell-rechtlichen Unterschiede zwischen Testament und Erbvertrag keine bloßen Detailfragen. Augenfällig ist, dass ein Erbvertrag als solcher erst mit der Willenserklärung einer weiteren Person vorliegt. Schlussendlich kommt er daher nicht durch einseitige Erklärung, sondern als „wirklicher Vertrag“[582] vielmehr durch Angebot und Annahme zustande.[583] Das gilt unabhängig davon, ob der Vertragspartner gleichermaßen von Todes wegen verfügt, eine lebzeitige Gegenleistungspflicht eingeht[584] oder bloß die korrespondiere Willenserklärung zu den Verfügungen des Erblassers abgibt. Sieht man von gemeinschaftlichen Testamenten durch Ehegatten ab, ist eine derartig materiell-rechtlich wirkende (Dritt-)Beteiligung an einem Testament vom Gesetz überhaupt nicht vorgesehen. Am deutlichsten zeigt sich die Besonderheit des Erbvertrages als zwei- oder mehrseitiges Rechtsgeschäft dann, wenn nicht nur der Erblasser, sondern auch der andere Vertragsteil eine (gegebenenfalls auch lebzeitige) Verpflichtung eingeht. Denn bei einem Testament als „Ersatzgeschäft“ fehlte es in jedem Fall an einer korrespondierenden Gegenleistungspflicht.[585]

Ebenso schwer zu verkennen ist die mit einem Erbvertrag einhergehende Bindungswirkung, welche im Übrigen (auch) die strengen Formanforderungen an denselben rechtfertigt.[586] Während Testamente jederzeit einseitig widerrufen

582 BGHZ 26, 204, 207; *Brox/Walker*, Erbrecht, Rn. 145; *Ebenroth*, Erbrecht, Rn. 248; *K.W. Lange*, Erbrecht, § 17 Rn. 144; *v. Lübtow*, Erbrecht I, S. 398; *Meyer-Pritzl*, in: Staudinger-Eckpfeiler, Y Rn. 63.

583 Freilich unter Beachtung von Sondervorschriften, vgl. *Muscheler*, Erbrecht I, Rn. 2188; *Ebenroth*, Erbrecht, Rn. 248; *K.W. Lange*, Erbrecht, § 17 Rn. 144 a.E.

584 Insofern wird zuweilen der Begriff eines „entgeltlichen“ Erbvertrages bemüht (vgl. etwa *Keim*, in: Hausmann/Hohloch, Kap. 8 C. Rn. 24; *Brox/Walker*, Erbrecht, Rn. 155; *Frank/Helms*, Erbrecht, § 13 Rn. 3). Dies suggeriert indes unzutreffend, die Gegenleistungspflicht sei unmittelbarer Bestandteil des Erbvertrages selbst. Realiter sind beide Verträge jedoch voneinander zu trennen und weisen nur einen äußeren Zusammenhang auf. Vgl. zutreffend *Litzenburger*, in: BeckOK-BGB, § 2274 Rn. 4; *Leipold*, Erbrecht, Rn. 496.

585 Vgl. auch *v. Tuhr*, AT II/1, S. 289 m. Fn. 60.

586 *Hoeren*, in: HK-BGB, § 2276 Rn. 1; *J. Mayer*, in: Reimann/Bengel/J. Mayer, § 2276 BGB Rn. 1; *Kornexl*, in: NK-BGB, § 2276 Rn. 1 a.E.; *Musielak*, in: MüKo-BGB, § 2276 Rn. 1; *S. und T. Kappler*, in: Erman-BGB, § 2276 Rn. 1; *Olzen*, Erbfolge, S. 225; *H. Lange/Kuchinke*, Erbrecht, S. 472. S. auch *Burandt*, in: Große-Wilde/Ouart, § 2276 BGB Rn. 1.

werden können, gilt selbiges für den Erbvertrag (terminologisch indes Rücktritt) lediglich bei einem insofern vereinbarten Vorbehalt.[587] Zwar ist das genau genommen nur für vertragsmäßige Verfügungen treffend (vgl. § 2299 Abs. 2 S. 1 BGB). Gleichwohl muss jeder Erbvertrag eben mindestens eine solche Verfügung beinhalten,[588] womit er sich im Ganzen stets von einem Testament unterscheidet. Ohnehin haben frühere wie spätere Verfügungen von Todes wegen bei Abschluss eines Erbvertrages wegen § 2289 Abs. 1 BGB keine Wirkungen mehr, womit im Testamentsrecht aber § 2254 BGB (Widerruf durch Testament) gerade konterkariert wird.

Aufgrund dieser eminenten Unterschiede ist der Auffassung zu widersprechen, nach welcher jeder Erbvertrag als Testament ausgelegt werden könne. Daran ändert auch die wohlwollende Auslegung i.S.v. § 2084 BGB nichts. Diese könnte allein dann helfen, wenn nach der erläuternden Auslegung der Erklärung sowohl ein nichtiger Erbvertrag als auch ein wirksames (Ehegatten-) Testament denkbar wären. Ansonsten muss in Zweifelsfällen aber davon ausgegangen werden, dass es seitens des Erblassers und der Vertragsbeteiligten eine bewusste Entscheidung für diese Art der Verfügung von Todes wegen war. Im Zweifel ist es daher allein die Umdeutung, mit der ein nichtiger Erbvertrag aufrechterhalten werden kann. Das gilt für formnichtige Erbverträge,[589] für solche ohne vertragsmäßige Verfügung[590] und für Erbverträge, die aufgrund fehlender

---

587 Zur Zulässigkeit allgemein BGHZ 26, 204, 208; BGH, WM 1970, 482, 483; NJW 1982, 441, 442; OLG Köln, MDR 1994, 71; OLG Stuttgart, NJW-RR 1986, 165 f.; BayObLG, FamRZ 1991, 1359, 1360; *Burandt*, in: Burandt/Rojahn, § 2289 BGB Rn. 17; *Kornexl*, in: NK-BGB, § 2289 Rn. 39; *Litzenburger*, in: BeckOK-BGB, § 2289 Rn. 11; *S. und T. Kappler*, in: Erman-BGB, § 2278 Rn. 4; *Weidlich*, in: Palandt, § 2289 Rn. 8 ff.; *J. Mayer*, in: Reimann/Bengel/J. Mayer, § 2289 BGB Rn. 52; *Muscheler*, Erbrecht I, Rn. 2235; *Olzen*, Erbrecht, Rn. 539. Vgl. ferner *Kanzleiter*, in: Staudinger-BGB (2014), § 2278 Rn. 12 m.z.N.: Zulässigkeit ist „selbstverständlich". Diese Selbstverständlichkeit ergibt sich auch nicht erst aus § 2293 BGB; die Norm ist insofern geradezu trivial, vgl. *van Veenroy*, JZ 1987, 10 ff. Vielmehr folgt die Zulässigkeit eines Änderungsvorbehalts aus dem Vertragscharakter und der Privatautonomie.

588 Vgl. o. § 3 C. II. 3. a).

589 Vgl. auch *Musielak*, in: MüKo-BGB, Vorbemerkungen §§ 2274 ff. Rn. 17; *Leipold*, in: MüKo-BGB, § 2084 Rn. 136 m. Fn. 365; *Kanzleiter*, in: Staudinger-BGB (2014), Einl zu §§ 2274 ff Rn. 12.

590 Ebenso, allerdings ohne weitere Begründung: KGJ 28, A 16, A 18; *Burandt*, in: Große-Wilde/Ouart, Einleitung vor §§ 2274–2289 BGB Rn. 18; *Hoeren*, in: HK-BGB, Vorbemerkung zu §§ 2274–2302 Rn. 9; *J. Mayer*, in: Reimann/Bengel/J. Mayer, Vor § 2274 BGB Rn. 22 (allerdings kontradiktorisch zu Vor § 2265 BGB Rn. 36); *Kornexl*,

Geschäftsfähigkeit einer[591] der Parteien nichtig sind,[592] gleichermaßen. Für letztere wird bisweilen sogar vom „Hauptbeispiel" der Umdeutung unwirksamer Erbverträge gesprochen.[593]

aa) Verifizierung der These

Die These der im Zweifelsfall gegebenen Konversionsnotwendigkeit lässt sich – im Übrigen schon bis 1980 – ohne weiteres durch Judikate verifizieren. Dies gilt für eine Entscheidung des KG[594] im Besonderen:[595] Ein Ehepaar hatte einen „Erbvertrag" derart geschlossen, dass der Ehemann diesen *eigenhändig* verfasste und unterschrieb. Der Vertrag wurde anschließend durch die Ehefrau und seine

in: NK-BGB, Vor §§ 2274 bis 2302 Rn. 33; *Litzenburger*, in: BeckOK-BGB, § 2278 Rn. 1 a.E., 2229 Rn. 1; *Musielak*, in: MüKo-BGB, Vorbemerkungen §§ 2274 ff. Rn. 5; *Leipold*, in: MüKo-BGB, § 2084 Rn. 136; *S. und T. Kappler*, in: Erman-BGB, § 2278 Rn. 1; i.E. ebenso *v. Lübtow*, Erbrecht I, S. 400. A.A. wohl *Kanzleiter*, in: Staudinger-BGB (2014), Einl zu §§ 2274 ff Rn. 12. Differenzierend (nur bei Ehegatten): *Kregel*, in: RGRK-BGB, § 2299 Rn. 2.

591 Wer der Geschäftsunfähigkeit unterliegt, ist grds. nicht erheblich. Vgl. auch BayObLG, FamRZ 1995, 1449, 1450: „Dies wird zwar häufig nur für den Fall ausgesprochen, daß der Erblasser selbst nicht voll geschäftsfähig ist, gilt aber in gleicher Weise und erst recht dann, wenn der Erbvertrag infolge der Geschäftsunfähigkeit des Vertragspartners des Erblassers unwirksam ist".

592 Vgl. *Burandt*, in: Burandt/Rojahn, § 2275 BGB Rn. 3 a.E.; *B. Hamdan/M. Hamdan*, in: jurisPK-BGB, § 2275 Rn. 17; *Fleindl*, in: NK-BGB, § 2084 Rn. 63; *Hoeren*, in: HK-BGB, § 2275 Rn. 5; *J. Mayer*, in: Reimann/Bengel/J. Mayer, § 2275 BGB Rn. 5; *Leipold*, in: MüKo-BGB, § 2084 Rn. 136; *Loritz*, in: Soergel-BGB, § 2084 Rn. 74; *H. Roth*, in: Staudinger-BGB (2015), § 140 Rn. 49; *Weidlich*, in: Palandt, § 2275 Rn. 1; *Wolf*, in: Soergel-BGB, § 2275 Rn. 3 a.E.; *Flume*, AT II, S. 592; *K. W. Lange*, Erbrecht, § 17 Rn. 158 a.E.; *Muscheler*, Erbrecht I, Rn. 2195 a.E.; *Schlüter*, Erbrecht (16. Aufl. 2007), Rn. 251; *Krampe*, Die Konversion, S. 148; *Bichmann*, Umdeutung, S. 69. S. auch *Arnold*, in: Erman-BGB, § 140 Rn. 21; *Otte*, in: Staudinger-BGB (2013), § 2084 Rn. 7.

593 So *Bichmann*, Umdeutung, S. 69. Interessant ist allerdings, dass er dieses „Hauptbeispiel" ohne weitere Nachweise anführt.

594 KGJ 31, A 112 ff.

595 Vgl. aber auch BayObLG, Rpfleger 1982, 286; BeckRS 1994, 11847; FamRZ 1995, 1449 ff. In allen Fällen ging es um die Nichtigkeit aufgrund mangelnder Geschäftsfähigkeit. In der Entscheidung von 1994 wurde die Umdeutung (!) eines solch nichtigen Erbvertrags für „allgemein möglich" erklärt. Letztlich scheiterte sie jedoch an § 2289 Abs. 1 S. 2 BGB, da es bereits einen wirksamen Erbvertrag gab. In der Entscheidung von 1995 hieß es sodann, die Umdeutungsmöglichkeit bei nichtigen Erbverträgen entspreche der „allgemeinen Meinung".

Tochter mit dem Hinweis unterzeichnet, dass sie diesen gelesen und für richtig befunden hätten. Nach dem Versterben der Ehefrau stellte der Ehemann einen Antrag auf Erteilung eines Erbscheins, welcher ihn – dem Erbvertrag entsprechend – als Alleinerben ausweisen sollte. Dem setzte sich indes eine Nichte der Erblasserin vor allem unter Berufung auf die Nichtigkeit des Vertrags entgegen.

Unstreitig war, dass der Erbvertrag aufgrund der eigenhändigen Niederschrift nicht § 2276 Abs. 1 S. 1 BGB entsprach und daher nichtig sein musste (§ 125 S. 1 BGB). Weniger eindeutig war indes die – von der Nichte verneinte – Frage nach einer Aufrechterhaltungsmöglichkeit. Zu Recht wurde eine solche Möglichkeit von allen Instanzen gesehen,[596] wobei gerade das KG zutreffend auf § 140 BGB abstellte:[597] Schon grundsätzlich unterscheiden sich Erbvertrag und Testament durch die bei ersterem notwendige zweite Willenserklärung mit materiell-rechtlicher Wirkung. Die im streitgegenständlichen Sachverhalt getroffene Verfügung von Todes wegen konnte daher a fortiori kein Testament darstellen, da neben der Ehefrau auch die Tochter des Ehemannes den Vertrag als „gelesen und für richtig befunden“ unterzeichnen musste. Eine solche Drittbeteiligung ist im Rahmen des Testamentsrechts aber nicht einmal bei gemeinschaftlichen Testamenten vorgesehen, noch hätte eine solche irgendwelche rechtlichen Auswirkungen.

Letztlich konnte der Erbvertrag daher nicht als Testament verstanden werden, vielmehr war die Umdeutung zur Erhaltung notwendig. Dass dieselbe auch möglich war, musste trotz des insofern geäußerten Widerspruchs der Nichte ohne weiteres erkannt werden: Schon um die ansonsten eintretende gesetzliche Erbfolge zu verhindern, kann von dem Vorliegen des für § 140 BGB maßgeblichen Willens ausgegangen werden. Für Ehegatten-Erbverträge als Ausgangs- und gemeinschaftliche Testamente als Ersatzgeschäft kann nichts anderes gelten.[598]

---

596 Vgl. zu den Vorinstanzen KGJ 31, A 112, A 113.

597 KGJ 31, A 112, A 114. Dies zeigt sich insb. dadurch, dass das KG die gewollte Verfügung derjenigen gegenüberstellt, die die Ehegatten „gewollt haben würden“. Vgl. auch KGJ 35, A 93, A 99: „Gerade weil der Erbvertrag als ein von dem Testamente verschiedenes Rechtsgeschäft gestaltet ist, erscheint die Aufrechterhaltung eines nichtigen Erbeinsetzungsvertrages im Wege der Konversion als Testament zulässig, während die bloß formelle Zusammenfassung zweier selbständiger Testamente in einer Urkunde beim gemeinschaftlichen Testamente die Zulässigkeit der Konversion ausschließt“.

598 Ausdrücklich auch KGJ 31, A 112, A 114.

bb) Ausnahmefälle

Ausnahmen bestätigen die Regel. Insofern ist es nicht gänzlich ausgeschlossen, dass eine Verfügung von Todes wegen nur prima vista ein nichtiger Erbvertrag ist, es sich realiter aber um ein vollwirksames Testament handelt. Als hierfür geradezu paradigmatisch zu bezeichnen ist eine weitere Entscheidung des KG,[599] deren Gegenstand ein von Eheleuten geschlossener – zumindest so betitelter – Erbvertrag war. In diesem verfügte „jeder für sich" (!) neben einer durch Nacherbfolge eintretenden Beschränkung des Pflichtteilsrechts des überschuldeten Sohnes auch eine Testamentsvollstreckung durch die Ehefrau desselben. Auf einen Auseinandersetzungsantrag letzterer hin erklärten sowohl das Amts- als auch das Landgericht die Unwirksamkeit des Erbvertrags, welcher mit der Pflichtteilsbeschränkung und der Testamentsvollstreckung einseitige (arg. e § 2278 Abs. 2 BGB), nicht aber eine zwingend notwendige vertragsmäßige Verfügung beinhaltete.

Zutreffend trat das KG dem entgegen, da nach den Gegebenheiten nicht davon ausgegangen werden konnte, dass allein ein Erbvertrag mit dessen Besonderheiten gewollt war. Insbesondere stand es dem Charakter eines solchen entgegen, dass die Ehegatten ihre Verfügungen „jeder für sich" trafen. Im Ergebnis war also vielmehr davon auszugehen, dass sie „zugleich ausdrücklich" die Geltung einer einseitigen letztwilligen Verfügung erklärten,[600] womit es auf § 140 BGB nicht mehr ankam.[601]

c) Konversionsmöglichkeit

In fast allen Fällen, in denen es auf eine Konversion i.S.v. § 140 BGB ankommt, wird der nichtige Erbvertrag aufrechterhalten werden können. Mit einem Testament steht ein Ersatzgeschäft in Rede, welches aufgrund der aufgezeigten Besonderheiten des Erbvertrages über diesen nicht hinausgeht. Auch der hypothetische Parteiwille hinsichtlich eines Testaments wird nicht selten anzunehmen sein, da durch den Erbvertrag von der gesetzlichen Erbfolge abgewichen

599 KGJ 28, A 16.

600 Ausdrücklich KGJ 28, A 16, A 18. Zwar zitiert das KG an der selben Stelle auch § 140 BGB. Gleichwohl erklärt es ausdrücklich, dass es sich um eine Auslegungslösung handelt, welche „auf jeden fall" auch über § 140 BGB zu erwirken wäre.

601 *Lieder/Berneith*, JuS 2015, 1063, 1066. I.E. auch *Krampe*, Die Konversion, S. 151; *Kanzleiter*, in: Staudinger-BGB (2014), Einl zu §§ 2274 ff Rn. 12. A.A. *Dittmann*, in: Staudinger-BGB (10./11. Aufl. 1960), Vorbem §§ 2274 ff Rn. 14; *Bichmann*, Umdeutung, S. 69 m. Fn. 1; *O. Fischer*, FS Wach I, 179, 267 f.; wohl auch *Leipold*, in: MüKo-BGB, § 2084 Rn. 136 m. Fn. 364.

wurde, dieselbe aber bei endgültiger Nichtigkeit einträte. Aufgrund dessen erklärt es sich auch, dass die Umdeutungsmöglichkeit von nichtigen Erbverträgen der vorherrschenden Auffassung entspricht.[602] Ohnehin befürworteten bereits die Gesetzesmaterialien zum Allgemeinen Teil des BGB eine solche Auffassung.[603] Das fünfte Buch des BGB sollte insofern sogar mit einer eigenen Norm versehen werden, was letztlich aber keine Zustimmung fand, da im Hinblick auf die „Konversion" vielmehr die allgemeinen Bestimmungen gelten sollten.[604]

Letztlich gilt daher, dass ein nichtiger Erbvertrag ohne weiteres in ein wirksames Testament umgedeutet werden kann. Dies muss trotz der von § 2298 Abs. 1 BGB prinzipiell vorgesehenen Gesamtnichtigkeit schon dadurch, dass diese Norm wegen § 2298 Abs. 3 BGB bloß als Auslegungsregel zu verstehen ist,[605] für gegenseitige Erbverträge gleichermaßen gelten. Sofern es sich gleichsam um einen „zweiten" Erbvertrag handelt, muss trotz grundsätzlicher Möglichkeit einer Konversion freilich ein – prinzipiell zulässiger[606] – Vorbehalt von § 2289 Abs. 1 S. 2 BGB vereinbart worden sein. Das gilt für Ehegatten wegen § 2292 BGB aber nur dann, wenn als Ersatzgeschäft lediglich Einzeltestamente in Betracht kommen.

d) Zusammenfassende Würdigung

Die Konversion – als eigenes Institut verstanden – ist bei nichtigen Erbverträgen zur Aufrechterhaltung im Zweifelsfall ebenso notwendig wie möglich, was sich insbesondere auch anhand ergangener Rechtsprechung verifizieren lässt. Im Ergebnis ist damit ist die eingangs angeführte Annahme, nach der sich jeder Erbvertrag als Testament verstehen lässt, gerade falsifiziert. Hinsichtlich der

---

602 BayObLG, NJW-RR 1996, 7, 8; *Arnold*, in: Erman-BGB, § 140 Rn. 21; *Beurskens*, in: BeckOGK-BGB, § 140 Rn. 76; *Gemmer*, in: Große-Wilde/Ouart, § 2084 BGB Rn. 40; *Krüger*, in: Damrau/Tanck, § 2299 Rn. 5; *Leipold*, in: MüKo-BGB, § 2084 Rn. 136; *Loritz*, in: Soergel-BGB, § 2084 Rn. 74; *H. Roth*, in: Staudinger-BGB (2015), § 140 Rn. 49; *Sieghörtner*, in: Hausmann/Hohloch, Kap. 9 C. Rn. 282; *Stürner*, in: Jauernig-BGB, § 2084 Rn. 8; *Wendtland*, in: BeckOK-BGB, § 140 Rn. 17; *Flume*, AT II, S. 592; *Krampe*, Die Konversion, S. 148 ff.

603 Motive I, S. 218 = *Mugdan* I, S. 473.

604 Motive V, S. 317 = *Mugdan* V, S. 167.

605 BayObLG, NJW-RR 1996, 7, 8; OLG München, NJW-RR 2006, 82, 83; *Hoeren*, in: HK-BGB, § 2298 Rn. 7; *Seiler*, in: NK-BGB, § 2298 Rn. 17; *S. und. T. Kappler*, in: Erman-BGB, § 2298 Rn. 5; *Stürner*, in: Jauernig-BGB, § 2298 Rn. 1; *Musielak*, in: MüKo-BGB, § 2298 Rn. 7; *Weidlich*, in: Palandt, § 2298 Rn. 3; *Wolf*, in: Soergel-BGB, § 2298 Rn. 1 („Vermutung").

606 Vgl. § 3 C. II. 3. b) m. Fn. 587.

Möglichkeit einer Umdeutung bleibt zu sehen, dass die Tatbestandsvoraussetzungen nicht selten gegeben sein werden. Das gilt auch für den hypothetischen Parteiwillen, da der Erblasser durch den Erbvertrag grundsätzlich zu erkennen gegeben hat, dass er eine Verfügung von Todes wegen wollte.[607]

4. *Nichtiges Testament als Erbvertrag*

a) *Allgemeines*

Bisweilen wird zudem überlegt, ob ein nichtiges Testament als wirksamer Erbvertrag erhalten werden kann. Im Hinblick auf die Auslegungsfähigkeit des nichtigen Ausgangsgeschäfts gilt das zu den spiegelbildlichen Fällen Gesagte[608] entsprechend: Sie ist wie bei einem Erbvertrag als Ausgangs- und einem Testament das Ersatzgeschäft im Zweifelsfall zu verneinen.

Etwas diffiziler gestaltet sich indes die Frage nach der Konversionsmöglichkeit. Unzweifelhaft ist insofern nur, dass die Konversion hier allenfalls für gemeinschaftliche Testamente als Ausgangsgeschäft in Betracht kommen kann, weil bei einseitigen Testamenten zumindest der zweiseitige Charakter eines Vertrages fehlen würde. Zweifelhaft ist hingegen, ob gemeinschaftliche Testamente von Nichtehegatten[609] oder wegen § 2268 Abs. 1 BGB[610] unwirksame Ehegattentestamente als Erbvertrag erhalten werden können.[611]

Gegen Letzteres spricht jedenfalls nicht § 2268 Abs. 1 BGB selbst, da dieser Norm trotz der vorgesehenen Folgen ein Umdeutungsverbot nicht entnommen

---

607 So auch BayObLG, FamRZ 1995, 1449, 1450.

608 S.o. § 3 C. II. 3. b).

609 So etwa KG, OLGE 35, 19, 20; BayObLG, OLGE 40, 146 f. Gerade bei Nichtehegatten ist aber aufgrund der mangelnden Möglichkeit eines gemeinschaftlichen Testaments ohnehin zwingend zu hinterfragen, ob das notarielle Testament nicht realiter einen Erbvertrag darstellt (Auslegung).

610 Umstritten ist die Rechtsnatur der Vorschrift. Für eine Auslegungsregel: BGH, NJW 2004, 3113, 3114; OLG Hamm, OLGZ 1992, 272, 274; BayObLG, NJW-RR 1993, 1157, 1159; NJW 1996, 133; *Kanzleiter*, in: Staudinger-BGB (2014), § 2268 Rn. 1 a.E.; *Musielak*, in: MüKo-BGB, § 2268 Rn. 2; *S. und. T. Kappler*, in: Erman-BGB, § 2268 Rn. 1; *Weidlich*, in: Palandt, § 2268 Rn. 1; wohl auch *Radlmayr*, in: NK-BGB, § 2268 Rn. 1. Für einen disponiblen Rechtssatz: *J. Mayer*, in: Reimann/Bengel/J. Mayer, § 2268 BGB Rn. 3; *v. Lübtow*, Erbrecht I, S. 293; *Kipp/Coing*, Erbrecht, S. 159 (zu § 2077 BGB).

611 So jedenfalls *Musielak*, in: MüKo-BGB, § 2268 Rn. 14. Ebenso, wenngleich Auslegung und Umdeutung gleichsetzend, *Otte*, in: Staudinger-BGB (2013), § 2084 Rn. 7. Vgl. auch *Kanzleiter*, in: Staudinger-BGB (2014), Einl zu §§ 2274 ff Rn. 12 a.E.

werden kann.[612] Sie ist vielmehr so zu verstehen, dass sich die Unwirksamkeit auf jede im Testament getroffene Verfügung erstreckt und nicht etwa auf die wechselbezüglichen beschränkt ist.[613] Nicht zu vergessen ist ferner, dass § 2268 Abs. 2 BGB früher für nichtige Ehen[614] unanwendbar war, sodass ein Umdeutungsverbot dazu geführt hätte, dass das im Rahmen solcher Ehen verfasste Testament unter keinen Umständen hätte erhalten werden können.[615] Ohnehin zeigt § 2268 Abs. 2 BGB explizit, dass eine gewisse Aufrechterhaltungsmöglichkeit durchaus vom Gesetzgeber anerkannt ist, weshalb ein kategorisches Umdeutungsverbot nicht das Richtige träfe.[616]

b) Voraussetzungen des § 140 BGB

Allerdings ist hinsichtlich der Aufrechterhaltung als Erbvertrag in diesen Fällen und auch prinzipiell Vorsicht geboten. Für einen Erbvertrag ist es aufgrund der vertragsmäßigen Verfügungen gerade charakteristisch, dass er dem Erblasser bei fehlendem Vorbehalt hinsichtlich weiterer Verfügungen die Testierfreiheit nimmt (§ 2289 Abs. 1 S. 2 BGB). Demgegenüber werden bei einem gemeinschaftlichen Testament zwar die Formanforderungen an einen Widerruf durch § 2271 Abs. 1 S. 1 i.V.m. § 2296 Abs. 2 S. 2 BGB verschärft, er bleibt aber zu Lebzeiten beider Testierenden ohne weiteres möglich.[617] Folglich stellt der Erbvertrag, welcher wenigstens eine vertragsmäßige und daher unwiderrufliche Verfügung enthalten muss,[618] verglichen mit dem gemeinschaftlichen Testament grund-

612 So aber *Lutter*, FamRZ 1959, 273, 274 m. Fn. 22a; *Goßrau*, NJW 1947/1948, 365, 366.

613 Zutreffend bereits *Kanzleiter*, DNotZ 1973, 133, 141 f.; *ders.*, in: Staudinger-BGB (2014), § 2268 Rn. 1. S. auch *Hoeren*, in: HK-BGB, § 2268 Rn. 1; *Musielak*, in: MüKo-BGB, § 2268 Rn. 1; *Litzenburger*, in: BeckOK-BGB, § 2268 Rn. 1; *Radlmayr*, in: NK-BGB, § 2268 Rn. 2; *S. und T. Kappler*, in: Erman-BGB, § 2268 Rn. 1.

614 Zur Differenzierung von Nicht-Ehen und nichtigen Ehen *Lutter*, FamRZ 1959, 273, 274 m. Fn. 24.

615 Zu all dem *Kanzleiter*, in: Staudinger-BGB (2014), § 2268 Rn. 4 f., 10; *Wolf*, in: Soergel-BGB, § 2268 Rn. 2.

616 I.E. auch OLG Frankfurt, DNotZ 1988, 181, 182; *Kanzleiter*, in: Staudinger-BGB (2014), § 2268 Rn. 5; *ders.*, DNotZ 1973, 133, 141 f.; *Musielak*, in: MüKo-BGB, § 2268 Rn. 14; *S. und T. Kappler*, in: Erman-BGB, § 2268 Rn. 6; *Weidlich*, in: Palandt, § 2268 Rn. 5; *Wolf*, in: Soergel-BGB, § 2268 Rn. 2; *Muscheler*, DNotZ 1994, 733, 741; *K.W. Lange*, Erbrecht, § 16 Rn. 91.

617 Zumal die Formstrenge allein für wechselbezügliche Verfügungen gilt, vgl. *Leipold*, Erbrecht, Rn. 470 f.; *K.W. Lange*, Erbrecht, § 17 Rn. 160. Vgl. auch *Litzenburger*, in: BeckOK-BGB, § 2276 Rn. 2 zu vertragsmäßigen Verfügungen im Erbvertrag.

618 Vgl. o. § 3 C. II. 3. a).

sätzlich ein „Mehr“ dar.[619] Dies zeigt sich in der Rechtspraxis im Übrigen dadurch, dass die Vorschriften über Erbverträge analog auf das gemeinschaftliche Testament angewandt werden,[620] nicht aber andersherum. Ohne weiteres müsste die Konversionsmöglichkeit daher abgelehnt werden.[621]

Umgehen lässt sich dieses Problem dann, wenn sich das Ersatzgeschäft als Erbvertrag mit (umfassendem) Rücktrittsvorbehalt i.S.v. § 2293 BGB verstehen lässt.[622] Dafür spricht vor allem, dass sich ein gemeinschaftliches Testament, jedenfalls bis zum Eintritt der Bindungswirkung i.S.v. § 2271 Abs. 2 S. 1 BGB, nicht von einem solchen Erbvertrag unterscheidet (vgl. §§ 2271, 2298 BGB).[623] Gerade bei unwirksamen gemeinschaftlichen Testamenten von Nichtehegatten wird eine Umdeutung daher häufig helfen können. Bei Ehegatten bliebe freilich zu beachten, dass es jedenfalls in den Fällen des § 2077 Abs. 1 BGB wohl nicht auf § 140 BGB ankommen kann; wird hier ein Erhaltungswille angenommen, wäre bereits auf § 2268 Abs. 2 BGB abzustellen.

---

619 S. auch *S. und T. Kappler*, in: Erman-BGB, § 2265 Rn. 7.

620 RGZ 87, 95, 98; BGHZ 37, 331, 333. Ausf. *Schoeck*, Anwendung, passim; *Kanzleiter*, FS Otte, 157 ff.

621 Ähnlich KG, OLGE 35, 19.

622 So ausdrücklich auch *S. und T. Kappler*, in: Erman-BGB, § 2265 Rn. 7 a.E.; *Sieghörtner*, in: Hausmann/Hohloch, Kap. 9 C. Rn. 279. Für eine generelle Konversionsmöglichkeit hingegen wohl BayObLG, OLGE 40, 146 f.; *Fleindl*, in: NK-BGB, § 2084 Rn. 63; *Musielak*, in: MüKo-BGB, § 2268 Rn. 14; *Seiler-Schopp/Rudolf*, in: Damrau/Tanck, § 2084 Rn. 91; *A. Staudinger*, in: Hausmann/Hohloch, Kap. 9 A. Rn. 136; *Grüter*, Schicksal, S. 150.

623 Vgl. auch Protokolle V, S. 453 = *Mugdan* V, S. 724. S. ferner *Schaumann*, Bindungswirkung, S. 108. Ein umfassender Rücktrittsvorbehalt macht den Erbvertrag gleichwohl nicht zum Testament, was durch § 2293 BGB gerade klargestellt werden soll, vgl. auch *Kanzleiter*, in: Staudinger-BGB (2014), § 2293 Rn. 3; *Musielak*, in: MüKo-BGB, § 2293 Rn. 1; *van Veenroy*, JZ 1987, 10, 11 f. S. ferner Motive V, S. 342 = *Mugdan* V, S. 181: „[…] ist es doch rathsam, der Zulässigkeit zu gedenken, weil ein Zweifel in der Richtung möglich wäre, ob nicht der Erbeinsetzungsvertrag durch den Vorbehalt den Charakter eines Testaments annehme […]“. Daher wäre die Umdeutung hier zur Aufrechterhaltung weiterhin notwendig. Gleichermaßen verhält es sich mit vertragsmäßigen Verfügungen, welchen allein durch den Rücktrittsvorbehalt nicht der Vertragscharakter genommen wird. Zwar heißt es in den Gesetzesmaterialien (Motive V, S. 343 = *Mugdan* V, S. 181): „Im Zweifel wird die Auslegung gerechtfertigt sein, daß die Verfügung den Charakter einer letztwilligen, mit dem Vertrage äußerlich verbundenen Zuwendung haben soll“. Dagegen spricht allerdings klar, dass somit allein einseitige Verfügungen blieben und ein Erbvertrag daher überhaupt nicht wirksam bestehen könnte, vgl. o. § 3 C. II. 3. a) m. Fn. 580.

5. *Unwirksames gemeinschaftliches Testament*

De lege lata sind allein wirksam verheiratete Eheleute[624] in der Lage, entsprechend der §§ 2265 ff. BGB zu testieren. Eine analoge Anwendung auf nichteheliche Lebensgemeinschaften wird einhellig abgelehnt,[625] da wenigstens bei einer historischen Betrachtung von § 2265 BGB die Planwidrigkeit als Analogievoraussetzung zu verneinen ist.[626] Allerdings sind laienhafte Rechtsauslegung und -anwendung im Erbrecht nicht selten anzutreffen. Man denke nur an den alltäglichen Sprachgebrauch, wonach einer Person das Vermögen „vermacht" werde, während bei fehlerfreier Auslegung – spätestens mit Hilfe des § 2087 Abs. 1 BGB – regelmäßig von einer Erbenstellung auszugehen sein wird. Insofern überrascht es nicht, dass unwirksame gemeinschaftliche Testamente deshalb oftmals Gegenstand von Gerichtsverhandlungen sind, weil Geschwister, Verlobte bzw. sonst in enger Gemeinschaft lebende Menschen (zusammenfassend: Nichtehegatten) auf diese Weise testieren.[627] Zwar drängt sich angesichts der Anzahl gemeinschaftlicher Nichtehegattentestamente eine Diskussion um die Erweiterung der §§ 2265 ff. BGB auf andere Personengruppe bzw. um eine generelle Versagung gemeinschaftlicher Testamente geradezu auf; eine solche würde indes den Rahmen der Arbeit bei weitem überschreiten und ist daher nicht näher zu vertiefen.[628] Entscheidend ist für diese Arbeit vielmehr, ob ein unwirksames gemeinschaftliches Testament als wirksames Einzeltestament aufrechterhalten werden kann. Unerheblich ist es dabei im Grunde, ob ein gemeinschaftliches Testament von

---

624 Selbstverständlich findet § 2265 BGB auch auf eingetragene Lebenspartner Anwendung, vgl. §§ 10 Abs. 4 LPartG, dazu *Leipold*, ZEV 2001, 218, 221; *N. Mayer*, ZEV 2001, 169, 172. Der Einfachheit halber wird im Folgenden aber nur von Ehegatten gesprochen.

625 Vgl. BVerfG, NJW 1989, 1986 f.; *Musielak*, in: MüKo-BGB, § 2265 Rn. 2; *Muscheler*, Erbrecht I, Rn. 2037. Vgl. generell zur seltenen Analogie von eherechtlichen Vorschriften *Dethloff*, Familienrecht, § 8 Rn. 6 ff.; *Schwab*, Familienrecht, Rn. 976 ff.

626 Vgl. Protokolle V, S. 423 ff. = *Mugdan* V, S. 718 ff.; dazu auch *Krampe,* Die Konversion, S. 154 f.; *Muscheler*, Erbrecht II, Rn. 2031 ff.

627 In chronologischer Reihenfolge: KGJ 35, A 93 ff.; RGZ 87, 33 ff.; KG, OLGE 35, 19 f.; BayObLG, OLGE 40, 146 f.; KG, DR 1942, 1745; OLG Koblenz, NJW 1947/1948, 384 f.; OLG Neustadt, NJW 1958, 1785 f.; KG, NJW 1969, 798; 1972, 2133 ff.; OLG Frankfurt, MDR 1976, 667; BGH, NJW-RR 1987, 1410 f.; LG Karlsruhe, BWNotZ 1989, 62 f.; OLG Zweibrücken, FamRZ 1989, 790 f.; BayObLG, FamRZ 1993, 1370 f.; OLG Hamm, NJW-RR, 1996, 1290 ff.; OLG Düsseldorf, FamRZ 1997, 518 f.; BayObLG, BeckRS 2000, 29963; FamRZ 2001, 1563 f.

628 Dazu aber etwa *Wacke*, FamRZ 2001, 457 ff.; *Kanzleiter*, FamRZ 2001, 1198 ff.

Ehegatten nichtig ist[629] oder ob – wie angesprochen – Nichtehegatten gemeinsam testieren. Beide Fallgestaltungen sind gleichermaßen problematisch.[630]

a) *Konversionsnotwendigkeit*

Erneut tut sich die Frage auf, ob es überhaupt auf § 140 BGB ankommt, um ein gemeinschaftliches als ein einzelnes Testament zu erhalten. Dies wurde wenigstens für Nichtehegatten sowohl von Teilen der Rechtsprechung als auch von der Literatur bezweifelt: Hiernach sollte eine rechtliche Wirkung der Gemeinschaftlichkeit bloß auf Ehegatten beschränkt werden.[631] Bei Nichtehegatten sah man dieselbe hingegen als bloße „Hülle" an, welche die Einzeltestamente bloß umgebe.[632] Letztlich handele es sich bei – im Grunde nicht existenten und daher auch nicht nichtigen – gemeinschaftlichen Nichtehegattentestamenten immer zugleich auch um Einzeltestamente, deren Wirksamkeit allein über die „Aufrechterhaltung" entscheide.

Dem kann letztlich aber weder für Ehe- noch für Nichtehegatten gefolgt werden.[633] Das gemeinschaftliche Testament unterscheidet sich von einem Einzeltestament schon apriorisch durch die Notwendigkeit einer zweiten Willenserklärung. Ferner ist es nicht zu bestreiten, dass ersteres i.R. wechselbezüglicher

---

629 KG, DNotZ 1943, 204; OLG Hamm, Rpfleger 1972, 403 f.; BayObLG, NJW-RR 1992, 332 f.; OLG Frankfurt, FGPrax 1998, 145 f.; OLG München, FGPrax 2014, 168 f. Bei allen Entscheidungen wurden die Anforderungen des § 2267 BGB nicht gewahrt. Gleichfalls denkbar ist, dass einer der Ehegatten bei Errichtung testierunfähig ist, vgl. OLG München, NJW-RR 2010, 1382 f.; FGPrax 2014, 214 f.

630 Jedenfalls, wenn auch das Testament von Ehegatten insgesamt nichtig ist. Vgl. OLG München, FGPrax 2014, 214; *Kanzleiter*, in: Staudinger-BGB (2014), § 2265 Rn. 4 f.; *Wellenhofer*, JuS 2011, 368, 369.

631 *Goßrau*, NJW 1947/1948, 365, 367. *Kanzleiter* (DNotZ 1973, 133, 139 m. Fn. 40) stuft diesen Ansatz im Grunde als „elegant" ein. Auch *H. Lange/Kuchinke* (Erbrecht, S. 423) greifen den Aspekt erneut auf und führen ihn als Lösung des Problems an, womit der Entwicklung von Theorie und Praxis Rechnung getragen würde.

632 KG, NJW 1972, 2133, 2135. Zustimmend OLG Frankfurt, MDR 1976, 667; *Schaper*, in: AK-BGB, § 2265 Rn. 57; *Krampe*, Die Konversion, S. 159 ff.; *H. Lange/Kuchinke*, Erbrecht, S. 799. Grds. ablehnend: OLG Hamm, ZEV 1996, 305; *Litzenburger*, in: BeckOK-BGB, § 2265 Rn. 22; *J. Mayer*, in: Reimann/Bengel/J. Mayer, § 2265 BGB Rn. 16; *Musielak*, in: MüKo-BGB, § 2265 Rn. 7. Als ablehnend zu verstehen auch *Meyer-Pritzl*, in: Staudinger-Eckpfeiler, Y Rn. 58: „diese Testamentsart"; *M. Kahl*, Grenzen, S. 201.

633 A.A. wohl *Siber*, Erbrecht, S. 44 i.V.m. S. 35; ebenso *H. Lange/Kuchinke*, Erbrecht, S. 799. Vgl. ferner *Krampe*, Die Konversion, S. 153 ff.

Verfügungen wegen § 2271 Abs. 2 S. 1 BGB einen eminenten Unterschied zu Einzeltestamenten aufweist. Vor allem überginge eine andere Auffassung ohne Rechtfertigung den Erblasserwillen, welcher sich gerade durch die Gemeinschaftlichkeit der Verfügungen auszeichnet.[634] Es handelt sich beim gemeinschaftlichen Testament im Ergebnis also um ein „besonderes Rechtsinstitut",[635] welches durch seine Grundlagen und nicht durch Detailfragen zu beschreiben ist.[636] Nur bei entsprechenden Anhaltspunkten kann daher ein gemeinschaftliches Testament als Einzeltestament verstanden werden, womit es dann nicht zu § 140 BGB käme.

Für Ehe- und Nichtehegatten wäre es im Übrigen unzutreffend, den Erhalt eines unwirksamen gemeinschaftlichen als wirksames einzelnes Testament § 2084 BGB zuzuordnen.[637] Die Norm kann allenfalls bei Unklarheiten über die Art der Verfügung helfen, wenn also beispielsweise Nichtehegatten in einer Urkunde jeder für sich formwirksam verfügen, aber unklar ist, ob sie wirklich ein gemeinschaftliches Testament i.S.d. §§ 2265 ff. BGB wollten.[638]

b) *Konversionsmöglichkeit; Meinungswandel im Überblick*

Noch kontroverser diskutiert wird die – an dieser Stelle besonders relevante – Frage nach der Konversions*möglichkeit*, welche gerade für Nichtehegatten schon früh nach Entstehung des § 2265 BGB aufkam und ebenso zügig Gegenstand juristischer Untersuchungen wurde. Erste Literaturstimmen standen einer Konversion kritisch entgegen und argumentierten, dass das nichtige Testament nicht den Erfordernissen des Ersatzgeschäfts entspreche. Vielmehr sei die Form des Einzeltestaments durch die Teilnahme einer zweiten Person am Errichtungsakt wegen der Unterschrift und wegen der geschäftlichen Erklärung in zweierlei

634 Ausdrücklich auch OLG Hamm, NJW-RR 1996, 1290, 1291; *J. Mayer*, in: Reimann/Bengel/J. Mayer, § 2265 BGB Rn. 16 a.E.; *Kanzleiter*, in: Staudinger-BGB (2014), § 2265 Rn. 10; *Musielak*, in: MüKo-BGB, § 2265 Rn. 7; *Seiler-Schopp/Rudolf*, in: Damrau/Tanck, § 2084 Rn. 83; *Sieghörtner*, in: Hausmann/Hohloch, Kap. 9 C. Rn. 280.

635 *Kanzleiter*, in: Staudinger-BGB (2014), § 2265 Rn. 10.

636 *Lutter*, FamRZ 1959, 273, 274.

637 Unrichtig daher OLG München, FGPrax 2014, 168. Hier wurde gerade § 2084 BGB für den Erhalt zitiert.

638 Vgl. BayObLG, FamRZ 2001, 1563 ff. Hier wurde ebendiese Frage bereits über § 133 BGB geklärt; gleichwohl hätte § 2084 BGB zur Klarstellung herangezogen werden können (vgl. o. § 3 B. II.).

Hinsicht verletzt.[639] Insgesamt sei die *endgültige* und umfassende Nichtigkeit gemeinschaftlicher Nichtehegattentestamente „nicht zu widerlegen".[640]

Tatsächlich befanden sich diese Stimmen in guter Gesellschaft. So sprach sich schon 1907 das KG gegen eine Konversion mit dem Argument aus, ein gemeinschaftliches Testament unterscheide sich für den einzelnen Testator nicht von einem Einzeltestament und könne daher kein „anderes" Rechtsgeschäft i.S.v. § 140 BGB sein.[641] Zudem sei eine Umdeutung von Gesetzes wegen ausgeschlossen, denn die Erhaltungsmöglichkeiten für nichtige gemeinschaftliche Testamente seien „in den §§ 2268, 2270, 2271 BGB besonders aufgezählt".[642]

Vor allem das RG wandte sich 1915 jedenfalls für Testamente von Nichtehegatten unmissverständlich gegen jedwede Erhaltung.[643] Begründet wurde dies zuvorderst historisch/teleologisch: Gemeinschaftliche Testamente seien ausweislich der Motive zum BGB wegen etwaiger „Unzuträglichkeiten" generell versagt, daher nur für Ehegatten ausnahmsweise zugelassen und durch §§ 2265 ff. BGB konkretisiert. Ließe man die Umdeutung gemeinschaftlicher Nichtehegattentestamente zu, wären diese Unzuträglichkeiten „gleich groß oder noch größer".[644]

Mit dem OLG Koblenz und (wiederum) dem KG[645] gab es vorerst nur vereinzelt Stimmen, welche einen Erhalt immerhin für nicht wechselbezügliche Verfügungen anerkannten.[646] Letzteres erklärte 1972 sodann erstmals, dass auch wechselbezügliche Verfügungen in einem gemeinschaftlichen Testament von

639 *O. Fischer*, FS Wach I, 179, 269. Ablehnend bereits *Strohal*, Erbrecht I, S. 320. Vgl. auch Motive V, S. 253 – *Mugdan* V, S. 133.

640 *Goßrau*, NJW 1947/1948, 365, 367.

641 KGJ 35, A 93, A 98.

642 KGJ 35, A 93, A 98. Vgl. auch *v. Brasch*, Konversion, S. 155.

643 RGZ 87, 33 ff.

644 RGZ 87, 33, 35 m. Verweis auf Motive V, S. 253 = *Mugdan* V, S. 133 f. Zu beachten ist jedoch, dass das RG hier nur auf wechselseitige, nicht auf wechselbezügliche Verfügungen Bezug nimmt.

645 OLG Koblenz, NJW 1947/1948, 384, 385; KG, DR 1942, 1745. Das KG sah sich nach letzterer Entscheidung durchaus der Kritik ausgesetzt, dass es die Frage wohl an das RG hätte vorlegen müssen. Vgl. dazu OLG Neustadt, NJW 1958, 1785, 1786; *Goßrau*, NJW 1947/1948, 365, 366; *Kanzleiter*, DNotZ 1973, 133, 134.

646 Dem folgten sodann weitere Stimmen, vgl. *Dittmann*, in: Staudinger-BGB (10./11. Aufl. 1960), § 2265 Rn. 6 f.; *Lutter*, FamRZ 1959, 273, 275; KG, NJW 1969, 798; *Kipp/Coing*, Erbrecht, S. 225; *Reinicke*, Rechtsfolgen, S. 112 f. So zu verstehen auch *Bichmann*, Umdeutung, S. 68: „Die gegenseitige Abhängigkeit der Verfügungen wird beim Einzelfall die Umwandlung doch manchmal im Endergebnis ausschließen".

Nichtehegatten der Aufrechterhaltung zugänglich seien.[647] Allerdings ging das Gericht dabei von einer Auslegungsfrage aus und erklärte, die Aufrechterhaltung entspreche „eher dem in den §§ 2084, 2085 BGB zum Ausdruck gebrachten" Primat des Erblasserwillens.[648] In der Literatur wurde der zuletzt genannten Entscheidung zuweilen im Ergebnis zugestimmt, gleichwohl methodisch auf § 140 BGB abgestellt, da es ohne diese Norm zu einem „ungerechtfertigten Unterschied" innerhalb der einzelnen Fallgruppen kommen könne.[649] Wenigstens einem allgemeinen Erhaltungsgedanken haben sich Literatur und Rechtsprechung seitdem zunehmend angeschlossen, sodass mittlerweile die vorherrschende Auffassung davon ausgeht, dass wechselbezügliche wie „einfache" Verfügungen umgedeutet werden können.[650] Jüngst war es das OLG München, welches für Ehegatten einen Leitsatz aufstellte, nachdem auch

> „*wechselbezügliche Verfügungen eines wegen Testierunfähigkeit eines Ehegatten unwirksamen gemeinschaftlichen Testaments in ein Einzeltestament des anderen Ehegatten umgedeutet werden* [können]".[651]

---

647 KG, NJW 1972, 2133 ff. *V. Proff* (ZErb 2008, 254, 256) bezeichnet dies als „Allheiltheorie".

648 KG, NJW 1972, 2133, 2137. Auffällig ist indes, dass das KG trotzdem häufig § 140 BGB zitiert hat.

649 Vgl. *Kanzleiter*, DNotZ 1973, 133, 143.

650 Vgl. OLG Frankfurt, MDR 1976, 667; LG Karlsruhe, BWNotZ 1989, 62, 63; LG Bonn, NJW-RR 2004, 10; OLG Braunschweig, NJW-RR 2005, 1027, 1028; OLG München, NJW-RR 2010, 1382, 1383; *Beurskens*, in: BeckOGK-BGB, § 140 Rn. 80; *Braun*, in: Burandt/Rojahn, § 2265 BGB Rn. 48 f.; *Klessinger*, in: Damrau/Tanck, § 2265 Rn. 7 f.; *Litzenburger*, in: BeckOK-BGB, § 2265 Rn. 18 ff; *dens.*, MittBayNot 2015, 244, 245; *J. Mayer*, in: Reimann/Bengel/J. Mayer, § 2265 BGB Rn. 10; *Musielak*, in: MüKo-BGB, § 2265 Rn. 4; *M. Schmidt*, in: Erman-BGB (13. Aufl. 2011), § 2265 Rn. 2; *S. und T. Kappler*, in: Erman-BGB, § 2265 Rn. 6; *Seiler-Schopp/Rudolf*, in: Damrau/Tanck, § 2084 Rn. 83; *Sieghörtner*, in: Hausmann/Hohloch, Kap. 9 C. Rn. 281; *Radlmayr*, in: NK-BGB, § 2265 Rn. 22; *Reymann*, in: jurisPK-BGB, § 2265 Rn. 26; *Weidlich*, in: Palandt, § 2265 Rn. 3; *Wolf*, in: Soergel-BGB, § 2265 Rn. 5; *Kanzleiter*, in: Staudinger-BGB (2014), § 2265 Rn. 11; *dens.*, DNotZ 1973, 133, 142; *dens.*, ZEV 1996, 306, 307; *v. Proff*, ZErb 2008, 254, 257 ff.; *dens.*, RNotZ 2008 462, 472; *Brox/Walker*, Erbrecht, Rn. 180; *Michalski*, Erbrecht, Rn. 253; *Ebenroth*, Erbrecht, Rn. 217; *Muscheler*, Erbrecht I, Rn. 2039; *Leipold*, Erbrecht, Rn. 401, 457 m. Fn. 5; *Schlüter/Röthel*, Erbrecht, § 22 Rn. 7 a.E. Vorsichtiger *Johannsen*, in: RGRK-BGB, § 2265 Rn. 14. Differenzierend *Stürner*, in: Jauernig-BGB, § 2265 Rn. 1.

651 OLG München, FGPrax 2014, 214. Dazu auch *Zimmer*, ZEV 2015, 450, 452 f.

c) *Detaillierte Analyse*

Gleichwohl ist das Problem der Umdeutungs*möglichkeit* nicht abschließend geklärt. Zum einen äußern noch immer (teils aktuellste) Stimmen Skepsis, indem sie entweder hinsichtlich wechselbezüglicher Verfügungen anderer Meinung sind[652] oder indem sie der befürwortenden Auffassung eine dogmatisch einwandfreie Lösung des Problems in Abrede stellen.[653] Zum anderen mangelt es zumindest an einer exakten höchstrichterlichen Rechtsprechung: In einer Entscheidung äußerte sich der BGH zwar zu dieser Thematik, bestätigte die Umdeutungsmöglichkeit für wechselbezügliche Verfügungen dabei aber nicht.[654] Vielmehr wurde der Beklagten für die Revision das „Armenrecht" (Prozesskostenhilfe) wegen mangelnder Erfolgsaussichten verweigert, denn – so der BGH mit Verweis auf eine Entscheidung des KG[655] – das Berufungsgericht habe zutreffend eine Konversion nur für nicht wechselbezügliche Verfügungen angenommen.[656] In einer weiteren Entscheidung[657] hätte der BGH erneut Stellung beziehen können, ließ das Problem aber wiederum offen.[658]

---

652 OLG Hamm, ZEV 1996, 304, 306; OLG Düsseldorf, FamRZ 1997, 771 f.; *Hefermehl*, in: Soergel-BGB, § 140 Rn. 22 a.E.; *H. Roth*, in: Staudinger-BGB (2015), § 140 Rn. 49; *Klinger/Tremel*, NJW-Spezial 2008, 119; *Gockel*, ZErb 2012, 72, 73 (allerdings nur für Ehegatten); *Michalski*, Erbrecht, Rn. 346 a.E.; *Frank/Helms*, Erbrecht, Rn. 5 a.E.; *Hohloch*, JuS 2001, 186, 187: „[…] nicht zu überwindende Schwierigkeiten". Zurückhaltend auch *K. W. Lange*, Erbrecht, § 16 Rn. 59; *Dingerdissen*, in: FAK-ErbR, § 2265 BGB Rn. 8 a.E.; *Arnold*, in: Erman-BGB, § 140 Rn. 21: „[…] nicht ohne weiteres"; *J. Lange*, jurisPR-FamR 16/2010, Anm. 2. Ebenso *P. Finger*, in: AK-BGB, § 2084 Rn. 32: „[…] besonders sorgfältig prüfen". S. auch *Wellenhofer*, JuS 2011, 368, 369. Gegen eine Konvertibilität i.E. wohl auch OLG Zweibrücken, FamRZ 1989, 790.

653 So jedenfalls der Vorwurf von *Reymann*, in: jurisPK-BGB, § 2265 Rn. 19; *J. Lange*, jurisPR-FamR 16/2010, Anm. 2.

654 BGH, Beschl. v. 14.12.1955 – IV ZR 289/15 (unveröffentlicht) – angeführt etwa bei *Johannsen*, in: RGRK-BGB, § 2265 Rn. 14. Nach *Krampe* (Die Konversion, S. 154 m. Fn. 49) hat sich der BGH damit sogar ausdrücklich gegen die Konvertibilität aussprechen wollen.

655 KG, DR 1942, 1745.

656 BGH, Beschl. v. 14.12.1955 – IV ZR 289/15 (unveröffentlicht), dort am Ende der Begründung.

657 BGH, NJW-RR 1987, 1410 f.

658 Anders offenbar *Litzenburger*, MittBayNot 2015, 244 m. Fn. 3. Das ist indes unzutreffend: Der Senat unterstellte dem Berufungsgericht, nach welchem die streitgegenständliche Verfügung „nicht wechselbezüglich" war, gerade keinen entscheidenden Rechtsfehler. Vielmehr stellte er nach eigener Auslegung selbst fest, dass der Erblasser seine Lebensgefährtin „uneingeschränkt" (!) zur Erbin einsetzen wollte (BGH,

aa) Problemorientierte Weichenstellung

(1) Nichtigkeitsursache

Letztlich bedarf eine Stellungnahme der exakten Aufarbeitung des gesamten Problems, beginnend bei der Nichtigkeitsursache des Ausgangsgeschäfts. Den Testamenten von verheirateten Personen können neben inhaltlichen Mängeln die Testierunfähigkeit[659] oder aber Formverstöße zu Grunde liegen, wobei letztere aus einer Missachtung des (über § 2267 BGB relevanten) § 2247 BGB oder einer mangelhaften „Beitrittserklärung" des zweiten Ehegatten resultieren können.[660] Bei Nichtehegatten scheitert das gemeinschaftliche Testament hingegen schon immer an § 2265 BGB, sodass sonstige Nichtigkeitsgründe in den Hintergrund rücken.

Ausgehend von der grundlegenden Entscheidung des RG 1915 und der diesbezüglichen historischen Argumentationsführung[661] wurde zuweilen diskutiert, ob § 2265 BGB[662] sogar ein Umdeutungsverbot enthalte, welches eine Aufrechterhaltung solch nichtiger Testamente für Nichtehegatten nicht „zu läßt".[663] Indes: Selbst wenn dem Gesetzgeber ein solches Verbot „vorgeschwebt haben" mag,[664] wurde es letztlich nicht Gesetz. Vielmehr ist § 2265 BGB arg. e bloß zu entnehmen, dass ein gemeinschaftliches Nichtehegattentestament nichtig ist. Um § 140 BGB überhaupt Bedeutung zuzusprechen, kann einer Nichtigkeitsnorm ein darüber hinausgehender Inhalt gerade nicht entnommen werden.[665] Daher ist auch

NJW-RR 1987, 1410, 1411). Hinsichtlich der Konvertibilität von wechselbezüglichen Verfügungen hat sich der Senat also nicht geäußert. Etwas anderes ergibt sich auch nicht aus der von *Litzenburger* (MittBayNot 2015, 244 m. Fn. 2) ferner angeführten Entscheidung des BGH vom 12.01.2011 (NJW 2011, 1353 ff.). Entschieden wurde hier allein, ob die Wirksamkeitsabhängigkeit ausnahmsweise nicht für den Fall einer Ausschlagung gelten sollte (NJW 2011, 1353, 1354 a.E.), nicht ob eine Konversion möglich ist. Im Sinne *Litzenburgers* aber wohl auch OLG Düsseldorf, BeckRS 2016, 05710.

659 Vgl. OLG München, NJW-RR 2010, 1382 f.

660 Vgl. etwa OLG Frankfurt, FGPrax 1998, 145 f. S. auch BGH, NJW-RR 1987, 1410 f. Hier läge dann nur ein Entwurf vor.

661 Vgl. o. § 3 C. II. 5. b) m. Fn. 643.

662 S. zur Frage, ob § 2268 BGB ggf. ein Verbot zu entnehmen ist, o. § 3 C. II. 4.

663 RGZ 87, 33, 35 a.E.

664 So *Kanzleiter*, DNotZ 1973, 133, 140 m.w.N.

665 Ausdrücklich *Lutter*, FamRZ 1959, 273, 274; *Lieder/Berneith*, JuS 2015, 1063, 1064; *Musielak*, in: MüKo-BGB, § 2265 Rn. 5. Insgesamt ist es heute absolut h.M., dass ein Umdeutungsverbot insofern nicht gegeben ist, vgl. etwa BGH, NJW-RR 1987, 1410; OLG Hamm, NJW-RR 1996, 1290, 1291; LG Bonn, NJW-RR 2004, 10; *J. Mayer*, in:

die Konversion unwirksamer Nichtehegattentestamente nicht von vornherein unmöglich.

(2) Gemeinschaftlichkeit

Zur Hinterfragung der Aufrechterhaltung eines gemeinschaftlichen Testaments muss ein solches überhaupt in Rede stehen. Ehemals wurde die Gemeinschaftlichkeit vor allem als formeller Aspekt und das gemeinschaftliche Testament daher als Zusammenfassung zweier letztwilliger Verfügungen verstanden.[666] Insofern war ein Testament nur dann als gemeinschaftliches wirksam, wenn die Verfügungen beider Testierenden objektiv einheitlich erfolgten (sogenannte „objektive Theorie").

Diese Deutung ist bereits in Ermangelung eines Anhaltspunktes im Gesetz abzulehnen.[667] Vielmehr „genügt" es ausweislich des Wortlauts, dass der zweite Ehegatte die eigenhändige Niederschrift des ersten Ehegatten unterzeichnet. Somit schafft § 2267 BGB keinen Formzwang, sondern eine erhebliche Formerleichterung.[668] Das wird auch dadurch deutlich, dass die in der Norm aufgestellten Anforderungen erst durch § 28 TestG[669] auf das bloße Erfordernis einer Mitunterzeichnung reduziert wurden.[670] Im Ergebnis handelt es sich bei der

---

Reimann/Bengel/J. Mayer, § 2265 BGB Rn. 7 f.; *Sieghörtner*, in: Hausmann/Hohloch, Kap. 9 C. Rn. 280; *Schlüter/Röthel*, Erbrecht, § 22 Rn. 7.

666 RGZ 72, 204, 205 f.; 87, 33; KGJ 51, A 82, A 84; 52, A 82, A 83; OLG Dresden, OLGE 35, 377; OLG Koblenz, NJW 1954, 1648, 1649; *Greiff*, in: Planck-BGB, Vorbm. §§ 2265 ff. vor Anm. 1; *Siber*, Erbrecht, S. 44; ebenso *Herzfelder*, in: Staudinger-BGB (9. Aufl. 1928), § 2265 Anm. 2 m.z.N. Vgl. ausf. zu allen Theorien *Schaumann*, Bindungswirkung, S. 17 ff.

667 Vgl. bereits *v. Hippel*, Formalismus, S. 134 f.; ebenso *Lutter*, FamRZ 1959, 273, 274.

668 H.M., vgl. bereits OLG Freiburg, DRZ 1948, 179; *Strohal*, Erbrecht I, S. 321 f.; *Coing*, JZ 1952, 611. S. ferner *J. Mayer*, in: Reimann/Bengel/J. Mayer, § 2267 BGB Rn. 1; *Litzenburger*, in: BeckOK-BGB, § 2267 Rn. 4 ff.; *Musielak*, in: MüKo-BGB, § 2267 Rn. 2; *Radlmayr*, in: NK-BGB, § 2267 Rn. 1; *Reymann*, in: jurisPK-BGB, § 2267 Rn. 2 a.E.; *Weidlich*, in: Palandt, § 2267 Rn. 1; *Kipp/Coing*, Erbrecht, S. 218; *K.W. Lange*, Erbrecht, § 16 Rn. 81 a.E.

669 „Gesetz über die Errichtung von Testamenten und Erbverträgen" vom 31. Juli 1938, RGBl. I 1938, 973, 977.

670 Gleiches gilt für S. 2 der Norm, welche nur noch eine Sollvorschrift aufweist. Vgl. § 2267 BGB in der Fassung ab dem 01.01.1900: „[1] Zur Errichtung eines gemeinschaftlichen Testaments nach § 2231 Nr. 2 genügt es, wenn einer der Ehegatten das Testament in der dort vorgeschriebenen Form errichtet und der andere Ehegatte die Erklärung beifügt, daß das Testament auch als sein Testament gelten solle. [2] Die

Gemeinschaftlichkeit also um ein materielles Problem. Dabei wird sie subjektiv zu hinterfragen sein,[671] wobei wenigstens Kenntnis der jeweils anderen Verfügung zu verlangen ist. Der dafür notwendige Anhaltspunkt muss sich freilich nicht aus dem Testat selbst ergeben (sogenannte „subjektive Theorie").[672] Letztendlich können Verfügungen auf derselben Urkunde rechtlich selbstständig,[673] andererseits objektiv als Einzeltestamente anzusehende Verfügungen durchaus gemeinschaftlich sein.

(3) Verfügungsdifferenzierung

Schließlich bedarf es einer Differenzierung hinsichtlich der einzelnen Verfügungen, schon weil die Frage nach dem Vorliegen wechselbezüglicher Verfügungen der Frage nach ihrer Aufrechterhaltung apriorisch vorausgeht. Während reziproke (wechselseitige) Verfügungen bedeuten, dass sich die Erblasser gegenseitig bedenken, beinhalten korrespektive (wechselbezügliche) Verfügungen – die trotz mangelnder Anwendbarkeit der §§ 2265 ff. BGB auch von Nichtehegatten möglich sind[674] – darüber hinaus einen Abhängigkeitszusammenhang.[675]

Erklärung muß unter Angabe des Ortes und Tages eigenhändig geschrieben und unterschrieben werden".

671 *Hoeren*, in: HK-BGB, § 2265 Rn. 4; *Litzenburger*, in: BeckOK-BGB, § 2265 Rn. 3 ff.; *Weidlich*, in: Palandt, Einf v § 2265 Rn. 2; *Muscheler*, Erbrecht I, Rn. 2063; *K. W. Lange*, Erbrecht, § 16 Rn. 71; *Leipold*, Erbrecht, Rn. 460.

672 BayObLGZ 1959, 199, 208; *Kanzleiter*, in: Staudinger-BGB (2014), Vorbem zu §§ 2265 ff Rn. 19; *Radlmayr*, in: NK-BGB, § 2265 Rn. 8 f.; *H. Lange/Kuchinke*, Erbrecht, S. 433 f.; *Pfeiffer*, FamRZ 1993, 1266, 1270; *Sticherling*, ZEV 2007, 179; *Brox/Walker*, Erbrecht, Rn. 176. A.A. (Andeutung erforderlich) BGHZ 9, 113, 115; OLG München, NJW-RR 2012, 338, 339; OLG Zweibrücken, ZEV 2002, 414; OLG Braunschweig, ZEV 2007, 178; *Braun*, in: Burandt/Rojahn, § 2265 BGB Rn. 11; *J. Mayer*, in: Reimann/Bengel/J. Mayer, Vor § 2265 BGB Rn. 21 f.; *Litzenburger*, in: BeckOK-BGB, § 2265 Rn. 5; *Wolf*, in: Soergel-BGB, Vor § 2265 Rn. 6 f.; *Coing*, JZ 1952, 611, 613 m. Fn. 14; *Leipold*, Erbrecht, Rn. 460; *Muscheler*, Erbrecht I, Rn. 2069; *Olzen*, JuS 2005, 673, 674 f.; *Schlüter/Röthel*, Erbrecht, § 22 Rn. 9. Zur Andeutungstheorie insg. o. § 3 B. I. 2., 3.

673 *J. Mayer*, in: Reimann/Bengel/J. Mayer, § 2265 BGB Rn. 6. Vgl. auch LG Braunschweig, DNotZ 1966, 378 f. Indes lag in diesem Fall m.E. die gewollte Gemeinschaftlichkeit deutlich näher als eine Selbständigkeit der Verfügungen.

674 *J. Mayer*, in: Reimann/Bengel/J. Mayer, § 2270 BGB Rn. 6; *Greiff*, in: Planck-BGB, § 2270 Anm. 5; *Pfeiffer*, FamRZ 1993, 1267, 1273; vgl. bereits Motive V, S. 254 = *Mugdan* V, S. 134. A.A. wohl *Gockel*, ZErb 2012, 72, 73.

675 S. bereits §§ 2200, 2214 des Sächsischen BGB; ferner Protokolle V, S. 451 = *Mugdan* V, S. 723; ausf. *Jakobs*, FS Bosch, 447 ff. S. ferner BayObLG, FamRZ 1991, 1358; *Zimmer*, NJW 2009, 2364; *Brox/Walker*, Erbrecht, Rn. 192; *Leipold*, Erbrecht, Rn. 466;

Verfügungen können dabei zugleich korrespektiv und reziprok sein, zwingend ist dies jedoch nicht. Bedenken Ehegatten in einem wirksamen gemeinschaftlichen Testament allein einen Dritten, kann dies korrespektiv, keinesfalls aber reziprok sein. Dementgegen können sich die Erblasser bei reziproken Verfügungen explizit darauf einigen, dass diese nicht auch korrespektiv sein sollen.

Überdies sind wechselbezügliche Verfügungen keinesfalls stets gegenseitig. Angesichts des Wortlauts von § 2270 Abs. 1 BGB, der das Abhängigkeitsverhältnis genau genommen nur für die Verfügung *eines* Erblassers fordert, ließe sich schon in direkter Anwendung der Norm über die sogenannten „einseitig korrespektiven“[676] Verfügungen nachdenken.[677] Bei diesen bedingt nur einer der Erblasser seine Verfügung mit der des anderen, während letzterer unabhängig von der anderen Verfügung testiert. Wenngleich durchaus divergierende Auffassungen zur dogmatischen Anknüpfung existieren,[678] ist die Zulässigkeit solcher Verfügungen richtigerweise anerkannt.[679] Für sie kann bereits vor einer Analyse der Konvertibilität festgehalten werden, dass sich die Frage nach letzterer überhaupt nur stellt, wenn der Testator der korrespektiven Verfügungen zuerst verstirbt und er seine Verfügungen formwirksam aufgesetzt hat.

Schlüter/Röthel, Erbrecht, § 22 Rn. 16; *Ebenroth*, Erbrecht, Rn. 224; *Michalski*, Erbrecht, Rn. 264.

676 Zum Begriff erstmals *Cosack*, Bürgerliches Recht II, § 360 IV 3 b); im Anschluss daran KGJ 42, A 119, A 122; *Strohal*, Erbrecht I, S. 326 m. Fn. 28, S. 331 m. Fn. 9; *Kanzleiter*, in: Staudinger-BGB (2014), § 2270 Rn. 5; *Leipold*, in: MüKo BGB, § 2270 Rn. 3; *H. Lange/Kuchinke*, Erbrecht, S. 449 m. Fn. 136; *Buchholz*, Rpfleger 1990, 45 f. Vgl. aber auch *Kipp/Coing*, Erbrecht, S. 222 m. Fn. 3: „wenig glückliche“ Formulierung.

677 So auch *J. Mayer*, in: Reimann/Bengel/J. Mayer, § 2270 BGB Rn. 17; *Pfeiffer*, FamRZ 1993, 1266, 1273 f.

678 Für eine analoge Anwendung von § 2270 Abs. 2 BGB: *Kanzleiter*, in: Staudinger-BGB (2014), § 2270 Rn. 5; *Musielak*, in: MüKo-BGB, § 2265 Rn. 3; *Wolf*, in: Soergel-BGB, § 2265 Rn. 19; *Buchholz*, Rpfleger 1990, 45, 49. Für eine Anknüpfung über § 2078 Abs. 2 BGB hingegen: *V. Lübtow*, Erbrecht I, S. 491.

679 Grundlegend KG, JFG 10, 67 ff. S. ferner BayObLGZ 1983, 213, 217; *Derleder*, in: AK-BGB, § 2270 Rn. 1; *J. Mayer*, in: Reimann/Bengel/J. Mayer, § 2270 BGB Rn. 17 ff.; *Kanzleiter*, in: Staudinger-BGB (2014), § 2270 Rn. 4; *Litzenburger*, in: BeckOK-BGB, § 2270 Rn. 8; *dens.*, in: Hausmann/Hohloch, Kap. 7 D. Rn. 128; *Musielak*, in: MüKo-BGB, § 2270 Rn. 3; *Reymann*, in: jurisPK-BGB, § 2270 Rn. 15; *Stürner*, in: Jauernig-BGB, § 2270 Rn. 1; *S. und T. Kappler*, in: Erman-BGB, § 2270 Rn. 2; *Weidlich*, in: Palandt, § 2270 Rn. 2; a.A. *Strohal*, Erbrecht I, S. 331 m. Fn. 9. Vgl. aber bereits RGZ 116, 148 ff.

Schlussendlich ist jede im Testament niedergelegte Verfügung bezüglich ihres Charakters zu hinterfragen.[680] Im Ergebnis gibt es daher kein korrespektives Testament, sondern nur ein Testament mit korrespektiven Verfügungen (vgl. §§ 2270 Abs. 1, 2085 BGB).[681]

bb) § 140 BGB als Ausgangspunkt

Einer Analyse der Konversionsmöglichkeit geht letztlich der Gedanke voraus, dass in Ermangelung besonderer Umdeutungsverbote die Aufrechterhaltung unwirksamer gemeinschaftlicher Testamente – wenn überhaupt – „unter den allgemeinen Voraussetzungen" möglich ist.[682] Dies wird durchaus verkannt, in dem die Frage nach der Umdeutungs*möglichkeit* wechselbezüglicher Verfügungen auf die nach einem Umdeutungsverbot heruntergebrochen wird.[683] Nur weil ein solches Verbot nicht existent ist, hat dies nicht zur Folge, dass § 140 BGB ohne weiteres tatbestandlich erfüllt ist. Vielmehr bedarf es einer exakten Prüfung des kumulativen Vorliegens aller in § 140 BGB kodifizierten Anforderungen, wobei das jeweils nichtige gemeinschaftliche Testament das Ausgangsgeschäft darstellen würde, welches nach der Umdeutung nur ein formwirksames (!) Einzeltestament sein kann.

cc) Unproblematische Fälle

Einfache, also nicht korrespektive Verfügungen, können im Zweifelsfall[684] ohne weiteres aufrechterhalten werden.[685] Insbesondere scheitert die Konversion nicht daran, dass Einzeltestamente gegenüber gemeinschaftlichen keine „anderen

---

680 Vgl. § 2270 Abs. 1 BGB: „[…] der einen Verfügung […]". Gleichermaßen ist bei einem Erbvertrag jede Verfügung dahingehend zu überprüfen, ob sie vertragsmäßig ist oder nicht, vgl. OLG München, FGPrax 2015, 88.

681 BGH, NJW-RR 1987, 1410; BayObLG, FamRZ 1986, 604, 606; *Braun*, in: Burandt/Rojahn, § 2270 BGB Rn. 6; *Hoeren*, in: HK-BGB, § 2270 Rn. 3; *Zimmer*, NJW 2009, 2364. Ungenau allerdings *Ebenroth*, Erbrecht, Überschrift zu Rn. 224; *Olzen*, Erbrecht, Rn. 445.

682 *Kanzleiter*, DNotZ 1973, 133, 142.

683 Vgl. etwa *Weidlich*, in: Palandt, § 2265 Rn. 3: „[…] dem zu folgen ist, da bei fehlgegangenen gemeinschaftlichen Testamenten dem Gesetz kein Umdeutungsverbot zu entnehmen ist".

684 Freilich sind auch hier Ausnahmen denkbar. Es bleibt eine Frage des Einzelfalles, vgl. *Litzenburger*, in: BeckOK-BGB, § 2265 Rn. 21; *J. Mayer*, in: Reimann/Bengel/J. Mayer, § 2265 BGB Rn. 14 a.E.; *Musielak*, in: MüKo-BGB, § 2265 Rn. 7.

685 Vgl. BGH, NJW-RR 1987, 1410 f.; *Seiler-Schopp/Rudolf*, in: Damrau/Tanck, § 2084 Rn. 80; *Sieghörtner*, in: Hausmann/Hohloch, Kap. 9 C. Rn. 280; *Wolf*, in: Soergel-BGB,

Rechtsgeschäfte" darstellen.[686] Selbst wenn dies typologisch zuträfe, würde § 140 BGB zur Anwendung gelangen, denn aufgrund der Privatautonomie kann das „andere Geschäft" i.S.v. § 140 BGB auch ein solches anderen Inhalts, aber gleichen Typs sein.[687] Ohnehin ist die Aussage wegen des nur bei einem gemeinschaftlichen Testament gegebenen Entschlusses bezüglich einer gemeinsamen Vermögensdisposition unzutreffend.[688] Auch der hypothetische Parteiwille, der sich mangels entscheidender Abhängigkeit der Verfügungen (arg. e § 2270 Abs. 1 BGB) im Zweifel auf das Einzeltestament beziehen wird, steht der Konversion nicht entgegen. Problembehaftet könnte hierbei allenfalls sein, dass gemeinschaftliche Testamente oftmals nicht nur aus einfachen, sondern zugleich aus korrespektiven Verfügungen bestehen. Nimmt man für letztere – was es noch zu untersuchen gilt[689] – eine endgültige Nichtigkeit an, müsste sich der für § 140 BGB relevante hypothetische Erblasserwille im Einzelfall auf die Geltung der bloß einfachen Verfügungen beziehen. Insbesondere lässt sich dieses Problem nicht durch eine Anwendung des prinzipiell vorrangigen § 2085 BGB umgehen. Auf die Norm würde es allein dann ankommen, wenn in einem an sich wirksamen gemeinschaftlichen Testament eine (oder mehrere) Verfügungen korrespektiv und nichtig sind, andere aber wirksam und ohne Abhängigkeitsverhältnis.[690] Indes ist das gemeinschaftliche Testament von Nichtehegatten immer, das von Ehegatten häufig (und auch in den hier erörterten Fällen) insgesamt nichtig,[691] womit von vornherein nur § 140 BGB maßgeblich ist.

Ohne jedes Problem ist eine Umdeutung aber dann, wenn das unwirksame gemeinschaftliche aus zwei Einzeltestamenten besteht, die die Testatoren jeweils

---

§ 2265 Rn. 5; *Kanzleiter*, DNotZ 1973, 133, 145; *Zimmer*, ZEV 2015, 450, 454; vgl. auch die Nachweise in Fn. 650.

686 So aber noch KGJ 35, A 93, A 98.

687 Vgl. o. § 2 C. III. 2. c). S. auch *Krampe*, Die Konversion, S. 159: „erst recht". Freilich versteht *Krampe* § 140 BGB als Auslegungsvorschrift.

688 So zu Recht *Lutter*, FamRZ 1959, 273. S. auch o. § 3 C. II. 5. a). Vgl. zu weiteren Differenzen *M. Kahl*, Grenzen, S. 199.

689 Vgl. u. § 3 C. II. 5. c) dd).

690 Differenzierend auch *Musielak*, in: MüKo-BGB, § 2270 Rn. 15; *Kanzleiter*, in: Staudinger-BGB (2014), § 2270 Rn. 32, 36.

691 Vgl. aber LG Freiburg, BWNotZ 1986, 150. Hier war tatsächlich nur eine Verfügung des gesamten Testaments nichtig. In solchen Fällen ist weiter zu differenzieren. War die nichtige Verfügung wechselbezüglich, so müssen wegen § 2270 Abs. 1 BGB auch die weiteren korrespektiven Verfügungen fallen; für sonstige Verfügungen bleibt es bei § 2085 BGB. War die eine Verfügung nicht korrespektiv, stellt sich gleich die Frage des § 2085 BGB.

formwirksam und kraft Testierfähigkeit errichtet haben.[692] Hierbei können beide Testamente aufrechterhalten werden, da sich die Frage nach dem Willen zur Aufrechterhaltung ohne die jeweils andere Verfügung nicht stellt. Insoweit ist die Existenz wechselbezüglicher Verfügungen ebenso wenig diffizil: Vergleichbare Resultate lassen sich über das Bejahen einer Anfechtungsmöglichkeit nach § 2078 Abs. 2 BGB,[693] besser noch über das Hineinlesen eines (auflösenden) Bedingungszusammenhangs in die Einzeltestamente erzielen. Interessengerecht wäre insofern eine Bedingung, nach welcher der Erblasser den anderen Beteiligten (oder einen Dritten) bedenkt, wenn dessen Verfügung bis zu seinem Versterben unverändert fortbesteht.[694]

dd) Problematische Fälle

In den häufiger gegebenen Fällen von korrespektiven Verfügungen und der bloßen Mitunterschrift des zweiten Testators kommt die Konversion allein für das formwirksame Testament infrage, eine Ausnahme von § 2247 BGB ist auch aus Billigkeitsgründen nicht anzuerkennen.[695] Entscheidend ist insgesamt, ob ein hypothetischer Wille hinsichtlich des Ersatzgeschäfts angenommen werden kann.

(1) Befürwortende Stimmen

Nach Konversions-Befürwortern steht dieser für § 140 BGB maßgebliche Wille einer Anwendung der Norm meist nicht entgegen. Nicht selten entscheide – so ein Teil der Literatur – insbesondere ein Vertrauen der Testatoren darauf, die gemeinschaftliche Verfügung wenigstens zu *versuchen*. Für beide genüge es, dass die Verfügung des anderen unabhängig von der Rechtswirksamkeit wenigstens objektiv verlautbar wurde.[696]

---

692 Notwendig wird eine Umdeutung hier freilich nur bei Nichtehegatten.

693 Vgl. *J. Mayer*, in: Reimann/Bengel/J. Mayer, § 2265 BGB Rn. 11; *Sieghörtner*, in: Hausmann/Hohloch, Kap. 9 C. Rn. 281; *Wolf*, in: Soergel-BGB, § 2265 Rn. 5.

694 Zutreffend *Kanzleiter*, DNotZ 1973, 133, 146 f.; *Grüter*, Schicksal, S. 136. Genau genommen handelt es sich indes um eine Potestativbedingung.

695 OLG Düsseldorf, FamRZ 1997, 518; ebenso wohl *Muscheler*, Erbrecht I, Rn. 2056 a.E.; vgl. zur Verfassungsmäßigkeit der Formstrenge BVerfG, NJW 1989, 1986.

696 *Kanzleiter*, DNotZ 1973, 133, 136; *ders.*, in: Staudinger-BGB (2014), § 2265 Rn. 12. Insoweit argumentiert *Kanzleiter* nicht ohne jeden Widerspruch. Für unwirksame gemeinschaftliche Nichtehegattentestamente, bei denen beide formwirksam testiert haben, wird auch nach der Umdeutung ein interner Bedingungszusammenhang gefordert (vgl. o. § 3 C. II. 5. c) cc) m. Fn. 694). Bei Ehegatten und lediglich einem wirksamen Einzeltestament soll es für den hypothetischen Willen i.R.v. § 140 BGB

Andere stimmen zwar nicht dieser Begründung, wohl aber dem Ergebnis zu. Für einen Erhaltungswillen spreche der Solidaritätsgedanke, nach dem es dem Erblasser nur darauf ankam, den anderen abzusichern.[697] Für beide gelte dies erst recht im Falle einer gegenseitigen Erbeinsetzung, bei welcher ohnehin nur einer erben könne und somit nur das Testat des Erstversterbenden von Bedeutung sei.[698]

Einer vergleichsweise einfachen Begründung bedient sich das OLG Frankfurt beim Vorbringen, dass das Aufrechterhalten als Einzeltestament dem hypothetischen Willen des Erblassers eher entspreche, als das Vermögen „an den Fiskus fallen würde".[699]

(2) Grundlegende Bedenken

Zwar ist der Argumentation des OLG Frankfurt bezüglich des Fiskus als Erben ein wahrer Kerngehalt zu entnehmen, denn der Erblasser wollte mit dem gemeinschaftlichen Testament gerade von der gesetzlichen Erbfolge abweichen, welche bei Nichtigkeit nunmehr eintreten könnte. Dies wird im Zweifelsfall jedoch das einzig belastbare Argument zugunsten einer Konversionsmöglichkeit bleiben. Korrespektive Verfügungen zeichnen sich nach dem Wortlaut des § 2270 Abs. 1 BGB dadurch aus, dass die „Verfügung des einen nicht ohne die Verfügung des anderen getroffen sein würde". Positiv formuliert: Der eine verfügt *nur* aufgrund der Verfügung des jeweils anderen mit diesem Inhalt. Wenn der Erblasser die Verfügung aber *ausschließlich* deshalb *wollte*, weil der andere ebenfalls verfügte, kann nicht zugleich angenommen werden, dass seine Verfügung auch ohne die des anderen „*gewollt sein* würde". Ansonsten argumentierte man kontradiktorisch, insbesondere da solche Verfügungen ausweislich der Gesetzesmaterialien

---

indes ausreichen, dass ein gemeinschaftliches Testament „versucht" wurde. Bei ihnen bedürfte es aber auch nach der Konversion erst recht einer Abhängigkeit der Verfügungen, zumal das Gesetz über § 2270 Abs. 2 BGB sogar ein Indiz für das Vorliegen einer Korrespektivität normiert. Warum also allein der Versuch den hypothetischen Willen belegen soll, leuchtet nicht ein. Vgl. auch *J. Mayer*, in: Reimann/Bengel/J. Mayer, § 2265 BGB Rn. 13. In die Richtung *Kanzleiters* aber auch *v. Proff*, ZErb 2008, 254, 258; wohl auch *Grüter*, Schicksal, S. 113 ff.

697 *J. Mayer*, in: Reimann/Bengel/J. Mayer, § 2265 BGB Rn. 13.

698 *Kanzleiter*, DNotZ 1973, 133, 147. Vgl. auch *J. Mayer*, in: Reimann/Bengel/J. Mayer, § 2265 BGB Rn. 14.

699 OLG Frankfurt, BeckRS 2010, 22705. Zustimmend *J. Mayer*, in: Reimann/Bengel/J. Mayer, § 2265 BGB Rn. 13; *Sieghörtner*, in: Hausmann/Hohloch, Kap. 9 C. Rn. 281.

miteinander „stehen und fallen" sollen.[700] Steht die eine Verfügung also von vornherein nicht, kann auch die andere nicht wirksam sein und muss fallen.[701]

Wer nun allein auf den „Versuch" eines gemeinschaftlichen Testaments oder auf einen „Solidaritätsgedanken" abstellen möchte, kann allenfalls eine Auslegungsfrage meinen: Bezöge sich der Wille der Testierenden tatsächlich nur darauf, so lägen – bereits im Rahmen der Auslegung (!) – keine wechselbezüglichen, sondern bloß aufeinander bezogene Verfügungen vor.[702] Die Frage des „Versuchs" wäre damit keine des hypothetischen Willens i.R.v. § 140 BGB, sondern der vorgelagerten Auslegung. Soll dieser „Versuch" aber tatsächlich als Argument für das Vorliegen der von § 140 BGB postulierten Tatbestandsvoraussetzungen vorgebracht werden, bleibt es bei der oben genannten Kritik.

(3) Zufall der Formwirksamkeit

Die Berechtigung der grundlegenden Bedenken gegen eine Konversionsmöglichkeit wird insbesondere dadurch gestützt, dass der formgültig verfügende Erblasser nicht selten aus Zufall – gegebenenfalls aufgrund einer schöneren Handschrift – das Testat aufsetzt, während der andere Erblasser aufgrund gleichen Zufalls bloß unterschreibt. *V. Brasch* formuliert in seinen Ausführungen zu § 140 BGB prägnant:

> *„Der Schreibende hat sozusagen in Versehen die Form erfüllt. Vielleicht war es Zufall, daß gerade er sie schrieb. Die Absicht der Formerfüllung für ein Einzeltestament, so wie sie die Umschaffung benötigt, hatten wohl beide nicht, sonst hätten beide eine Einzelverfügung getroffen. Das ist an sich auch nicht erforderlich.* […]. *Aber im Verhältnis zu dem anderen der beiden, die in gleicher Weise verfügen wollen, liegt die Divergenz. Ohne es zu wissen, tut der Schreibende etwas ganz anderes als der Mitunterschreibende. Das Interesse dieses letzteren bleibt gegenüber dem, der zufällig die Feder führte, vollständig unberücksichtigt".*[703]

---

700 Protokolle V, S. 451 = *Mugdan* V, S. 723. S. auch *Greiff*, in: Planck-BGB, § 2270 Anm. 2.

701 Vgl. auch den dritten Zivilsenat des OLG Düsseldorf, FamRZ 1997, 518 (Ls. 3): „Die Möglichkeit der Umdeutung in eine einseitige Verfügung des Erblassers findet ihre Grenze in dem aus der Erklärung ersichtlichen Willen der Testierenden". S. ferner FamRZ 1997, 771 (Ls.): „Ein als solches unwirksames gemeinschaftliches Testament oder der Entwurf einer gemeinsamen Verfügung kann in ein wirksames Einzeltestament umgedeutet werden, sofern die betreffende Verfügung nach dem Willen des Testierenden nicht wechselbezüglich ist".

702 Vgl. auch *Krampe*, Die Konversion, S. 161, allerdings ungenau von „Grad der Verbundenheit" sprechend.

703 *V. Brasch*, Konversion, S. 159.

Wer sich darüber hinwegsetzt, erklärt zugleich, dass bei formwirksamer Verfügung des jeweils anderen Erblassers dieser ebenso einen hypothetischen Konversionswillen gehabt hätte. Abstrakt unterstellte man damit beiden Erblassern, auch unabhängig von dem jeweils anderen verfügen zu wollen, womit die vorangehende Feststellung einer Wechselbezüglichkeit ad absurdum geführt wäre. Insbesondere bleibt zu sehen, dass die Verteilung von Niederschrift und bloßer Unterschrift wohl immer dem Zufall unterliegt.[704] Wird sich nämlich ein *rechtlicher* Vorteil aus der Gesamtniederschrift von einem der Testierenden versprochen, liegt schon gar kein gemeinschaftliches, sondern ein Einzeltestament vor.

(4) Strenge und einfache Korrespektivität

Streitbar wäre das Ablehnen einer Konvertibilität allenfalls, wenn der in der Literatur existenten These nach unterschiedlichen Wirkungsgraden der Wechselbezüglichkeit zu folgen ist. Danach müsse man ein „strenges" und nicht konvertibles von anderen – umdeutungsfähigen – Abhängigkeitsverhältnissen unterscheiden.[705] So könnten die Beteiligten die Interdependenz der Verfügungen auf einzelne Fälle der Nichtigkeit beschränken, womit eine „unvollkommene" Korrespektivität vorliege. Die Abhängigkeit erschöpfe sich dann in einzelnen Umständen.[706]

Grundsätzlich wird das zwar nicht zu widerlegen sein, trotzdem ist das gefundene Ergebnis unzutreffend. Selbst wenn die Korrespektivität auf einzelne Nichtigkeitsfälle beschränkt wird, ändert das nichts am Grad derselben, sondern nur an deren Umfang.[707] Nichts anderes gilt, wenn die Ehegatten

---

704 Was sich auch darin zeigt, dass gemeinschaftliche Testamente durchaus ungewöhnlich verfasst werden. So kam es vor, dass Ehegatten abwechselnd Teile der Verfügung niedergeschrieben, aber insgesamt beide unterschrieben haben. Vgl. dazu KG, HRR 1928, 718; LG München, FamRZ 1998, 1391, 1392; BayObLG, FamRZ 2001, 1734. Für eine dabei gegebene Formwirksamkeit *J. Mayer*, in: Reimann/Bengel/J. Mayer, § 2267 BGB Rn. 34; *Kanzleiter*, in: Staudinger-BGB (2014), § 2267 Rn. 15; *Radlmayr*, in: NK-BGB, § 2267 Rn. 15; *Schaper*, in: AK BGB, § 2267 Rn. 20; *Braun*, in: Burandt/Rojahn, § 2267 BGB Rn. 16. A.A. *Musielak*, in: MüKo-BGB, § 2270 Rn. 22.

705 Vgl. *Kanzleiter*, in: Staudinger-BGB (2014), § 2265 Rn. 12. *Kanzleiter* unterscheidet daher nicht bereits auf der Ebene der Auslegung, sondern tatsächlich i.R.v. § 140 BGB. Jedenfalls terminologisch ebenso *Krampe*, Die Konversion, S. 161.

706 *Reichel*, Testament, S. 37. Zustimmend *Kipp/Coing*, Erbrecht, S. 226 m. Fn. 16; *Kanzleiter*, ZEV 1996, 306, 307 m. Verweis auf *H. Lange/Kuchinke*, Erbrecht, S. 457.

707 *Johannsen*, in: RGRK-BGB, § 2270 Rn. 4. Vgl. auch BGHZ 2, 35, 37; 30, 261, 265; BGH, LM Nr. 3 zu § 2270 BGB; *Musielak*, in: MüKo-BGB, § 2270 Rn. 4; *Wolf*, in: Soergel-BGB, § 2270 Rn. 5; *S. und T. Kappler*, in: Erman-BGB, § 2270 Rn. 2.

nach dem Tod des Erstversterbenden eine Bindung des Längerlebenden nicht beabsichtigten, da hierdurch keine Abkehr von einer Wechselbezüglichkeit im Generellen, sondern ausschließlich von § 2271 Abs. 2 S. 1 BGB gewollt war.[708] Ohnehin wäre – nochmals – für die aktuelle Diskussion allein eine solch „unvollkommene" Wechselbezüglichkeit wesentlich, bei der die Testierenden ihre Verfügung unabhängig von der *anfänglichen* Wirksamkeit der jeweils anderen aufsetzen. In der Folge wäre wegen des objektiven Feststehens der Nichtigkeit aber bereits im Rahmen einer Auslegung von Einzeltestamenten respektive von bloß aufeinander bezogenen Verfügungen auszugehen. Zutreffend erklärte daher auch das OLG Hamm:

> „*Die Verfügungen in einem gemeinschaftlichen Testament sind entweder* [...] *voneinander abhängig oder sie sind es nicht. Eine Zwischenlösung ist schon begrifflich ausgeschlossen*".[709]

Zutreffend hat der Senat hierbei zuerst die Wechselbezüglichkeit hinterfragt und von dieser auf das Nichtvorliegen der Konversionsvoraussetzungen geschlossen.[710] Ersteres bleibt nämlich weiterhin eine Frage der Auslegung[711] und hat der Umdeutung daher in konsequenter Trennung beider Institute voranzugehen.

(5) Bedenken untereinander und eines Dritten

Ebenso wenig überzeugt es im Übrigen, wenn in Teilen der Literatur zu pauschal danach differenziert wird, ob es sich bei der einzelnen Verfügung um eine Dritt- oder eine gegenseitige Erbeinsetzung handelt. Letztere sind nach diesem Standpunkt „praktisch stets als nicht wechselbezüglich" anzusehen, weshalb eine Umdeutung für sie in Betracht komme.[712] Bei der (Schluss-)Einsetzung eines

---

708 BayObLG, FamRZ 1991, 1488; OLG Köln, NJW-RR 1992, 1418, 1419; *Pfeiffer*, FamRZ 1993, 1266, 1272.

709 OLG Hamm, ZEV 1996, 304, 306.

710 A.A. *Kanzleiter*, ZEV 1996, 306, 307.

711 S. nur BGH, FamRZ 1959, 129, 130; NJW-RR 1987, 1410; OLG Schleswig, FamRZ 2012, 402; *Hoeren*, in: HK-BGB, § 2270 Rn. 3; *J. Mayer*, in: Reimann/Bengel/J. Mayer, § 2270 BGB Rn. 26 ff.; *Johannsen*, in: RGRK-BGB, § 2270 Rn. 1; *Müßig*, in: NK-BGB, § 2270 Rn. 16 ff.; *Stürner*, in: Jauernig-BGB, § 2270 Rn. 1; *Weidlich*, in: Palandt, § 2270 Rn. 4; *Pfeiffer*, FamRZ 1993, 1266, 1272 f.; *Muscheler*, Erbrecht I, Rn. 2123 ff. Weitergehende Einzelheiten bleiben hier unberücksichtigt.

712 *V. Proff*, ZErb 2008, 254, 259 m. Verweis auf *Kanzleiter*, in: Staudinger-BGB (2014), § 2265 Rn. 13. S. auch *v. Proff*, RNotZ 2008, 462, 473; *Klessinger*, in: Damrau/Tanck, § 2265 Rn. 8.

Dritten liege wegen des weitergehenden Zwecks eine Korrespektivität hingegen näher, eine Umdeutung damit ferner.[713]

Zutreffend ist daran nur, dass bei der Erbeneinsetzung eines Dritten prima facie noch mehr für eine Korrespektivität spricht, gerade um dem überlebenden Ehegatten eine Abänderungsmöglichkeit zu nehmen. Demgegenüber trifft es aber nicht das Richtige, die Wechselbezüglichkeit für die gegenseitige Erbeinsetzung stets zu verneinen, auch wenn tatsächlich nur der überlebende Testator erben kann und deshalb nur die Verfügung des zuerst versterbenden Erblassers überhaupt von Bedeutung ist.[714] Diese These beschränkt sich nämlich lediglich auf die Fälle, in denen der formwirksam Verfügende zuerst verstirbt, weil nur dann die Unwirksamkeit der anderen Verfügung bedeutungslos bleibt. Eine Grundaussage wird damit nicht getroffen, was sich immer dann zeigt, wenn der bloß unterzeichnende Testator zuerst verstirbt:[715] Hier steht der Überlebende der nichtigen Verfügung des Verstorbenen gegenüber und muss sich gleichzeitig bewusst sein, dass im Falle seines (zufällig) zuerst eintretenden Todes die von ihm angefertigte Verfügung wegen § 140 BGB gewirkt hätte. Nicht selten wird der Anlass einer gegenseitigen Erbeinsetzung daher der Gedanke sein, zwar unabhängig von der Reihenfolge des Versterbens, aber abhängig von der Wirksamkeit beider Verfügungen den jeweils anderen zu bedenken. Insoweit bleibt ohnehin zu sehen, dass die Korrespektivität einer gegenseitigen Einsetzung in einem wirksamen Testament wegen – der Auslegungs-[716] oder Vermutungsnorm[717] – § 2270 Abs. 2 Var. 1 BGB auf subsidiäre Ebene anzunehmen ist, obwohl Verfügungen in gemeinschaftlichen Testamenten laut Gesetzesmaterialien im Zweifel gerade nicht bindend sein sollten.[718] Warum ein solches Indiz bei unwirksamen

---

713 *Kanzleiter*, in: Staudinger-BGB (2014), § 2265 Rn. 13. Zustimmend *v. Proff*, ZErb 2008, 254, 259.

714 So aber *Kanzleiter*, in: Staudinger-BGB (2014), § 2265 Rn. 14; *ders.* DNotZ 1973, 133, 147 f. Zustimmend *v. Proff*, ZErb 2008, 254, 259.

715 A.A. insofern *Gruter*, Schicksal, S. 113.

716 BayObLGZ 1964, 94, 98; OLG Köln, NJW-RR 1994, 397, 398; OLG Koblenz, NJW 2007, 1599, 1560; KG, FamRZ 1993, 1251, 1253; *Johannsen*, in: RGRK-BGB, § 2270 Rn. 6; *Kanzleiter*, in: Staudinger-BGB (2014), § 2270 Rn. 26a; *Litzenburger*, in: BeckOK-BGB, § 2270 Rn. 14; *Müßig*, in: NK-BGB, § 2270 Rn. 22; *Wolf*, in: Soergel-BGB, § 2270 Rn. 7; *Schaumann*, Bindungswirkung, S. 106; *Pfeiffer*, FamRZ 1993, 1266, 1272.

717 *Musielak*, in: MüKo-BGB, § 2270 Rn. 9; *Olzen*, JuS 2005, 673, 675. S. aber *dens.* Erbrecht, Rn. 451 a.E. Eine Stellungnahme unterbleibt schon aufgrund der mangelnden Relevanz des Streits.

718 Vgl. Protokolle V, S. 458 f. = *Mugdan* V, S. 727.

aber gleichwohl gewollten Testamenten unbeachtlich sein soll, erklärt sich schon generell, vor allem aber bei Ehegatten nicht.[719]

Obschon die Frage nach der Wechselbezüglichkeit stets im Einzelfall zu stellen ist, spricht auch bei der reziproken Einsetzung folglich mehr dafür, dieselbe im Zweifelsfall zu bejahen. Etwas anderes ergibt sich allenfalls, wenn bei Errichtung des Testaments beide Testierenden bereits davon ausgehen, dass einer der beiden früher sterben wird – sei es wegen einer Krankheit oder wegen des deutlich fortgeschrittenen Alters.

d) Zusammenfassende Würdigung

Es verwundert schon aufgrund des in der Vergangenheit erfolgten Meinungswandels der vorherrschenden Auffassung nicht, dass die Konversion von unwirksamen gemeinschaftlichen Testamenten derart kontrovers diskutiert wird. Richtig ist, dass einfache Verfügungen in solchen Testamenten ohne weiteres konvertiert werden können; ebenso verhält es sich mit dem Testament im Gesamten, wenn es formell aus zwei Einzeltestamenten besteht.

Für korrespektive Verfügungen bleibt hingegen zu konstatieren, dass sie über eine Umdeutung nicht erhalten werden können.[720] Wenngleich dies nicht aus einem Umdeutungsverbot folgt und die Frage daher allein anhand der Tatbestandsvoraussetzungen des § 140 BGB zu beantworten ist,[721] wäre eine positive Antwort auf die Bewertungsfrage, ob ein Umdeutungswille gegeben ist, gleichsam unmöglich bzw. die Verneinung derselben Frage denkbar einfach. Bisweilen wird insofern von einer der Umdeutung entgegenstehenden „allgemeinen Lebenserfahrung" gesprochen.[722] Jedenfalls scheitert dieselbe aber per

---

719 Vgl. auch *Grüter*, Schicksal, S. 111.

720 Wer dieser Meinung folgt, müsste im Übrigen auch die Andeutungstheorie ablehnen. Da wechselbezügliche Verfügungen i.E. nicht konvertibel sind, gewinnt die Auslegungsfrage, ob überhaupt wechselbezügliche Verfügungen gewollt sind, erheblich an Bedeutung. Problematisch wird die Andeutungstheorie aber immer dann, wenn sich nur aus außerhalb der Urkunde liegenden – und daher ggf. nicht formwirksam erfassten – Umständen ergibt, dass eine Wechselbezüglichkeit eben gerade nicht gewollt ist.

721 Ausdrücklich *Schaper*, in: AK-BGB, § 2265 Rn. 53; *Wolf*, in: Soergel-BGB, § 2265 Rn. 4.

722 *Musielak*, in: MüKo-BGB, § 2265 Rn. 8; ebenso BayObLG, NWR-RR 1992, 332; 1993, 1157, 1159; ZEV 2000, 448, 449; so zu verstehen auch *Leipold*, Erbrecht, Rn. 459 m. Fn. 9. Ablehnend *Kanzleiter*, in: Staudinger-BGB (2014), § 2265 Rn. 11; *J. Mayer*, in: Reimann/Bengel/J. Mayer, § 2265 BGB Rn. 13; *Schaper*, in: AK-BGB, § 2265 Rn. 53; *Wolf*, in: Soergel-BGB, § 2265 Rn. 5.

Definition:[723] Eine Verfügung, die *ausschließlich* aus einem bestimmten Grund *gewollt ist*, „*würde*" nicht aus einem anderen Grund „*gewollt sein*". Sofern die Verfügungen also tatsächlich als korrespektive auszulegen sind, kann auch § 140 BGB der Unwirksamkeit nicht abhelfen, da die Umdeutung anderenfalls als falsch verstandenes Mittel zur Durchsetzung der Privatautonomie interpretiert würde.[724]

Wer diesem Ergebnis vorwirft, es würde den auch im Erbrecht anerkannten Grundsatz der ergänzenden Auslegung leugnen,[725] verkennt in Wirklichkeit den strukturellen Unterschied zwischen ihr und der Umdeutung. Die ergänzende Auslegung dient allein zur Schließung auftretender Lücken von im Grunde wirksamen Verfügungen von Todes wegen,[726] während es bei dem hier in Rede stehenden gemeinschaftlichen Testament (vor allem durch Nichtehegatten) schon um eine ex-tunc nichtige letztwillige Verfügung geht, wodurch das Beachten etwaiger „Lücken" in den Hintergrund rückt.

6. *Nichtigkeit aufgrund mangelnder Typvorgabe*

a) *Grundlegendes*

Die Wirksamkeit einer jeden Verfügung von Todes wegen ist neben formellen und sonstigen materiellen Fragen entscheidend davon abhängig, dass das anwendbare Recht diese Art von Verfügung überhaupt anerkennt.[727] Vor allem gemeinschaftliche Testamente und (bindende) Erbverträge sind nicht von jeder Rechtsordnung akzeptiert.[728] Lange Zeit wurde in grenzüberschreitenden Fällen für die Berücksichtigung eines dahingehenden Verbots danach unterschieden, ob dasselbe (auch) auf materiellen oder rein formellen Gründen basiere. Im ersteren Fall sollte sich die Wirkung des Verbots nach dem Errichtungs-, im

723 Vgl. auch *K.W. Lange*, Erbrecht, § 16 Rn. 89, der dies für eine „nicht von der Hand zu weisende" Auffassung hält.

724 *Krampe*, Die Konversion, S. 157 vermerkt, dass es eine solche Auffassung bereits gäbe. Nachvollziehbare Nachweise führt er allerdings nicht an. Ähnlich wie hier jedoch *Strohal*, Erbrecht I, S. 320 m. Fn. 5, der vorab prüfen will, ob nicht nur eine „scheinbare" Gemeinschaftlichkeit gegeben ist.

725 So *v. Proff*, ZErb 2008, 254, 258.

726 S.o. § 2 B. V. 4. a).

727 Vgl. allgemein *Dutta*, in: MüKo-BGB, Art. 24 EuErbVO Rn. 3; *dens.*, FamRZ 2013, 4, 9 ff.; *Dörner*, in: Staudinger-BGB (2007), Art. 25 EGBGB Rn. 246. S. auch OLG Jena, FamRZ 1994, 786.

728 Eine Länderübersicht bietet *Milzer*, BWNotZ 2002, 166, 169 ff.

letzteren nach dem Formstatut richten.[729] Aufgrund der für Erbfälle seit dem 17.08.2015 geltenden (vgl. Art. 84 EuErbVO) EuErbVO unterliegt die Zulässigkeit einer Verfügung von Todes wegen nunmehr stets dem Errichtungsstatut.[730] Der Gegenauffassung,[731] die gerade bei gemeinschaftlichen Testamenten weiterhin differenzieren will, kann schon aufgrund des Wortlauts der Art. 24, 25 EuErbVO nicht gefolgt werden. Insbesondere könnte sie dazu führen, dass ein Verbot in einem Mitgliedsstaat als formelles, in einem anderen als materielles verstanden wird, was dem Sinn einer europäischen Regel klar entgegensteht.[732] Maßgeblich ist folglich stets dasjenige Recht, welches hypothetisch nach der allgemeinen Kollisionsnorm (Art. 23 EuErbVO) im Zeitpunkt der Errichtung der Verfügung von Todes wegen Anwendung gefunden hätte.[733] Dies gilt auch unabhängig davon, ob das maßgebliche Statut objektiv nach Art. 21 EuErbVO oder subjektiv nach Art. 22 EuErbVO zu bestimmen ist. Zu beachten bleibt, dass diese Anknüpfung wenigstens nach dem Selbstverständnis der EuErbVO auch in Fällen eines Drittlandbezugs gilt (Art. 20 EuErbVO).[734]

Aufgrund der mangels Typvorgabe eintretenden Unwirksamkeit stellt sich die Frage nach der Aufrechterhaltung einer Verfügung von Todes wegen von selbst. Beurteilungsgrundlage muss hierfür wiederum das Errichtungsstatut[735] sein,[736] da es sich gleichsam um die Zulässigkeit eines Ersatzgeschäfts handelt. Sofern die betreffende Rechtsordnung also etwa eine Umdeutung überhaupt nicht

729 Vgl. zu dieser Kontroverse vor Inkrafttreten der EuErbVO *Dörner*, in: Staudinger-BGB (2007), Art. 25 EGBGB Rn. 246, 317 ff., 351; *Dutta*, in: MüKo-BGB, Art. 26 EGBGB Rn. 99, 129.

730 So auch *Bonomi/Öztürk*, Tagungsband EuErbVO, 47, 66; *Dutta*, in: MüKo-BGB, Art. 24 EuErbVO Rn. 3; *ders.*, FamRZ 2013, 4, 10 f.; *Herzog*, ErbR 2013, 2, 8; *Lehmann*, ZErb 2013, 25, 29.

731 Vgl. etwa *K. W. Lange*, ZErb 2012, 160, 164 (zu einem Entwurf); *Nordmeier*, ZEV 2012, 513, 515 f.; *Simon/Buschbaum*, NJW 2012, 2393, 2396. S. für weitere Nachweise zur a.A. *Dutta*, in: MüKo-BGB, Art. 24 EuErbVO Rn. 3 m. Fn. 2.

732 Audrücklich bereits *Bonomi/Öztürk*, Tagungsband EuErbVO, 47, 66.

733 Vgl. *Dutta*, in: MüKo-BGB, Vorbemerkung zu Art. 20 EuErbVO Rn. 10 f.

734 S. dazu *Dutta*, in: MüKo-BGB, Art. 20 EuErbVO passim.

735 Für Altfälle – also Erbfälle bis zum 16.08.2015 – würde das zur neuen Rechtslage Gesagte immer dann gelten, wenn eine Verfügung von Todes wegen aus materiellen Gründen versagt ist und das Errichtungsstatut im Folgenden deutsches Recht wäre.

736 Vgl. OLG Jena, FamRZ 1994, 786, 787; *Thorn*, in: Palandt, Art. 23 EuErbVO Rn. 2; *Döbereiner*, MittBayNot 2013, 437, 440. Vgl. auch OLG München, ZEV 2006, 456. S. zur Auslegung etwa KG, FamRZ 2011, 928; *Dörner*, in: Staudinger-BGB (2007), Art. 26 EGBGB Rn. 262 ff.; *Dutta*, in: MüKo-BGB, Art. 26 EGBGB Rn. 89.

vorsieht oder im Konkreten ein Umdeutungsverbot statuiert, kann die unwirksame Verfügung nicht konvertiert werden. Bei Erbverträgen, die die Rechtsnachfolge mehrerer Personen betreffen, ist für jeden Erblasser wegen Art. 25 Abs. 2 EuErbVO auf sein Errichtungsstatut abzustellen. Insofern kann es dazu kommen, dass die Frage nach der Umdeutungsmöglichkeit bzgl. eines Erbvertrags nach unterschiedlichen Rechtsordnungen zu beantworten ist und daher etwa eine Verfügung erhalten wird, die andere nicht.[737]

Immer wenn es sich bei dem Errichtungsstatut für die jeweilige Verfügung um deutsches Recht handelte, würde hierfür das zur Auslegung und zu § 140 BGB im nationalen Recht Gesagte gelten: Sofern es eine bewusste Entscheidung hinsichtlich der nach dem BGB nicht möglichen Verfügung war und sich diese nicht als identisches Einzeltestament, gemeinschaftliches Testament oder Erbvertrag verstehen lässt, muss es auf die Umdeutung i.S.v. § 140 BGB ankommen. Möglich ist die Konversion immer dann, wenn die Anforderungen an eine Verfügung von Todes wegen des BGB erfüllt wären, diese verglichen mit der getroffenen Verfügung allenfalls ein Aliud ausmacht und das Ersatzgeschäft mit der Rechtsordnung im Einklang steht. Unmöglich wäre daher etwa die Umdeutung eines mündlichen Testaments. Anders verhielte es sich unter Umständen, wenn Geschwister ein gemeinschaftliches Testament wollten, das Errichtungsstatut aber deutsches Recht ist (dann gegebenenfalls Umdeutung in zwei Einzeltestamente[738]).

b) Kurzüberblick zum deutsch-deutschen Erbrecht

Interlokale Gesichtspunkte können immer dann in den Vordergrund rücken, wenn es sich um das Verhältnis von BGB und ZGB/DDR handelt. Zwar werden derartige Fälle an Seltenheit gewinnen, gleichwohl sind ihre Besonderheiten kurz aufzuzeigen: Sofern die Wirksamkeit einer Verfügung von Todes wegen und ihre etwaig notwendige Umdeutung nach dem BGB zu beurteilen wären, würde das oben Gesagte gelten. Für die Errichtung einer Verfügung von Todes wegen bleibt es aufgrund von Art. 235 § 2 S. 2 EGBGB aber beim Recht der DDR, wenn sie vor dem Beitritt aufgesetzt wurde. Problematisch ist dies immer dann, wenn ein Erbvertrag in Rede steht, da ein solcher vom ZGB/DDR nicht vorgesehen

---

737 *Dutta*, in: MüKo-BGB, Art. 25 EuErbVO Rn. 9 a.E.; *Dörner*, in: Staudinger-BGB (2007), Art. 25 EGBGB Rn. 354 (für das alte Recht). A.A. wohl *Döbereiner*, MittBayNot 2013, 437, 442; *W. Kössinger*, in: Nieder/Kössinger, § 5 Rn. 19 a.E. Beide wollen die Frage nur nach dem Errichtungsstatut stellen, das die Verfügung anerkennt.

738 Ausf. o. § 3 C. II. 5.

war. Allerdings ist es durchaus anerkannt, dass ein geschlossener Erbvertrag als Testament erhalten werden kann, wobei nicht selten auch von „Umdeutung" gesprochen wird.[739] Dafür spricht zwar, dass das Recht der DDR den Erbvertrag nicht ausdrücklich, sondern allein aus praktischen Gründen versagt hat;[740] methodisch bleiben an der Lösung indes Zweifel. Das liegt vor allem daran, dass es eine dem § 140 BGB entsprechende Norm im ZGB/DDR nicht gab. Auch ansonsten wurde der hypothetische Parteiwille nicht in einer vergleichbaren Art und Weise positiviert.[741] Anders verhielt es sich allein für die Auslegung, welche mit Art. 372 ZGB/DDR sogar in einer dem § 2084 BGB vergleichbaren Form normiert war. Im Ergebnis mag man für solche Fälle daher von „Umdeutung" sprechen; mit § 140 BGB hat dies indes wenig gemeinsam, allenfalls handelt es sich um aufrechterhaltende Auslegung.

III. Umdeutung von Rechtsgeschäften unter Lebenden in Verfügungen von Todes wegen und umgekehrt

1. Einführung

Erhebliche Probleme bereitet es, wenn das Ausgangsgeschäft ein solches unter Lebenden ist und das Ersatzgeschäft eine Verfügung von Todes wegen darstellen soll. Gleichermaßen verhält es sich für die spiegelbildlichen Fälle. Wegen der grundlegenden Unterschiede beider Geschäfte sollte es außer Frage stehen, dass das eine im Zweifel nicht als das andere ausgelegt werden kann und die Konversion i.S.v. § 140 BGB daher zur Aufrechterhaltung notwendig wird.

Interessanter ist daher die Frage nach dem Vorliegen der übrigen Tatbestandsvoraussetzungen des § 140 BGB. Ausgangspunkt dafür ist eine Entscheidung des RG,[742] in welcher eine als „Schuldschein" bezeichnete Zusicherung von 10.000

---

739 Vgl. insb. OLG Jena, FamRZ 1994, 786, 787. S. ferner *B. Hamdan/M. Hamdan*, in: jurisPK-BGB, § 2274 Rn. 13 m. Fn. 13; *de Leve*, in: MAH Erbrecht, § 48 Rn. 25; *J. Mayer*, in: Reimann/Bengel/J. Mayer, Vor § 2274 BGB Rn. 64; *Kornexl*, in: NK-BGB, Vor §§ 2274 bis 2302 Rn. 46; BayObLG, DtZ 1995, 411, 414; 1996, 214, 215. S. auch BayObLG, FamRZ 1995, 1449, 1450; *Arnold*, in: Erman-BGB, § 140 Rn. 21.

740 Vgl. OLG Jena, FamRZ 1994, 786, 787; *Hildebrandt/Janke*, NJ 1985, 441, 444. Das zeigt sich im Übrigen darin, dass vor dem 01.01.1976 abgeschlossene Erbverträge weiterhin Geltung hatten (Art. 2 Abs. 2 S. 2, Art. 8 Abs. 2 EGZGB).

741 Art. 372 ZGB/DDR bezog sich nur auf den realen und ggf. mutmaßlichen Willen. Art. 68 Abs. 2 ZGB/DDR behandelte allein die Teilnichtigkeit, womit die Norm im Ergebnis § 139 BGB entsprach. Vgl. zu letzterem *Westen/Schleider*, Systemvergleich, S. 236.

742 RG, JW 1910, 466 ff.

DM zumindest nicht den Formerfordernissen eines Schuldanerkenntnisses i.S.v. § 518 Abs. 1 S. 2 BGB entsprach. Das Gericht sah diesen Schuldschein zwar als formwirksames Testament an, erklärte aber zugleich, dass das unwirksame Versprechen anderenfalls wegen § 140 BGB in ein formgerechtes Testament umzudeuten gewesen wäre. Insgesamt könne ein nichtiges Rechtsgeschäft unter Lebenden als eine Verfügung von Todes wegen und – so per obiter dictum – umgekehrt eine nichtige Verfügung von Todes wegen als ein Rechtsgeschäft unter Lebenden erhalten werden.[743]

2. *Nichtiges lebzeitiges Geschäft als wirksame Verfügung von Todes wegen*

Diese Entscheidung hat weitestgehend Zustimmung erfahren und ist durch weitere Judikate bestätigt worden,[744] sodass die Konversionsmöglichkeit von der vorherrschenden Auffassung anerkannt ist.[745] Dafür sprechen wenigstens die Motive zum BGB, nach denen eine vom Erblasser gegenüber seinen gesetzlichen Erben eingegangene Verpflichtung, nicht abweichend von deren Erbfolge zu testieren (§§ 2302, 134 BGB), in eine Verfügung von Todes wegen umzudeuten sei (sogenannter „konservativer Erbvertrag").[746] Ohnehin, heißt es mitunter, sei nicht selten wenigstens eine erbrechtliche Zuwendung gewollt, deren Rechtsfolge meist hinter der von lebzeitigen Geschäften zurückbleibe.[747] Entgegenstehende

743 RG, JW 1910, 466, 467.

744 Vgl. wiederum zu Schenkungsversprechen als Ausgangsgeschäft OLG Koblenz, NJW 1947/1948, 384 f.; KG, FamRZ 2009, 1621; zust. *H. Roth*, in: Staudinger-BGB (2015), § 140 Rn. 55; *Leipold*, in: MüKo-BGB, § 2084 Rn. 143.

745 Vgl. OLG Koblenz, NJW 1947/1948, 384 f.; KG, FamRZ 2009, 1621; *Arnold*, in: Erman-BGB, § 140 Rn. 21 a.E.; *Busche*, in: MüKo-BGB, § 140 Rn. 27; *Seiler-Schopp/Rudolf*, in: Damrau/Tanck, § 2084 Rn. 85; *Sieghörtner*, in: Hausmann/Hohloch, Kap. 9 C. Rn. 287 f.; *H. Roth*, in: Staudinger-BGB (2015), § 140 Rn. 55; *Fleindl*, in: NK-BGB, § 2084 Rn. 65; *Leipold*, in: MüKo-BGB, § 2084 Rn. 143; *M. Schmidt*, in: Erman-BGB, § 2084 Rn. 10; *Stürner*, in: Jauernig-BGB, § 2084 Rn. 8; *H. Lange/Kuchinke*, Erbrecht, S. 797; *K.W. Lange*, Erbrecht, § 35 Rn. 7; i.E. wohl auch *Loritz*, in: Soergel-BGB, § 2084 Rn. 76.

746 Motive V, S. 313 f. = *Mugdan* V, S. 165. Regelmäßig handelt es sich in den Fällen des § 2302 BGB nicht um Verfügungen von Todes wegen, sondern um Rechtsgeschäfte unter Lebenden; vgl. mit ausdrücklicher Unterscheidung *Kanzleiter*, in: Staudinger-BGB (2014), § 2302 Rn. 2. S. auch BayObLGZ 6, 711 ff. Zu § 2302 BGB im Rahmen einer Verfügung von Todes wegen s. aber o. § 3 C. I. 1. b).

747 *Leipold*, in: MüKo-BGB, § 2084 Rn. 143. Ebenso *Gemmer*, in: Große-Wilde/Ouart, § 2084 BGB Rn. 40.

Kritik diesbezüglich ist nur vereinzelt erkennbar,[748] deren Berechtigung ist aber zwingend zu hinterfragen.

a) § 2301 BGB als „Umdeutungsgebot"?

Für eine Konvertibilität könnte das BGB selbst sprechen, was insbesondere für § 2301 BGB gilt. Nach dieser Vorschrift sind für lebzeitige Schenkungsversprechen mit einer sogenannten „Überlebensbedingung" die Vorschriften über Verfügungen von Todes wegen (§§ 2064 ff. BGB) anzuwenden. Im Ergebnis erwirkt § 2301 BGB daher wenigstens prinzipiell die Aufrechterhaltung einer in diesem Rahmen nicht möglichen Schenkung inter vivos, weshalb die Norm von Teilen der Literatur als positiviertes Umdeutungs*gebot* verstanden wird.[749] Das ergebe sich unter anderem aus den Motiven zu § 2301 BGB, nach denen es sich „in Wirklichkeit um eine Bedingung [handelt], obschon diese, soweit die *Umdeutung* in eine Verfügung von Todes wegen erfolgt, damit ihre Bedeutung als solche verliert".[750]

Terminologisch mag im Hinblick auf § 2301 BGB von einer „Umdeutung" gesprochen werden; mit § 140 BGB hat die Norm indes nichts gemein.[751] Insbesondere dient § 2301 BGB keinesfalls der Durchsetzung des Parteiwillens.[752] Evident wird dies bereits dadurch, dass die Rechtsfolge der Norm ohne Berücksichtigung der Parteiinteressen eintritt. Anders gewendet: Der Schenkung wird selbst dann ein erbrechtlicher Charakter beigemessen, wenn die Parteien dies unter keinen Umständen wollten. Damit widerspricht man sowohl dem Wortlaut von § 140 BGB („gewollt sein würde"), als auch dem generellen Konsens, dass eine Umdeutung nicht zur Bevormundung der Parteien führen darf.[753] Ohnehin dient

---

748 Exemplarisch *Flume*, AT II, S. 598.

749 *Harder*, Zuwendungen, S. 96 ff.; *Damrau*, JurA 1970, 716 m. Fn. 3, 717, 735; *Ebenroth*, Erbrecht, Rn. 517 m. Fn. 2; *Muscheler*, Erbrecht II, Rn. 2845; *v. Lübtow*, Erbrecht II, S. 1224 m. Fn. 13; *Leipold*, Erbrecht, Rn. 570 a.E.; *Langen*, Anwendungsbereich, S. 144 m. Fn. 4, 146 a.E.; *H-J. Finger*, Die Umgestaltung, S. 115; *Musielak*, in: MüKo-BGB, § 2301 Rn. 10. Zurückhaltend indes *Reischl*, Schenkung, S. 148 m. Fn. 636; *v. Tuhr*, AT II/1, S. 291: Mit der Konversion „verwandt".

750 Motive V, S. 351 = *Mugdan* V, S. 186. Hervorhebung durch Verfasser.

751 A.A. *Harder*, Zuwendungen, S. 103, der darin gerade eine Ausnahme der Notwendigkeit des Parteiwillens erkennt und § 2301 BGB daher dem § 140 BGB zuordnet. *Harder* erklärt dort mit fast denselben Argumenten auch die spiegelbildlichen Fälle, in: denen die Verfügung von Todes wegen das Ausgangs-, das Rechtsgeschäft unter Lebenden das Ersatzgeschäft ausmachen soll, für konvertibel.

752 Vgl. zum Telos von § 140 BGB hingegen o. § 2 B. V. 4. a).

753 Vgl. o. § 2 C. III. 3. b).

§ 2301 BGB allein zur Vermeidung von „Ungereimtheiten“,[754] welche aufgrund des Rechtscharakters und der Anforderungen an ein Vermächtnis eintreten würden: Ein solches ist letztlich nichts anderes als eine lebzeitige Schenkung, die unter der aufschiebenden Befristung steht, dass der Zuwendende verstirbt. Für Vermächtnisse sind aber unstreitig erbrechtliche Vorschriften (§§ 2064 ff. BGB) anzuwenden, sodass ohne § 2301 BGB zur Umgehung der maßgeblichen Formvorschriften wohl oftmals ein lebzeitiges Versprechen auf den Todesfall gewählt werden würde. Damit wären aber nicht nur die angesprochenen Ungereimtheiten zu besorgen, sondern auch die Interessen von Pflichtteilsberechtigten und Nachlassgläubigern betroffen, da deren Rechte je nach Art des Rechtsgeschäfts unterschiedlich ausgestaltet sind.[755]

b) Kongruenzerfordernis

Einmal mehr kommt es für die Konversion lebzeitiger Rechtsgeschäfte in solche von Todes wegen somit auf das Vorliegen der von § 140 BGB postulierten Tatbestandsvoraussetzungen an. Bisweilen wird insofern an der wegen des Verbots einer Parteibevormundung notwendigen[756] Kongruenz beider Rechtsgeschäfte mit dem Argument gezweifelt, dass ein lebzeitiges Ausgangsgeschäft „eben kein Geschäft von Todes wegen ist“.[757] Eine derart pauschalierte Betrachtung würde indes verkennen, dass § 140 BGB die Gleichartigkeit beider Rechtsgeschäfte nicht voraussetzt.[758] Vielmehr sind bezüglich der Kongruenz die Detailfragen beider Rechtsgeschäftsarten zu überprüfen. Verglichen werden muss die Verfügung von Todes wegen hierbei mit dem *schuldrechtlichen* Ausgangsgeschäft, schon weil

754 Ausdrücklich *Musielak*, in: MüKo-BGB, § 2301 Rn. 1. S. auch *Burandt*, in: Burandt/Rojahn, § 2301 BGB Rn. 1; *Deppenkemper*, in: PWW-BGB, § 2301 Rn. 1; *Krüger*, in: Damrau/Tanck, § 2301 Rn. 1; *Müßig*, in: NK-BGB, § 2301 Rn. 2; vgl. bereits Protokolle V, S. 461 = *Mugdan* V, S. 762; *Muscheler*, Erbrecht II, Rn. 2829, 2849 ff.; *Litzenburger*, in: BeckOK-BGB, § 2301 Rn. 1; *S. und T. Kappler*, in: Erman-BGB, § 2301 Rn. 1. Vgl. ausf. zum Zweck der Norm *Langen*, Anwendungsbereich, S. 11 ff.

755 Ausdrücklich bereits *Musielak*, in: MüKo BGB, § 2301 Rn. 1.

756 Vgl. o. § 2 C. III. 2. b).

757 *Flume*, AT II, S. 598. Nach *Flume* müsste die Konversion schon deshalb scheitern, weil er in § 140 BGB einen Aspekt der Teilnichtigkeit sieht (vgl. o. § 2 B. II). Eine Verfügung von Todes wegen stellt aber keinen „Teil“ der lebzeitigen Verpflichtung dar, weshalb § 140 BGB apriorisch unanwendbar wäre; vgl. auch *Krampe*, Die Konversion, S. 183.

758 S. auch den Verweis in BGH, FamRZ 1980, 765, 767 auf BGHZ 40, 218, 224. Vgl. bereits BGHZ 8, 23, 34 a.E.

erstere mangels Notwendigkeit eines Publizitätsaktes[759] keine Übereinstimmung mit Verfügungen des Sachenrechts aufweisen.[760]

aa) Formelle Fragen

Augenfällig ist, dass die formelle Kompatibilität beider Geschäfte von den Formerfordernissen des Ausgangsgeschäfts und damit durchaus vom Zufall abhängig ist. Nur wenn dieses Geschäft wenigstens die von § 2247 BGB aufgestellten Anforderungen erfüllt, kann eine Umdeutung in eine Verfügung von Todes wegen – welche stets einer Form bedarf – infrage kommen. Gerade durch die für Rechtsgeschäfte unter Lebenden grundsätzlich geltende Formfreiheit wird eine Umdeutung daher teilweise scheitern müssen.

Mitunter muss diese „formelle Zufälligkeit" auch dann berücksichtigt werden, wenn das lebzeitige Geschäft allein aus inhaltlichen Gründen gescheitert ist. Insofern ist abermals[761] die Kritik an der bereits erwähnten BGH-Entscheidung hinsichtlich § 1365 BGB[762] zu untermauern. Zur Erinnerung: Streitgegenständlich war ein nach §§ 1365 Abs. 1, 1366 Abs. 4 BGB unwirksamer Kaufvertrag, für welchen nunmehr die Möglichkeit einer Umdeutung analysiert wurde. Im Ergebnis sah der BGH die Vorschriften nicht als entscheidendes Hindernis an, sondern bejahte trotz Eingreifens derselben die generelle Konversionsmöglichkeit zu einer Verfügung von Todes wegen. Abseits der grundlegenden Bedenken gegen eine solche Umdeutung zeigt sich auch anhand der formellen Anforderungen an lebzeitige Geschäfte und solche von Todes wegen, dass der Entscheidung zu widersprechen ist. Im streitgegenständlichen Sachverhalt war die Konversion letztlich nur deshalb möglich, weil sich das „Vermögen im Ganzen" in Form eines Grundstücks verobjektiviert hat und das Ausgangsgeschäft daher

---

759 Überdies tragen sie den Rechtsgrund der Zuwendung in sich und lassen das für das sonstige Zivilrecht elementare Abstraktionsprinzip (dazu *Lieder*, Sukzession, S. 271 ff.; *Brehm/Berger*, Sachenrecht, § 1 Rn. 12 ff.; *Vieweg/Werner*, Sachenrecht, § 1 Rn. 10) damit redundant werden. So ausdrücklich *Leipold*, Erbrecht, Rn. 36; *ders.*, in: MüKo-BGB, § 1937 Rn. 5; *Muscheler*, Erbrecht I, Rn. 622. S. auch *Battes*, AcP 178 (1978) 337, 358.

760 *Battes*, AcP 178 (1978) 337, 355. Vgl. allgemein zur Differenzierung „beider" Verfügungen *Leipold*, in: MüKo-BGB, § 1937 Rn. 5; *Lieder*, in: Erman-BGB, § 1937 Rn. 3; *Müller-Christmann*, in: BeckOK-BGB, § 1937 Rn. 2.1; *v. Lübtow*, Erbrecht I, S. 97 f.; *Brox/Walker*, Erbrecht, Rn. 83; *K.W. Lange*, Erbrecht, § 14 Rn. 7 f.; *Schlüter/Röthel*, Erbrecht, § 6 Rn. 41; *H. Lange/Kuchinke*, Erbrecht, S. 340.

761 Vgl. o. § 2 C. IV. 1.

762 BGHZ 77, 293 ff.

den Formanforderungen des § 311b Abs. 1 S. 1 BGB unterfiel. Somit konnte das nichtige Geschäft eher zufällig durch einen Austausch der Anspruchsgrundlagen (§ 433 Abs. 1 S. 1 BGB / § 2174 BGB) wirksam werden.[763] Hätte etwa ein seltenes Gemälde das Gesamtvermögen ausgemacht, wäre der lebzeitige Kaufvertrag formlos möglich gewesen[764] und eine erbrechtliche Verfügung an den §§ 2247, 2276, 125 S. 1 BGB gescheitert. Eine Berücksichtigung der von § 1365 Abs. 1 BGB verfolgten Interessen (hier der Ehefrau) würde aleatorisch, obwohl es rechtstechnisch derselbe Vorgang gewesen wäre. In dieser Hinsicht drängte sich der Aspekt der Rechts*un*sicherheit geradezu auf.

Abseits davon bleibt indes zu erkennen, dass eine Umdeutung wenigstens dann möglich ist, wenn das Ausgangsgeschäft eine bestimmte Form aufweist und der Aufrechterhaltung keine dem § 1365 Abs. 1 BGB entsprechende Unwirksamkeitsvorschrift entgegensteht.

bb) Materielle Fragen

In den Fällen, in denen das Ausgangsgeschäft nicht formfrei abgeschlossen wurde und daher eine Konversion in Betracht kommt, bleibt gleichwohl die Frage, ob eine Verfügung von Todes wegen als Ersatzgeschäft eine materielle Kongruenz zu Rechtsgeschäften unter Lebenden aufweist oder nicht über ebendiese hinausgeht.

Durch das lebzeitige schuldrechtliche Ausgangsgeschäft würde ein unvermeidbarer Anspruch auf Durchsetzung desselben geschaffen werden, welcher im Falle des Todes auf die Erben überginge (§§ 1922 Abs. 1, 1967 Abs. 1 BGB).[765] Der spätere Erblasser könnte die versprochene Leistung im Zuge der Testierfreiheit zwar jemand anderem zuwenden oder zu Lebzeiten erneut versprechen;

---

763 *Tiedtke*, FamRZ 1981, 1, 5.

764 Insb. greift § 311b Abs. 3 BGB nicht, da hierfür, anders als in § 1365 Abs. 1 BGB, Rechtsgeschäfte über einzelne Gegenstände nicht ausreichen, selbst wenn diese wirtschaftlich das gesamte Vermögen ausmachen. Vgl. insofern auch RGZ 137, 324, 348, BGHZ 25, 1, 4 f.; *Grüneberg*, in: Palandt, § 311b Rn. 60 ff.; *Krüger*, in: MüKo-BGB, § 311b Rn. 103 i.V.m. Rn. 94; *Ring*, in: NK-BGB, § 311b Rn. 73; *Kaufhold*, ZEV 1996, 454 f.

765 Zur Frage, ob Verbindlichkeiten zum „Vermögen" i.S.v. § 1922 BGB zählen oder „nur" eine Haftung nach § 1967 BGB auslösen: *Lieder*, in: Erman-BGB, § 1922 Rn. 6; *Stein*, in: Soergel-BGB, § 1922 Rn. 13; *Kregel*, in: RGRK-BGB, § 1922 Rn. 10; *Flad*, in: Planck-BGB, § 1922 Anm. 2 a); *Muscheler*, Erbrecht I, Rn. 753 ff. Offengelassen von *Marotzke*, in: Staudinger-BGB (2008), § 1922 Rn. 114. Für die Zugehörigkeit der Verbindlichkeiten zu § 1922 BGB indes auch BGHZ 32, 367, 369; 104, 369, 371.

dies würde aber unter Umständen eine Schadensersatzpflicht auslösen (§ 280 Abs. 1, 3 i.V.m. § 283 S. 1 BGB), mit welcher ebenfalls die Erben belastet wären. Demgegenüber träte bei dem Ersatzgeschäft eine Bindung hinsichtlich weiterer Verfügungen von Todes wegen nur nach § 2289 Abs. 1 S. 2 BGB ein, wobei eine Schadensersatzpflicht aufgrund der von der Norm angeordneten Unwirksamkeit entfiele. Zudem bleibt es dem Erblasser hier schon wegen §§ 2169, 2286 BGB überlassen, zu Lebzeiten nach seinem Belieben zu verfügen, ohne sich ersatzpflichtig zu machen. Auch wäre die Möglichkeit der „Korrektur" insbesondere wegen § 2078 Abs. 2 BGB deutlich breiter. Letztlich ist eine Bevormundung des Erblassers schon deshalb nicht zwingend, weil durch die Umdeutung diejenige Rechtsfolge als eingetreten gelten würde, zu welcher der Erblasser durch das einst abgegebene Versprechen ohnehin verpflichtet gewesen wäre.[766] Im Ergebnis ist es daher in vielerlei Hinsicht zutreffend, dass erbrechtliche Geschäfte hinter solchen unter Lebenden zurückbleiben und das angesprochene Kongruenzerfordernis häufig erfüllt sein kann.

Beachtet werden muss indes, dass als Ersatzgeschäft nicht selten nur eine Verfügung von Todes wegen mit einem angeordneten (Universal-)Vermächtnis in Betracht kommen wird, kraft dessen der Bedachte lediglich einen Anspruch auf Erfüllung erhalten würde.[767] Es bleibt nämlich zu erkennen, dass ein schuldrechtliches Geschäft ebenfalls bloß einen solchen Anspruch auf Durchsetzung schafft, während eine Erbeinsetzung spätestens mit dem Tod eine unmittelbare dingliche Wirkung kraft Universalsukzession (§ 1922 Abs. 1 BGB) auslöst.[768] Eine vergleichbare Wirkung träte bei dem schuldrechtlichen Geschäft schon wegen des Trennungsprinzips aber keinesfalls ipso iure ein.

cc) Zusammenfassende Würdigung zum Kongruenzerfordernis

Im Ergebnis scheitert die Konversion von lebzeitigen in erbrechtliche Geschäfte weder formell noch materiell zwingend am Kongruenzerfordernis. Wenngleich dies zur Vermeidung einer „Vergröberung"[769] der Relation von Ausgangs- und Ersatzgeschäft für eine Erbeinsetzung als Ersatzgeschäft gleichermaßen gilt, ist hierbei doch „erhöhte Vorsicht" geboten.[770] Daran ändert auch die in der

---

766 Dazu ausf. bereits *Battes*, AcP 178 (1978), 337, 358.

767 Vgl. etwa KG, FamRZ 2009, 1621.

768 Vgl. auch *Muscheler*, Erbrecht I, Rn. 635.

769 *Busche*, in: MüKo-BGB, § 140 Rn. 17.

770 Vgl. *Muscheler*, Erbrecht I, Rn. 635.

Literatur[771] für zutreffend befundene Passage in den Motiven zum BGB[772] nichts, nach welcher ein gegen § 2302 BGB verstoßendes Versprechen als sogenannter „konservativer Erbvertrag“[773] mit entsprechenden Folgen aufrechterhalten werden könne.

c) Subjektive Momente

Problematisch ist sodann die eigentliche Frage nach dem hypothetischen Parteiwillen,[774] wobei es nicht auf den besonderen Schutz des Erblasserwillens ankommen kann. Dieser wäre allenfalls von Bedeutung, wenn bei der Ermittlung des hypothetischen Parteiwillens auf den Umdeutungszeitpunkt abgestellt würde. Richtigerweise kann aber allein der Zeitpunkt der Vornahme des Ausgangsgeschäfts maßgeblich sein.[775]

aa) Wille des Erblassers

Insoweit ist es evident, dass im maßgeblichen Moment nur ein Geschäft inter vivos gewollt war und die subjektiven Voraussetzungen einer Umdeutung in einer Vielzahl der Fälle wohl nicht festzustellen sind: Zum einen wird sich der Erblasser zu dieser Zeit mitunter keinerlei Gedanken über seine Vermögensnachfolge gemacht haben, zum anderen wäre die Beantwortung der Frage nicht nur von diesem einen Rechtsvorgang, sondern vom Verbleib des gesamten Nachlasses abhängig und damit deutlich diffiziler. Dies gilt erst recht, wenn die verstorbene Vertragspartei abseits des streitgegenständlichen Geschäfts tatsächlich von Todes wegen verfügt und damit seinen Erblasserwillen bereits konkretisiert hat – wenngleich diesbezüglich durch das (darauffolgende) Ersatzgeschäft selbstverständlich ein (Teil-)Widerruf möglich wäre.[776]

Zudem müsste hinterfragt werden, ob es dem Willen des späteren Erblassers entsprochen hätte, dass sich die berufenen Erben bei der Auseinandersetzung mit

---

771 *Greiff*, in: Planck-BGB, § 2302 Anm. 2; *Kanzleiter*, in: Staudinger-BGB (2014), § 2302 Rn. 14. Vgl. auch BayObLG, OLGE 42, 43; BayObLGZ 6, 711, 713; *Czeguhn*, in: Hausmann/Hohloch, Kap. 14 C. Rn. 54 a.E.

772 Vgl. Motive V, S. 313 f. = *Mugdan* V, S. 165.

773 Vgl. dazu o. § 3 C. III. 2. m. Fn. 746.

774 Insofern durchaus zurückhaltend auch BGH, FamRZ 1980, 765, 768.

775 S.o. § 2 C. III. 3. c).

776 Vgl. BGH, LM Nr. 1 zu § 2258 BGB, bei dem der Erblasser sein früheres Testament vergessen hatte. S. auch *Leipold*, Erbrecht, Rn. 333 f.; *K. W. Lange*, Erbrecht, § 32 Rn. 18 ff.; *Muscheler*, Erbrecht I, Rn. 1795 ff.; *Schlüter/Röthel*, Erbrecht, § 18 Rn. 6; *v. Lübtow*, Erbrecht I, S. 237 ff.; *Ebenroth*, Erbrecht, Rn. 208 f.

der Erbmasse dem eigentlich gewollten Vertragspartner als Vermächtnisgläubiger gegenübersehen. Greift man dabei auf ein Fallbeispiel von *Smid*[777] zurück, bei dem die Aufrechterhaltung einer formunwirksamen Schenkung an die Geliebte eines Ehemannes als zweckidentisches Vermächtnis in Rede stand, ist dies mehr als fraglich. Es müsste doch durchaus daran gezweifelt werden, dass der Verstorbene mit seiner Schenkung ein späteres Aufeinandertreffen von Ehefrau und Geliebter „heraufschwören" wollte.[778] Zwar mag diese Fallkonstellation besonders markant anmuten, trotzdem ist eine Vielzahl von Situationen denkbar, in denen der Erblasser seine Erben vor einem (weiteren) Nachlassgläubiger bewahren möchte. Für die Person des Erblassers gilt daher grundsätzlich, „dass wer sich lebzeitig binden, gerade nicht erbrechtlich handeln will, eben weil es ihm darum zu tun ist, durch sein rechtsgeschäftliches Tun unmittelbar Rechte und Pflichten zu begründen".[779]

bb) Wille der anderen Vertragspartei

Des Weiteren scheint es ungleich schwieriger, einen auf das Ersatzgeschäft gerichteten Willen der anderen Vertragspartei festzustellen, deren Rechtsposition gerade bei entgeltlichen Geschäften im Zuge der Umdeutung deutlich geschwächt wird. Im Rahmen der eingangs angesprochenen BGH-Entscheidung war der Grundstückserwerber durch den Erbvertrag allein mit einem Vermächtnis bedacht. Dieses hätte der Erblasser durch die weiterhin gegebene Verfügungsbefugnis (§§ 2169, 2286 BGB) ohne Probleme gegenstandslos werden lassen können. In der Folge verbliebe dem Vermächtnisgläubiger, mangels Eingreifens der Ausnahmeregelung des § 2169 Abs. 1 S. 1 Hs. 2 BGB,[780] aber keinerlei Anspruch (vgl. § 2169 Abs. 1 S. 1 Hs. 1 BGB). Bei einem wirksamen Kaufvertrag stünden dem Gläubiger bei kontraktwidrigen Handlungen hingegen wenigstens Schadensersatzansprüche zu. Es kommt daher die Frage auf, ob der Vertragspartner dieselbe Gegenleistung, in concreto also dasselbe Entgelt, auch für diese abgeschwächte und vor allem unsichere Rechtsposition hätte leisten wollen.

Wenigstens wenn das Ausgangsgeschäft unentgeltlich war, wird der Erwerber lieber weniger als nichts haben wollen.[781] Ansonsten ist aber erhöhte Vorsicht

---

777 *Smid*, JuS 1987, 283, 289.

778 Ausdrücklich und zutreffend *Smid*, JuS 1987, 283, 289.

779 *Kroppenberg*, Privatautonomie, S. 330. S. auch *Loritz*, in: Soergel-BGB, § 2084 Rn. 76.

780 Vgl. zu Indizien für einen Verschaffungswillen *Rudy*, in: MüKo-BGB, § 2169 Rn. 9 ff.; *Müller-Christmann*, in: BeckOK-BGB, § 2169 Rn. 7; *Nobis*, in: Erman-BGB, § 2169 Rn. 4; *Otte*, in: Staudinger-BGB (2013), § 2169 Rn. 11 f.; *Wolf*, in: Soergel-BGB, § 2169 Rn. 11.

781 *Tiedtke*, FamRZ 1981, 1, 3.

bei der Annahme geboten, diese subjektiven Momente werden „häufig gegeben sein".[782] Zwar mag es zutreffen, dass schon aufgrund der Privatautonomie sowohl Haupt- als auch Gegenleistung[783] i.R.v. § 140 BGB einer Variabilität unterliegen können[784] – etwa um erhöhten Diskrepanzen entgegenzuwirken und den Einzelfall vom Parteiwillen abhängig zu machen. Gleichwohl ist im Zweifel davon auszugehen, dass die andere Partei nicht zur gleichbleibenden Gegenleistung bei geringerer Hauptleistung bereit ist. Damit trägt man sowohl dem angeführten Aspekt der Rechtssicherheit,[785] als auch gleichermaßen der Autonomie der Parteien dadurch Rechnung, dass sie nicht durch einen positiven Zweifelssatz hinsichtlich einer tatsächlichen Abänderung von Haupt- und Gegenleistung bevormundet werden. Für die Konversion lebzeitiger zu erbrechtlichen Geschäften bedeutet dies, dass in einer Vielzahl von Fällen nicht nur der individuelle Wille des späteren Erblassers, sondern auch jener des Vertragspartners § 140 BGB entgegenstehen wird.

d) Zusammenfassende Würdigung

Nach dem Gesagten ist die Konversion von lebzeitigen zu erbrechtlichen Geschäften im Grunde möglich, aber vom Einzelfall abhängig. Dies gilt prinzipiell gleichermaßen für eine Erbeinsetzung als Ersatzgeschäft, wenngleich eine solche punktuell über das Ausgangsgeschäft hinausgehen würde.

Insgesamt wird der hypothetische Wille des späteren Erblassers bezüglich einer Verfügung von Todes wegen im Zweifelsfall aufgrund des manifestierten realen Willens aber abzulehnen sein.[786] Zudem kann wegen der strukturellen Unterschiede beider Rechtsgeschäftsarten ein Umdeutungswille des „Nicht-Erblassers" nicht ohne weiteres angenommen werden. Dem wird man auch nicht entgegenhalten können, dass – was natürlich zutrifft – die Parteien jederzeit eine

782 So aber *Tiedtke*, FamRZ 1981, 1, 4. Anders wohl auch *Koch*, in: MüKo-BGB, § 1366 Rn. 38 a.F.

783 A.A. insofern *Tiedtke*, FamRZ 1981, 1, 3. Zweifelnd auch *Reinicke*, Rechtsfolgen, S. 115 f.

784 S. BGH, NJW 1963, 339, 340; WM 2004, 2178, 2180; *Busche*, in: MüKo-BGB, § 140 Rn. 16; *Hefermehl*, in: Soergel-BGB, § 140 Rn. 5; *H. Westermann*, JZ 1963, 368, 369.

785 *Reinicke*, Rechtsfolgen, S. 115 f.; *Tiedtke*, FamRZ 1981, 1, 3 f.

786 Differenzierend auch *H. Roth*, in: Staudinger-BGB (2015), § 140 Rn. 54; *Loritz*, in: Soergel-BGB, § 2084 Rn. 78; *Muscheler*, Erbrecht I, Rn. 625; *Koch*, in: MüKo-BGB, § 1366 Rn. 37 f.; vgl. auch *Arnold*, in: Erman-BGB, § 140 Rn. 21.

Verfügung von Todes wegen hätten tätigen können.[787] Denn nochmal: Das taten sie gerade nicht.

3. *Nichtige Verfügung von Todes wegen als wirksames lebzeitiges Geschäft*

Auch hinsichtlich der spiegelbildlichen Fälle, in denen eine Verfügung von Todes wegen das Ausgangs- und ein Rechtsgeschäft unter Lebenden das Ersatzgeschäft darstellen soll, ist eine kritische Analyse hinsichtlich der Konversions*möglichkeit* vorzunehmen.

a) BGH, FamRZ 1978, 182

Während das OLG München 1905 eine dahingehende Konversion noch für „undenkbar" hielt,[788] war es das RG,[789] welches sie obiter für möglich erklärte. Seitdem auch der BGH 1978 im Sinne des RG entschied,[790] wird die Umdeutung von Verfügungen von Todes wegen zu Rechtsgeschäften unter Lebenden weitestgehend als zulässige Fallgruppe des § 140 BGB angesehen.[791]

Konkret ging es bei dem Judikat des BGH um eine bereits durch gemeinschaftliches Testament gebundene Erblasserin, die ihrem Sohn in einem darauffolgenden notariellen „Erbvertrag" ein Vermächtnis von 55.000 DM zusprach. Zuvor hatte sie dem Sohn den gleichen Betrag als Darlehen zugewandt, im Laufe der Zeit aber das Interesse an der Rückforderung verloren. Anders als das LG Trier[792] interpretierte der BGH die Vereinbarung nicht qua Auslegung als wirksamen Erlassvertrag, sondern erkannte hierin einen Erbvertrag mit Vermächtnisanordnung. Zwar sei dieser wegen § 2271 Abs. 2 S. 1 BGB unwirksam, könne

---

787 Vgl. BGH, FamRZ 1978, 182, 184 zu der umgekehrten Situation, für die der Senat argumentiert, ein Rechtsgeschäft zu Lebzeiten wäre wegen § 2286 BGB jederzeit möglich gewesen.

788 OLG München, SeuffBl 70, 530, 531.

789 S.o. § 3 C. III. 1. m. Fn. 743.

790 BGH, FamRZ 1978, 182 ff.

791 Vgl. *Ahrens*, in: PWW-BGB, § 140 Rn. 14; *Arnold*, in: Erman-BGB, § 140 Rn. 21; *Ellenberger*, in: Palandt, § 140 Rn. 10; *P. Finger*, in: AK-BGB, § 2084 Rn. 31; *Fleindl*, in: NK-BGB, § 2084 Rn. 64; *Leipold*, in: MüKo-BGB, § 2084 Rn. 138 ff.; *Mansel*, in: Jauernig-BGB, § 140 Rn. 6; *Nassall*, in: jurisPK-BGB, § 140 Rn. 32; *M. Schmidt*, in: Erman-BGB, § 2084 Rn. 10; *Seiler-Schopp/Rudolf*, in: Damrau/Tanck, § 2084 Rn. 84; *Sieghörtner*, in: Hausmann/Hohloch, Kap. 9 C. Rn. 286; *Otte*, in: Staudinger-BGB (2013), § 2084 Rn. 6; *K.W. Lange*, Erbrecht, § 12 Rn. 69 a.E.; *H-J. Finger*, Die Umgestaltung, S. 66. Eher kritisch *Busche*, in: MüKo-BGB, § 140 Rn. 26 a.E.

792 Vgl. BGH, FamRZ 1978, 182, 183.

aber – so der methodische Unterschied – über § 140 BGB als aufschiebend befristeter Erlassvertrag erhalten bleiben.

aa) Umdeutung in Ansehung von § 2271 Abs. 2 S. 1 BGB

Das Judikat des BGH schafft einen Anlass, diese Fallgruppe auf die generelle Möglichkeit der Anwendung von § 140 BGB zu überprüfen. Im Ergebnis ist dem BGH aber zumindest aufgrund der Umdeutungsgrenzen zu widersprechen.[793] Die Annahme eines wirksamen Ersatzgeschäfts würde § 2271 Abs. 2 S. 1 BGB unhaltbar unterlaufen. Der BGH erkennt dies im Kern, entgegnet aber, die Erblasserin hätte nach § 2286 BGB auch tatsächlich zu Lebzeiten verfügen können, weshalb auch die Umdeutung möglich sein müsse.[794] Indessen wäre bei solch lakonischer Argumentation[795] eine Umgehung der §§ 2271 Abs. 1 und 2289 Abs. 1 S. 2 BGB nicht selten zu besorgen, weil nachfolgende Verfügungen von Todes wegen bei entsprechender Formwirksamkeit stets als irgendwie geartetes Geschäft unter Lebenden (etwa vollzogene Schenkung, § 518 Abs. 2 BGB) aufrechterhalten werden könnten. Folglich ließe sich das vom BGH gefundene Ergebnis allenfalls dann rechtfertigen, wenn man den „Erbvertrag" im Zuge einer Auslegung bereits als Erlassvertrag versteht, wie es das vorinstanzliche LG Trier tat.[796] Da die Erblasserin aber sowohl von „Verfügung von Todes wegen", als auch über eine „Wirkung von ihrem Tod [an]" sprach, kann ihre Verfügung nicht als lebzeitiges Geschäft ausgelegt werden. Zwar hieße das schlussendlich, dass wider den Erblasserwillen der Sohn die 55.000 DM zu leisten hätte, gleichwohl ist dies die logische und rechtsichere Konsequenz des § 2271 Abs. 2 S. 1 BGB.

bb) Grundlegende Bedenken; Kongruenzerfordernis

Abseits davon bleibt zu überlegen, ob erbrechtliche Geschäfte grundsätzlich in lebzeitige konvertiert werden können. Im Gegensatz zum aufgezeigten Urteil des BGH wäre diese Frage wenigstens prima vista deutlich einfacher zu bejahen, wenn das Ausgangsgeschäft „nur" an Formmängeln leidet, wofür zuweilen

---

793 Im Ergebnis ebenso *Krampe*, Die Konversion, S. 186 f.; *Tiedtke*, NJW 1978, 2572, 2574; *H. Lange/Kuchinke*, Erbrecht, S. 798. S. auch *Schubert*, JR 1978, 289, 290. A.A. *Leipold*, in: MüKo-BGB, § 2084 Rn. 141; *Otte*, in: Staudinger-BGB (2013), § 2084 Rn. 6; *Sieghörtner*, in: Hausmann/Hohloch, Kap. 9 C. Rn. 275 a.E.

794 BGH, FamRZ 1978, 182, 184.

795 Vgl. auch *Krampe*, Die Konversion, S. 187; ebenso *Tiedtke*, NJW 1978, 2572, 2574; *Loritz*, in: Soergel-BGB, § 2084 Rn. 77.

796 Vgl. *Krampe*, Die Konversion, S. 187, vgl. auch *Schubert*, JR 1978, 289, 290.

ein Judikat des OLG München[797] von 1916 angeführt wird.[798] Hier erklärte das Gericht obiter, dass ein unwirksames Testament in ein Schuldanerkenntnis (unter Lebenden) i.S.v. § 781 BGB umgedeutet werden könne.[799]

Letztlich ist aber nicht nur dieser Entscheidung, sondern der Konvertibilität im Gesamten zu widersprechen. Schon aufgrund der Gesetzessystematik muss das fraglos für aufschiebend befristete Schenkungen mit einer sogenannten „Überlebensbedingung" als Ersatzgeschäft gelten, da für diese wegen § 2301 BGB wiederum die Vorschriften über Verfügungen von Todes wegen anzuwenden wären.[800] Allgemein bliebe bei Bejahung einer Umdeutungsmöglichkeit weitestgehend unberücksichtigt, dass Rechtsgeschäfte unter Lebenden den Schuldner in fast allen Fällen stärker belasten als Verfügungen von Todes wegen,[801] auch wenn der Zugang der Erklärung erst nach dem Tode erfolgt.[802] Das liegt vor allem daran, dass bei lebzeitigen Rechtsgeschäften ohne weitere Absprachen stets ein sofortiger Geltungsanspruch entsteht (§ 271 Abs. 1 BGB),[803] weshalb sie selbst über Erbverträge hinausgehen, bei denen zumindest hinsichtlich vertragsmäßiger Verfügungen ebenfalls eine gewisse lebzeitige Bindung eintritt (§ 2289 Abs. 1 S. 2 BGB). Ohnehin bleibt zu erkennen, dass Erbvertrag und Testament das lebzeitige Verfügungsrecht prinzipiell nicht einzuschränken vermögen (§§ 2169, 2286 BGB). Bei schuldrechtlichen Ansprüchen liegt demgegenüber eine etwaige

797 OLG München, OLGE 35, 374.

798 S. *Leipold*, in: MüKo-BGB, § 2084 Rn. 138. Ob das Testament tatsächlich nur aufgrund eines Formmangels nichtig war, wird in dem Urteil nicht ausdrücklich gesagt und wird von *Leipold* zutreffend erkannt („wohl formnichtig").

799 OLG München, OLGE 35, 374, 375 f.

800 S. auch *Leipold*, in: MüKo-BGB, § 2084 Rn. 139; *Sieghörtner*, in: Hausmann/Hohloch, Kap. 9 C. Rn. 286.

801 Kontradiktorisch argumentieren diejenigen Autoren, die sich für den umgekehrten Fall auf die Minderwirkung einer Verfügung von Todes wegen berufen, hier aber gleichwohl eine Konvertibilität annehmen, vgl. etwa *Leipold*, in: MüKo-BGB, § 2084 Rn. 143 i.V.m. Rn. 138 ff.; *Gemmer*, in: Große-Wilde/Ouart, § 2084 BGB Rn. 40; *A. Staudinger*, in: Hausmann/Hohloch, Kap. 9 A. Rn. 139 i.V.m. Rn. 137.

802 Ausdrücklich *Reinicke*, Rechtsfolgen, S. 94 f.; vgl. auch *Bichmann*, Umdeutung, S. 70.

803 *Kroppenberg*, Privatautonomie, S. 328. S. auch *Stadler*, in: Jauernig-BGB, § 271 Rn. 1, 16; *Zöchling-Jud*, in: PWW-BGB, § 271 Rn. 1, 3; *Grüneberg*, in: Palandt, § 271 Rn. 1, 3; *Lorenz*, in: BeckOK-BGB, § 271 Rn. 1, 3. Inbesondere kann eine von § 271 Abs. 1 BGB abweichende Absprache auch kaum über die Umdeutung erwirkt werden. Anderenfalls würde man nicht nur ein erbrechtliches in ein lebzeitiges Geschäft deuten, sondern zudem auch unterstellen, die Partein hätten von § 271 Abs. 1 BGB disponiert, was aber wiederum genauestens zu hinterfragen wäre.

Schadensersatzpflicht (§ 280 Abs. 1, 3 i.V.m. § 283 S. 1 BGB) nicht fern. Das gilt für aufschiebend bedingte/befristete Ersatzgeschäfte wegen § 160 BGB erst recht, zumal Verfügungen hierbei wegen § 161 BGB sogar unwirksam wären.[804] Zudem setzt eine Verfügung von Todes wegen zu ihrer Wirksamkeit stets voraus, dass der Bedachte den Erblasser überlebt,[805] während bei Versterben des lebzeitig „Bedachten“ dessen Erben die Gläubigerstellung einnehmen würden.[806] In der Literatur bleibt dies teilweise ohne jede Erwähnung, obwohl das Verhältnis von Ausgangs- und Ersatzgeschäft von denselben Autoren maximal auf ein Aliudverhältnis begrenzt wird.[807]

Nur in seltenen Ausnahmefällen ergibt sich etwas anders, etwa bei einem Vertrag i.S.d. § 311b Abs. 4, 5 BGB. Ist beispielsweise ein formnichtiger Erbvertrag streitgegenständlich, nachdem ein Sohn des Erblassers Alleinerbe werden soll, der andere auf sein Erbrecht verzichtet, stünde einem Ersatzgeschäft i.S.d. § 311b Abs. 4, 5 BGB mangels darüber hinausgehender Wirkung nichts entgegen.[808]

Grundsätzlich ist es im Ergebnis aber zutreffend, dass beide Geschäfte bereits objektiv keineswegs kompatibel sind,[809] sodass eine Umdeutung schon ohne Berücksichtigung des hypothetischen Parteiwillens ausbleiben müsste.[810]

cc) Hypothetischer Parteiwille

Trotzdem wird das soeben Gesagte teilweise als „Unterschied der Rechtsfolgen im Detail“ abgetan und das Problem vom Kongruenzerfordernis auf den

---

804 Dazu auch *Olzen*, Erbfolge, S. 245 f.; *Schubert*, JR 1978, 289.

805 Vgl. o. § 2 C. III. 1. b).

806 *Reinicke*, Rechtsfolgen, S. 96. Vgl. allgemein auch *Müller-Christmann*, in: BeckOK-BGB, § 1922 Rn. 31; *Leipold*, in: MüKo-BGB, § 1922 Rn. 20; *Stürner*, in: Jauernig-BGB, § 1922 Rn. 2. S. auch *Lieder*, in: Erman-BGB, § 1922 Rn. 7 ff.

807 Vgl. etwa *Hefermehl*, in: Soergel-BGB, § 140 Rn. 5 im Vergleich zu Rn. 21.

808 Beispiel nach *Reinicke*, Rechtsfolgen, S. 97, der im Übrigen auch die Lösung zutreffend wiedergibt. Vgl. ferner *Otte*, in: Staudinger-BGB (2013), § 2084 Rn. 6; RG, HRR 1927, Nr. 1403 a.E. zu § 312 Abs. 2 a.F. Vgl. BGH, NJW 1974, 43 ff. für einen Fall, in dem ein Vertrag i.S.v. § 311b Abs. 4 BGB in einen Erbverzicht umgedeutet wird.

809 Vgl. insb. *Kroppenberg*, Privatautonomie, S. 329 f. Anders wohl noch *Harder/Kroppenberg*, Erbrecht, Rn. 200.

810 *Kroppenberg* (Privatautonomie, S. 330) spricht sich sogar dafür aus, dass der hypothetische Parteiwille unbeachtlich sein sollte. Dem kann aber schon wegen der Formulierung des § 140 BGB („gewollt sein würde“) nicht gefolgt werden. Wie hier, wenngleich im Rahmen sittenwidriger Verfügungen, *Hager*, Auslegung, S. 156: „Auf keinen Fall aber könnte allein die dogmatische Einordnung über die Aufrechterhaltung oder Verwerfung des Testaments befinden“.

hypothetischen Parteiwillen verlagert.[811] Das ist nicht nur prinzipiell bedenklich, sondern ändert am Ergebnis auch nichts. Aufgrund der angesprochenen Differenzen zwischen beiden Rechtsgeschäftsarten kann ein hypothetischer Wille hinsichtlich eines lebzeitigen Geschäfts nicht angenommen werden. Dies muss im Besonderen gelten, wenn das Ausgangsgeschäft ein Testament ist, da anderenfalls von einem einseitigen zu einem mehrseitigen Geschäft konvertiert und damit wenigstens eine Willenserklärung fingiert würde.[812] Zu beachten bleibt erneut, dass der Erblasser seine Verfügung von Todes wegen jederzeit widerrufen und zugleich lebzeitig nach Belieben handeln könnte, womit er bei einem Rechtsgeschäft unter Lebenden als Ersatzgeschäft aber womöglich Schadensersatzpflichten auslösen würde. Somit ist die kraft realen Willens getroffene Entscheidung für ein erbrechtliches Geschäft nahezu unverrückbar, denn

> *„ob ein Testament errichtet* [...] *oder eine sofort bindende vertragliche Verpflichtung unter Lebenden eingegangen wird, ist* [...] *nicht in erster Linie eine Frage der korrekten formal-juristischen ‚Etikettierung' eines bestimmten Lebenssachverhalts. Sie ist vielmehr in der Regel eine bewusst getroffene materielle Grundentscheidung für einen bestimmten rechtsgeschäftlichen Gestaltungsmodus"*.[813]

Daran ändert auch nichts, dass dem erstrebten wirtschaftlichen Erfolg im Rahmen der Umdeutung apriorisch mehr Gewicht eingeräumt wird, als dem konkreten rechtlichen Weg. Angesichts der deutlich stärkeren Bindung lebzeitiger Geschäfte kann dies allein nicht entscheidend sein, weil die Grenzen von ratio und Willensmoment des § 140 BGB ansonsten leicht verschwimmen und mitunter eine „ungute Allianz" eingehen könnten.[814] Obschon der Telos der Umdeutung darin zu sehen ist, dem erstrebten wirtschaftlichen Erfolg einen Weg zu ebnen,[815] darf dieser Zweck nicht dadurch relativiert werden, dass der Parteiwille mit dem wirtschaftlichen Zweck des Ausgangsgeschäfts gleichgesetzt wird.[816]

Eine Marginalisierung des Erblasserwillens wird aber beispielsweise dadurch vorgenommen, dass eine Erkennbarkeit desselben hinsichtlich der Umdeutung

---

811 *Leipold*, in: MüKo-BGB, § 2084 Rn. 140.

812 S. zur Unzulässigkeit der Fiktion eines Tatbestandmerkmals i.R. der Umdeutung RG, JW 1938, 44, 45; BGH, NJW-RR 2009, 979, 981; *Arnold*, in: Erman-BGB, § 140 Rn. 12; *Busche*, in: MüKo-BGB, § 140 Rn. 16 a.E.; *Ellenberger*, in: Palandt, § 140 Rn. 5; *H. Roth*, in: Staudinger-BGB (2015), § 140 Rn. 23; *Bork*, AT, Rn. 1230 a.E.

813 *Kroppenberg*, Privatautonomie, S. 330.

814 Zutreffend bereits *Kroppenberg*, Privatautonomie, S. 329.

815 BGHZ 68, 204, 206; vgl. auch o. § 2 B. V. 4. a) m. Fn. 108.

816 Erneut zutreffend bereits *Kroppenberg*, Privatautonomie, S. 329.

für entbehrlich gehalten wird.[817] Wenngleich der Erblasser als authentischer Interpret seiner Verfügung nicht mehr infrage kommt,[818] ist dem aber aus mehreren Gründen entgegenzutreten: Einerseits ist das Erfordernis eines Umdeutungswillens schon durch § 140 BGB postuliert und muss im Zuge der Privatautonomie daher wenigstens ansatzweise erkennbar sein. Andererseits wäre eine Bevormundung des Erblassers immer dann zu befürchten, wenn er zwar objektiv nicht erkennbar, aber subjektiv ganz bewusst kein Rechtsgeschäft unter Lebenden wollte. Selbst dahingehende Indizien blieben völlig unberücksichtigt. Wird zwar eine Person von Todes wegen bedacht, gleichwohl lebzeitig anderweitig verfügt, spricht dies gegen den Willen einer Bindung inter vivos, gerade weil der eintretende sofortige Geltungsanspruch vereitelt bzw. beeinträchtigt würde. Das zeigt letztlich auch § 2169 Abs. 1 Hs. 1 BGB, für dessen Normierung der Gedanke maßgebend war, dass der Erblasser in aller Regel nur das erbrechtlich zuwenden will, was im Todeszeitpunkt auch zu seinem Vermögen gehört.[819]

b) Zusammenfassende Würdigung

Obwohl ein Umdeutungsverbot nicht besteht, scheitert die Konversion einer Verfügung von Todes wegen in ein Rechtsgeschäft unter Lebenden tatbestandlich an dem Kongruenzerfordernis sowie nach zutreffender Interpretation am Parteiwillen, weshalb eine Umdeutung hier *nicht* möglich ist.[820] Damit verdeutlichen die Fälle im Übrigen[821] die Relevanz einer Trennung von Auslegung und Umdeutung, weil man aufgrund der mangelnden Anwendung letzterer Gefahr liefe, erstere einzuschränken.

Ansonsten bleibt es bei entsprechenden Anhaltspunkten allenfalls möglich, eine vermeintlich erbrechtliche Willensbekundung als lebzeitige zu interpretieren – wobei hier Vorsicht geboten ist.[822] Letztlich handelte es sich dann jedoch

817 Ausdrücklich *Harder*, Zuwendungen, S. 103. Kritisch auch *Kroppenberg*, Privatautonomie, S. 328.

818 Vgl. auch *Kroppenberg*, Privatautonomie, S. 327.

819 Vgl. bereits Motive V, S. 142 ff. = *Mugdan* V, S. 75. S. ferner BGHZ 31, 13, 16 f.; *Otte*, in: Staudinger-BGB (2013), § 2169 Rn. 1; *Rudy*, in: MüKo-BGB, § 2169 Rn. 1; *v. Lübtow*, Erbrecht I, S. 391: *H. Lange/Kuchinke*, Erbrecht, S. 643 f. m. Fn. 189 f.

820 I.E. auch *Reinicke*, Rechtsfolgen, S. 94; *Olzen*, Erbfolge, S. 245 f.; *Lieder/Berneith*, JuS 2015, 1063, 1066. Sehr zurückhaltend auch *Kroppenberg*, Privatautonomie, S. 329 f.

821 Gleiches gilt für das genannte Beispiel einer Arglistanfechtung, vgl. o. § 2 B. VI.

822 A.A. *Loritz*, in: Soergel-BGB, § 2084 Rn. 76: „[…] das ihm der rechtliche Weg der Zuwendung gleichgültig war, was häufig, aber nicht immer der Fall sein wird". In diese Richtung auch *Hager*, Auslegung, S. 154 f.

um einen Aspekt der einer Umdeutung vorauszugehenden Auslegung, womit es zu ersterer nicht käme. Das zeigt sich unter anderem darin, dass § 2084 BGB bei Zweifeln über den – erbrechtlichen oder lebzeitigen – Charakter eines Rechtsgeschäfts nach einhelliger Auffassung entsprechend herangezogen wird.[823]

IV. Konversion eines gegen § 2302 BGB verstoßenden Vertrags in einen Vertrag zugunsten Dritter

Sofern sich zwei Parteien darauf einigen, dass einer der beiden mit einem Dritten einen Erbvertrag zu dessen Gunsten schließt, verstößt diese Vereinbarung unstreitig gegen § 2302 BGB und ist daher nichtig. Zu überlegen wäre, ob eine Umdeutung in einen Vertrag zugunsten des Dritten i.S.v. § 328 BGB in Betracht kommt. Wenngleich bei dieser Umdeutung weder als Ausgangs- noch als Ersatzgeschäft eine Verfügung von Todes wegen in Rede stünde,[824] muss sich mit derselben auseinandergesetzt werden, weil der BGH über einen solchen Sachverhalt zu entscheiden hatte. Zwar lehnte er die Konversion im Ergebnis damit ab, dass das Ausgangsgeschäft hierfür hinreichend konkret sein müsse, woran es im streitgegenständlichen Sachverhalt wegen der „ganz auf die Zukunft abgestellten" Verpflichtung fehle.[825] Allerdings scheint der Senat eine Konvertibilität im Allgemeinen zu erkennen.[826] Insbesondere suggeriert er, dass dieselbe Verpflichtung in einem Erbvertrag, welcher den Erblasser ohnehin in gewisser Hinsicht bindet (§ 2289 BGB), als Vertrag zugunsten Dritter erhalten werden kann.[827]

Zutreffend ist, dass es für eine dahingehende Aufrechterhaltung allein auf § 140 BGB ankommen würde und eine Auslegung insofern zumindest im Zweifelsfall

823 BGH, LM Nr. 13 zu § 2084 BGB; Nr. 19 zu § 2084 BGB; OLG Koblenz, ZEV 1997, 255; *Gemmer*, in: Große-Wilde/Ouart, § 2084 BGB Rn. 21 a.E.; *P. Finger*, in: AK-BGB, § 2084 Rn. 19; *Johannsen*, in: RGRK-BGB, § 2084 Rn. 28; *Otte*, in: Staudinger-BGB (2013), § 2084 Rn. 4 ff.; *Stürner*, in: Jauernig-BGB, § 2084 Rn. 7; *Weidlich*, in: Palandt, § 2084 Rn. 14; *Ebenroth*, Erbrecht, Rn. 188, 412; *Leipold*, Erbrecht, Rn. 386; vgl. bereits RG, LZ 1927, 523. Eher kritisch hingegen *Kipp/Coing*, Erbrecht, S. 147; zweifelnd *H. Lange/Kuchinke*, Erbrecht, S. 775 m. Fn. 25.

824 Ausdrücklich *Leipold*, in: MüKo-BGB, § 2084 Rn. 142. S. auch *H. Roth*, in: Staudinger-BGB (2015), § 140 Rn. 55; *Arnold*, in: Erman-BGB, § 140 Rn. 21; *Loritz*, in: Soergel-BGB, § 2084 Rn. 78 m. Fn. 347; *Reinicke*, Rechtsfolgen, S. 95. A.A. offenbar *Beurskens*, in: BeckOGK-BGB, § 140 Rn. 76: „Ein undurchführbarer *Erbvertrag* kann nur ausnahmsweise in einen Vertrag zugunsten Dritter umgedeutet werden". Hervorhebung vom Verfasser.

825 BGH, LM Nr. 3 zu § 140 BGB.

826 Vgl. auch *Leipold*, in: MüKo-BGB, § 2084 Rn. 142; *Reinicke*, Rechtsfolgen, S. 95.

827 So auch *Reinicke*, Rechtsfolgen, S. 96.

nicht möglich ist. Allerdings verhält es sich hinsichtlich der Möglichkeit einer Konversion nicht anders, sie ist abzulehnen. Das ergibt sich aus dem Mangel einer Kongruenz der Rechtsgeschäfte: Selbst nach einer Umdeutung wäre der Schutzzweck des § 2302 BGB gefährdet, wobei es sogar zu einer noch strengeren Bindung des Versprechenden käme.[828] Sowohl bei dem Ausgangs- als auch bei dem Ersatzgeschäft träte eine sofortige Bindung ein; bei beiden führte eine Vereitelung des Anspruchs womöglich zu Schadensersatzpflichten.[829] Vor allem aber würde mit dem Vertrag zugunsten Dritter ein lebzeitiges Forderungsrecht einhergehen.[830] Wer nun in § 2302 BGB den einfachgesetzlichen Schutz der Testierfreiheit erblickt,[831] muss sich gegen eine Konvertibilität aussprechen, um diesen nicht ad absurdum zu führen. So bewirkte eine Umdeutung hinsichtlich desselben nicht nur zur Umgehung, sondern die Umkehr ins Gegenteil, wenn sich der Erklärende „in der Situation wieder fände, dass er sich nicht nur der Testierfreiheit, also der freien Möglichkeit zu Verfügungen von Todes wegen, begeben hätte, sondern dass er nicht einmal mehr unter Lebenden verfügen könnte".[832]

Bemerkenswert ist doch, dass der gleiche Gedankengang für den Erbvertrag mit § 2286 BGB sogar normiert ist und auch zur Aufgabe der sogenannten „Aushöhlungsnichtigkeit" (§ 134 BGB) geführt hat,[833] da – so der BGH in der entsprechenden Entscheidung[834] – angesichts eines Vergleichs der §§ 2286, 2289 Abs. 1 BGB der Umgehungsaspekt nicht geeignet sein könne, vermeintlich aushöhlende Geschäfte nach § 134 BGB für nichtig zu erklären.[835] Bei einer durch Erbvertrag tatsächlich gegebenen und wirksamen Verpflichtung sind lebzeitige Verfügungen unter Vorbehalt des § 138 BGB danach ohne weiteres zulässig. Bei einer wegen § 2302 BGB *gescheiterten* Verpflichtung mit Bezug zum Todesfall

828 Ausdrücklich auch *Loritz*, in: Soergel-BGB, § 140 Rn. 78; kritisch auch *Busche*, in: MüKo-BGB, § 140 Rn. 26.

829 Vgl. aber zu sog. „konservativen Erbverträgen" o. § 3 C. III. 2.

830 Vgl. allgemein zu den Folgen von § 328 BGB: *Bayer*, Vertrag, S. 209 ff.; *Gottwald*, in: MüKo-BGB, § 328 Rn. 19 ff., 25 ff.; *Janoschek*, in: BeckOK-BGB, § 328 Rn. 16 ff.; *Klumpp*, in: Staudinger-BGB (2015), § 328 Rn. 8 ff.

831 Vgl. die Nachweise in Fn. 321.

832 Prägnant *Loritz*, in: Soergel-BGB, § 2084 Rn. 78. Vgl. auch *Reinicke*, Rechtsfolgen, S. 95, der verglichen mit der Umdeutung erbrechtlicher in lebzeitige Geschäfte „erst recht" eine Konvertibilität ablehnt.

833 Dazu *Leipold*, Erbrecht, Rn. 521; *Dilcher*, Jura 1988, 72, 77 ff.; *Speckmann*, NJW 1974, 341 ff.; *Muscheler*, Erbrecht I, Rn. 2304, 2312; *Hoeren*, in: HK-BGB, § 2286 Rn. 4; *Seiler*, in: NK-BGB, § 2287 Rn. 2 f.

834 BGHZ 59, 343 ff.

835 BGHZ 59, 343, 348.

würden dieselben durch die Aufrechterhaltung als Vertrag zugunsten Dritter indes erschwert, obwohl sie a maiore ad minus gerade in diesem Fall weiterhin denkbar sein müssten.

Wenngleich ein Erbeinsetzungsversprechen i.S.v. § 2302 BGB prozessual dadurch über einen Vertrag zugunsten Dritter hinausgehen mag, dass ersteres womöglich nach § 894 ZPO durchgesetzt werden könnte, stellt letzteres materiell-rechtlich ein „Mehr" dar.[836] Im Ergebnis ist eine dahingehende Konversion somit nicht möglich. Dies gilt auch unabhängig davon, wie stark das Ausgangsgeschäft „konkretisiert" ist, denn die von § 2302 BGB erfassten Versprechen sind stets „ganz auf die Zukunft" gerichtet.

---

836 Etwas anderes ergibt sich auch nicht daraus, dass bei einem gegen § 2302 BGB verstoßenden Versprechen wenigstens ein Anspruch auf Ausgleich des negativen Interesses nach §§ 280 Abs. 1, 311 Abs. 2, 241 Abs. 2 BGB und ggf. ein solcher aus § 826 BGB resultieren kann (dazu *Czeguhn*, in: Hausmann/Hohloch, Kap. 14 C. Rn. 53; *Kanzleiter*, in: Staudinger-BGB (2014), § 2302 Rn. 10; *Musielak*, in: MüKo-BGB, § 2302 Rn. 5; *Battes*, AcP 178 (1978), 337, 370 f.). Vor allem bleibt zu erkennen, dass dieselben Ansprüche beim Ersatzgeschäft gleichermaßen entstehen können und dieses insofern nicht hinter dem Ausgangsgeschäft zurückbleibt.

§ 4. Die Konversion nichtiger und wirkungsloser Nachfolgeklauseln bei Personengesellschaften

Das bisher Gesagte bietet eine ausreichende Grundlage, um die Aufrechterhaltung nichtiger wie wirkungsloser Nachfolgeklauseln bei Personengesellschaften zu hinterfragen. Zwar stellen derartige Klauseln keine Verfügungen von Todes wegen, sondern Rechtsgeschäfte unter Lebenden dar.[837] Gleichwohl weisen sie als „Lehrbuchklassiker“[838] einen starken erbrechtlichen Bezug auf, zumal sie jedenfalls bei (qualifizierten) erbrechtlichen Nachfolgeklauseln in ihrer Wirkung unmittelbar von der Verfügung von Todes wegen des versterbenden Gesellschafters abhängig sind. Überdies scheint eine genaue Abgrenzung zwischen Auslegung und Umdeutung bezüglich dieser Klauseln ebenfalls unklar zu sein. Somit knüpft das Folgende praktisch nahtlos an den ersten wie den zweiten Hauptteil dieser Arbeit an und kann diese deshalb zugleich in einen Bereich des Gesellschaftsrechts übertragen. Insgesamt ergibt sich damit eine relevante Schnittstelle zwischen dem allgemeinen Zivilrecht, dem Erbrecht und dem Gesellschaftsrecht, bei der es sich jedenfalls monographisch um ein unbestelltes Feld handelt.

A. Tod eines Gesellschafters, Fortsetzungsklausel

Aufgrund des höchstpersönlichen Charakters einer Gesellschafterstellung[839] und der im Allgemeinen mangelnden Übertragbarkeit derselben (vgl. § 719 Abs. 1 BGB) sah § 131 Nr. 4 HGB a.F. bis 1998[840] vor, dass der Tod eines Gesellschafters zur Auflösung im Gesamten führt. Erst durch die Handelsrechtsreform 1998[841] wurde diese Rechtsfolge für die OHG und KG geändert, um den mit der Auflösung einer

837 Ausdrücklich *Muscheler*, Erbrecht II, Rn. 2905.

838 S. nur *Brox/Walker*, Erbrecht, Rn. 778 ff.; *Ebenroth*, Erbrecht, Rn. 857 ff.; *Frank/Helms*, Erbrecht, § 24 passim; *Leipold*, Erbrecht, Rn. 583a ff.; *K.W. Lange*, Erbrecht, Kap. 22 passim; *Schlüter/Röthel*, Erbrecht, § 26 passim.; *Schmoeckel*, Erbrecht, § 31 passim; *v. Lübtow*, Erbrecht II, S. 861 ff.; *Olzen*, Erbrecht, Rn. 1242 ff.; *Michalski*, Erbrecht, Rn. 1147 ff.; *Muscheler*, Erbrecht II, Rn. 2905 i.V.m. Erbrecht I, Rn. 863 ff.

839 Vgl. zur GbR Motive II, S. 622 = *Mugdan* II, S. 348. Vgl. aber auch die Motive zum Handelsgesetzbuch für die Preussischen Staaten, S. 64.

840 Zur damaligen Rechtslage ausf. *K. Schmidt*, in: Schlegelberger-HGB, § 131 Rn. 23 ff.

841 BGBl. I 1998, S. 1474 ff.

werbenden Gesellschaft einhergehenden Nachteilen entgegenzuwirken.[842] Seit dem 01.07.1998[843] führt der Tod eines Gesellschafters nach § 131 Abs. 3 Nr. 1 HGB nicht mehr zur Auflösung, sondern bloß zu seinem Ausscheiden. Nur wenn die Gesellschafter von dieser Rechtsfolge abweichen, kann der Tod auch zur Umwandlung in eine Liquidationsgesellschaft führen (sogenannte „Auflösungsklausel").[844]

Anderes gilt nach wie vor für die BGB-Gesellschaft, bei der das Versterben eines Gesellschafters – wie im Übrigen bereits bei der societas im Römischen Recht[845] – noch immer die Liquidation auslösen würde (vgl. § 727 BGB). Dies mag nicht selten zu unpassenden Ergebnissen führen. Deshalb wird häufig von der insofern gegebenen Disponibilität (§ 736 BGB) Gebrauch gemacht, in dem die Gesellschafter vertraglich vereinbaren, dass die Gesellschaft auch ohne den Versterbenden fortgesetzt wird (sogenannte „Fortsetzungsklausel").[846]

Sowohl für die BGB-Gesellschaft als auch für die OHG und KG gilt prinzipiell, dass der durch den Tod frei werdende Gesellschaftsanteil den übrigen Gesellschaftern anwächst und zugleich Ausgleichsansprüche der Erben entstehen (vgl. § 738 Abs. 1 S. 1, S. 2 BGB i.V.m. §§ 131 Abs. 3 Nr. 1, 105 Abs. 3, 161 Abs. 2 HGB).[847] Zwar

---

842 BT-Drs. 13/8444, S. 41 f. S. auch *Klöhn*, in: Henssler/Strohn, § 139 HGB Rn. 41; *Lorz*, in: EBJS, § 131 Rn. 40. Diese sog. Unternehmenskontinuität wurde vorher in gleicher Weise durch die Kautelarpraxis berücksichtigt, vgl. *Ammon*, DStR 1998, 1474, 1476.

843 Nach Art. 41 EGHGB konnte jeder Gesellschafter bis Ende Dezember 2001 grds. die Weitergeltung der alten Rechtslage verlangen.

844 *Stein*, in: Soergel-BGB, § 1922 Rn. 63; *Leipold*, Erbrecht, Rn. 585; *Muscheler*, Erbrecht I, Rn. 864; *Michalski*, Erbrecht, Rn. 1152. I.E. auch *Lieder*, in: Erman-BGB, § 1922 Rn. 31 i.V.m. Rn. 26. S. ferner BT-Drs. 13/8444 S. 65.

845 Vgl. Inst. 3, 25, 5. S. dazu auch *Kaser/Knütel*, Römisches Privatrecht, § 43 Rn. 10.

846 *Bayer/Lieder*, Repetitorium, Rn. 746; *Habermeier*, in: Staudinger-BGB (2003), § 727 Rn. 21 f.; *H.P. Westermann*, in: Erman-BGB, § 727 Rn. 6 f.; *Kindler/Gubitz*, in: Hausmann/Hohloch, Kap. 22 C. Rn. 89 ff.; *Lämmer*, in: Haag/Löffler, § 139 Rn. 9; *Marotzke*, in: Staudinger-BGB (2008), § 1922 Rn. 57; *Saenger*, in: HK-BGB, § 727 Rn. 2; *C. Schäfer*, in: MüKo-BGB, § 727 Rn. 4; *Stein*, in: Soergel-BGB, § 1922 Rn. 62; *v. Ditfurth*, in: PWW-BGB, § 727 Rn. 5; *Michalski*, DB 1980, Beilage Nr. 5, 1, 4 ff. S. auch *Lieder*, in: Erman-BGB, § 1922 Rn. 26, 31.

847 Vgl. zur GbR: *Bayer/Lieder*, Repetitorium, Rn. 746; *Kamanabrou*, in: Oetker-HGB, § 131 Rn. 40; *Kindler*, in: Koller/Kindler/W-H. Roth/Morck, § 131 Rn. 9; *Haas*, in: Röhricht/v. Westphalen/Haas, § 131 Rn. 38. S. auch RGZ 136, 97, 98 f. Vgl. zur entsprechenden Anwendung etwa bei der OHG: *Heidel*, in: HK-HGB, § 131 Rn. 28a, 64; *Klöhn*, in: Henssler/Strohn, § 131 HGB Rn. 60; *Lorz*, in: EBJS, § 131 Rn. 64 ff.; *M. Roth*, in: Baumbach/Hopt, § 131 Rn. 38.

stehen auch diese Ansprüche zur Disposition der Gesellschafter;[848] treffen sie indes keine Regelungen, können sie fraglos zu Liquiditätsproblemen für die Gesellschaft führen.[849]

B. Etablierte Klauseln

Sowohl mit § 131 Abs. 3 Nr. 1 HGB als auch mit etwaigen Fortsetzungsklauseln in BGB-Gesellschaften ist allerdings nur der Hinfälligkeit der Gesellschaft im Ganzen Rechnung getragen. Sieht man von der mit § 177 HGB[850] gesetzlich geregelten Vererbung eines – vor allem vermögensrechtlichen – Kommanditanteils ab, bedarf es im Rahmen des Gesellschaftsvertrages weiterer Vereinbarungen, damit der Anteil des Versterbenden nicht zwangsläufig zu einer Anwachsung bei den übrigen Gesellschaftern führt. Insoweit haben sich vier Alternativen in der kautelarjuristischen Praxis etabliert. Diese sind für Personenhandelsgesellschaften und BGB-Gesellschaften gleichermaßen denkbar, wenngleich bei letzteren im Falle eines Scheiterns der Nachfolgeklausel wenigstens die ohnehin notwendige[851] – und wirksam vereinbarte – Fortsetzungsklausel bliebe.

I. Eintrittsklausel

Anerkannt ist die formfrei[852] mögliche Vereinbarung einer sogenannten „Eintrittsklausel“. Bei einer solchen wird die Gesellschaft nach dem Todesfall von

---

848 Vgl. allgemein *Hadding/Kießling*, in: Soergel-BGB, § 738 Rn. 53; *Kamanabrou*, in: Oetker-HGB, § 131 Rn. 38; *Kilian*, in: Henssler/Strohn, § 738 BGB Rn. 16. Im Besonderen gilt: § 723 Abs. 3 BGB greift nicht, weil es nicht um eine Beschränkung des Kündigungsrechts, sondern allein um den Tod des Gesellschafters geht, vgl. *Bayer/Lieder*, Repetitorium, Rn. 747. §§ 138, 2325 BGB greifen selbst bei einem vollständigen Ausschluss nicht, weil es sich um ein Risikogeschäft, nicht aber um Schenkungen handelt, vgl. BGH, NJW 1957, 180, 181, WM 1971, 1338 f.

849 Durchaus kritisch daher *Lorz*, in: EBJS, § 131 Rn. 40 m. Fn. 67 mit Verweis auf *K. Schmidt*, in: MüKo-HGB, § 131 Rn. 63.

850 Wobei auch diese Norm erst im Zuge der Handelsrechtsreform derart neu gefasst wurde, vgl. BT-Drs. 13/8444, S. 93.

851 Ausdrücklich *H.P. Westermann*, in: Erman-BGB, § 727 Rn. 7. S. auch *Gebel*, BB 1995, 2611, 2615.

852 Insb. greift § 2301 BGB nicht. Vgl. auch *Bayer/Lieder*, Repetitorium, Rn. 755; *K. Schmidt*, in: MüKo-HGB, § 139 Rn. 27; *Kindler/Gubitz*, in: Hausmann/Hochloch, Kap. 22 C. Rn. 114; *Lehleiter*, in: Schwerdtfeger, § 139 HGB Rn. 12; *Lorz*, in: EBJS, § 139 Rn. 43; *M. Roth*, in: Baumbach/Hopt, § 139 Rn. 51; *C. Schäfer*, in: Staub-HGB, § 139 Rn. 145.

den weiteren Gesellschaftern fortgeführt; zugleich ist einer näher bestimmten oder noch zu bestimmenden Person ein „Eintrittsrecht" in die Gesellschaft eingeräumt, nach welchem sie unter Begründung einer *originären* Beteiligung selbst Gesellschafter würde.[853] Dogmatisch handelt es sich hierbei nicht um eine Anwendung des § 139 HGB, sondern um einen echten Vertrag zugunsten Dritter (§ 328 BGB), welcher dem jeweiligen Dritten auch unabhängig von einer Erbenstellung die Option des Eintritts qua Vertrag oder einseitiger Erklärung ermöglicht.[854] Freilich erwirbt der Dritte das Eintrittsrecht im Zweifel erst mit dem Tod des Gesellschafters (§ 331 Abs. 1 BGB), wodurch abweichende Vereinbarungen bis dahin ohne weiteres möglich sind.

Wie es für Verträge i.S.v. § 328 BGB charakteristisch ist, wird der Rechtskreis des Dritten nur mit seinem Willen berührt (vgl. § 333 BGB), weshalb Eintrittsklauseln meist unproblematisch möglich sind.[855] Gleichwohl ist nicht zu verkennen, dass der Anteilserwerb des Dritten nicht bloß derivativ erfolgt und daher prinzipiell Abfindungsansprüche der Erben entstehen. In der Praxis obliegt es dem Eintrittsberechtigten zur Verhinderung eines Kapitalabflusses daher meist, als Gegenleistungspflicht die Abfindungen zu erbringen.[856] Denkbar ist es überdies, dem Dritten auf direktem Wege die Vermögensposition des (verstorbenen) Gesellschafters einzuräumen: Einerseits können die Abfindungsansprüche ausgeschlossen werden, während der Kapitalanteil des bisherigen Gesellschafters treuhänderisch bei den übrigen Gesellschaftern verbleibt; andererseits kann dem Eintrittsberechtigten

853 *Lieder*, in: Erman-BGB, § 1922 Rn. 28; *K. Schmidt*, Gesellschaftsrecht, S. 1346; *C. Schäfer*, in: MüKo-BGB, § 727 Rn. 57; *Schöne*, in: BeckOK-BGB, § 727 Rn. 21; *Säcker*, Nachfolge, S. 39; *Haas*, in: Röhricht/v. Westphalen/Haas, § 139 Rn. 8 f.; *Gebel*, BB 1995, 2611, 2615.

854 *Emmerich*, in: Heymann-HGB, § 139 Rn. 64; *K. Schmidt*, in: MüKo-HGB, § 139 Rn. 29; *Kamanabrou*, in: Oetker-HGB, § 139 Rn. 34 f.; *Stuhlfelner*, in: HeidKo-HGB, § 139 Rn. 15; *Lorz/Kirchdörfer*, Unternehmensnachfolge, Kap. 7 Rn. 47. Nach *Koch-Sembdner* (in: HK-HGB, § 139 Rn. 4), *M. Roth* (in: Baumbach/Hopt, § 139 Rn. 53) sowie *Lorz* (in: EBJS, § 139 Rn. 37) scheint regelmäßig die einseitige Erklärung auszureichen.

855 Ein Minderjähriger bräuchte zur Optionsausübung indes die Zustimmung nach § 1822 Nr. 3, 10 BGB, vgl. auch *Lieder*, in: Erman-BGB, § 1922 Rn. 28 a.E.

856 Vgl. *Bayer/Lieder*, Repetitorium, Rn. 755; *H.P. Westermann*, in: Erman-BGB, § 727 Rn. 14; *C. Schäfer*, in: MüKo-BGB, § 727 Rn. 58; *Schöne*, in: BeckOK-BGB, § 727 Rn. 23; *Grunewald*, Gesellschaftsrecht, § 1 Rn. 54.

der Vermögensanteil auch qua Vermächtnis oder Teilungsanordnung zugewiesen werden.[857]

II. Rechtsgeschäftliche Nachfolgeklausel

Sogenannte „rechtsgeschäftliche Nachfolgeklauseln" räumen einer Person demgegenüber kein Eintrittsrecht ein, sondern versuchen vielmehr als „Verfügungsvertrag" die Gesellschafterstellung *derivativ* auf die bezeichnete Person zu übertragen – auch unabhängig von dessen Kenntnis und Willen. In Betracht zu ziehen sind solche Klauseln immer, wenn die Nachfolge durch den Dritten in jedem Fall erfolgen soll, seine Erbenstellung aber ausgeschlossen oder wenig wahrscheinlich ist. Vorteilhaft sind sie für die Gesellschaft aufgrund der derivativen Anteilsübertragung auch dadurch, dass Abfindungsansprüche der Erben nicht entstehen.[858] Unschwer zu erkennen sind indes die mit rechtsgeschäftlichen Nachfolgeklauseln einhergehenden rechtlichen Schwierigkeiten: Einerseits stellt eine solche Klausel als bis zum Tod aufschiebend befristete[859] Anteilsübertragung wegen der (analogen) Anwendung des § 130 HGB einen Vertrag zu Lasten Dritter dar,[860] andererseits handelt es sich um eine von der

857 Vgl. zu beiden Alternativen *Emmerich*, in: Heymann-HGB, § 139 Rn. 70; *Haas*, in: Röhricht/v. Westphalen/Haas, § 139 Rn. 8b; *K. Schmidt*, in: MüKo-HGB, § 139 Rn. 30; *Lorz*, in: EBJS, § 139 Rn. 42 ff.; *C. Schäfer*, in: Staub-HGB, § 139 Rn. 17; *Ulmer*, ZGR 1972, 195, 218 ff. m.w.N.

858 Allenfalls entstehen Ausgleichsansprüche nach §§ 2325, 2329 BGB. Vgl. auch *Kamanabrou*, in: Oetker-HGB, § 139 Rn. 30; *Lorz*, in: EBJS, § 139 Rn. 52; *C. Schäfer*, in: Staub-HGB, § 139 Rn. 16.

859 Ebenso, wenngleich ungenau von „aufschiebend bedingt" sprechend, *Bayer/Lieder*, Repetitorium, Rn. 754; *Hadding/Kießling*, in: Soergel-BGB, § 727 Rn. 38; *Habermaier*, in: Staudinger-BGB (2003), § 727 Rn. 23; *Kindler*, in: Koller/Kindler/W-H. Roth/Morck, § 139 Rn. 23; *C. Schäfer*, in: MüKo-BGB, § 727 Rn. 51; *Schöne*, in: BeckOK BGB, § 727 Rn. 20. Als tatsächliche *Bedingung* könnte allenfalls gelten, dass der Dritte den Gesellschafter auch überleben muss.

860 H.M., vgl. nur BGHZ 68, 225, 231 ff.; *Bergmann*, in: jurisPK-BGB, § 727 Rn. 23; j.m.w.N. auch *Habermeier*, in: Staudinger-BGB (2003), § 727 Rn. 23; *Hadding/Kießling*, in: Soergel-BGB, § 727 Rn. 37 a.E.; *C. Schäfer*, in: MüKo-BGB, § 727 Rn. 50; *Schöne*, in: BeckOK-BGB, § 727 Rn. 19; *Stuhlfelner*, in: HeidKo-HGB, § 139 Rn. 16; *K. Schmidt*, Gesellschaftsrecht, S. 1349; *Saenger*, Gesellschaftsrecht, Rn. 229; *Bayer/Lieder*, Repetitorium, Rn. 754; a.A. aber *Flume*, AT I/1, S. 378 ff., 396 ff.; *Säcker*, Nachfolge, S. 54 m.w.N. aus der älteren Literatur.

herrschenden Meinung als – zu Unrecht[861] – nicht möglich angesehene[862] Verfügung zugunsten Dritter. Jedenfalls wegen des ersten Aspekts hat der BGH daher in einer Grundsatzentscheidung[863] mit Recht der Zulassung solcher Klauseln Grenzen gesetzt. Unproblematisch sind sie demnach nur, wenn die Belastung des Dritten durch eine eigene Beteiligung bei der Klauselvereinbarung entfällt.[864] Beispielhaft sei hier die Situation genannt, in welcher der „Dritte" ohnehin schon Gesellschafter ist.

III. Erbrechtliche Nachfolgeklausel

1. Dogmatischer Ansatz

Ohne weiteres möglich sind hingegen ausdrücklich oder schlüssig[865] in den Gesellschaftsvertrag aufzunehmende erbrechtliche Nachfolgeklauseln, nach welchen die Gesellschafterstellung ohne Zwischenakt auf einen oder mehrere Erben übergehen soll. Unabhängig von Details bleibt hier zunächst die Frage, wie die Anteilsübertragung dogmatisch zu verstehen ist. Nach einer älteren Auffassung vollziehe sich die Anteilsübertragung allein nach gesellschaftsrechtlichen Gesichtspunkten.[866] Genau genommen ginge es um eine lebzeitige Verfügung

---

861 Für eine Zulässigkeit auch *Bayer*, Vertrag, S. 199 ff. m.w.N.; *Lieder*, JuS 2011, 874, 878 f.; *ders./Berneith*, JuS 2015, 1063, 1066; *Säcker*, Nachfolge, S. 44 ff.; *Michalski*, DB 1980, Beilage Nr. 5, 1, 12. S. auch *Brox/Walker*, Erbrecht, Rn. 772, die das als die h.M. in der Literatur bezeichnen.

862 BGHZ 41, 95 f. m.w.N.; 68, 225, 231; *Gottwald*, in: MüKo-BGB, § 328 Rn. 268 ff.; *Grüneberg*, in: Palandt, Einf v § 328 Rn. 9; *Haas*, in: Röhricht/v. Westphalen/Haas, § 139 Rn. 12 a.E. So wohl auch *v. Ditfurth*, in: PWW-BGB, § 727 Rn. 7; *Habermeier*, in: Staudinger-BGB (2003), § 727 Rn. 23.

863 BGHZ 68, 225 ff.; vgl. auch *Bergmann*, in: jurisPK-BGB, § 727 Rn. 23.

864 BGHZ 68, 225, 234; *Hadding/Kießling*, in: Soergel-BGB, § 727 Rn. 38; *Haas*, in: Röhricht/v. Westphalen/Haas, § 139 Rn. 12; *M. Roth*, in: Baumbach/Hopt, § 139 Rn. 57 f.; *Bayer/Lieder*, Repetitorium, Rn. 754; *Mayr*, ZEV 1996, 321, 323; *Lorz/Kirchdörfer*, Unternehmensnachfolge, Kap. 7 Rn. 59. Interessant ist nota bene, dass die h.M. in diesen Fällen über den Aspekt einer Verfügung zugunsten Dritter hinwegsieht. Vgl. auch *C. Schäfer*, in: Staub-HGB, § 139 Rn. 14.

865 Ausdrücklich *Lieder*, in: Erman-BGB, § 1922 Rn. 27; *Arnold-Lehmann*, in: BeckOK-HGB, § 139 Rn. 6.

866 OLG Hamburg, MDR 1955, 43; OLG Bamberg, MDR 1956, 41; *Brox*, Erbrecht (21. Aufl. 2004), Rn. 787 ff.; *Flume*, AT I/1, S. 383 ff.; *ders.*, FS Schilling, 22, 30 ff.; *H. Lange/Kuchinke*, Erbrecht, S. 132 ff. Wohl auch *Weipert*, in: RGRK-HGB, § 139 Anm. 15 (allerdings kontradiktorisch zu Anm. 13). S. auch RGZ 145, 289, 294. Vgl. ausf. zu allen Theorien *Rüthers*, AcP 168 (1968), 263, 269 ff.

zugunsten Dritter, welche mit der Erbenstellung des Bedachten aufschiebend bedingt und mit dem Tod des Gesellschafters aufschiebend befristet sei. Zu Recht hat sich diese Meinung nicht durchgesetzt. Abgesehen davon, dass sie nach der (unzutreffenden) vorherrschenden Auffassung bereits daran scheitern müsste, dass Verfügungen zu Gunsten Dritter nicht anerkannt werden,[867] träfe diese sogenannte „gesellschaftsrechtliche Lösung" auch teleologisch nicht das Richtige. Vielmehr bezwecken erbrechtliche Nachfolgeklauseln, wie § 177 HGB für einen Kommanditanteil durchaus zeigt, allein das Vererblichstellen des Anteils, vor allem um die Folge eines Gesellschaftersaustritts zu vermeiden.[868] Ohnehin geht die Gesellschafterstellung schon wegen etwaiger Haftungsfragen mit Nachteilen einher, weshalb eine lebzeitige Übertragung zugleich einen Vertrag zulasten Dritter bedeuten würde.[869] Im Ergebnis ist mit erbrechtlichen Nachfolgeklauseln also bloß beabsichtigt, dass die grundsätzlich höchstpersönliche Gesellschafterstellung (vgl. § 131 Abs. 3 S. 1 HGB) vererblich gestellt wird,[870] während die tatsächliche *derivative* Anteilsübertragung ex lege (§ 1922 Abs. 1 BGB) auf die gesetzlichen oder gewillkürt eingesetzten Erben erfolgt (sogenannte „erbrechtliche Lösung").[871] Daher berühren sich Erb- und Gesellschaftsrecht derart, „daß das Erbrecht den Zuordnungswechsel der Beteiligung in dem Rahmen herbeiführt, den der Gesellschaftsvertrag eröffnet".[872]

---

867 Vgl. o. § 4 B. II.

868 Ausdrücklich auch *K. Schmidt*, Gesellschaftsrecht, S. 1341.

869 Vgl. insg. auch BGHZ 68, 225, 229 f.; *K. Schmidt*, Gesellschaftsrecht, S. 1341 f.; *Rüthers*, AcP 168 (1968), 263, 274; *Brox/Walker*, Erbrecht, Rn. 787; *Ebenroth*, Erbrecht, Rn. 865.

870 I.E. ebenso BGHZ 68, 225, 229; *Arnold-Lehmann*, in: BeckOK-HGB, § 139 Rn. 3; *H.P. Westermann*, in: Erman-BGB, § 727 Rn. 7; *Ensthaler*, in: GK-HGB, § 139 Rn. 1; *Kilian*, in: Henssler/Strohn, § 727 BGB Rn. 12; *Kindler/Gubitz*, in: Hausmann/Hohloch, Kap. 22 C. Rn. 97; *Reimann/Stracke*, in: Reimann/Bengel/J. Mayer, Syst. A Rn. 678 ff.; *C. Schäfer*, in: MüKo-BGB, § 727 Rn. 28; *ders.*, in: Staub-HGB, § 139 Rn. 9, 23 ff.; *v. Ditfurth*, in: PWW-BGB, § 727 Rn. 8; *Klein/Lindemeier*, in: MüHdb-GesR Bd. 1, § 79 Rn. 20; *Ebenroth*, Erbrecht, Rn. 865; *Muscheler*, Erbrecht I, Rn. 867; *Wiedemann*, FS Großfeld, 1309, 1310; *Pauli*, Ubg 2013, 229. I.m.w.N. auch *Hadding/Kießling*, in: Soergel-BGB, § 727 Rn. 17; *K. Schmidt*, in: MüKo-HGB, § 139 Rn. 11. Daher kann eine erbrechtliche Nachfolge nicht bloß durch Verfügung von Todes wegen erfolgen; die Aufnahme in den Gesellschaftsvertrag ist zwingend.

871 Für Minderjährige bleibt die Möglichkeit des § 1629a BGB, vgl. *Koch-Sembdner*, in: HK-HGB, § 139 Rn. 6; *Lämmer*, in: Haag/Löffler, § 139 Rn. 10; *Lehleiter*, in: Schwerdtfeger, § 139 HGB Rn. 7 a.E.; *Lieder*, in: Erman-BGB, § 1922 Rn. 27.

872 *Wiedemann*, FS Großfeld, 1309, 1310.

2. *Einfache und qualifizierte erbrechtliche Nachfolgeklauseln*

Zu differenzieren ist zwischen einfachen und qualifizierten erbrechtlichen Nachfolgeklauseln.[873] Bei ersteren wird lediglich bestimmt, dass die Gesellschaft mit allen Erben des Gesellschafters fortgesetzt wird (etwa: „dessen Erben"), wie es in § 139 Abs. 1 HGB wenigstens anklingt („jeder Erbe"). Aufgrund des hiermit einhergehenden Risikos einer Vielzahl von nachfolgenden Gesellschaftern erscheint es nicht selten vorzugswürdiger, qualifizierte Klauseln zu vereinbaren. Bei ihnen wird der Kreis der Nachfolgeberechtigten von vornherein präzisiert, die Nachfolge soll also nur mit ausgewählten Erben erfolgen (etwa: „Abkömmling X"),[874] wobei den Gesellschaftern ein durchaus weiter Spielraum zusteht.[875] Zu beachten bleibt freilich, dass die in einer qualifizierten erbrechtlichen Nachfolgeklausel bedachte Person auch tatsächlich (Mit-)Erbe sein muss. Ist sie nur mit einem Vermächtnis bedacht, enterbt oder wird das Erbe ausgeschlagen (§ 1953 Abs. 1 BGB), verfehlt die an sich zulässige Klausel ihren Zweck, sofern sie nicht so zu verstehen ist, dass sie etwaige Ersatzerben umfasst.[876] Ebenso wenig kann eine bloß vermeintliche Erbenstellung ausreichen; insbesondere fehlt es – wie erläutert[877] – trotz Verfügung von Todes wegen an einer *rechtsgeschäftlichen* Übertragung, sodass auch die Grundsätze der fehlerhaften Gesellschaft

873 Vgl. zu beiden *Bayer/Lieder*, Repetitorium, Rn. 748, 750; *Ensthaler*, in: GK-HGB, § 139 Rn. 4; *Hadding/Kießling*, in: Soergel-BGB, § 727 Rn. 20 ff.; *Kindler/Gubitz*, in: Hausmann/Hohloch, Kap. 22 C. Rn. 96 ff.; *Lämmer*, in: Haag/Löffler, § 139 Rn. 11, 15; *Zecher*, in: Große-Wilde/Ouart, § 1922 BGB Rn. 63, 65, 71; *C. Schäfer*, Gesellschaftsrecht, § 9 Rn. 34 ff.; *Klein/Lindemeier*, in: MüHdb-GesR Bd. 1, § 11 Rn. 23 ff., § 79 Rn. 16 ff.; *Mayr*, ZEV 1996, 321, 323. Möglich sind im Übrigen „eingeschränkte Nachfolgeklauseln", bei denen die Nachfolge jedenfalls für gesetzliche Erben ausgeschlossen wird, vgl. etwa *Reimann*, ZEV 2002, 487.

874 Vgl. für explizite Formulierungsvorschläge zu beiden Klauseln *W. Kössinger*, in: Nieder/Kössinger, § 20 Rn. 32, 43 f.

875 Vgl. *Arnold-Lehmann*, in: BeckOK-HGB, § 139 Rn. 7.

876 Vgl. BGHZ 68, 225, 235; *Arnold-Lehmann*, in: BeckOK-HGB, § 139 Rn. 14; *Lorz*, in: EBJS, § 139 Rn. 21. S. auch *Michalski*, DB 1980, Beilage Nr. 5, 1, 18. Da es hierbei um die Auslegung der Nachfolgeklausel geht, bei welcher der Wille aller Gesellschafter zu berücksichtigen ist, können die §§ 2068 f. BGB keine Anwendung finden, vgl. auch *Kamanabrou*, in: Oetker-HGB, § 139 Rn. 20; *C. Schäfer*, in: Staub-HGB, § 139 Rn. 29; *Ebenroth*, Erbrecht, Rn. 871; a.A. etwa *Emmerich*, in: Heymann-HGB, § 139 Rn. 6; *Ulmer*, BB 1977, 805, 808.

877 Vgl. o. § 4 B. III. 1.

nicht heranzuziehen sind.[878] Vielmehr können Haftungsfragen über allgemeine Rechtsscheinsgesichtspunkte, gegebenenfalls sogar über § 15 HGB und § 2367 BGB geregelt werden.[879] Auch interne Abwicklungsschwierigkeiten vermögen hieran nichts zu ändern.[880]

Diese Grundsätze gelten für die GbR, KG und OHG gleichermaßen. Bei letzteren besteht aber wegen § 139 Abs. 1 HGB die Option, zum Schutze der Erben einen OHG- respektive Komplementär- in einen Kommanditanteil umzuwandeln.[881]

3. *Konflikte zwischen Erb- und Gesellschaftsrecht*

Sowohl bei der einfachen wie auch bei der qualifizierten erbrechtlichen Nachfolgeklausel käme es ohne weiteres zu diffizilen Kollisionen zwischen Erb- und Gesellschaftsrecht: Für einfache erbrechtliche Nachfolgeklauseln mutete es wegen der Charakterisierung als nicht[882] rechtsfähige Gesamthandsgemeinschaft[883] problematisch an, dass die Erbengemeinschaft als solche Gesellschafter wird.[884] Überdies wäre die nur beschränkte Haftung der Erbengemeinschaft

878 Anders freilich im Falle eines durch Eintrittsklausel eintretenden vermeintlichen Erbens, vgl. auch *C. Schäfer*, in: MüKo-BGB, § 727 Rn. 66 f.

879 Vgl. insg. auch *Arnold-Lehmann*, in: BeckOK-HGB, § 139 Rn. 14; *Kamanabrou*, in: Oetker-HGB, § 139 Rn. 9; *K. Schmidt*, in: MüKo-HGB, § 139 Rn. 40; *Lorz*, in: EBJS, § 139 Rn. 8; *M. Roth*, in: Baumbach/Hopt, § 131 Rn. 76; *C. Schäfer*, in: Staub-HGB, § 139 Rn. 41; *dens.*, Fehlerhafter Verband, S. 317 f.; a.A. etwa *Wolf*, in: Soergel-BGB, § 2032 Rn. 20; *Zimmermann*, in: Soergel-BGB, § 2367 Rn. 4; *Konzen*, ZHR 145 (1981), 29, 61 ff.; *Kremer*, Vermeintlicher Erbe, S. 87 ff.

880 Vgl. dazu *C. Schäfer*, Fehlerhafter Verband, S. 317 f.; *dens.*, in: MüKo-BGB, § 727 Rn. 63 ff.

881 Vgl. zu den genauen Rechtsfolgen *Kamanabrou*, in: Oetker-HGB, § 139 Rn. 77 ff.; *Koller*, in: Koller/Kindler/W-H. Roth/Morck, § 139 Rn. 8 f.; *Lämmer*, in: Haag/Löffler, § 139 Rn. 18 ff.; *Lorz*, in: EBJS, § 139 Rn. 106 ff.

882 So jedenfalls die h.M., vgl. BGH, NJW 2002, 3389, 3390 m.z.N. A.A. etwa *Flume*, AT I/1, S. 59 m. Fn. 48.

883 Unbestritten, s. bereits Protokolle V, S. 835. S. ferner *Gergen*, in: MüKo-BGB, § 2032 Rn. 1; *Weidlich*, in: Palandt, § 2032 Rn. 1; *Stürner*, in: Jauernig-BGB, § 2032 Rn. 1; *Schlüter/Röthel*, Erbrecht, § 32 Rn. 3; *H. H.Lange/Kuchinke*, Erbrecht, S. 1083; *Muscheler*, Erbrecht II, Rn. 3850.

884 Vgl. jeweils zur GbR: BGH, NJW 1981, 749, 750; WM 1996, 681, 683; BayObLGZ, 1984, 225, 230. Jeweils zur OHG: RGZ 16, 40, 56 ff.; BGHZ 22, 186, 192; 68, 225, 237. Jeweils zur KG: RGZ 171, 328, 330 ff.; BGHZ 58, 316, 317; BGH, WM 1976, 738, 739; WM 1983, 672, 673.

mit der Stellung eines persönlich haftenden Personengesellschafters kaum zu vereinbaren.[885] Daher muss unter Missachtung der gesamthänderischen Bindung jeder Erbe ohne Auseinandersetzungsverfahren kraft Sonderrechtsnachfolge quotal Gesellschafter werden.[886]

Bei qualifizierten Nachfolgeklauseln ist vom geltenden Grundsatz der Universalsukzession (§ 1922 Abs. 1 BGB) hingegen eine andere Ausnahme zu machen: Zwar fällt der Gesellschaftsanteil in den Nachlass; damit derselbe aber nicht erst im Zuge des Auseinandersetzungsverfahrens nach §§ 2042 ff. BGB auf den näher bestimmten Erben übergeht, erhält dieser den Anteil mit dem Tod vollständig und unter Ausschluss der übrigen Erben.[887] Dem steht die im Grunde zu beachtende Erbquote deshalb nicht entgegen, da es sich bei dieser lediglich um eine wertmäßige, nicht gegenständliche Beschränkung des Erwerbs handelt.[888]

---

885 Ausdrücklich auch *Bayer/Lieder*, Repetitorium, Rn. 749. S. auch BGH, NJW 1957, 180; 1972, 1755; 1977, 1339, 1342; *H.P. Westermann*, in: Erman-BGB, § 727 Rn. 8; *Ebenroth*, Erbrecht, Rn. 866; *Frank/Helms*, Erbrecht, § 24 Rn. 18; *K. Schmidt*, Gesellschaftsrecht, S. 1339 f.; *Schmoeckel*, Erbrecht, § 31 Rn. 7; *Göhner*, ZJS 2010, 592, 594. S. bereits RGZ 16, 40, 57: „Eine offene Handelsgesellschaft kann […] nur so bestehen, daß jede Person, welche Gesellschafter ist, für alle Verbindlichkeit der Gesellschaft solidarisch und mit ihrem ganzen Vermögen haftet".

886 BGHZ 22, 186, 192 f.; 68, 225, 237; 98, 48, 50 f.; BGH, NJW 1996, 1284, 1285; *Hanke*, in: NK-BGB, § 727 Rn. 13; *Kindler*, in: Koller/Kindler/W-H. Roth/Morck, § 139 Rn. 5; *Schöne*, in: BeckOK-BGB, § 727 Rn. 16; *Bayer/Lieder*, Repetitorium, Rn. 749; *Saenger*, Gesellschaftsrecht, Rn. 227; *K. Schmidt*, Gesellschaftsrecht, S. 1339 ff.; *Mayr*, ZEV 1996, 321, 323. S. bereits RGZ 16, 40, 57. Kritisch hingegen *Flume*, AT I/1, S. 395 f.; *Grunewald*, Gesellschaftsrecht, § 1 Rn. 159. Vgl. ausf. zu weitergehenden Problemen (Stichwort: „Abspaltungsthese") *C. Schäfer*, in: Staub-HGB, § 139 Rn. 48 ff.

887 BGHZ 68, 225 (Ls. 3): „[…] unmittelbar im Ganzen". S. ferner OLG Stuttgart, BeckRS 2012, 23633; *Haas*, in: Röhricht/v. Westphalen/Haas, § 139 Rn. 7; *Hadding/Kießling*, in: Soergel-BGB, § 727 Rn. 25; *K. Schmidt*, Gesellschaftsrecht, S. 1344 f.; *Kilian*, in: Henssler/Strohn, § 727 BGB Rn. 15; *Kindler*, in: Koller/Kindler/W-H. Roth/Morck, § 139 Rn. 6; *Lorz*, in: EBJS, § 139 Rn. 19; *M. Roth*, in: Baumbach/Hopt, § 139 Rn. 14 ff.; *C. Schäfer*, in: MüKo-BGB, § 727 Rn. 44; *dens.*, Gesellschaftsrecht, § 9 Rn. 35; *Stuhlfelner*, in: HeidKo-HGB, § 139 Rn. 8; *v. Ditfurth*, in: PWW-BGB, § 727 Rn. 9; *Schöne*, in: BeckOK-BGB, § 727 Rn. 17; *Pauli*, Ubg 2013, 229, 230. Anders noch BGHZ 22, 186, 193 ff. (Übergang nur i.H. der Erbquote, ansonsten Anwachsung).

888 BGHZ 68, 233, 238; *Muscheler*, Erbrecht I, Rn. 869. Vgl. auch *K. Schmidt*, Gesellschaftsrecht, S. 1345; *Pauli*, Ubg 2013, 229.

C. Die Aufrechterhaltung von Nachfolgeklauseln

Eine Aufrechterhaltung wird wie im allgemeinen Zivilrecht zunächst in den Fällen der Nichtigkeit relevant, was vor allem bei den rechtsgeschäftlichen Nachfolgeklauseln ohne weiteres denkbar ist. Daneben können die vereinbarten Klauseln zudem schlicht ins Leere gehen, was namentlich für qualifizierte erbrechtliche Nachfolgeklauseln gilt. Für sie stellt sich daher gleichermaßen die Frage, ob sie nicht als andere erhalten werden können. Aufgrund der aufgezeigten Unterschiede der Klauseln ist prinzipiell davon auszugehen, dass unwirksame/wirkungslose Klauseln nicht eine andere – gültige – Klausel mitumfassen und eine erläuternde Auslegung zugunsten der Wirksamkeit daher ausscheiden muss. Anders als im bisher Dargestellten geht es im Folgenden aber weniger um das Aufstellen von Zweifelsregeln als vielmehr um eine klarstellende Betrachtung der grundlegenden Dogmatik. Dass es insofern nämlich an einem Konsens mangelt,[889] zeigt sich vor allem in einer von *K. Schmidt* prägnant paraphrasierten Aussage:

> *„Im Falle eines Fehlschlagens der qualifizierten Nachfolgeklausel kann nach § 140 BGB eine Umdeutung oder (besser) eine ergänzende Vertragsauslegung zum Zuge kommen“.*[890]

I. Ausgangspunkt: Auslegung geht der Umdeutung vor

Bei der mit dieser Diskussion verbundenen Berührung von Erb- und Gesellschaftsrecht darf nicht in Vergessenheit geraten, dass eine Auslegung der Umdeutung stets vorzugehen hat. Daher ist zunächst anhand der erläuternden (!) Auslegung zu ermitteln, ob die nichtige bzw. erfolglose Klausel tatsächlich gewollt war, weil darüber hinausgehende Überlegungen zuvor gar nicht anzustellen sind. Handelt es sich also nur prima vista um eine Nachfolgeklausel – genau genommen jedoch um eine Eintrittsklausel – gibt es für das Heranziehen von § 140 BGB bzw. der ergänzenden Auslegung ohnehin keine Notwendigkeit und wäre methodisch sogar fehlerhaft.

Entsprechend der Handhabung im allgemeinen Zivilrecht sind bei der Auslegung die von den Parteien ausdrücklich wie schlüssig erklärten Vorstellungen genauestens zu ermitteln.[891] Ist ein Ergebnis nicht ohne weiteres auszumachen, helfen mehrere Zweifelsregeln: Gesetzt den Fall, dass sowohl eine Nachfolge- als

---

889 S. nur *Emmerich*, in: Heymann-HGB, § 139 Rn. 6, 32 im Vergleich mit *Kamanabrou*, in: Oetker-HGB, § 139 Rn. 25.

890 *K. Schmidt*, in: MüKo-HGB, § 139 Rn. 21. Ähnlich *Haas*, in: Röhricht/v. Westphalen/Haas, § 139 Rn. 3 a.E.

891 Ausdrücklich *C. Schäfer*, in: Staub-HGB, § 139 Rn. 20. S. auch *Göhner*, ZJS 2010, 592, 595.

auch eine Eintrittsklausel im Raum stehen, ist regelmäßig von ersterer auszugehen. Damit wird insbesondere der bis zur Ausübung bzw. Ablehnung der Eintrittsoption gegebenen Rechtsunsicherheit – vor allem in Zweipersonengesellschaften – entgegengewirkt.[892] Innerhalb der Nachfolgeklauseln ist sodann eine erbrechtliche der rechtsgeschäftlichen Nachfolgeklausel vorzuziehen,[893] was angesichts des engen Anwendungsbereichs letzterer kaum überrascht. Zudem stellen die erbrechtlichen Nachfolgeklauseln für den versterbenden Gesellschafter schon dadurch, dass er hierbei sein Anteilsverfügungsrecht bis zuletzt behält,[894] die günstigere Position dar. Letztlich erweisen sich einfache Nachfolgeklauseln durch ihre stets eintretende Wirkung als vorteilhaftere Lösung und gehen qualifizierten Klauseln daher vor.[895]

II. Aufrechterhaltung im Detail

1. Nichtige oder erfolglose Eintrittsklausel

Unmöglich ist eine Aufrechterhaltung von Eintrittsklauseln, wobei es nicht selten schon an der Notwendigkeit fehlen würde. Eintrittsklauseln sind weder von einer Erbenstellung abhängig, noch handelt es sich um Verträge zulasten Dritter. Auch folgt eine Nichtigkeit nicht daraus, dass es bei solchen Klauseln durchaus zu diffizilen Auslegungsfragen im Zusammenhang mit einem (auflösend bedingten) Abfindungsanspruch kommen kann.[896] Im Umkehrschluss können

---

892 Vgl. BGHZ 68, 225, 230 f.; *Kamanabrou*, in: Oetker-HGB, § 139 Rn. 29; *K. Schmidt*, in: MüKo-HGB, § 139 Rn. 26; *C. Schäfer*, in: Staub-HGB, § 139 Rn. 20; *dens.*, in: MüKo-BGB, § 727 Rn. 60. S. auch *Arnold-Lehmann*, in: BeckOK-HGB, § 139 Rn. 11; *Emmerich*, in: Heymann-HGB, § 139 Rn. 5; *Hadding/Kießling*, in: Soergel-BGB, § 727 Rn. 39; *Götte*, DNotZ 1988, 603, 605; *Ulmer*, BB 1977, 805, 807.

893 BGHZ, 68, 225, 230 f. S. auch *C. Schäfer*, in: Staub-HGB, § 139 Rn. 20; *Haas*, in: Röhricht/v. Westphalen/Haas, § 139 Rn. 2; *Habermaier*, in: Staudinger-BGB (2003), § 727 Rn. 26; *Hadding/Kießling*, in: Soergel-BGB, § 727 Rn. 39; *Ulmer*, BB 1977, 805, 807.

894 BGHZ 68, 225, 233 f.; BayObLG, DB 1980, 2028 (Ls. 1); *Haas*, in: Röhricht/v. Westphalen/Haas, § 139 Rn. 2; *Hadding/Kießling*, in: Soergel-BGB, § 727 Rn. 39; *C. Schäfer*, in: Staub-HGB, § 139 Rn. 20; *K. Schmidt*, Gesellschaftsrecht, S. 1349; a.A. wohl *Lorz*, in: EBJS, § 139 Rn. 53.

895 So auch *C. Schäfer*, BB 2004, Beilage Nr. 15, 14, 18; *ders.*, in: Staub-HGB, § 139 Rn. 20.

896 So aber anscheinend *Gebel*, BB 1995, 2611, 2616 m. Fn. 37 a.E. Nach ihm ist an eine Umdeutung dann zu denken, wenn die Eintrittsklausel nur für einen von mehreren Erben gilt und zugleich bzgl. des Abfindungsanspruchs auflösend bedingt wirkt. Wenngleich hier durchaus fraglich ist, ob die auflösende bedingte Wirkung nur für

sie von der Rechtsordnung nur dann nicht anerkannt werden, wenn sie bereits nicht wirksam vereinbart wurden. In Ermangelung eines wirksamen Abschlusses muss eine Aufrechterhaltung als eine rechtsgeschäftliche oder erbrechtliche Nachfolgeklausel aber ebenfalls ausscheiden. Infrage kommt ein Erhalt ferner dann nicht, wenn die Option des Eintritts schlicht nicht wahrgenommen wird, da den Klauseln dieses Risiko gerade immanent ist und hierdurch der bestehende Schwebezustand beendet wird.

2. *Nichtige rechtsgeschäftliche Nachfolgeklausel*

Ebenso leicht zu überblicken ist der Erhalt rechtsgeschäftlicher Nachfolgeklauseln. Der strukturelle Unterschied zwischen ergänzender Auslegung und Umdeutung besteht gerade darin, dass erstere lediglich für Lücken aufgrund sich ändernder Umstände anzuwenden ist, während letztere bei tatsächlicher Nichtigkeit/Unwirksamkeit greift.[897] Da rechtsgeschäftliche Nachfolgeklauseln ohne Beteiligung des Dritten nicht bloß wirkungslos, sondern tatsächlich nichtig sind, kann zur Aufrechterhaltung allein die Umdeutung i.S.v. § 140 BGB in Betracht kommen.[898] Als Ersatzgeschäft kämen sowohl erbrechtliche Nachfolgeklausel als auch Eintrittsklauseln infrage; je nachdem, ob der Bedachte im Einzelfall auch Erbe ist oder nicht.[899]

3. *Unwirksame einfache Nachfolgeklausel*

Unproblematisch ist zudem der Erhalt von einfachen erbrechtlichen Nachfolgeklauseln, weil ein solcher gar nicht infrage kommt. Sie sind ebenso wie Eintrittsklauseln häufig nur bei fehlerhafter Vereinbarung unwirksam, weshalb eine

---

den eintrittsberechtigten oder alle Erben gilt, kann daraus keine Nichtigkeit hergeleitet werden. Vielmehr sind die damit einhergehenden erbschaftssteuerrechtlichen Probleme durch eine genaue Auslegung zu lösen.

897 Vgl. o. § 2 B. V. 4. a).

898 Vgl. BGHZ 68, 225 (Ls. 2); *Bergmann*, in: jurisPK-BGB, § 727 Rn. 23 a.E.; *Habermeier*, in: Staudinger BGB (2003), § 727 Rn. 27; *Hadding/Kießling*, in: Soergel-BGB, § 727 Rn. 41; *Kamanabrou*, in: Oetker-HGB, § 139 Rn. 29; *Lorz*, in: EBJS, § 139 Rn. 54 a.E.; *M. Roth*, in: Baumbach/Hopt, § 139 Rn. 58; *C. Schäfer*, in: Staub-HGB, § 139 Rn. 22; *dens.*, in: MüKo-BGB, § 727 Rn. 62; *dens.*, BB 2004, Beilage Nr. 15, 14, 18; *Schöne*, in: BeckOK-BGB, § 727 Rn. 25; *Bayer/Lieder*, Repetitorium, Rn. 754 a.E.; *Lieder/Berneith*, JuS 2015, 1063, 1066.

899 BGHZ 68, 225, 233; *Lorz*, in: EBJS, § 139 Rn. 54 a.E.; *C. Schäfer*, in: Staub-HGB, § 139 Rn. 22; *Hadding/Kießling*, in: Soergel-BGB, § 727 Rn. 41; *M. Roth*, in: Baumbach/Hopt, § 139 Rn. 58 a.E.; *Kamanabrou*, in: Oetker-HGB, § 139 Rn. 29.

Aufrechterhaltung ebenfalls ausscheiden muss. Ohnehin erfolgt die Anteilsübertragung im Zuge einer einfachen Nachfolgeklausel an alle Personen der *stets existenten* Erbengemeinschaft.[900] Sofern das Ergebnis der erläuternden Auslegung tatsächlich eine einfache erbrechtliche Nachfolgeklausel ist,[901] kann es selbst dann nicht um einen Erhalt gehen, wenn einzelne Personen der Erbengemeinschaft näher bezeichnet sind[902] und diese später doch nicht erben (Ausschlagung, Vorversterben). Charakteristisch für solche Klauseln ist es gerade, dass der Gesellschaftsanteil auf die Personen der Erbengemeinschaft übergeht, gleich wer ihr angehört. Wenn also Erhaltungsbedarf gesehen wird, handelt es sich realiter schon gar nicht um eine einfache erbrechtliche Nachfolgeklausel. Ergänzende Auslegung und Umdeutung können insoweit allenfalls bezüglich der Verfügung von Todes wegen heranzuziehen sein, nicht bezüglich der Nachfolgeklausel als solcher.[903]

4. *Wirkungslose qualifizierte Nachfolgeklausel*

a) *Einführung*

Schlussendlich konzentriert sich die angedeutete Meinungsverschiedenheit daher auf qualifizierte erbrechtliche Nachfolgeklauseln. Sie kommt freilich nur im Fall ihrer mangelnden Umsetzung[904] auf, also wenn der Bedachte im Erbfall keine Erbenstellung innehat oder wenn es prämortal versäumt wurde, eine exakte Auswahl bezüglich eines oder mehrerer Erben zu treffen.[905] Als Ersatzgeschäft für solche Klauseln können unabhängig von der Entscheidung für oder wider § 140 BGB allein Eintrittsklauseln in Betracht kommen. Rechtsgeschäftliche Nachfolgeklauseln wären ihrerseits nichtig und sind daher keinesfalls denkbar. Einer einfachen Nachfolgeklausel stünde bei ergänzender Auslegung und Umdeutung gleichermaßen der Parteiwille entgegen. Durch die Bezugnahme auf bestimmte Personen haben der Erblasser sowie die übrigen Gesellschafter eindeutig festgelegt, dass nicht alle Personen der Erbengemeinschaft Gesellschafter werden sollen, sondern nur die konkretisierten.

---

900 Zu beachten ist, dass grds. auch der Fiskus als Erbe und damit als Gesellschafter in Betracht kommt (§ 1936 BGB), vgl. *C. Schäfer*, in: Staub-HGB, § 139 Rn. 40.

901 Anders natürlich, wenn die vermeintlich einfache Klausel doch eine qualifizierte ist.

902 Beispiel: „Im Falle des Todes des Gesellschafters X wird die Gesellschaft mit seiner aus A, B, C, D bestehenden Erbengemeinschaft fortgesetzt".

903 Ungenau daher *Kilian*, in: Henssler/Strohn, § 727 BGB Rn. 12; *Lehleiter*, in: Schwerdtfeger, § 139 HGB Rn. 5; *Haas*, in: Röhricht/v. Westphalen/Haas, § 139 Rn. 3 a.E.

904 Bei unwirksamer Vereinbarung gilt das zur einfachen erbrechtlichen Klausel und zur Eintrittsklausel Gesagte, s.o. § 4 C. II. 1., 2.

905 *C. Schäfer*, in: Staub-HGB, § 139 Rn. 22.

Dass erfolglose qualifizierte Nachfolgeklauseln nach Möglichkeit daher als Eintrittsklauseln zu erhalten sind, ist unumstritten; nur der Weg dorthin wird diskutiert. Die höchstrichterliche Rechtsprechung und ein Teil der Literatur ziehen § 140 BGB gar nicht erst heran, sondern rekurrieren auf die ergänzende Auslegung, nach der die Schließung der im Gesellschaftsvertrag aufkommenden Lücken bereits möglich sei.[906] Mehrere Autoren namhafter Kommentare zum BGB und zum HGB sprechen hingegen eindeutig von Umdeutung, nicht von Auslegung.[907]

b) Stellungnahme

aa) Nochmals: Unterschied zwischen Umdeutung und ergänzender Auslegung

Zielführend kann eine insofern anzustellende Analyse nicht bloß durch eine dogmatische Trennung von Konversion und Auslegung sein. Vielmehr obliegt der Lösung eine genauere Betrachtung der ergänzenden Auslegung. Würde mit derselben eine erfolglose Klausel bereits aufrechterhalten werden können, scheiterte die Anwendung von § 140 BGB gerade unter Berücksichtigung des hier als zwingend angesehenen Verhältnisses von Umdeutung und Auslegung an einer Notwendigkeit.

Die mit Recht größtenteils[908] anerkannte, an § 157 BGB angelehnte, ergänzende Auslegung dient nach einhelliger Auffassung zur Schließung von Lücken der jeweiligen rechtsgeschäftlichen Regelung unter Berücksichtigung

---

906 Aus der Rspr. etwa BGH, NJW 1978, 264 (Ls. 1); NJW-RR 1987, 989 f.; OLG Frankfurt, DB 1988, 104. Vgl. aus der Literatur etwa *Kamanabrou*, in: Oetker-HGB, § 139 Rn. 25; *Lorz*, in: EBJS, § 139 Rn. 6; *Klein/Lindemeier*, in: MüHdb-GesR Bd. 1, § 79 Rn. 25; *W. Kössinger*, in: Nieder/Kössinger, § 20 Rn. 38; *Michalski*, DB 1980, Beilage Nr. 5, 1, 15. I.E. wohl auch *Lehleiter*, in: Schwerdtfeger, § 139 HGB Rn. 5 ff. S. auch *Bayer/Lieder*, Repetitorium, Rn. 750; *Lieder/Berneith*, JuS 2015, 1063, 1066; *Lorz/Kirchdörfer*, Unternehmensnachfolge, Kap. 7 Rn. 35.

907 *C. Schäfer*, in: Staub HGB, § 139 Rn. 22; *Emmerich*, in: Heymann-HGB, § 139 Rn. 6, 32; *Haas*, in: Röhricht/V. Westpfahlen/Haas, § 139 Rn. 9; *Habermeier*, in: Staudinger-BGB (2003), § 727 Rn. 27; *Hadding/Kießling*, in: Soergel-BGB, § 727 Rn. 41 a.E.; *H.P. Westermann*, in: Erman-BGB, § 727 Rn. 7, 15; *Burandt*, in: Burandt/Rojahn, § 1922 BGB Rn. 53. Nicht eindeutig *Pauli*, Ubg 2013, 229, 230; *M. Roth*, in: Baumbach/Hopt, § 139 Rn. 10; *Kindler/Gubitz*, in: Hausmann/Hohloch, Kap. 22 C. Rn. 106; *Arnold-Lehmann*, in: BeckOK-HGB, § 139 Rn. 12: „[…] im Wege der ergänzenden Vertragsauslegung […] umzudeuten“. S. auch *Heydn*, Nachfolge, S. 149.

908 Entgegen vieler *Neuner*, FS Canaris I, 901, 918; *Wolf/Neuner*, AT, § 35 Rn. 68; *Wieacker*, JZ 1967, 385, 390.

des durch den tatsächlichen Willen manifestierten Regelungsplans.[909] Wenngleich durch das Heranziehen hypothetischer Willensmomente eine Parallelität zu § 140 BGB besteht,[910] ist beides unbedingt zu trennen, denn die ergänzende Auslegung findet – nochmals – nach zutreffender Ansicht unverrückbar nur auf an sich wirksame Geschäfte Anwendung,[911] während die Umdeutung der Nichtigkeit/Unwirksamkeit abhilft. Trotz der fließenden Grenzen ist eine tatsächliche Überschneidung beider Anwendungsgebiete insgesamt daher kaum denkbar. Allenfalls kann eine fehlgeschlagene ergänzende Auslegung zur Unwirksamkeit führen und dabei den Anwendungsbereich des § 140 BGB erst eröffnen.[912]

bb) Übertragung auf das Problem

Wenn man diese Trennung von ergänzender Auslegung und Umdeutung berücksichtigt, kann der Ruf nach letzterer für qualifizierte erbrechtliche Nachfolgeklauseln keine Gefolgschaft erhalten. Anders als die rechtsgeschäftlichen sind die erbrechtlichen Klauseln in den hier beschriebenen Fällen nicht nichtig oder unwirksam, sondern als solche wirksam und schaffen insbesondere die mit ihnen beabsichtigte Rechtsfolge des „Vererblichstellens".[913] Dass der einst angedachte Erbe letztlich doch nicht in die Gesellschaft eintritt, also gleichsam die sekundäre Folge der Klausel ausbleibt, hat mit dieser nichts zu tun. Maßgeblich ist allein die mangelnde Umsetzung durch eine entsprechende Verfügung von Todes wegen. Anders formuliert: Der Nichteintritt des Erben resultiert nicht aus der Klausel selbst, sondern allein aus der Nichtexistenz einer entsprechenden Verfügung von Todes wegen und damit eines anderen Rechtsgeschäfts, was die Klausel als solche aber nicht unwirksam werden lässt. Somit wäre bereits die erste von § 140 BGB postulierte Voraussetzung eines nichtigen Rechtsgeschäfts nicht gegeben,[914] weshalb auch die Frage, was bei Kenntnis der

909 Vgl. o. § 3 C. I. 2. c) bb) 2) m. Fn. 514.

910 Vgl. o. § 2 C. III. 3. b).

911 Vgl. o. § 2 B. V. 4. a).

912 Vgl. zu den gegenstandslosen Geschäften o. § 2 C. III. 1. b).

913 Vgl. auch *C. Schäfer,* in: Staub-HGB, § 139 Rn. 22: „wirkungslos"; ferner *K. Schmidt*, in: BeckOK-HGB, § 139 Rn. 17; *Habermaier*, in: Staudinger-BGB (2003), § 727 Rn. 19; *Kindler/Gubitz*, in: Hausmann/Hohloch, Kap. 22 C. Rn. 104: „geht ins Leere"; *Kamanabrou*, in: Oetker-HGB, § 139 Rn. 25; *Hadding/Kießling*, in: Soergel-BGB, § 727 Rn. 41; *Lorz*, in: EBJS, § 139 Rn. 6; *Pauli*, Ubg 2013, 229, 230; *Reimann*, ZEV 2002, 487, 488: „scheitert".

914 Zurückhaltend auch *Ulmer*, ZGR 1972, 195, 201.

Nichtigkeit gewollt gewesen wäre, überhaupt nicht beantwortet werden kann. Die Umdeutung ist hier zur Lückenfüllung also per se unbrauchbar; vielmehr liegt ein wirksames Rechtsgeschäft vor, welches mangels sekundärer Rechtsfolge bloß eine Lücke offenbart und damit den Anwendungsbereich der ergänzenden Auslegung eröffnet.

Ohnehin gilt die ergänzende Auslegung immer dann als maßgebliches Institut, wenn sich die rechtlichen respektive tatsächlichen Umstände zwischen Rechtsgeschäftsabschluss und Beurteilungszeitpunkt geändert haben,[915] was auf erfolglose qualifizierte Nachfolgeklauseln ohne weiteres zutrifft: Im Zeitpunkt der Vereinbarung einer qualifizierten Klausel muss sich der Wille aller Gesellschafter apriorisch auf die konkretisierte Person bezogen haben. Die Umsetzung dieses Willens muss beim verstorbenen Erblasser bis zum Erbfall aber wenigstens in Vergessenheit geraten sein (oder per Verfügung von Todes wegen verhindert worden sein), womit sich die Umstände („X wird Erbe") signifikant geändert haben.

Insbesondere trifft es nicht das Richtige, wenn man sich deshalb auf die Umdeutung beruft, weil dieselbe (vermeintlich) in der Rechtsprechung auch bei bloß wirkungslosen Geschäften herangezogen wird.[916] Zum einen ist die Annahme wenigstens bezüglich der angeführten Entscheidungen unzutreffend,[917] zum anderen würde es die These auch dann nicht richtiger machen, wenn sie tatsächlich in den Judikaten getroffen worden wäre.

---

915 Vgl. *Dörner*, in: HK-BGB, § 157 Rn. 4; *Wolf*, in: Sorgel-BGB, § 157 Rn. 103; *Brinkmann*, in: PWW-BGB, § 157 Rn. 19; *Mansel*, in: Jauernig-BGB, § 157 Rn. 2; *Wendtland*, in: BeckOK-BGB, § 157 Rn. 35 ff.

916 So jedenfalls *C. Schäfer*, in: Staub-HGB, § 139 Rn. 22 m. Fn. 51.

917 Zum einen beruft sich *C. Schäfer* auf BGHZ 50, 45, 48 f. Hier wird zwar eine wirkungslose Eigentums- als Anwartschaftsrechtsübertragung erhalten; von Umdeutung ist indes nicht die Rede (i.S. *C. Schäfers* indes auch *Brehm/Berger*, Sachenrecht, § 31 Rn. 9 a.E.; *Gursky*, Klausurenkurs, Rn. 131 f.; a.A. aber etwa *Würdinger*, NJW 2008, 1422, 1424; vgl. auch *Medicus/Petersen*, BR (24. Aufl. 2013), Rn. 560: „Solche bloße Erfolglosigkeit meint § 139 [BGB] nicht"). Zum anderen beruft er sich auf BGH, NJW 1981, 977 und dabei auf eine vermeintlich „wirkungslose" Kündigung. Liegt ein notwendiger Grund indes nicht vor, ist die Kündigung nicht bloß wirkungslos, sondern unwirksam (vgl. für das Arbeitsrecht § 4 KSchG [„rechtsunwirksam"] – gleiches gilt nach zutreffender Auffassung auch für Kündigungen im Mietrecht, vgl. *Bork*, AT, Rn. 1228; *M. Kahl*, Grenzen, S. 56; a.A. BGH, NJW 1981, 43, 44); endgültig unwirksame Geschäfte sind aber in jedem Fall konvertibel, vgl. o. § 2 C. III. 1. b).

cc) Hypothetischer Wille i.R. der ergänzenden Auslegung

Betrachtet man nach dem Gesagten allein die ergänzende Auslegung, wird derselben der insofern ausschlaggebende hypothetische Wille des Erblassers kaum entgegenstehen.[918] Für ihn verhindert die Auslegung, dass sein Anteil den übrigen Gesellschaftern anwächst. Überdies befände sich ein solch hypothetischer Erhaltungswille auch im Einklang mit dem realen Willen, wobei letzterer schon apriorisch die äußeren Grenzen für ersteren setzt.[919] Denn: Wenngleich der Erblasser seinen Willen inzwischen womöglich geändert hat, erfolgte dies allein bezüglich seiner Vermögensnachfolge im Generellen. Ohne weitere Anhaltspunkte wird man nicht gleichzeitig annehmen dürfen, dass die einst bedachte Person den Unternehmensanteil im Konkreten keinesfalls erhalten soll. Exemplarisch können insofern Fälle gelten, in denen es dem Erblasser nicht mehr erinnerlich war, dass er den im Gesellschaftsvertrag vorgesehenen Dritten auch als Erben einsetzen muss.[920]

Auch den übrigen Gesellschaftern wird ein der Eintrittsklausel entgegenstehender Wille nicht grundsätzlich unterstellt werden können. Insbesondere wäre auch bei wirkender Nachfolgeklausel eine gegebenenfalls vorteilhafte[921] Anwachsung ausgeblieben. Problematisch erscheint es auf den ersten Blick indes, dass bei umgesetzter Nachfolgeklausel letztlich keine Abfindungsansprüche der Erben i.S.v. § 131 Abs. 3 Nr. 1 HGB i.V.m. §§ 738 Abs. 1 S. 2 BGB, 105 Abs. 2, 161 Abs. 2 HGB entstünden[922] und diese daher häufig auch wohl nicht ausgeschlossen wurden.[923] Bei der ersatzweise geltenden Eintrittsklausel könnten sich die Erben folglich sowohl

918 So zu verstehen auch *Michalski*, DB 1980, Beilage Nr. 5, 1, 15 f.

919 S. dazu RGZ 129, 80, 88; BGHZ 9, 273, 279; 90, 69, 77; BGH, NJW 2002, 2310, 2311; 2009, 1348, 1349; 2009, 1482, 1484; *Mayer-Maly*, FS Flume I, 621, 625; *Busche*, in: MüKo-BGB, § 157 Rn. 55.; *H. Roth*, in: Staudinger-BGB (2015), § 157 Rn. 31; *Hammann*, ErbR 2014, 420, 424.

920 Vgl. *Lieder/Berneith*, JuS 2015, 1063, 1066 (dort Fall 4). Anderes gilt natürlich, wenn sich der Erblasser bewusst gegen die Erbeinsetzung der bestimmten Person ausspricht.

921 Selbstredend kann die Anwachsung auch mit erheblichen Nachteilen verbunden sein. Dies bliebe ein Problem des Einzelfalles.

922 BGHZ 50, 316, 318; BFH, NJW 1982, 407, 408; *Hadding/Kießling*, in: Soergel-BGB, § 727 Rn. 31; *K. Schmidt*, Gesellschaftsrecht, S. 1345; *ders.*, in: MüKo-HGB, § 139 Rn. 19; *Kamanabrou*, in: Oetker-HGB, § 139 Rn. 21 m.w.N.

923 Zur grds. Zulässigkeit bereits RGZ 145, 289, 294; 171, 345, 350; ferner BGHZ 22, 186, 194, BGH, LM Nr. 3 zu § 115 HGB, OLG Düsseldorf, MDR 1977, 932; *K. Schmidt*, in: MüKo-HGB, § 139 Rn. 161; *ders.*, Gesellschaftsrecht, S. 1336 f.; *Lorz*, in: EBJS, § 131 Rn. 125 m.z.N. Kritisch hingegen *Emmerich*, in: Heymann-HGB, § 131 Rn. 44.

bei ausgeübter[924] als auch bei nicht wahrgenommener Eintrittsoption[925] auf eben diese Ansprüche berufen. Zu erkennen bleibt freilich, dass die Eintrittsklausel i.R. des hypothetischen Willens der wirkungslosen Nachfolgeklausel gegenübergestellt werden muss; bei letzterer entstehen die Ansprüche aber gleichermaßen.[926] Von daher ist die Gesellschaft der Abfindung bei mangelnder Umsetzung der Nachfolgeklausel ohnehin ausgesetzt, sodass der Wille hinsichtlich einer ergänzenden Auslegung nicht per se abgelehnt werden kann[927].[928]

Anders verhält es sich regelmäßig selbst dann nicht, wenn in dem Gesellschaftsvertrag trotz Vereinbarung einer erbrechtlichen Nachfolgeklausel „sicherheitshalber" auch Abfindungsansprüche ausgeschlossen werden. Zwar kann der Ausschluss mangels Nichtigkeit der Nachfolgeklausel nicht über § 139 BGB bedeutungslos werden, weshalb in der Konsequenz weder ein neuer Gesellschafter hinzutritt noch Abfindungsansprüche entstehen; eine womöglich günstige Situation für die verbleibenden Gesellschafter. Jedoch haben sie zum Zeitpunkt des Gesellschaftsvertragsabschlusses gerade den Willen gefasst, dass dem nun verstorbenen Gesellschafter diese konkretisierte Person (oder Personen) in seiner Stellung nachfolgt. Daher ist im Zweifel auch davon auszugehen, dass sie im selben Moment bei Kenntnis der Umstände wenigstens eine Eintrittsklausel zugunsten derselben Person(en) gewählt hätten,[929] zumal Abfindungsansprüche nach wie vor nicht anfallen.

---

924 Vgl. *Hadding/Kießling*, in: Soergel-BGB, § 727 Rn. 16; *C. Schäfer*, in: Staub-HGB, § 139 Rn. 19; *dens.*, in: MüKo-BGB, § 727 Rn. 58; *dens.*, Gesellschaftsrecht, § 9 Rn. 36; *Götte*, DNotZ 1988, 603 ff.; *K. Schmidt*, Gesellschaftsrecht, S. 1347; *dens.*, in: MüKo HGB, § 139 Rn. 28; *Bayer/Lieder*, Repetitorium, Rn. 755; *Windbichler*, Gesellschaftsrecht, § 15 Rn. 5. A.A. wohl *Flume*, AT I/1, S. 393 f.; *Ulmer*, BB 1977, 805, 807 („Nichtausübung").

925 Ausdrücklich *Götte*, DNotZ 1988, 603, 605. Arg. e auch *C. Schäfer*, in: MüKo-BGB, § 727 Rn. 58.

926 S. auch *C. Schäfer*, in: Staub-HGB, § 139 Rn. 20.

927 Etwas zurückhaltender indes *Kamanabrou*, in: Oetker-HGB, § 139 Rn. 26. Ob dem Eintrittsberechtigten der Wert der Gesellschafterstellung gleichwohl durch die Erbmasse zugewiesen ist, kann aber richtigerweise nur i.R. seiner Entscheidung hinsichtlich der Ausübung des Eintrittsrechts relevant sein.

928 *C. Schäfer* (in: Staub-HGB, § 139 Rn. 22) möchte i.R. der von ihm bemühten „Umdeutung" auch prüfen, ob das Ersatzgeschäft als solches mit ausgeschlossenen Abfindungsansprüchen zu verstehen ist. Dies ist i.R.v. § 140 BGB indes durchaus problematisch.

929 Vgl. auch BGH, NJW 1978, 264, 265: „Aus der Tatsache, daß die Gesellschafter überhaupt eine Nachfolgeregelung getroffen haben, kann im Regelfall geschlossen werden, daß sie sich in einer solchen Lage für die Eintrittsregelung entschieden hätten".

Etwas anderes wäre allenfalls dann anzunehmen, wenn für die ergänzende Auslegung auf den Zeitpunkt der Auslegung selbst abgestellt würde, weil sich gerade dann die für die übrigen Gesellschafter vorteilhafte Situation ergeben würde. Freilich kann es darauf wie bei der Umdeutung[930] nicht ankommen: Im Sinne der Privatautonomie muss prinzipiell der getroffene, wenngleich lückenhafte Konsens – und damit der Zeitpunkt des Vertragsschlusses – entscheidend sein.[931] Alles andere würde zu einer durchaus bedenklichen „objektiven Abstraktion" des Vertragswillens führen.[932] Daneben zwingt der Grundsatz pacta sunt servanda dazu, dass Änderungen der Umstände nur bei tatsächlichem Einvernehmen an dem Ausgangsgeschäft etwas zu ändern vermögen. Dies zeigt sich gerade anhand von § 313 BGB.[933]

c) *Zusammenfassende Würdigung*

Zusammenfassend ist insofern allein auf die ergänzende Auslegung abzustellen, deren Anwendungsbereich problemlos als eröffnet angesehen werden kann. Überdies werden die Voraussetzungen der Auslegung nach dem Gesagten in einer Vielzahl von Fällen gegeben sein. Wer dem widerspricht, dürfte sich aufgrund der Dogmatik von § 140 BGB auf diesen ebenso wenig berufen, womit im Grund keine Erhaltungsmöglichkeit verbliebe. Dies wäre mit der Privatautonomie der Parteien indes nur bedingt vereinbar, womit an dieser Stelle ein weiteres Mal verdeutlicht wird, dass Umdeutung und Auslegung nicht nur um der dogmatischen Streitigkeit willen zu trennen sind. Interessant ist nota bene, dass die sich für eine Umdeutung aussprechenden Autoren ihre Auffassung oftmals mit Entscheidungen des BGH belegen,[934] obwohl dieser in allen zitierten Entscheidungen klar von „ergänzender Auslegung" spricht.[935] Zudem ist es

---

930 Vgl. § 2 C. III. 3. c).

931 BGHZ 81, 135, 141; 123, 281, 285; 164, 297, 317; LAG Schleswig-Holstein, NJW-RR 2008, 137; OLG Schleswig, NJW-RR 2008, 1705, 1706; *Armbrüster*, in: Erman-BGB, § 157 Rn. 30; *Brinkmann*, in: PWW-BGB, § 157 Rn. 27; *Busche*, in: MüKo-BGB, § 157 Rn. 50 m.w.N.; *Ellenberger*, in: Palandt, § 157 Rn. 7; *Looschelders*, in: NK-BGB, § 157 Rn. 24; *H. Roth*, in: Staudinger-BGB (2015), § 157 Rn. 34; a.A. *Mansel*, in: Jauernig-BGB, § 157 Rn. 4; *Neuner*, FS Canaris I, 901, 915 f.; *Wolf*, in: Soergel-BGB, § 157 Rn. 132; *Flume*, AT II, S. 326.; ungenau noch BGHZ 23, 282, 285.

932 *Mayer-Maly*, FS Flume I, 621, 626.

933 Ausdrücklich *Armbrüster*, in: Erman-BGB, § 157 Rn. 30.

934 Vgl. die in Fn. 907 Genannten bzgl. BGH, NJW 1978, 264 und NJW-RR 1989, 989 sowie bzgl. OLG Frankfurt, DB 1988, 104.

935 Ausdrücklich BGH, NJW 1978, 264, 265: „Ist diese jedoch gescheitert, so stellt sich bei der dann vorzunehmenden *ergänzenden Vertragsauslegung* [...]". OLG Frankfurt,

kontradiktorisch, einerseits eine Umdeutung bemühen zu wollen, andererseits für die qualifizierte Nachfolgeklausel zu verlangen, „dass sie als Vertrag zugunsten Dritter *aufgefasst* werden kann".[936] Kann eine Vereinbarung als Vertrag zugunsten Dritter und damit als Eintrittsklausel *aufgefasst* werden, bliebe für die Umdeutung überhaupt kein Raum, da bereits die erläuternde Auslegung zur Eintrittsklausel führte.

D. Besonderheiten bei der Partnerschaftsgesellschaft nach dem PartGG

Als „Schwesterfigur" zur OHG wird bisweilen die Partnerschaftsgesellschaft (PartG) nach dem PartGG bezeichnet.[937] In der Tat ist die Nähe letzterer zur OHG schon aufgrund der in § 4 Abs. 1, § 6 Abs. 3, § 7 Abs. 2, 3, 5, § 8 Abs. 1, § 9 Abs. 1, 4 und § 10 PartGG enthaltenen Verweisungen auf das OHG-Recht kaum zu leugnen.[938] Obschon die PartG freilich allein auf freie Berufe und damit gerade nicht auf ein Handelsgewerbe ausgerichtet ist (§ 1 Abs. 1 S. 2 PartGG), zeigen sich auch materiell-rechtliche Parallelen zu den Personenhandelsgesellschaften des HGB. Dies gilt namentlich für die Eigenschaft als Trägerin des Gesellschaftsvermögens, die aktive und passive Parteifähigkeit und wenigstens im Grundsatz auch für das Prinzip der persönlichen Haftung (§ 8 Abs. 1, 2 PartGG).[939]

Hinsichtlich der mit dem Versterben eines Partners eintretenden Rechtsfolgen ist zunächst der in § 9 Abs. 1 PartGG getroffene Verweis auf § 131 HGB

DB 1988, 104: „[…] besteht die Möglichkeit, der Nachfolgeklausel im Wege *ergänzender Vertragsauslegung* die Bedeutung eines rechtsgeschäftlichen Eintrittsrechts zuzuerkennen". Hervorhebungen vom Verfasser.

936 So aber *C. Schäfer*, in: Staub-HGB, § 139 Rn. 22. Hervorhebung vom Verfasser.

937 Prägnant *K. Schmidt*, ZIP 1993, 633, 635. Zustimmend *Lenz*, in: Meilicke/v. Westphalen/Hoffmann/Lenz, § 1 Rn. 19; *Römermann*, in: Michalski/Römermann, Einführung Rn. 83; *Brüggemann*, in: Feuerich/Weyland, § 1 PartGG Rn. 5; *Hornung*, Rpfleger 1995, 481, 482. Vgl. auch *Oppermann*, AnwBl 1995, 453, 454: „Unechte OHG"; *C. Schäfer*, Gesellschaftsrecht, § 21 Rn. 2: „OHG für Freiberufler".

938 Vgl. auch *Hirtz*, in: Henssler/Strohn, § 1 PartGG Rn. 3; *Lenz*, in: Meilicke/v. Westphalen/Hoffmann/Lenz, § 1 Rn. 19; Römermann, in: Michalski/Römermann, Einführung Rn. 83 ff.; *Brüggemann*, in: Feuerich/Weyland, § 1 PartGG Rn. 5 f.; *C. Schäfer*, in: MüKo-BGB, Vorbemerkungen PartGG Rn. 13; *Seibert/Kilian*, in: Kilian-PartGG, Einführung Rn. 9; *Saenger*, Gesellschaftsrecht, Rn. 400; *C. Schäfer*, Gesellschaftsrecht, § 21 Rn. 2; *Windbichler*, Gesellschaftsrecht, § 16 Rn. 1.

939 Ausdrücklich auch *Römermann*, in: Michalski/Römermann, Einführung Rn. 84; *Seibert/Kilian*, in: Kilian-PartGG, Einführung Rn. 10; *Hornung*, Rpfleger 1995, 481, 482.

bedeutsam, wonach der Tod bloß zum Ausscheiden des Partners, nicht zur Auflösung der PartG führt (§ 131 Abs. 3 Nr. 1 HGB). Ebenso wie in der OHG ist es den Partnern ferner überlassen, Nachfolgeregeln in den Gesellschaftsvertrag aufzunehmen (§ 9 Abs. 4 S. 2 PartGG). Bezüglich der in Betracht kommenden Arten von Nachfolgeklauseln und deren Besonderheiten kann hierfür in vielem auf das zur OHG Gesagte verwiesen werden.[940] Allerdings zeitigt das PartGG – auch für die PartGmbB (§ 8 Abs. 4 PartGG) – einen durchaus gewichtigen Unterschied für die Ausgestaltung dieser Klauseln: Aufgrund der Beschränkung der Gesellschaftsform auf freie Berufe und des damit einhergehenden Vertrauensverhältnisses[941] kann die Nachfolge nur durch Personen angetreten werden, die nach § 1 Abs. 1, 2 PartGG Gründungspartner hätten werden können (§ 9 Abs. 4 S. 2 PartGG). Ohne weiteres ist der Kreis der Nachfolgeberechtigten damit nur bedingt eingeschränkt, weil es das Gesetz etwa zulassen würde, dass einem verstorbenen Rechtsanwalt ein Arzt in die PartG nachfolgt. In der Praxis ist bei der exakten Umsetzung der durch § 9 Abs. 4 S. 2 PartGG postulierten Besonderheit daher Genauigkeit geboten.[942]

I. Unwirksame Eintrittsklausel

Abseits dieser Genauigkeit kann für Nachfolge- und Eintrittsklauseln schon qua Gesetz nicht uneingeschränkt dasselbe gelten, wie für entsprechende Klauseln in Personenhandelsgesellschaften. Rechtsgeschäftliche Eintrittsklauseln können vielmehr nur dann überhaupt wirksam vereinbart werden, wenn der bedachte Dritte/Erbe im Zeitpunkt des Erbfalls den Anforderungen des § 1 Abs. 1, 2

---

940 *Heydn*, Nachfolge, S. 33; *Hoffmann*, in: Meilicke/v. Westphalen/Hoffmann/Lenz, § 9 Rn. 39–41; *Römermann*, in: Michalski/Römermann, § 9 Rn. 29; *C. Schäfer*, in: MüKo-BGB, § 9 PartGG Rn. 29 a.E.; *Hornung*, Rpfleger 1996, 1, 5; vgl. auch BT-Drs. 12/6152, S. 21. S. auch *Marotzke*, in: Staudinger-BGB (2008), § 1922 Rn. 201. Vgl. zu den Grundsätzen bei der OHG, KG und GbR o. § 4 B.

941 Vgl. bereits BT-Drs. 12/6152, S. 21. S. ferner *Brüggemann*, in: Feuerich/Weyland, § 9 PartGG Rn. 22; *Stein*, in: Soergel-BGB, § 1922 Rn. 74.

942 S. etwa *Hoffmann*, in: Meilicke/v. Westphalen/Hoffmann/Lenz, § 9 Rn. 44; *Salger*, in: MüHdb-GesR Bd. 1, § 44 Rn. 44. S. bereits BT-Drs. 12/6152, S. 21. Problematisch ist überdies, dass sich jede erwerbsfähige Person bei nicht geschützten Berufen als Freiberufler bezeichnen kann. Vgl. zu der Frage, inwieweit § 1 Abs. 3 PartGG auch i.R.v. § 9 Abs. 4 S. 2 PartGG gilt, *Heydn*, Nachfolge, S. 38; *dies.*, ZEV 1998, 161, 162.

PartGG – gegebenenfalls mit Ablauf einer dafür gesetzten Frist[943] – genügt.[944] Sofern das nicht der Fall ist, wäre der Anwendungsbereich des § 140 BGB grundsätzlich eröffnet und daher an eine Umdeutung in eine Eintrittsklausel zugunsten einer qualifizierten Person zu denken. Entscheidendes Kriterium hierfür ist abermals der notwendige hypothetische Parteiwille. Da sich aber alle Partner grundsätzlich für das Eintrittsrecht der unqualifizierten Person entschieden haben, wird das Vorliegen dieses Parteiwillens im Zweifelsfall abzulehnen sein.

II. Erfolglose einfache Nachfolgeklausel

Im Rahmen einfacher erbrechtlicher Nachfolgeklauseln wird die Partnerschaftsstellung prinzipiell derart vererblich gestellt, dass alle Personen der Erbengemeinschaft die Nachfolge antreten. Wegen § 9 Abs. 4 S. 2 PartGG reduziert sich diese Rechtsfolge jedoch nur auf die insofern qualifizierten Erben, was im Einzelfall alle, mehrere oder nur eine Person der Erbengemeinschaft ausmachen kann.[945] Obschon also auch bei der PartG einfache Nachfolgeklauseln möglich sind, können sie anders als etwa bei der OHG durchaus scheitern. Dies gilt immer dann, wenn der Erblasser keinerlei qualifizierten Erben i.S.v. § 9 Abs. 4 S. 2 PartGG hinterlässt. Da das eigentliche Ziel der Klausel – das Vererblichstellen[946] – aber erreicht und sie somit wirksam ist, kann der mangelnden Rechtsfolge nicht mit der Umdeutung, sondern allein mit der ergänzenden Auslegung abgeholfen werden.[947] Denkbar wäre insofern allenfalls eine Eintrittsklausel, schon weil eine qualifizierte Nachfolgeklausel mangels qualifizierten Erbens ebenso scheitern

---

943 Vgl. *Hoffmann*, in: Meilicke/v. Westphalen/Hoffmann/Lenz, § 9 Rn. 42; *Römermann*, in: Michalski/Römermann, § 9 Rn. 33. S. auch *Heydn*, ZEV 1998, 161, 164.

944 Vgl. *Hoffmann*, in: Meilicke/v. Westphalen/Hoffmann/Lenz, § 9 Rn. 42; *Römermann*, in: Michalski/Römermann, § 9 Rn. 33 f.; *C. Schäfer*, in: MüKo BGB, § 9 PartGG Rn. 26; *Stein*, in: Soergel-BGB, § 1922 Rn. 74. Rechtsdogmatisch wird man auch ohne ausdrückliche Nennung nicht selten eine aufschiebende Befristung annehmen müssen: Dem Dritten soll ein Eintrittsrecht zustehen, wenn er bis zum Zeitpunkt des Todes (oder einem anderen Zeitpunkt) die notwendige Qualifikation aufweist.

945 *C. Schäfer*, in: MüKo-BGB, § 9 PartGG Rn. 29. S. auch *Hoffmann*, in: Meilicke/v. Westphalen/Hoffmann/Lenz, § 9 Rn. 42; *Römermann*, in: Michalski/Römermann, § 9 Rn. 30.

946 Ausdrücklich für die PartG: *Heydn*, Nachfolge, S. 7, 33 f.; *Hirtz*, in: Henssler/Strohn, § 9 PartGG Rn. 32; *Hoffmann*, in: Meilicke/v. Westphalen/Hoffmann/Lenz, § 9 Rn. 39–41; *Brüggemann*, in: Feuerich/Weyland, § 9 PartGG Rn. 22 a.E.; *Seibert/Kilian*, in: Kilian-PartGG, § 9 Rn. 9; *C. Schäfer*, Gesellschaftsrecht, § 25 Rn. 2; *Windbichler*, Gesellschaftsrecht, § 16 Rn. 11.

947 A.A. *C. Schäfer*, in: MüKo-BGB, § 9 PartGG Rn. 27 (Umdeutung).

würde. Schlussendlich wird der hypothetische Parteiwille für eine Eintrittsklausel, die (irgendeinen) qualifizierten Dritten berechtigten müsste, kaum anzunehmen sein, weshalb es nicht selten bei der Wirkungslosigkeit verbleiben wird.

III. Erfolglose qualifizierte Nachfolgeklausel

Ebenso wie bei der OHG können qualifizierte erbrechtliche Nachfolgeklauseln bei der PartG nicht zum Erfolg führen, wenn der ausscheidende Partner die zwingend notwendige Umsetzung derselben durch Verfügung von Todes wegen vergisst oder nur eine in der Klausel nicht bedachte Person zum Erben einsetzt. Parallel zur OHG verläuft hierbei auch die Frage nach einer Aufrechterhaltung der im Grunde wirksamen Klausel durch die ergänzende Auslegung,[948] welche nicht selten zu einer Eintrittsklausel führen wird.[949]

Darüber hinaus tritt die Erfolglosigkeit einer qualifizierten Klausel bei der PartG auch dann ein, wenn die im Partnerschaftsvertrag vorgesehene Person letztlich nicht die von § 9 Abs. 4 S. 2 i.V.m. § 1 Abs. 1, 2 PartGG aufgestellten Anforderungen erfüllt.[950] Zu beachten bleibt insbesondere, dass diese Anforderungen bei der Anordnung von Vor- und Nacherbschaft gesondert zu prüfen wären.[951] Jedenfalls wird, anders als in den übrigen Fällen, hierbei auch die ergänzende Auslegung[952] keine Abhilfe schaffen können. Eine Eintrittsklausel zugunsten des Bedachten kommt schon deshalb nicht in Betracht, weil sie nicht von der Notwendigkeit seiner Eignung als Partner i.S.v. § 1 Abs. 1, 2 PartGG entbehrt. Ebenso wenig ist an eine einfache erbrechtliche Klausel als „Ersatzgeschäft" zu denken, da die Partner durch die qualifizierte Klausel eindeutig zu erkennen gegeben haben, dass kein anderer – wenngleich gegebenenfalls qualifizierter – Erbe in die PartG einrücken soll.

---

948 Wiederum a.A. *C. Schäfer*, in: MüKo-BGB, § 9 PartGG Rn. 27 (Umdeutung). Ungenau *Heydn*, Nachfolge, S. 149.

949 I.E. ebenso *Heydn*, Nachfolge, S. 149.

950 S. auch *Hoffmann*, in: Meilicke/v. Westphalen/Hoffmann/Lenz, § 9 Rn. 42; *Römermann*, in: Michalski/Römermann, § 9 Rn. 32; *C. Schäfer*, in: MüKo-BGB, § 9 PartGG Rn. 29.

951 Vgl. zur OHG: BGH, NJW-RR 1987, 989; *Arnold-Lehmann*, in: BeckOK-HGB, § 139 Rn. 15; *Koller*, in: Koller/Kindler/W-H. Roth/Morck, § 139 Rn. 3; *C. Schäfer*, in: Staub-HGB, § 139 Rn. 39. Vgl. allgemein zur Vor- und Nacherbschaft bei Nachfolgeklauseln *W. Roth*, in: W. Roth/Hannes/Mielke, § 3 Rn. 16 ff.

952 An eine Umdeutung ist schon aus methodischen Gründen nicht zu denken.

§ 5. Schlussbetrachtungen

A. Zusammenfassende Würdigung

Mit dem Beginn und dem Ende der Arbeit war gleichermaßen das Ziel verbunden, für viele Detailfragen zu § 140 BGB Licht ins Dunkle zu bringen. Während es anfangs um dogmatische Grundlagenfragen ging, standen zuletzt erb- und gesellschaftsrechtliche Einzelfragen im Vordergrund. Für alle Bereiche kann dabei festgehalten werden: Problemlösungen erfordern kein Spezialwissen, sondern vielmehr eine exakte Auseinandersetzung mit den Tatbestandsvoraussetzungen des § 140 BGB. Das mag wie ein Appell der Ausbildungsliteratur klingen, trifft im Ergebnis aber das Richtige.

Evident wird dies schon im Allgemeinen Teil des BGB und dabei für das viel umstrittene Verhältnis von Auslegung und Umdeutung. Vergegenwärtigt man sich insofern, dass § 140 BGB schon ausweislich des Wortlauts allein auf nichtige Rechtsgeschäfte Anwendung findet, kann die Umdeutung nicht als Auslegung verstanden werden. Denn allein mit letzterer ist es im Ergebnis möglich, die Nichtigkeit des Rechtsgeschäfts festzustellen. Ohnehin scheint die Trennung durch den Grundsatz der Privatautonomie zwingend geboten, wie § 140 BGB wiederum zeigt: Da die Vorschrift mithilfe des hypothetischen Willens eine Aufrechterhaltung ermöglicht, wird durch sie eindeutig suggeriert, dass der tatsächliche Parteiwille auf erster Ebene vollumfänglich zu akzeptieren ist. Das gilt auch dann, wenn er auf ein nichtiges Rechtsgeschäft gerichtet ist und im Ergebnis keine von der Rechtsordnung respektierten Folgen auslösen kann. Erst auf der zweiten Ebene korrigiert die Konversion diesen Umstand. Das würde aber verkannt, zählte man die Umdeutung bereits zur Auslegung und damit zur „ersten Ebene".

Ein Blick auf einzelne Konversionsfälle ermöglicht eine zweite wichtige Erkenntnis – wiederum anhand der Tatbestandsvoraussetzungen: Wenngleich die Umdeutung aufgrund der Berücksichtigung des Parteiwillens einzelfallabhängig bleibt, sind (positive) Zweifelsregeln keinesfalls ausgeschlossen. Die Verifizierung dieser These war ein zentrales Ziel der Arbeit, wobei das Erbrecht hierfür nicht zufällig gewählt wurde: Anders als bei Rechtsgeschäften unter Lebenden kann mit dem Erblasser wenigstens eine Partei nicht mehr gefragt werden, was sie tatsächlich und hypothetisch wollte, womit Zweifelsregeln erheblich an Bedeutung gewinnen. Im Ergebnis sind sie in zweierlei Hinsicht aufzustellen: Zum einen bezüglich der Frage, ob überhaupt ein nichtiges Ausgangsgeschäft vorliegt und die Umdeutung damit *notwendig* wird; zum anderen, ob ein – in Betracht kommendes – Ersatzgeschäft gewollt sein würde und die Umdeutung daher auch *möglich* wird. Bei ersterem geht es wiederum um die Berücksichtigung des tatsächlichen Parteiwillens und darum, ob es eine bewusste Entscheidung für das nichtige Rechtsgeschäft war oder sich dasselbe vielmehr bereits zugunsten der Wirksamkeit auslegen lässt. Bei letzterer Frage geht es zwar gleichermaßen um die Privatautonomie, dabei allerdings um deren Durchsetzung mithilfe des hypothetischen Willens. Wenngleich es dieser These inhärent ist, dass die Zweifelsregeln bloß abstrakte Antworten geben und daher nicht allein ausschlaggebend sein können, vereinfachen sie die Rechtsanwendung und schaffen dabei einen ausreichenden Anhaltspunkt: Kann dieses Rechtsgeschäft prinzipiell als anderes interpretiert werden? Hätten die Parteien bei dieser Art von Ausgangsgeschäft lieber weniger als gar nichts gewollt oder kam es ihnen gerade auf den einen bestimmten Erfolg an? Wie ist es im konkreten Fall?

Auch aus einem weiteren Grund bot sich das Erbrecht als Untersuchungsgrundlage an. Während es im allgemeinen Zivilrecht axiomatisch verstanden wird, dass § 140 BGB seine Grenzen in teleologischen Erwägungen anderer Vorschriften findet, scheint dies im Erbrecht zuweilen unberücksichtigt zu bleiben. Das gilt namentlich für die angeführten Entscheidungen zu § 1365 Abs. 1 S. 1 BGB und zu § 2271 Abs. 2 S. 1 BGB. Beide Judikate sind nur selten auf Kritik gestoßen, was aber angesichts des Regelungsgehaltes der zitierten Normen durchaus überrascht. Diesbezüglich ist daran zu erinnern, dass der Telos des § 140 BGB gleichermaßen in der Beachtung des Parteiwillens und der Rechtsordnung zu suchen ist. Daher muss das Vorliegen einer Konversionsgrenze ebenso minutiös hinterfragt werden, wie die Tatbestandsvoraussetzungen der Norm selbst.

Schlussendlich hat sich aber auch gezeigt, dass die Umdeutung entsprechend des eingangs erwähnten Zitats tatsächlich eine der „elegantesten Denkfiguren der Jurisprudenz" darstellt. Vergegenwärtigen lässt sich das insbesondere mit dem Beispielsfall zu § 134 BGB i.V.m. der jeweiligen, dem § 14 HeimG entsprechenden, Landesnorm:[953] Hier bliebe mit dem Ersatzgeschäft nämlich nicht nur die Rechtsordnung, sondern vor allem auch der Erblasserwille fast vollen Umfangs gewahrt.

B. Einzelne Ergebnisse in 24 Punkten

1. Die Begriffe Konversion und Umdeutung sind entgegen vereinzelter Auffassung kongruent zu gebrauchen und meinen daher dasselbe.[954] Dies gilt spätestens

953 Vgl. o. § 3 C. I. 2. a).
954 Ausf. o. § 2 A.

seit der Schuldrechtsmodernisierung 2002: Hier hat der Gesetzgeber § 140 BGB, also derjenigen Norm, die ausweislich der Gesetzesmaterialien die „Konversion" regeln sollte, mit dem Begriff „Umdeutung" eine amtliche Überschrift zugewiesen. Beide Termini lediglich einzelnen Problemfällen vorzubehalten, erscheint daher unrichtig.

2. Nach umfangreicher Auslegung des § 140 BGB bleibt schlussendlich nur die Erkenntnis, dass es sich bei der Umdeutung – mag es dieses Wort nicht unmittelbar erkennen lassen – um ein von der Auslegung und vor allem von der Teilnichtigkeit zu differenzierendes Rechtsinstitut handelt.[955] Dies zeigt sich sowohl in der grammatischen, systematischen wie auch in der teleologischen Gesetzesauslegung. Darüber hinaus ist aufgrund der Äußerungen der zweiten Kommission zum BGB durchaus ein Beleg in der historischen Auslegung zu finden. Schlussendlich hat damit die am realen Willen orientierte Auslegung von Rechtsgeschäften und Willenserklärungen der auf hypothetischen Momenten basierenden Umdeutung in allen Facetten abschließend voranzugehen. Erst dadurch ist die Frage nach der Nichtigkeit eines Ausgangsgeschäfts unproblematisch und widerspruchslos zu beantworten. Daran ändert auch die vergleichbar anmutende favor testamenti des § 2084 BGB nichts, da auch sie bereits auf der Stufe der Auslegung einer Nichtigkeit entgegenwirken soll, weshalb es im Erfolgsfall zu § 140 BGB nicht mehr kommen kann.

3. Auf § 140 BGB kann es immer dann nicht ankommen, wenn das Gesetz im Rahmen von lex speciales bereits Rechtsfolgen für unwirksame Übereinkommen vorsieht. Darüber hinaus kann § 140 BGB in zwei Fällen aus privatautonomen Gründen unanwendbar sein: Zum einen steht den Parteien ein Ausschluss der Konversion offen, zum anderen ist das Vereinbaren sogenannter „Konversionsklauseln" ohne weiteres möglich. Zu beachten ist in dogmatischer Hinsicht freilich, dass es sich hierbei nicht um aufschiebend bedingte Rechtsgeschäfte handelt, da keine Bedingung i.e.S. vereinbart wird; vielmehr handelt es sich um sogenannte „Unterstellungen".[956]

4. Die „Nichtigkeit" i.S.v. § 140 BGB ist grundsätzlich weit zu verstehen und umfasst auch alle anderen Fälle der endgültigen Unwirksamkeit.[957] Dies muss schon deshalb gelten, weil die Begriffe Nichtigkeit und Unwirksamkeit vom BGB nicht eindeutig getrennt werden. Im Übrigen umfasst der Begriff mangels überzeugender gegenteiliger Aspekte im Grunde auch die über § 142 Abs. 1

955 Ausf. o. § 2 B.

956 Ausf. o. § 2 C. I., II.

957 Ausf. o. § 2 C. III. 1. a), b).

BGB resultierende ex-tunc Nichtigkeit einer erfolgten Anfechtung. Freilich konzentriert sich bereits der reale Wille oftmals auf die Irrtumsfreiheit, sodass § 140 BGB tatbestandlich am hypothetischen Willen scheitern wird. Ansonsten muss die Konversion häufig auch dem im Anfechtungsrecht klassischen Reurecht-Gedanken den Vorrang einräumen, da das tatsächlich von den Parteien Gewollte bereits zu einer Vertragsanpassung, jedenfalls zu einer Einschränkung des § 142 Abs. 1 BGB führt. Da § 139 BGB eine Auslegungsregel ist und der Umdeutung daher voranzugehen hat, kann es im Übrigen nicht zur Konversion von teilnichtigen Rechtsgeschäften kommen; jedenfalls ließe sich ein hypothetischer Parteiwille kaum feststellen.[958]

5. Das in Rede stehende Ersatzgeschäft muss zumindest weniger fehlerhaft sein. Davon abgesehen ist es zur effektiven Durchsetzung der Privatautonomie abzulehnen, dass es auch in dem Ausgangsgeschäft „enthalten" sein muss. Vielmehr können beide Geschäfte in ihrem Typus divergieren. Gleichwohl sind dem Ersatzgeschäft insofern Grenzen gesetzt, als es im Vergleich zur abgeschlossenen Vereinbarung allenfalls ein Aliud ausmachen darf. Das verlangt bereits der Wortlaut von § 140 BGB, nach welchem das Ersatz- dem Ausgangsgeschäft „entsprechen" muss. Ohnehin würde den Parteien anderenfalls ein ungewolltes Geschäft aufgezwungen. Zu beachten ist allerdings, dass das (maximale) Aliudverhältnis nur insgesamt, nicht für alle Einzelfragen der Rechtsgeschäfte einzuhalten ist.[959]

6. Der für § 140 BGB maßgebliche Wille kann allein ein hypothetischer sein, anderenfalls wäre die Umdeutung redundant.[960] Insbesondere obliegt es bereits der (erläuternden) Auslegung, den tatsächlichen und realen Willen der Parteien zu hinterfragen. Entscheidend kann es zudem allein sein, ob die Parteien das Ersatzgeschäft im Zeitpunkt des ursprünglichen Rechtsgeschäftsabschlusses gewollt haben würden. Anderenfalls bliebe verkannt, dass ein wirksames Rechtsgeschäft auch nicht ohne weiteres an Veränderungen angepasst worden wäre, wie § 313 BGB zeigt.

7. Ebenso wenig wie § 140 BGB die Parteien letztlich gegen deren Willen bevormunden soll, darf die Norm zu einem mit der Rechtsordnung unvereinbaren Ergebnis führen.[961] Paradigmatisch dafür gelten zu Recht Geschäfte, die auf ein sittenwidriges Ziel gerichtet sind; gleiches gilt zuweilen für Formvorschriften. Für Unwirksamkeitsvorschriften abseits des Allgemeinen Teils des BGB wird dies allerdings nicht immer konsequent beachtet. Namentlich § 1365 Abs. 1 S. 1 BGB

958 Zu beidem o. § 2 C. III. 1. c), d).
959 Ausf. o. § 2 C. III. 2.
960 Ausf. o. § 2 C. III. 3.
961 Ausf., auch zu § 134 BGB, o. § 2 C. IV.

steht der Konversion nach vorherrschender, aber abzulehnender, Auffassung im Ergebnis nicht entscheidend entgegen. Gleichermaßen verhält es sich hinsichtlich § 2271 Abs. 2 S. 1 BGB. Insoweit wäre richtigerweise darauf zu achten, ob die Anwendung des § 140 BGB die Unwirksamkeitsvorschrift nicht auf sekundärer Ebene aushöhlt.

8. Liegen alle Konversionsvoraussetzungen vor, so gilt das Ersatzgeschäft ex lege. Keinesfalls obliegt dem § 140 BGB oder dem Rechtsanwender eine gestalterische Aufgabe, nach welcher das Ausgangsgeschäft durch einen Akt erhalten wird. § 140 BGB hat vielmehr feststellende Funktion.[962]

9. Die Anwendbarkeit des § 140 BGB im Erbrecht steht außer Frage und tut gerade hier Not,[963] insbesondere weil die Verfügung von Todes wegen nicht erneut aufgesetzt werden kann. Freilich bleibt es auch hier dabei, dass die Auslegung der Umdeutung vorangeht, schon um festzustellen, ob die Verfügung nichtig ist. Obgleich die Umdeutung einzelfallorientiert ist, sind Zweifelsregeln hinsichtlich ihrer Notwendigkeit und Möglichkeit durchaus denkbar.

10. Unstreitig müssen zur Auslegung einer Verfügung von Todes wegen auch außerhalb der Urkunde liegende Aspekte berücksichtigt werden. Dezidiert entgegenzutreten ist aber der sogenannten „Andeutungstheorie", nach welcher diese Umstände wenigstens in der Verfügung angedeutet sein müssen, um formwirksam sein zu können.[964] Gefolgschaft erhalten müssen hier vielmehr die klassischen Gegenargumente, was namentlich für die Unvereinbarkeit der Andeutungstheorie mit dem falsa-demonstratio-Grundsatz gilt. Zudem besteht eine Unvereinbarkeit mit der ergänzenden Rechtsgeschäftsauslegung und im Ergebnis auch mit der Umdeutung. Insbesondere wäre es nicht selten ausgeschlossen, ein formgebundenes Geschäft als Aliud zu diesem aufrechtzuerhalten, obschon dies im Sinne der Parteien wäre. Schlussendlich würde die Andeutungstheorie faktisch zu einem prima-facie Vorrang von Formerfordernissen führen, obwohl angesichts von Art. 2 Abs. 1 GG ein solcher der Privatautonomie einzuräumen ist.

11. Im Ergebnis ist der vorherrschenden Auffassung auch dann zu widersprechen, wenn sie in § 2084 BGB eine Auslegungsregel erkennt. Die benigna interpretatio ist bei genauer Untersuchung redundant, da dieselben Ergebnisse ohne weiteres durch § 133 BGB zu erreichen wären. Realiter handelt es sich bei § 2084

962 Ausf. o. § 2 C. V.
963 Ausf. o. § 3 A.
964 Ausf. o. § 3 B. I. 2., 3.

BGB damit allenfalls um eine Unklarheitenregel, die ein bereits gefundenes Auslegungsergebnis nur erneut untermauert.[965]

12. Bereits bei der Aufrechterhaltung einer inhaltlich nichtigen Verfügung von Todes wegen ist zwischen der Konversionsnotwendigkeit und der -möglichkeit zu differenzieren. Ersteres wird im Zweifel zu bejahen sein, da es zwei inhaltlich vollständig übereinstimmende Verfügungen nicht gibt. Zu bezweifeln ist auch, ob sich ein „oder" als kopulatives „und" verstehen lässt, schon weil „oder" im allgemeinen Sprachgebrauch eher kontravalent zu verstehen ist. Daher kann eine wegen § 2065 BGB nicht mögliche alternative Erbeinsetzung lediglich qua Umdeutung erhalten werden.[966] Etwas anderes ergab sich i.R. der Analyse allenfalls für Vermächtnisse i.S.v. § 2160 BGB; hier hat die ergänzende Auslegung Vorrang.[967]

13. Die Konversionsmöglichkeit fehlt in der Regel bei Verfügungen, die nach § 134 BGB nichtig sind, weil sie gegen die jeweilige, dem § 14 HeimG entsprechende, Landesnorm verstoßen.[968] Dies gebieten dieselben aus teleologischen Gründen. Das Gleiche gilt – wie im allgemeinen Zivilrecht – für sittenwidrige Testamente und Erbverträge; allerdings ist hier an eine geltungserhaltende Reduktion zu denken. Erstreckt sich die Sittenwidrigkeit allein auf eine Bedingung, führt dies in der Regel zur Gesamtnichtigkeit der Verfügung. In der Folge bleibt § 140 BGB anwendbar. Ebenso verhält es sich für Vermächtnisse i.S.v. § 2171 BGB, deren Aufrechterhaltung im Allgemeinen nichts entgegensteht.

14. Einen unmittelbaren Rückschluss für § 140 BGB im Allgemeinen erhellt die Analyse irrtümlicher Verfügungen von Todes wegen.[969] Insbesondere wurde deutlich, dass angefochtene und daher nichtige Verfügungen von Todes wegen als mögliches Ausgangsgeschäft für eine Konversion denkbar sind, da anderenfalls die Kodifikation von § 2078 Abs. 2 BGB in Teilen teleologisch untergraben werden würde. Der Umdeutungswille wird nicht selten dann anzunehmen sein, wenn bereits das vom Erblasser negativ Gewollte feststeht und zur Anfechtung

965 Ausf. o. § 3 B. II.

966 Vgl. zu der Möglichkeit, eine dem Vorerben eingeräumte Befugnis, die Nacherben aus einem von dem Erblasser bestimmten Personenkreis abzuändern, derart umzudeuten, dass die Nacherben unter der Bedingung eingesetzt sind, dass der Vorerbe keine anderweitige Verfügung trifft OLG München, RNotZ 2016, 174, 177. Vgl. dort bereits Ls. 1. S. auch OLG Hamm, NJW-RR 2014, 1288, 1289.

967 Vgl. zu all dem o. § 3 C. I.

968 Ausf. o. § 3 C. I. 2. a).

969 Ausf. o. § 3 C. I. 2. c).

führte. Für § 140 BGB bedeutet dies insgesamt, dass eine Anfechtung das Geschäft nicht „storniert" und damit als Grundlage der Umdeutung ausschließt.

15. Die Aufrechterhaltung nichtiger öffentlicher als privatschriftliche Testamente ist unstreitig möglich und zu Recht allgemein anerkannt. Wiederum erscheint die Konversion aufgrund der Detailunterschiede beider Testamentsarten im Zweifelsfall notwendig, weshalb der „allgemeine Konsens" hinsichtlich einer reinen Auslegungsfrage falsifiziert ist.[970] Die übrigen Tatbestandsvoraussetzungen des § 140 BGB (Konversionsmöglichkeit) werden im Zweifelsfall gegeben sein. Das gilt auch für den hypothetischen Parteiwillen, da ohne Ersatzgeschäft die gesetzliche Erbfolge eintreten würde.

16. Dasselbe gilt für nichtige Erbverträge als Ausgangs- und (gegebenenfalls gemeinschaftliche) Testamente als Ersatzgeschäft.[971] Insbesondere gibt es (bereits bis 1980) Judikate, die die Notwendigkeit einer Umdeutung explizit zeigen. Wiederum spricht zur Vermeidung der gesetzlichen Erbfolge im Zweifelsfall vieles dafür, dass das Ersatzgeschäft gewollt sein würde.

17. Dagegen kann ein Erbvertrag prinzipiell nicht das Ersatzgeschäft eines gescheiterten (gemeinschaftlichen) Testaments sein, da erstere jedenfalls wegen vertragsmäßiger Verfügungen und der mit ihnen einhergehenden Bindungswirkung i.S.v. § 2289 Abs. 1 S. 2 BGB über letztere hinausgehen. Für die Anwendung von § 140 BGB muss der Erbvertrag daher als solcher mit umfassendem Rücktrittsvorbehalt verstanden werden.[972]

18. Die Betrachtung unwirksamer gemeinschaftlicher Testamente lässt mehrere Schlüsse zu. Zunächst handelt es sich bei gemeinschaftlichen Testamenten um eine eigene Testamentsart, womit die Konversion zur Aufrechterhaltung im Zweifelsfall notwendig wird.[973] Darüber hinaus scheitert die Umdeutung nicht an einem expliziten Verbot, auch nicht an § 2265 BGB bei Nichtehegattentestamenten. Vielmehr ist eine Konversion immer dann möglich, wenn es sich um einfache, also nicht wechselbezügliche, Verfügungen handelt, oder das gemeinschaftliche Testament aus zwei formwirksamen Einzeltestamenten besteht. Keine Konvertibilität besteht demgegenüber für korrespektive Verfügungen, da schlussendlich der hypothetische Parteiwille zu verneinen sein wird.[974] Entweder bedingen Verfügungen einander, sodass sie miteinander stehen und fallen, oder eben nicht. Selbst wenn die Wechselbezüglichkeit auf einzelne Fälle der Nichtigkeit

970 Ausf. o. § 3 C. II. 1.
971 Ausf. o. § 3 C. II. 3.
972 Ausf. o. § 3 C. II. 4.
973 Ausf. o. § 3 C. II. 5. a).
974 Ausf. o. § 3 C. II. 5. c).

beschränkt wird, ist das eine Frage des Umfangs, nicht des Wirkungsgrades. Damit ist die mit der Umdeutung verbundene Frage, ob diese Verfügung auch als Einzeltestament erhalten werden soll, schon per Definition zu verneinen. Wer sich darüber hinwegsetzt, erklärt gerade unter dem Aspekt des zufälligen formwirksamen Testierens von einem der Erblasser, dass praktisch beide auch unabhängig von der Verfügung des anderen hätten testieren wollen. Das würde der Korrespektivität aber im Gesamten zuwiderlaufen, wobei es zunächst auch nicht darauf ankommt, ob es reziproke oder drittbegünstigende Verfügungen sind.

19. Die Nichtigkeit einer Verfügung von Todes wegen kann auch darin ihre Ursache haben, dass diese Verfügungsart von der jeweiligen Rechtsordnung überhaupt nicht anerkannt ist. Für Fälle nach neuem Recht beurteilt sich die Beachtung etwaiger Verbote aufgrund der EuErbVO nunmehr stets nach dem Errichtungsstatut. Immer wenn dieses deutsches Recht wäre, würde das im Allgemeinen zur Umdeutungsnotwendigkeit und -möglichkeit Gesagte entsprechend gelten.[975]

20. Die Umdeutung eines lebzeitigen Geschäfts in ein solches von Todes wegen ist jedenfalls dadurch problematisch, dass die Wirksamkeit des Ersatz- von den Formanforderungen an das Ausgangsgeschäft abhängig ist. Davon abgesehen ist eine Konversion notwendig wie möglich, insbesondere besteht prinzipiell eine Kongruenz zwischen beiden Geschäften.[976] Vorsicht ist allein dann geboten, wenn das Ersatzgeschäft eine Erbeinsetzung zur Folge haben soll, da es in diesen Fällen punktuell über das Ausgangsgeschäft hinausgeht. Abseits davon wird der hypothetische Parteiwille im Zweifel abzulehnen sein. Das gilt für den späteren Erblasser genauso, wie für den Vertragspartner – jedenfalls bei entgeltlichen Ausgangsgeschäften.

21. Wiederum anders verhält es sich für die spiegelbildlichen Fälle, in denen eine Verfügung von Todes wegen das Ausgangs-, ein Rechtsgeschäft unter Lebenden das Ersatzgeschäft ausmachen soll.[977] Letztere gehen aufgrund des sofortigen Geltungsanspruches stets über erstere hinaus, womit bereits das Kongruenzerfordernis nicht erfüllt ist. Das folgt aufgrund der §§ 160, 161 BGB erst recht für aufschiebend bedingte/befristete Rechtsgeschäfte. Unabhängig davon wäre im Zweifelsfall kaum davon auszugehen, dass das Geschäft unter Lebenden gewollt sein würde. Dies gilt wenigstens für den Erblasser, der bei ex-tunc Wirkung des Ersatzgeschäfts womöglich schadensersatzpflichtig wäre. Einen absoluten

975 Ausf. o. § 3 C. II. 6.
976 Ausf. o. § 3 C. III. 2.
977 Ausf. o. § 3 C. III. 3.

Ausnahmefall stellt die Konversion eines nichtigen erbvertraglichen Verzichts in einen Vertrag i.S.v. §§ 311b Abs. 4, 5 BGB dar.

22. Ebenfalls aufgrund der mangelnden Kongruenz muss eine Umdeutung scheitern, wenn das Ausgangsgeschäft ein Vertrag zur Errichtung eines Erbvertrages mit Drittbegünstigung ist und das Ersatzgeschäft einen Vertrag zu Gunsten dieses Dritten darstellen soll.[978] Eine andere Auffassung würde vor allem die Intention von § 2302 BGB – Schutz der Testierfreiheit – ins Gegenteil verkehren, wenn der spätere Erblasser schon zu Lebzeiten nicht mehr ohne weiteres verfügen könnte. Ohnehin geben die Parallelitäten zur mittlerweile überwundenen Aushöhlungsnichtigkeit zu erkennen, dass hierbei das Vorliegen des hypothetischen Parteiwillens erst recht zu verneinen ist.

23. Die bis dato gefunden Ergebnisse können für die Aufrechterhaltung nichtiger wie wirkungsloser Nachfolgeklauseln bei Personengesellschaften unmittelbar zu deren dogmatischen Lösung herangezogen werden.[979] Während der Vereinbarung von Eintrittsklauseln häufig keine Probleme entgegenstehen, sind sie im Falle ihrer Unwirksamkeit nicht konvertibel. Umgekehrt verhält es sich für rechtsgeschäftliche Nachfolgeklauseln: Sie sind meist nichtig, können aber etwa als Eintrittsklausel erhalten werden. Für die besonders relevante Kontroverse um wirkungslose qualifizierte Nachfolgeklauseln muss eine Umdeutung hingegen ausbleiben, vielmehr fallen sie unter den Anwendungsbereich der ergänzenden (Vertrags-)Auslegung. Das liegt insbesondere daran, dass derartige Klauseln zwar scheitern, wenn ihre Umsetzung ausbleibt, sie aber keinesfalls unwirksam respektive nichtig sind. Ohnehin ist ihr Ziel erreicht, in dem die Gesellschafterstellung für ausgewählte Personen vererblich gestellt wird. Hinsichtlich der ergänzenden Auslegung bleibt zu erkennen, dass der für sie maßgebliche hypothetische Parteiwille anzunehmen sein wird, womit die nicht umgesetzte Nachfolge- als wirksame Eintrittsklausel erhalten werden kann.

24. Für die der OHG durchaus vergleichbare PartG gilt in vielem dasselbe.[980] Beachtlich ist allein die aufgrund von § 9 Abs. 4 S. 2 PartGG gegebene Besonderheit. Sowohl für die Vereinbarung etwaiger Klauseln, als auch für ihre Aufrechterhaltung gilt daher, dass der Berechtigte respektive Eintretende ausreichende Qualifikationen aufweisen muss, um Partner sein zu können. Gerade bei einfachen erbrechtlichen Nachfolgeklauseln zeigen sich die Auswirkungen der Vorschrift: Zum einen können derartige Klauseln mangels (tauglicher) Erben

978 Ausf. o. § 3 C. IV.
979 Ausf. o. § 4 A.–C.
980 Ausf. o. § 4 D.

scheitern, zum anderen kann dieser Folge in einer Vielzahl von Fällen auch nicht abgeholfen werden, da der hypothetische Parteiwille für allenfalls in Betracht kommende Eintrittsklauseln nicht festgestellt werden kann.

C. Ausblick

Schon aufgrund der hauptsächlich akademischen Bedeutung ist die Wahrscheinlichkeit als gering einzustufen, dass § 140 BGB modifiziert wird. Gleichwohl könnten wenigstens Kontroversen hinsichtlich der Umdeutung im Allgemeinen aufgelöst werden, lautete die Norm etwa wie folgt:

> § *140 Umdeutung.* [1]Ist ein Rechtsgeschäft nach seinem durch Auslegung ermittelten Inhalt nichtig, so gilt anstelle desselben ein anderes Rechtsgeschäft, sofern dieses nicht mit weiterreichenden Folgen verbunden ist und unter Berücksichtigung der wirtschaftlichen Interessen der Parteien anzunehmen ist, dass die Parteien bei Kenntnis der Sachlage und bei verständiger Würdigung das andere Rechtsgeschäft abgeschlossen hätten. [2]Dies gilt entsprechend, wenn die Nichtigkeit auf Anfechtung beruht.

Durch eine derartige Formulierung würde die Auslegung schon grammatikalisch klar von der Umdeutung getrennt. Darüber hinaus wird das auf ein Aliud zu begrenzende Kongruenzerfordernis deutlicher betont, als es bisher der Fall ist. Mit dem letzten Halbsatz wird zweierlei deutlich: Zum einen, dass die Parteien durch die Umdeutung nicht bevormundet werden dürfen, da sie das Rechtsgeschäft bei „verständiger Würdigung" gewollt haben müssten.[981] Zum anderen zeigt sich noch offensichtlicher, dass allein ein hypothetischer Wille maßgeblich ist („abgeschlossen hätten"). Der zweite Satz der Vorschrift stellt schließlich klar, dass angefochtene und daher nichtige Geschäfte im Grunde konvertibel sind.

Dringender Handlungsbedarf besteht insbesondere im Rahmen von § 2080 Abs. 1 BGB bzw. im Zusammenspiel der Norm mit §§ 140, 2081 BGB. Im Ergebnis bedarf es für die aufgezeigten Fallgestaltungen[982] einer Anfechtungsberechtigung von Personen, die erst aufgrund einer Umdeutung den von § 2080 Abs. 1 BGB verlangten „Vorteil" erhalten würden. Zur Vermeidung von Rechtsunsicherheit ist künftig dafür zu sorgen, dass die Berechtigung der Anfechtung nicht erst in einem etwaigen Erbscheinsverfahren hinterfragt wird. Damit würde es insbesondere vermieden, dass dasselbe Ergebnis – wie aktuell versucht – methodisch unvertretbar über eine ergänzende Auslegung erreicht wird. Eine gesetzliche Neuregelung des § 2080 Abs. 1 BGB könnte etwa lauten:

---

981 Zu Letzterem bereits *Wieacker*, FS H. Lange, 1017, 1022.
982 Zum Vergleich s. o. § 3 C. I. 2. c) bb) (2).

§ *2080 Anfechtungsberechtigte.* (1) [1]Zur Anfechtung ist derjenige berechtigt, welchem die Aufhebung der Verfügung von Todes wegen unmittelbar zustatten kommen würde. [2]Liegen im Falle der erfolgten Anfechtung die Voraussetzungen des § 140 vor, so gilt die Aufhebung dem durch das Ersatzgeschäft Bedachten als zustatten gekommen.

Abseits davon ist jedenfalls legislativ kaum Handlungsbedarf zu erkennen, da sich die Vielzahl der hier gefundenen Ergebnisse bereits anhand des Gesetzes festmachen lassen. Dies gilt etwa für §§ 1365 Abs. 1 S. 1, 2271 Abs. 2 S. 1 BGB und auch für korrespektive Verfügungen. Zu hoffen ist vielmehr, dass es an einigen Stellen zu einem Meinungswandel in Literatur und Rechtsprechung kommt. Dies gilt namentlich für die Darstellungen zu sittenwidrigen Rechtsgeschäften, die Andeutungstheorie oder aber auch zur Konversion von erbrechtlichen in lebzeitige Rechtsgeschäfte. Mit Spannung zu erwarten sind zudem höchstrichterliche Entscheidungen des BGH zu den Aspekten, die er bisher entweder offenließ oder über die er mangels Notwendigkeit noch gar nicht entschieden hat. So ist auf dieser Ebene etwa zu klären, ob teilnichtige Rechtsgeschäfte über § 140 BGB erhalten werden können oder ob der BGH ebenfalls erkennt, dass sich das Problem genau genommen gar nicht stellt. Insbesondere bleibt jedoch auf eine Klarstellung des BGH hinsichtlich wechselbezüglicher Verfügungen von Todes wegen zu warten. Angesichts der absolut vorherrschenden Auffassung in Literatur und Rechtsprechung ist zwar davon auszugehen, dass auch der BGH die Konvertibilität bejaht; nach hier vertretener Auffassung bleibt aber wenigstens Gegenteiliges zu hoffen, sodass sich der Gerichtshof an seinen unveröffentlichten Beschluss von 1955 anlehnt.

Wenngleich an dieser Stelle noch einmal betont werden soll, dass die Umdeutung aufgrund der Berücksichtigung des hypothetischen Parteiwillens stets ein einzelfallorientiertes Rechtsinstitut bleiben wird, ist mit dieser Arbeit aber vor allem die Hoffnung verbunden, dass sich die These der (positiven) Zweifelssätze in der Rechtsanwendung (weiter) etabliert, dieselbe damit erleichtert und wenigstens Anhaltspunkte für den Einzelfall geschaffen werden, gerade auch um den Erblasserwillen besonders zu würdigen.

Literaturverzeichnis

Alexander, Kurt: Der Begriff der Unwirksamkeit im BGB, Berlin 1903 (zitiert als: *Alexander*, Unwirksamkeit)

Alternativkommentare: Kommentar zum Bürgerlichen Gesetzbuch, Band 1 Allgemeiner Teil, §§ 1–240, hrsg. v. Gert Brüggemeier u.a., Neuwied u.a. 1987 (zitiert als: *Autor*, in AK-BGB)

Alternativkommentare: Kommentar zum Bürgerlichen Gesetzbuch, Band 6 Erbrecht, §§ 1922–2385, hrsg. v. Gert Brüggemeier u.a., Neuwied 1990 (zitiert als: *Autor*, in AK-BGB)

Ammon, Ludwig: Gesellschaftsrechtliche und sonstige Neuerungen im Handelsrechtsreformgesetz – Ein Überblick, in: Deutsches Steuerrecht 1998, S. 1474–1480

Baldus, Manfred: Die alternative Erbenberufung – Ein Beitrag zur Auslegung der §§ 2065 Abs. 2, 2073 BGB, in: Juristische Rundschau 1969, S. 179–180

Battes, Robert: Der erbrechtliche Verpflichtungsvertrag im System des Deutschen Zivilrechts, in: Archiv für die civilistische Praxis 178 (1978), S. 337–379

Battes, Robert : Rechtsformautomatik oder Willensherrschaft?, in: Archiv für die civilistische Praxis 174 (1974), S. 429–464

Baumbach, Adolf/Hopt, Klaus Jürgen: Handelsgesetzbuch, 36. Auflage, München 2014 (zitiert als: *Autor*, in: Baumbach/Hopt)

Bayer, Walter: Der Vertrag zugunsten Dritter, Tübingen 1995 (zitiert als: *Bayer*, Vertrag)

Bayer, Walter/Lieder, Jan: Examens-Repetitorium Handels- und Gesellschaftsrecht, Heidelberg 2015 (zitiert als: *Bayer/Lieder*, Repetitorium)

Beck-online.Großkommentar: Beck-online.Großkommentar zum Zivilrecht, Stand 24.02.2016, hrsg. v. Beate Gsell/Wolfgang Krüger/Stephan Lorenz/Jörg Mayer, München 2015 (zitiert als: *Autor*, in: BeckOGK-BGB)

Beck'scher Online-Kommentar: Beck'scher Online-Kommentar BGB, 38. Edition, Stand 01.02.2016, hrsg. v. Heinz Georg Bamberger/Herbert Roth, München 2015 (zitiert als: *Autor*, in: BeckOK-BGB)

Beck'scher Online-Kommentar: Beck'scher Online-Kommentar FamFG, 19. Edition, Stand 15.04.2016, hrsg. v. Meo-Micaela Hahne/Jörg Munzig, München 2015 (zitiert als: *Autor*, in: BeckOK-FamFG)

Beck'scher Online-Kommentar: Beck'scher Online-Kommentar HGB, 7. Edition, Stand 01.11.2014, hrsg. v. Martin Häublein/Roland Hoffmann-Theinert, München 2014 (zitiert als: *Autor*, in: BeckOK-HGB)

Beyer, Jens-Uwe: Salvatorische Klauseln, Bergisch Gladbach 1988

Bichmann, Herbert: Umdeutung und Umwandlung (Konversion) beim Testament, Frankenberg 1925 (zitiert als: *Bichmann*, Umdeutung)

Biehl, Björn: Grundsätze der Vertragsauslegung, in: Juristische Schulung 2010, S. 195–200

Boecken, Winfried: BGB – Allgemeiner Teil, 2. Auflage, Stuttgart 2012 (zitiert als: *Boecken*, AT)

Boemke, Burkhard/Ulrici, Bernhard: BGB Allgemeiner Teil, 2. Auflage, Berlin u.a. 2014 (zitiert als: *Boemke/Ulrici*, AT)

Bonomi, Andrea/Öztürk, Azadi: Das Statut der Verfügung von Todes wegen (Art. 24 ff. EuErbVO), in: Dutta, Anatol/Herrler, Sebastian (Hrsg.): Die Europäische Erbrechtsverordnung (Tagungsband), München 2014, S. 47–70 (zitiert als: *Bonomi/Öztürk*, Tagungsband EuErbVO)

Bork, Reinhard: Allgemeiner Teil des Bürgerlichen Gesetzbuches, 4. Auflage, Tübingen 2016 (zitiert als: *Bork*, AT)

Bosch, Friedrich Wilhelm: Anmerkung zu BGH, Urteil vom 17.3.1969 – III ZR 188/65, in: Zeitschrift für das gesamte Familienrecht 1969, S. 327–328

Bosch, Friedrich Wilhelm: Freiheit und Bindung im neuen deutschen Familienrecht, in: Zeitschrift für das gesamte Familienrecht 1958, S. 81–88

Brasch, Viktor von: Die Konversion vom Standpunkt der Begriffs- und Interessenjurisprudenz aus, Osnabrück 1949 (zitiert als: *v. Brasch*, Konversion)

Brehm, Wolfgang/Berger, Christian: Sachenrecht, 3. Auflage, Tübingen 2014

Brox, Hans: Der Bundesgerichtshof und die Andeutungstheorie, in: Juristische Arbeitsblätter 1984, S. 549–597

Brox, Hans: Die Einschränkung der Irrtumsanfechtung, Karlsruhe 1960 (zitiert als: *Brox*, Einschränkung)

Brox, Hans: Die Einschränkung der Testierfreiheit durch § 14 des Heimgesetzes und das Verfassungsrecht, in: Klein, Eckart (Hrsg.): Festschrift für Ernst Benda, Heidelberg 1995, S. 17–31

Brox, Hans: Erbrecht, 21. Auflage, Köln u.a. 2001 (zitiert als: *Brox*, Erbrecht (21. Aufl. 2001))

Brox, Hans: Richterliche Gestaltung privater Rechtsverhältnisse, Ein Beitrag zum Problem der richterlichen Vertragshilfe im Zivilprozeß, in: Juristische Rundschau 1960, S. 321–325

Brox, Hans/Walker, Wolf-Dietrich: Allgemeiner Teil des BGB, 39. Auflage, München 2015 (zitiert als: *Brox/Walker*, AT)

Brox, Hans/Walker, Wolf-Dietrich: Erbrecht, 26. Auflage, München 2014

Brüggemann, Dieter: Das neue Erbrecht des nichtehelichen Kindes, in: Zentralblatt für Jugendrecht und Jugendwohlfahrt 1969, S. 305–317

Buchholz, Stephan: Einseitige Korrespektivität, in: Der deutsche Rechtspfleger 1990, S. 45–53

Büdenbender, Ulrich: Die Berücksichtigung der Gegenleistung bei der Rückabwicklung gegenseitiger Verträge, in: Archiv für die civilistische Praxis 200 (2000), S. 627–683

Burandt, Wolfgang/Rojahn, Dieter: Erbrecht, 2. Auflage, München 2014 (zitiert als: *Autor*, in: Burandt/Rojahn)

Bürck, Harald: Umdeutung eines Vertrags bei Ausfall einer Vertragsbedingung – BGH, NJW 1971, 420, in: Juristische Schulung 1971, S. 571–575

Bürck, Harald: Zur Umdeutung von Rechtsgeschäften nach § 140 BGB, in: Schleswig-Holsteinische Anzeigen 1973, S. 37–42

Bydlinski, Franz: Erklärungsbewusstsein und Rechtsgeschäft, in: Juristenzeitung 1975, S. 1–6

Bydlinski, Franz: Juristische Methodenlehre und Rechtsbegriff, 2., ergänzte Auflage, Wien u.a. 1991 (zitiert als: *Bydlinski*, Methodenlehre)

Cahn, Andreas: Zum Begriff der Nichtigkeit im Bürgerlichen Recht, in: Juristenzeitung 1997, S. 8–19

Canaris, Claus-Wilhelm: Gesamtunwirksamkeit und Teilnichtigkeit rechtsgeschäftlicher Regelungen, in: Bauer, Jürgen F. u.a. (Hrsg.): Festschrift für Ernst Steindorff, Berlin u.a. 1990, S. 519–571

Coels, Franz Freiherr von: Die Lehre von der sogenannten Conversion eines unwirksamen Testaments in ein wirksames Codizill nach gemeinem Rechte, Aachen 1879 (zitiert als: *Coels*, Conversion)

Coing, Helmut: Zur Form des gemeinschaftlichen eigenhändigen Testaments, in: Juristenzeitung 1952, S. 611–613

Conrad, Christian: Die bereicherungsrechtliche Rückabwicklung nach Anfechtung wegen arglistiger Täuschung (§ 123 I Var. 1 BGB), in: Juristische Schulung 2009, 397–400

Cosack, Konrad: Lehrbuch des deutschen bürgerlichen Rechts auf der Grundlage des bürgerlichen Gesetzbuches für das Deutsche Reich, Zweiter Band, Das Sachenrecht – Das Recht der Wertpapiere – Das Gemeinschaftsrecht – Das Familienrecht – Das Erbrecht, zur ersten und zweiten Auflage des ersten Bandes gehörig, Jena 1900 (zitiert als: *Cosack*, Bürgerliches Recht II)

Cziupka, Johannes: Die ergänzende Vertragsauslegung, in: Juristische Schulung 2009, S. 103–106

Damrau, Jürgen: Zuwendungen unter Lebenden auf den Todesfall, in: Juristische Analysen (JurA) 1970, S. 716–736

Damrau, Jürgen/Tanck, Manuel: Praxiskommentar Erbrecht, 3. Auflage, Bonn 2014 (zitiert als: *Autor*, in: Damrau/Tanck)

Denkschrift: Denkschrift zum Entwurf eines Bürgerlichen Gesetzbuches nebst drei Anlagen, 6. Auflage, Berlin 1898 (zitiert als: Denkschrift zum BGB)

Derleder, Peter: Die Auslegung und Umdeutung defizitärer mobiliarsachenrechtlicher Übereignungsabreden, in: Juristenzeitung 1999, S. 177–183

Dernburg, Heinrich: Pandekten, Erster Band, Allgemeiner Teil und Sachenrecht, 7. Auflage, Berlin 1902 (zitiert als: *Dernburg*, Pandekten I)

Dethloff, Nina: Familienrecht, 31. Auflage, München 2015

Diederichsen, Uwe: Der Allgemeine Teil des Bürgerlichen Gesetzbuches für Studienanfänger, 5. Auflage, Heidelberg 1984 (zitiert als: *Diederichsen*, AT)

Diederichsen, Uwe: Ersatzerbfolge oder Nacherbfolge, in: Neue Juristische Wochenschrift 1965, S. 671–670

Dilcher, Hermann: Die Grenzen erbrechtlicher Bindung zwischen Verfügungsfreiheit und Aushöhlungsnichtigkeit – BGH vom 08.07.1954 – IV ZR 229/53, in: Jura – Juristische Ausbildung 1988, S. 72–79

Döbereiner, Christoph: Das internationale Erbrecht nach der EU-Erbrechtsverordnung (Teil II), in: Mitteilungen des Bayerischen Notarvereins 2013, S. 437–446

Dörner, Heinrich/Staudinger, Ansgar: Schuldrechtsmodernisierung, Systematische Einführung und synoptische Gesamtdarstellung, Baden-Baden 2002 (zitiert als: *Dörner/A. Staudinger,* Schuldrechtsmodernisierung)

Dubischar, Roland: Die untersagte „Vorteilsannahme" nach § 14 Heimgesetz, in: Deutsche Notar-Zeitschrift 1993, S. 419–434

Dutta, Anatol: Das neue internationale Erbrecht der Europäischen Union – Eine erste Lektüre der Erbrechtsverordnung, in: Zeitschrift für das gesamte Familienrecht 2013, S. 4–15

Duvenkrop, Claudia: Übergehung naher Angehöriger, Behindertentestament, § 14 HeimG: Eine exemplarische Studie zur Beschränkung der Testierfreiheit aus §§ 138 und 134 BGB, Saarbrücken 2014 (zitiert als: *Duvenkrop*, Übergehung)

Ebel, Hermann: AGB-Gesetz-konforme Auslegung bei Unwirksamkeit einzelner Klauseln in Allgemeinen Geschäftsbedingungen?, in: Der Betrieb 1979, S. 1973–1976

Ebenroth, Carsten Thomas: Erbrecht, München 1992

Ebenroth, Carsten Thomas/Boujong, Karlheinz/Joost, Detlev/Strohn, Lutz: Handelsgesetzbuch Kommentar, Band 1, §§ 1–342e, 3. Auflage, München 2014 (zitiert als: *Autor*, in: EBJS)

Ehlers, Dirk/Fehling, Michael/Pünder, Hermann: Besonderes Verwaltungsrecht Band 3, 3. Auflage, Heidelberg u.a. 2013 (zitiert als: *Autor*, in: Ehlers/Fehling/Pünder, BeS. Verwaltungsrecht III)

Erfurter Kommentar: Erfurter Kommentar zum Arbeitsrecht, hrsg. v. Rudi Müller-Glöge/Ulrich Preis/Ingrid Schmidt, 16. Auflage, München 2016 (zitiert als: *Autor*, in: ErfK)

Erman, Walter: Bürgerliches Gesetzbuch, Handkommentar, Band 1 (§§ 1–758), 12. Auflage, hrsg. v. Harm Peter Westermann, Köln 2008 (zitiert als: *Autor*, in Erman-BGB (12. Aufl. 2008))

Erman, Walter: Bürgerliches Gesetzbuch, Handkommentar, Band 1 (§§ 1–758), 14. Auflage, hrsg. v. Barbara Grunewald/Georg Maier-Reimer/Harm Peter Westermann, Köln 2014 (zitiert als: *Autor*, in Erman-BGB)

Erman, Walter: Bürgerliches Gesetzbuch, Handkommentar, Band 2 (§§ 759–2385), 13. Auflage, hrsg. v. Barbara Grunewald/Georg Maier-Reimer/Harm Peter Westermann, Köln 2011 (zitiert als: *Autor*, in: Erman-BGB (13. Aufl. 2011))

Erman, Walter: Bürgerliches Gesetzbuch, Handkommentar, Band 2 (§§ 759–2385), 14. Auflage, hrsg. v. Barbara Grunewald/Georg Maier-Reimer/Harm Peter Westermann Köln 2014 (zitiert als: *Autor*, in: Erman-BGB)

Emmerich, Volker/Sonnenschein, Jürgen: Miete, Handkommentar §§ 535 bis 580a des Bürgerlichen Gesetzbuches, 11. Auflage, Berlin u.a. 2014 (zitiert als *Autor*, in: Emmerich/Sonnenschein)

Endemann, Friedrich: Erbrecht des Bürgerlichen Gesetzbuches, Berlin u.a. 1923 (zitiert als: *Endemann*, Erbrecht)

Endemann, Friedrich: Lehrbuch des Bürgerlichen Rechts, Dritter Band Erbrecht, Erste Hälfte, 8. und 9. Auflage, Berlin 1919 (zitiert als: *Endemann*, BR 3.1)

Enneccerus, Ludwig/Nipperdey, Hans Karl: Allgemeiner Teil des Bürgerlichen Rechts, 1. Halbband, 15. Auflage, Tübingen 1959 (zitiert als: *Enneccerus/Nipperdey*, AT I)

Enneccerus, Ludwig/Nipperdey, Hans Karl: Allgemeiner Teil des Bürgerlichen Rechts, 2. Halbband, 15. Auflage, Tübingen 1960 (zitiert als: *Enneccerus/Nipperdey*, AT II)

Entwurf eines bürgelichen Gesetzbuches für das Königreich Bayern: Teil 3, Motive zum Entwurf eines bürgerlichen Gesetzbuches für das Königreich Bayern, München 1861 (zitiert als: Motive zum Bayerischen Entwurf)

Entwurf eines Handelsgesetzbuches für die Preussischen Staaten: Entwurf eines Handelsgesetzbuches für die Preussischen Staaten nebst Motiven, Zweiter Teil: Motive, Berlin 1857 (zitiert als: Motive zum Handelsgesetzbuch für die Preussischen Staaten)

Esch, Heinrich Pierer von: Teilnichtige Rechtsgeschäfte, Köln u.a. 1968

Fachanwalts-Kommentar: Fachanwalts-Kommentar Erbrecht, 4. Auflage, hrsg. v. Andreas Frieser, Köln 2013 (zitiert als: *Autor*, in: FAK-ErbR)

Faust, Florian: Bürgerliches Gesetzbuch Allgemeiner Teil, 5. Auflage, Baden-Baden 2016 (zitiert als: *Faust*, AT)

Feuerich, Wilhelm E./Weyland, Dag: Bundesrechtsanwaltsordnung Kommentar, 9. Auflage, München 2016 (zitiert als: *Autor*, in: Feuerich/Weyland)

Finger, Hans-Joachim: Die Umgestaltung nichtiger Rechtsgeschäfte (§ 140 BGB.), Berlin 1932 (zitiert als: *H-J. Finger*, Die Umgestaltung)

Fischer, Otto: Die Konversion unwirksamer Rechtsgeschäfte, in: Festschrift für Adolf Wach I, Leipzig 1913 (Neudruck Aalen 1970), S. 179–274

Fischer, Robert: Anmerkung zu BGH, Urteil v. 15.12.1955, in: Nachschlagewerk des Bundesgerichtshofes/Lindenmaier-Möhring, Nr. 1 zu § 140 BGB

Flume, Werner: Allgemeiner Teil des Bürgerlichen Rechts, Erster Band, Erster Teil, Die Personengesellschaft, Berlin u.a. 1977 (zitiert als: *Flume*, AT I/1)

Flume, Werner: Allgemeiner Teil des Bürgerlichen Recht, Zweiter Band, Das Rechtsgeschäft, 4. Auflage, Berlin u.a. 1992 (zitiert als: *Flume*, AT II)

Flume, Werner: Die Nachfolge in die Mitgliedschaft in einer Personengesellschaft beim Tode eines Gesellschafters, in: Fischer, Robert u.a. (Hrsg.): Festschrift für Wolfgang Schilling, Berlin u.a. 1973, S. 22–68

Flume, Werner: Rechtsgeschäft und Privatautonomie, in: Caemmerer, Ernst von u.a. (Hrsg.): Hundert Jahre Deutsches Rechtsleben, Festschrift zum hundertjährigen Bestehen des deutschen Juristentages 1860–1960, Band 1, Karlsruhe 1960, S. 135–239

Flume, Werner: Testamentsauslegung bei Falschbezeichnung, in: Neue Juristische Wochenschrift 1983, S. 2007–2011

Foer, Reiner: Die Regel „falsa demonstratio non nocet“ – unter besonderer Berücksichtigung der Testamentsauslegung, Frankfurt a.M. u.a. 1987 (zitiert als: *Foer*, falsa)

Foerste, Ulrich: Die Form des Testaments als Grenze seiner Auslegung, in: Deutsche Notar-Zeitschrift 1993, S. 84–100

Frank, Rainer/Helms, Tobias: Erbrecht, 6. Auflage, München 2013

Friesen, Juliane Freifrau von/Reinecke, Gerhard: Probleme der Umdeutung von außerordentlichen Kündigungen in ordentliche Kündigungen bei schwerbehinderten Arbeitnehmern; in: Betriebs-Berater 1979, S. 1561–1563

Gandolfi, Guiseppe: La conversione dell'atto invalido 1: Il modello germanico, Mailand 1984 (zitiert als: *Gandolfi*, La conversione I)

Gandolfi, Guiseppe: La conversione dell'atto invalido 2: Il problema in proiezione europa, Mailand 1990 (zitiert als: *Gandolfi*, La conversione II)

Gebel, Dieter: Die Verzahnung von Einkommenssteuer und Erbschaftssteuer beim Übergang von Betriebsvermögen im Erbfall, in: Betriebs-Berater 1995, S. 2611–2618

Gemeinschaftskommentar: Gemeinschaftskommentar zum Handelsgesetzbuch mit UN-Kaufrecht, 8. Auflage, hrsg. v. Jürgen Ensthaler, Köln 2015 (zitiert als: *Autor*, in: GK-HGB)

Gerhards, Andreas: Ergänzende Testamentsauslegung und Formvorschriften („Andeutungstheorie") – OLG Frankfurt, DtZ 1993, 216; LG Gießen, DtZ 1993, 217, in: Juristische Schulung 1994, S. 643–649

Gleim, Walter: Zur Lehre der Konversion, in: Juristische Monatsschrift für Posen, Ost- und Westpreußen und Pommern 1914, S. 101–102

Gockel, Rüdiger: Das gemeinschaftliche Testament und die Grenzen der Bindung, in: Zeitschrift für die Steuer- und Erbrechtspraxis 2012, S. 72–80

Goebel, Joachim: Eheschließungsfreiheit und erbrechtliche Potestativbedingung, in: Zeitschrift für das gesamte Familienrecht 1997, S. 656–662

Göhner, Hendrik: Nachfolge in Personengesellschaften bei Tod eines Gesellschafters, in: Zeitschrift für das Juristische Studium 2010, S. 592–595

Goldschmidt, Ludwig: Kritische Erörterungen zum Entwurf eines Bürgerlichen Gesetzbuches für das Deutsche Reich, Erstes Heft, Leipzig 1889 (zitiert als: *Goldschmidt*, Kritische Erörterungen)

Goßrau, Eberhard: Behandlung gemeinschaftlicher Testamente von Nichtehegatten, in: Neue Juristische Wochenschrift 1947/1948, S. 365–367

Götte, Tilmann: Die Gewinn- und Auseinandersetzungsansprüche bei einer Gesellschafternachfolge aufgrund rechtsgeschäftlichen Eintrittsrechtes, in: Deutsche Notar-Zeitschrift 1988, S. 603–612

Graba, Hans-Ulrich: Bestätigung und Genehmigung von Rechtsgeschäften, Augsburg 1967 (zitiert als: *Graba*, Bestätigung)

Gradenwitz, Otto: Anfechtung und Reurecht beim Irrthum, Berlin 1902 (zitiert als: *Gradenwitz*, Reurecht)

Graf, Georg: Vertrag und Vernunft, eine Untersuchung zum Modellcharakter des vernünftigen Vertrages, Wien u.a. 1997 (zitiert als: *Graf*, Vertrag und Vernunft)

Gröschler, Peter: Zur Frage der Geltendmachung von Einrede und Einwendung, in: Archiv für die civilistische Praxis 201 (2001), S. 48–90

Große-Wilde, Franz M./Ouart, Peter E.: Deutscher Erbrechtskommentar, 2. Auflage, Köln 2010 (zitiert als: *Autor*, in: Große-Wilde/Ouart)

Grunewald, Barbara: Die Auslegung von Gesellschaftsverträgen und Satzungen, in: Zeitschrift für Unternehmens- und Gesellschaftsrecht 1995, S. 68–92

Grunewald, Barbara: Gesellschaftsrecht, 9. Auflage, Tübingen 2014

Grüter, Andreas: Das Schicksal von Verfügungen in „fehlgeschlagenen" gemeinschaftlichen Testamenten, Münster 1997 (zitiert als: *Grüter*, Schicksal)

Gursky, Karl-Heinz: Klausurenkurs im Sachenrecht, 12. Auflage, Heidelberg u.a. 2008 (zitiert als: *Gursky*, Klausurenkurs)

Haag, Oliver/Löffler, Joachim: Praxiskommentar zum Handelsrecht, 2. Auflage, Münster 2013 (zitiert als: *Autor*, in: Haag/Löffler)

Hack, Willi: Auslegung und Anfechtung privatschriftlicher einseitiger und gemeinschaftlicher letztwilliger Verfügungen, Göttingen 1974 (zitiert als: *Hack*, Auslegung)

Haegele, Karl: Bedingte, namentlich unter einer Verwirkungs- oder Strafklausel stehende testamentarische Anordnungen, in: Das juristische Büro 1969, S. 1–10

Hager, Johannes: Die Umdeutung der außerordentlichen Kündigung in eine ordentliche Kündigung, in: Betriebsberater 1989, S. 693–699

Hager, Johannes: Gesetzes- und sittenkonforme Auslegung und Aufrechterhaltung von Rechtsgeschäften, München 1983 (zitiert als: *Hager*, Auslegung)

Hammann, Hans: Ergänzende Testamentsauslegung: Ermittlung des hypothetischen Erblasserwillens, in: Zeitschrift für die gesamte erbrechtliche Praxis 2014, S. 420–429

Harder, Manfred: Zuwendungen unter Lebenden auf den Todesfall, Berlin 1967 (zitiert als: *Harder*, Zuwendungen)

Harder, Manfred/Kroppenberg, Inge: Grundzüge des Erbrechts, 5. Auflage, Neuwied u.a. 2002 (zitiert als: *Harder/Kroppenberg*, Erbrecht)

Harpprecht, Christian Ferdinand: De eo quod iustum est circa conversionem actuum negotiorumque iuridicorum iamiam peractorum, Tübingen 1747 (zitiert als: *Harpprecht*, conversionem)

Häsemeyer, Ludwig: Die gesetzliche Form der Rechtsgeschäfte, Frankfurt a.M. 1971 (zitiert als: *Häsemeyer*, Die gesetzliche Form)

Hausmann, Rainer/Hohloch, Gerhard: Handbuch des Erbrechts, 2. Auflage, Berlin 2010 (zitiert als: *Autor*, in: Hausmann/Hohloch)

Heck, Philipp: Grundriß des Sachenrechts, Tübingen 1930 (zitiert als: *Heck*, Sachenrecht)

Heidelberger Kommentar: Heidelberger Kommentar zum Handelsgesetzbuch, 7. Auflage, hrsg. v. Peter Glanegger u.a., Heidelberg 2007 (zitiert als: *Autor*, in: HeidKo-HGB)

Helms, Tobias: Erbrechtliches Drittbestimmungsverbot und kautelarjuristische Praxis, in: Zeitschrift für Erbrecht und Vermögensnachfolge 2007, S. 1–6

Henckel, Wolfram: Die ergänzende Vertragsauslegung, in: Archiv für die civilistische Praxis 159 (1960/1961), S. 106–126

Henle, Rudolf: Unterstellung und Versicherung, Mannheim u.a. 1922 (zitiert als: *Henle*, Unterstellung)

Henssler, Martin/Strohn, Lutz: Gesellschaftsrecht, 2. Auflage, München 2014 (zitiert als: *Autor*, in: Henssler/Strohn)

Herschel, Wilhelm: Der für die Umdeutung von Rechtsgeschäften maßgebliche Zeitpunkt, in: Deutsche Richterzeitung 1952, S. 41–42

Herzog, Stephanie: Die EU-Erbrechtsverordnung (EU-ErbVO), in: Zeitschrift für die gesamte erbrechtliche Praxis 2013, S. 2–14

Heydn, Truiken Jadwiga: Die erbrechtliche Nachfolge in Anteile an Partnerschaftsgesellschaften, Köln 1999 (zitiert als: *Heydn*, Nachfolge)

Heydn, Truiken Jadwiga: Die erbrechtliche Nachfolge in Anteile an Partnerschaftsgesellschaften, in: Zeitschrift für Erbrecht und Vermögensnachfolge 1998, S. 161–165

Heymann, Ernst: Handelsgesetzbuch Kommentar, Band 2, Zweites Buch, §§ 105–237, 2. Auflage, Berlin 1995 (zitiert als: *Autor*, in: Heymann-HGB)

Hieber, Hans: § 140 BGB und das Grundbuchamt, in: Deutsche Notar-Zeitschrift 1954, S. 303–305

Hildebrandt, Günter/Junke, Gerd: Die Rechtsprechung zum Erbrecht, in: Neue Justiz 1985, S. 441–444

Hippel, Fritz von: Formalismus und Rechtsdogmatik, Hamburg 1935 (zitiert als: *v. Hippel*, Formalismus)

Hirsch, Christoph: BGB Allgemeiner Teil, 8. Auflage, Baden-Baden 2015 (zitiert als: *Hirsch*, AT)

Historisch-kritischer Kommentar zum BGB: Band I, Allgemeiner Teil, §§ 1–240, hrsg. v. Matthias Schmoeckel/Joachim Rückert/Reinhard Zimmermann, Tübingen 2003 (zitiert als: *Autor*, in: HKK-BGB)

Hofacker, Karl Christoph: Principia Iuris Civilis Romano – Germanici, Tomus Primus Editio Secunda, Tübingen 1800 (zitiert als: *Hofacker*, Principia I)

Hohloch, Gerhard: Anmerkung zu BayObLG, Beschluss vom 29.06.2000 – 1Z BR 40/00, in: Juristische Schulung 2001, S. 186–187

Hollstein, Miriam: Die Nichtigkeit letztwilliger Verfügungen wegen Verstoßes gegen das gesetzliche Verbot aus § 14 Abs. 1, 5 HeimG vor und nach der Föderalisierung des Heimrechts, Frankfurt a.M. 2011 (zitiert als: *Hollstein*, Nichtigkeit)

Hornung, Anton: Partnerschaftsgesellschaft für Freiberufler (Teil 1), in: Der Deutsche Rechtspfleger 1995, S. 481–488

Hornung, Anton: Partnerschaftsgesellschaft für Freiberufler (Teil 2), in: Der Deutsche Rechtspfleger 1996, S. 1–9

Jakobs, Horst Heinrich: Gemeinschaftliches Testament und Wechselbezüglichkeit letztwilliger Verfügungen, in: Habscheid, Walther Jakob u.a. (Hrsg.): Festschrift für Friedrich Wilhelm Bosch, Bielefeld 1976, S. 447–458

Jakobs, Horst Heinrich/Schubert, Werner: Die Beratung des Bürgerlichen Gesetzbuches in systematischer Zusammenstellung der unveröffentlichten Quellen, §§ 1–240, 1. Teilband, Berlin u.a. 1985 (zitiert als: *Jakobs/Schubert*, Die Beratung 1)

Jauernig, Othmar: Bürgerliches Gesetzbuch (Kommentar), 16. Auflage, München 2015 (zitiert als: *Autor*, in: Jauernig-BGB)

Juris Praxiskommentar BGB: Band 1, Allgemeiner Teil, 7. Auflage, hrsg. v. Maximilian Herberger u.a., Saarbrücken 2014 (zitiert als: *Autor*, in: jurisPK-BGB)

Juris Praxiskommentar BGB: Band 2, Schuldrecht, 7. Auflage, hrsg. v. Maximilian Herberger u.a., Saarbrücken 2014 (zitiert als: *Autor*, in: jurisPK-BGB)

Juris Praxiskommentar BGB: Band 5, Erbrecht, 7. Auflage, hrsg. v. Maximilian Herberger u.a., Saarbrücken 2014 (zitiert als: *Autor*, in: jurisPK-BGB)

Kahl, Manfred: Grenzen der Umdeutung rechtsgeschäftlicher Erklärungen (§ 140 BGB), Münster 1985 (zitiert als: *M. Kahl*, Grenzen)

Kanzleiter, Rainer: Anmerkung zu OLG Hamm, Beschluss vom 25.04.1996 – 15 W 379/95, in: Zeitschrift für Erbrecht und Vermögensnachfolge 1996, S. 306–307

Kanzleiter, Rainer: Die Aufrechterhaltung der Bestimmungen in unwirksamen gemeinschaftlichen Testamenten als einseitige letztwillige Verfügung, in: Deutsche Notar-Zeitschrift 1973, S. 133–152

Kanzleiter, Rainer: Die entsprechende Anwendung von Vorschriften über den Erbvertrag auf das gemeinschaftliche Testament, in: Baumann, Wolfgang u.a. (Hrsg.): Festschrift für Gerhard Otte, München 2005, S. 157–163

Kanzleiter, Rainer: Gemeinschaftliche Testamente bitte nicht auch für Verlobte!, in: Zeitschrift für das gesamte Familienrecht 2001, S. 1198–1201

Kaser, Max/Knütel, Rolf: Römisches Privatrecht, 20. Auflage, München 2014

Kasper, Martin: Anmerkung zu BayObLG, Beschluss vom 18.12.2003 – 1Z BR 130/02, in: Zeitschrift für Erbrecht und Vermögensnachfolge 2004, S. 201–202

Kaufhold, Sylvia: Vereinbarungen über den Nachlaß oder einzelne Nachlaßgegenstände ohne Mitwirkung des künftigen Erblassers, in: Zeitschrift für Erbrecht und Vermögensnachfolge 1996, S. 454–457

Keidel, Theodor: FamFG, Gesetz über das Verfahren in Familiensachen und in den Angelegenheiten der freiwilligen Gerichtsbarkeit, Kommentar, 18. Auflage, München 2014 (zitiert als: *Autor*, in: Keidel-FamFG)

Keßler, Heinrich: Die Rechtsprechung des Bundesgerichtshofs zum Erbrecht seit 1964, in: Deutsche Richterzeitung 1966, S. 395–400

Keuk, Brigitte: Der Erblasserwille post testamentum und die Auslegung des Testaments, Bonn 1965 (zitiert als: *Keuk*, Erblasserwille)

Keuk, Brigitte: Der Erblasserwille post testamentum, Zur Unzulässigkeit der testamentarischen Potestativbedingung, in: Zeitschrift für das gesamte Familienrecht 1972, S. 9–16

Kilian, Matthias: Partnerschaftsgesellschaftsgesetz, Baden-Baden 2012 (zitiert als: *Autor*, in: Kilian-PartGG)

Kipp, Theodor: Über Doppelwirkungen im Recht, in: Juristische Fakultät der Friedrich-Wilhelms-Universität Berlin (Hrsg.): Festschrift für Ferdinand von Martitz, Berlin 1911, S. 211–233

Kipp, Theodor/Coing, Helmut: Erbrecht, 14. Bearbeitung, Tübingen 1990

Klinger, Bernhard F./Tremel, Ulrike: Umdeutung einer unwirksamen Verfügung von Todes wegen, in: Neue Juristische Wochenschrift-Spezial 2008, S. 199–200

Knütel, Rolf/Kupisch, Berthold/Rüfner, Thomas/Seiler, Hans Hermann: Corpus Iuris Civilis, Text und Übersetzung, Band V, Digesten 28–34, Heidelberg 2012 (zitiert als: *Autor*, in: Knütel/Kupisch/Rüfner/Seiler, CIC)

Köhler, Helmut: BGB Allgemeiner Teil, 39. Auflage, München 2015 (zitiert als: *Köhler*, AT)

Kohte, Wolfhard: Die Rechtsfolgen der Mietpreisüberhöhung – Ein Beitrag zur Differenzierung der Rechtsfolgen unerlaubter Rechtsgeschäfte, in: Neue Juristische Wochenschrift 1982, S. 2803–2807

Koller, Ingo/Kindler, Peter/Roth, Wulf-Henning/Morck, Winfried: Handelsgesetzbuch Kommentar, 8. Auflage, München 2015 (zitiert als: *Autor*, in: Koller/Kindler/W-H. Roth/Morck)

Konzen, Horst: Der vermeintliche Erbe in der OHG, in: Zeitschrift für das gesamte Handelsrecht und Wirtschaftsrecht 145 (1981), S. 29–67

Kramer, Ernst A.: Juristische Methodenlehre, 4. Auflage, Bern u.a. 2013 (zitiert als: *Kramer*, Methodenlehre)

Krampe, Christoph: Anmerkung zu OLG Stuttgart, Urteil vom 21.11.1974 – 13 U 120/74, in: Juristenzeitung 1975, S. 574–576

Krampe, Christoph: Aufrechterhaltung von Verträgen und Vertragsklauseln, in: Archiv für die civilistische Praxis 194 (1994), S. 1–41

Krampe, Christoph: Die Konversion des Rechtsgeschäfts, Frankfurt a.M. 1980 (zitiert als: *Krampe*, Die Konversion)

Krampe, Christoph: Die Unklarheitenregel, Berlin 1983

Kremer, Ralf: Der vermeintliche Erbe in der Personengesellschaft, Frankfurt a.M. u.a. 2008 (zitiert als: *Kremer*, Vermeintlicher Erbe)

Kroppenberg, Inge: Privatautonomie von Todes wegen, Tübingen 2008 (zitiert als: *Kroppenberg*, Privatautonomie)

Küntzel, Ernst: Das Anwendungsgebiet des § 140 BGB unter besonderer Berücksichtigung der Konversion angefochtener Rechtsgeschäfte, Quakenbrück 1929 (zitiert als: *Küntzel*, Anwendungsgebiet)

Lange, Heinrich/Kuchinke, Kurt: Erbrecht, 5. Auflage, München 2001 (zitiert als: *H. Lange/Kuchinke*, Erbrecht)

Lange, Jerome: Anmerkung zu OLG München, Beschluss vom 19.05.2010 – 31 Wx 38/10, in: Juris Praxisreport 16/2010, Anmerkung 2

Lange, Knut Werner: Das Erbkollisionsrecht im neuen Entwurf einer EU-ErbVO, in: Zeitschrift für Steuer- und Erbrechtpraxis 2012, S. 160–165

Lange, Knut Werner: Erbrecht, München 2011 (zitiert als: *K.W. Lange*, Erbrecht)

Langen, Werner: Anwendungsbereich und Rechtsfolgen des § 2301 I 1 BGB, Köln 1984 (zitiert als: *Langen*, Anwendungsbereich)

Larenz, Karl: Die Methode der Auslegung des Rechtsgeschäfts, Frankfurt a.M. u.a., Nachdruck 1966 (zitiert als: *Larenz*, Auslegung)

Larenz, Karl: Methodenlehre der Rechtswissenschaft, 6. Auflage, Berlin u.a. 1992 (zitiert als: *Larenz*, Methodenlehre)

Larenz, Karl/Wolf, Manfred: Allgemeiner Teil des Bürgerlichen Rechts, 9. Auflage, München 2004 (zitiert als: *Larenz/Wolf*, AT)

Leenen, Detlef: BGB Allgemeiner Teil: Rechtsgeschäftslehre, 2. Auflage, Berlin u.a. 2015 (zitiert als: *Leenen*, AT)

Leenen, Detlef: Willenserklärung und Rechtsgeschäft in der Regelungstechnik des BGB, in: Heldrich, Andreas u.a. (Hrsg.): Festschrift für Claus-Wilhelm Canaris Band 1, München 2007, S. 699–727

Lehmann, Daniel: Die EU-ErbVO: Babylon in Brüssel und Berlin, in: Zeitschrift für die Steuer- und Erbrechtspraxis 2013, S. 25–30

Leipold, Dieter: BGB I – Einführung und Allgemeiner Teil, 8. Auflage, Tübingen 2015 (zitiert als: *Leipold*, BGB I)

Leipold, Dieter: Die neue Lebenspartnerschaft aus erbrechtlicher Sicht, insbesondere bei zusätzlicher Eheschließung, in: Zeitschrift für Erbrecht und Vermögensnachfolge 2001, S. 218–224

Leipold, Dieter: Erbrecht, 20. Auflage, Tübingen 2014

Leipold, Dieter: Wille, Erklärung und Form – insbesondere bei der Auslegung von Testamenten, in: Dieckmann, Albrecht u.a. (Hrsg.): Festschrift für Wolfram Müller-Freienfels, Baden-Baden 1986, S. 421–439

Leitzen, Mario: Teilnichtigkeit von Poolvereinbarungen bei Beschränkung der Testierfreiheit, in: Zeitschrift für Erbrecht und Vermögensnachfolge 2010, S. 401–403

Lieder, Jan: Die Anwendung schuldrechtlicher Regeln im Sachenrecht, in: Juristische Schulung 2011, S. 874–879

Lieder, Jan: Die rechtsgeschäftliche Sukzession, Tübingen 2015 (zitiert als: *Lieder*, Sukzession)

Lieder, Jan/Berneith, Daniel: Die Umdeutung nach § 140 BGB, in: Juristische Schulung 2015, S. 1063–1067

Lindacher, Walter F.: Grundsätzliches zu § 138 BGB, in: Archiv für die civilistische Praxis 173 (1973), S. 124–136

Lindacher, Walter F.: Rezension zu Georg Thielmanns „Sittenwidrige Verfügungen von Todes wegen", in: Archiv für die civilistische Praxis 175 (1975), S. 257–261

Lindner, Josef Franz: Zum Rechtsstatus der Fakultät, in: Wissenschaftsrecht 2007, S. 254–282

Litzenburger, Wolfgang: Anmerkung zu BayObLG, Beschluss vom 23.04.2014 – 31 Wx 22/14 sowie zu BayObLG, Beschluss vom 23.07.2014 – 31 Wx 204/14, in: Mitteilungen des Bayerischen Notarvereins 2015, S. 244–245

Litzenburger, Wolfgang: Unmöglichkeit und Ausfall der Bedingung bei erbrechtlichen Zuwendungen, in: Zeitschrift für Erbrecht und Vermögensnachfolge 2008, S. 369–372

Lobinger, Thomas: Irrtumsanfechtung und Reurechtsausschluss, in: Archiv für die civilistische Praxis 195 (1995), S. 274–282

Lorz, Rainer/Kirchdörfer, Rainer: Unternehmensnachfolge, Rechtliche und steuerliche Gestaltungen, 2. Auflage, München 2011 (zitiert als: *Lorz/Kirchdörfer*, Unternehmensnachfolge)

Löwisch, Manfred/Neumann, Daniela: Allgemeiner Teil des BGB, 7. Auflage, München 2004 (zitiert als: *Löwisch/Neumann*, AT)

Lübtow, Ulrich von: Erbrecht, 1. Halbband, Berlin 1971 (zitiert als: *v. Lübtow*, Erbrecht I)

Lübtow, Ulrich von: Erbrecht, 2. Halbband, Berlin 1971 (zitiert als: *v. Lübtow*, Erbrecht II)

Lübtow, Ulrich von: Probleme des Erbrechts, Berlin 1967 (zitiert als: *v. Lübtow*, Probleme)

Lüderitz, Alexander: Auslegung von Rechtsgeschäften, Karlsruhe 1966 (zitiert als: *Lüderitz*, Auslegung)

Lutter, Marcus: Zur Umdeutung nichtiger gemeinschaftlicher Testamente von Nicht-Ehegatten, in: Zeitschrift für das gesamte Familienrecht 1959, S. 273–275

Manigk, Alfred: Rezension zu Otto Fischers „Die Konversion unwirksamer Rechtsgeschäfte", in: Archiv für Rechts- und Sozialphilosophie 8 (1914/1915), S. 529–532

Mattern, Friedrich: Anmerkung zu BGH, Urteil vom 13.11.1963 – V ZR 56/62, in: Nachschlagewerk des Bundesgerichtshofes/Lindenmaier-Möhring, Nr. 5 zu § 140 BGB

Matthiessen, Michael/Shea, Dennis: Ab wann gilt die dreiwöchige Klagefrist?, in: Arbeit und Arbeitsrecht 2005, S. 208–211

Maunz, Theodor/Dürig, Günter: Grundgesetz Kommentar, Band I Art. 1–5, 75. Ergänzungslieferung September 2015 (zitiert als: *Autor*, in: Maunz/Dürig-GG)

Mayer, Norbert: Das Gesetz zur Beendigung der Diskriminierung gleichgeschlechtlicher Gemeinschaften – Lebenspartnerschaften, in: Zeitschrift für Erbrecht und Vermögensnachfolge 2001, S. 169–176

Mayer-Maly, Theo: Die Bedeutung des tatsächlichen Parteiwillens für den hypothetischen, in: Jakobs, Horst Heinrich u. a. (Hrsg.): Festschrift für Werner Flume Band I, Köln 1978, S. 621–629

Mayr, Johann: Rechtsnachfolge bei Freiberufler-Gesellschaften, in: Zeitschrift für Erbrecht und Vermögensnachfolge 1996, S. 321–327

Medicus, Dieter: Allgemeiner Teil des BGB, 10. Auflage, Heidelberg u. a. 2010 (zitiert als: *Medicus*, AT)

Medicus, Dieter/Lorenz, Stephan: Schuldrecht II, Besonderer Teil, 17. Auflage, München 2014

Medicus, Dieter/Petersen, Jens: Bürgerliches Recht, 24. Auflage, München 2013 (zitiert als: *Medicus/Petersen*, BR (24. Aufl. 2013))

Meilicke, Wienand/Westphalen, Friedrich Graf von/Hoffmann, Jürgen/Lenz, Tobias: Partnerschaftsgesellschaftsgesetz, 3. Auflage, München 2015 (zitiert als: *Autor*, in: Meilicke/v. Westphalen/Hoffmann/Lenz)

Meincke, Jens Peter: Die Scheidungsklausel im Testament, in: Medicus, Dieter u.a. (Hrsg.): Festschrift für Max Kaser, München 1976, S. 437–463

Michalski, Lutz: BGB-Erbrecht, 4. Auflage, Heidelberg u.a. 2010 (zitiert als: *Michalski*, Erbrecht)

Michalski, Lutz: Nachfolgeregelungen in Personengesellschaften, in: Der Betrieb 1980, Beilage Nr. 5, S. 1–24

Michalski, Lutz/Römermann, Volker: PartGG – Kommentar zum Partnerschaftsgesellschaftsgesetz, 4. Auflage, Köln 2014 (zitiert als: *Autor*, in: Michalski/Römermann)

Milzer, Lutz: Auslandsvermögen und seine Auswirkungen auf Pflichtteils- und Noterbrechte, in: Zeitschrift für das Notariat in Baden-Württemberg 2002, S. 166–184

Molkenbur, Josef/Krasshöfer-Pidde, Horst-Dieter: Zur Umdeutung im Arbeitsrecht, in: Recht der Arbeit 1989, S. 337–348

Monich, Wilhelm: Willenserklärung und Rechtsgeschäft nach dem Bürgerlichen Gesetzbuch, Berlin 1900 (zitiert als: *Monich*, Willenserklärung)

Motive zu dem Entwurfe eines Bürgelichen Gesetzbuches für das Deutsche Reich: Band I., Allgemeiner Teil, Amtliche Ausgabe, Berlin u.a. 1888 (zitiert als: Motive I)

Motive zu dem Entwurfe eines Bürgelichen Gesetzbuches für das Deutsche Reich: Band II., Recht der Schuldverhältnisse, Amtliche Ausgabe, Berlin u.a. 1888 (zitiert als: Motive II)

Motive zu dem Entwurfe eines Bürgelichen Gesetzbuches für das Deutsche Reich: Band III., Sachenrecht, Amtliche Ausgabe, Berlin u.a. 1888 (zitiert als: Motive III)

Motive zu dem Entwurfe eines Bürgelichen Gesetzbuches für das Deutsche Reich: Band V., Erbrecht, Amtliche Ausgabe, Berlin u.a. 1888 (zitiert als: Motive V)

Mugdan, Benno: Die gesammten Materialien zum Bürgerlichen Gesetzbuch für das Deutsche Reich, I. Band, Einführungsgesetz und Allgemeiner Teil, Berlin 1899 (zitiert als: *Mugdan* I)

Mugdan, Benno: Die gesammten Materialien zum Bürgerlichen Gesetzbuch für das Deutsche Reich, II. Band, Recht der Schuldverhältnisse, Berlin 1899 (zitiert als: *Mugdan* II)

Mugdan, Benno: Die gesammten Materialien zum Bürgerlichen Gesetzbuch für das Deutsche Reich, III. Band, Sachenrecht, Berlin 1899 (zitiert als: *Mugdan* III)

Mugdan, Benno: Die gesammten Materialien zum Bürgerlichen Gesetzbuch für das Deutsche Reich, V. Band, Erbrecht, Berlin 1899 (zitiert als: *Mugdan* V)

Mühlhans, Mathias: Die (verkannten?) Auswirkungen der § 116, 117 BGB auf die Umdeutung gem. § 140 BGB, in: Neue Juristische Wochenschrift 1994, S. 1049–1050

Müller, Markus: Beschränkung der Anfechtung auf „das Gewollte", in: Juristische Schulung 2005, S. 18–20

Müller, Markus: Die Bestätigung nichtiger Rechtsgeschäfte nach § 141 BGB, Berlin 1989 (zitiert als: *M. Müller*, Bestätigung)

Münchener Handbuch: Münchener Handbuch des Gesellschaftsrechts, Band 1, 4. Auflage, hrsg. v. Hans Gummert/Lutz Weipert, München 2014 (zitiert als: *Autor*, in: MüHdb-GesR Bd. 1)

Münchener Kommentar: Münchener Kommentar zum Bürgerlichen Gesetzbuch, Band 1 Allgemeiner Teil, §§ 1–240 (ProstG, AGG), 7. Auflage, hrsg. v. Franz Jürgen Säcker u.a., München 2015 (zitiert als: *Autor*, in: MüKo-BGB)

Münchener Kommentar: Münchener Kommentar zum Bürgerlichen Gesetzbuch, Band 2, Schuldrecht – Allgemeiner Teil, §§ 241–432, 7. Auflage, hrsg. v. Franz Jürgen Säcker u.a., München 2015 (zitiert als: *Autor*, in: MüKo-BGB)

Münchener Kommentar: Münchener Kommentar zum Bürgerlichen Gesetzbuch, Band 4, Schuldrecht – Besonderer Teil II, §§ 611–704, 6. Auflage, hrsg. v. Franz Jürgen Säcker/Roland Rixecker, München 2012 (zitiert als: *Autor*, in: MüKo-BGB)

Münchener Kommentar: Münchener Kommentar zum Bürgerlichen Gesetzbuch, Band 5, Schuldrecht – Besonderer Teil III, §§ 705–853 (Partnerschaftsgesellschaftsgesetz, Produkthaftungsgesetz), 6. Auflage, hrsg. v. Franz Jürgen Säcker/Roland Rixecker, München 2013 (zitiert als: *Autor*, in: MüKo-BGB)

Münchener Kommentar: Münchener Kommentar zum Bürgerlichen Gesetzbuch, Band 6, Sachenrecht, §§ 854–1296 (WEG, ErbbauRG), 6. Auflage, hrsg. v. Franz Jürgen Säcker/Roland Rixecker, München 2013 (zitiert als: *Autor*, in: MüKo-BGB)

Münchener Kommentar: Münchener Kommentar zum Bürgerlichen Gesetzbuch, Band 7, Familienrecht I, §§ 1297–1588 (Versorgungsausgleichgesetz, Gewaltschutzgesetz, Lebenspartnerschaftsgesetz), 6. Auflage, hrsg. v. Franz Jürgen Säcker/Roland Rixecker, München 2013 (zitiert als: *Autor*, in: MüKo-BGB)

Münchener Kommentar: Münchener Kommentar zum Bürgerlichen Gesetzbuch, Band 9, Erbrecht, §§ 1922–2385 (§§27–35 BeurkG), 6. Auflage, hrsg. v. Franz Jürgen Säcker/Roland Rixecker, München 2013 (zitiert als: *Autor*, in: MüKo-BGB)

Münchener Kommentar: Münchener Kommentar zum Bürgerlichen Gesetzbuch, Band 10, Internationales Privatrecht I, Europäisches Kollisionsrecht, Einführungsgesetz zum Bürgerlichen Gesetzbuche (Art. 1–24), 6. Auflage, hrsg. v. Franz Jürgen Säcker u.a., München 2015 (zitiert als: *Autor*, in: MüKo-BGB)

Münchener Kommentar: Münchener Kommentar zum Bürgerlichen Gesetzbuch, Band 11, Internationales Privatrecht II, Internationales Wirtschaftsrecht, Einführungsgesetz zum Bürgerlichen Gesetzbuche (Art. 25–248), 6. Auflage, hrsg. v. Franz Jürgen Säcker u.a., München 2015 (zitiert als: *Autor*, in: MüKo-BGB)

Münchener Kommentar: Münchener Kommentar zum Handelsgesetzbuch, Band 2, §§ 105–260, 3. Auflage, hrsg. v. Karsten Schmidt, München 2011 (zitiert als: *Autor*, in: MüKo-HGB)

Muscheler, Karlheinz: Der Einfluß der Eheauflösung auf das gemeinschaftliche Testament, in: Deutsche Notar-Zeitschrift 1994, S. 733–746

Muscheler, Karlheinz: Erbrecht, Band 1, Tübingen 2010 (zitiert als: *Muscheler*, Erbrecht I)

Muscheler, Karlheinz: Erbrecht, Band 2, Tübingen 2010 (zitiert als: *Muscheler*, Erbrecht II)

Nassall, Wendt: Reduzierte Geltungserhaltung kartellrechtswidriger Klauseln?, in: Betriebs-Berater 1988, S. 1264–1268

Natter, Edmund: Die Verwirkungsklausel in letztwilligen Verfügungen, in: Deutsche Rechts-Zeitung 1946, S. 163–167

Neuner, Jörg: Vertragsauslegung – Vertragsergänzung – Vertragskorrektur, in: Heldrich, Andreas u.a. (Hrsg.): Festschrift für Claus-Wilhelm Canaris Band 1, München 2007, S. 901–924

Nieder, Heinrich/Kössinger, Reinhard/Kössinger, Winfried: Handbuch der Testamentsgestaltung, 5. Auflage, München 2015 (zitiert als: *Autor*, in: Nieder/Kössinger)

Nipperdey, Hans Karl: Anmerkung zu RG, Urteil vom 15.05.1926 – 449/25 V, in: Juristische Wochenschrift 1927, S. 119–120

Nomos-Handkommentar: Nomos-Kommentar Bürgerliches Gesetzbuch – Handkommentar, 8. Auflage, hrsg. v. Reiner Schulze, Baden-Baden 2014 (zitiert als: *Autor*, in: HK-BGB)

Nomos-Handkommentar: Nomos-Kommentar Handelsgesetzbuch – Handkommentar, 2. Auflage, hrsg. v. Thomas Heidel/Alexander Schall, Baden-Baden 2015 (zitiert als: *Autor*, in: HK-HGB)

Nomos-Kommentar: Nomos-Kommentar BGB, Band 1, Allgemeiner Teil/EGBGB, §§ 1–240, 3. Auflage, hrsg. v. Thomas Heidel u.a., Baden-Baden 2016 (zitiert als: *Autor*, in: NK-BGB)

Nomos-Kommentar: Nomos-Kommentar BGB, Band 2, Teilband 1, Schuldrecht, §§ 241–610, 3. Auflage, hrsg. v. Barbara Dauner-Lieb/Werner Langen, Baden Baden 2016 (zitiert als: *Autor*, in: NK-BGB)

Nomos-Kommentar: Nomos-Kommentar BGB, Band 2, Teilband 2, Schuldrecht, §§ 611–853, 3. Auflage, hrsg. v. Barbara Dauner-Lieb/Werner Langen, Baden Baden 2016 (zitiert als: *Autor*, in: NK-BGB)

Nomos-Kommentar: Nomos-Kommentar: Nomos-Kommentar BGB, Band 5, Erbrecht, §§ 1922–2385, 4. Auflage, hrsg. v. Ludwig Kroiß/Christoph Ann/Jörg Mayer, Baden-Baden 2014 (zitiert als: *Autor*, in: NK-BGB)

Nordmeier, Friedrich: EuErbVO: Neues Kollisionsrecht für gemeinschaftliche Testamente, in: Zeitschrift für Erbrecht und Vermögensnachfolge 2012, S. 513–519

Oepen, Klaus: Zur Dogmatik des § 139 BGB, Aachen 2000 (zitiert als: *Oepen*, Dogmatik)

Oertmann, Paul: Kommentar zum Bürgerlichen Gesetzbuch und seinen Nebengesetzen, Erstes Buch, Allgemeiner Teil, 2. Auflage, Berlin 1908 (zitiert als *Oertmann*, BGB)

Oetker, Hartmut: Kommentar zum Handelsgesetzbuch, 4. Auflage, München 2015 (zitiert als: *Autor*, in: Oetker-HGB)

Olzen, Dirk: Die vorweggenommene Erbfolge, Paderborn u.a. 2004 (zitiert als: *Olzen*, Erbfolge)

Olzen, Dirk: Erbrecht, 4. Auflage, Berlin 2013

Olzen, Dirk: Letztwillige Verfügungen unter Ehegatten, in: Juristische Schulung 2005, S. 674–679

Oppermann, Bernd H.: Grenzen der Haftung in der Anwalts-GmbH und Partnerschaft, in Anwaltsblatt 1995, S. 453–456

Otte, Gerhard: Anmerkung zu BayObLG, Beschluss vom 13.04.1995 – 1Z BR 32/95, in: Zeitschrift für Erbrecht und Vermögensnachfolge 1995, S. 409–410

Otte, Gerhard: Die Nichtigkeit letztwilliger Verfügungen wegen Gesetzes- oder Sittenwidrigkeit, in: Juristische Arbeitsblätter 1985, S. 192–201

Otto, Hansjörg: Personale Freiheit und soziale Bindung, München 1978 (zitiert als: *Otto*, Freiheit)

Palandt, Otto: Bürgerliches Gesetzbuch, Kommentar, 75. Auflage, München 2016 (zitiert als: *Autor*, in: Palandt)

Pauli, Rudolf: Die fehlgeschlagene qualifizierte Nachfolgeklausel, in: Die Unternehmensbesteuerung 2013, S. 229–233

Pawlowski, Hans-Martin: Allgemeiner Teil des BGB, 7. Auflage, Heidelberg 2003 (zitiert als: *Pawlowski*, AT)

Petersen, Jens: Der Verstoß gegen die guten Sitten, in: Jura – Juristische Ausbildung 2005, S. 387–389

Petersen, Jens: Die Auslegung von letztwilligen Verfügungen, in: Jura – Juristische Ausbildung 2005, S. 597–600

Petersen, Jens: Die eingeschränkte Testierfreiheit beim Pflegebetrieb durch eine GmbH, in: Deutsche Notar-Zeitschrift 2000, S. 739–749

Pfeiffer, Thomas: Das gemeinschaftliche Ehegattentestament – Konzept, Bindungsgrund und Bindungswirkung, in: Zeitschrift für das gesamte Familienrecht 1993, S. 1266–1282

Planck, Gottlieb: Planck's Kommentar zum Bürgerlichen Gesetzbuch, I. Band, Allgemeiner Teil (§§ 1–240), 4. Auflage, hrsg. v. Emil Strohal, Berlin 1913 (zitiert als: *Autor*, in: Planck-BGB)

Planck, Gottlieb: Planck's Kommentar zum Bürgerlichen Gesetzbuch, V. Band, Erbrecht, 4. Auflage, hrsg. v. Emil Strohal, Berlin u.a. 1930 (zitiert als: *Autor*, in: Planck-BGB)

Pringsheim, Fritz Robert: Anmerkung zu RG, Urteil vom 09.10.1924 – 150/24 IV, in: Juristische Wochenschrift 1925, S. 359–360

Proff, Maximilian Freiherr von: Das gemeinschaftliche Testament von Nichtehegatten, in: Zeitschrift für die Steuer- und Erbrechtspraxis 2008, S. 254–260

Proff, Maximilian Freiherr von: Die nichteheliche Lebensgemeinschaft im Erbrecht, in: Rheinische Notar-Zeitschrift 2008, S. 462–481

Protokolle des Entwurfs des Bürgerlichen Gesetzbuchs: Band I., Allgemeiner Teil und Recht der Schuldverhältnisse, Abschn. I, Abschn. II Tit. 1, Nachdruck, Berlin 1983 (zitiert als: Protokolle I)

Protokolle des Entwurfs des Bürgerlichen Gesetzbuchs: Band V., Erbrecht, Nachdruck, Berlin 1983 (zitiert als: Protokolle V)

Prütting, Hanns/Wegen, Gerhard/Weinreich, Gerd: BGB Kommentar, 11. Auflage, Köln 2016 (zitiert als: *Autor*, in: PWW-BGB)

Puchta, Georg Friedrich: Pandekten, 12. Auflage, Leipzig 1877

Rauscher, Thomas: Familienrecht, 2. Auflage, Heidelberg 2008

Redeker, Konrad: Zum neuen Entwurf eines Verwaltungsverfahrensgesetzes, in: Deutsches Verwaltungsblatt 1973, S. 744–748

Regelsberger, Ferdinand: Pandekten, Erster Band, Leipzig 1893 (zitiert als: *Regelsberger*, Pandekten I)

Reichel, Hans: Zur Lehre vom gemeinschaftlichen Testament, Jena 1915 (zitiert als: *Reichel*, Testament)

Reichsgerichtsräte-Kommentar: Das Bürgerliche Gesetzbuch, Kommentar, Band I, §§ 1–240, 11. Auflage, hrsg. v. Mitgliedern des Bundesgerichtshofes, Berlin 1953 (zitiert als: *Autor*, in: RGRK-BGB (11. Aufl. 1953))

Reichsgerichtsräte-Kommentar: Das Bürgerliche Gesetzbuch, Kommentar, Band I, §§ 1–240, 12. Auflage, hrsg. v. Mitgliedern des Bundesgerichtshofes, Berlin 1982 (zitiert als: *Autor*, in: RGRK-BGB)

Reichsgerichtsräte-Kommentar: Das Bürgerliche Gesetzbuch, Kommentar, Band II/5, §§ 812–831, 12. Auflage, hrsg. v. Mitgliedern des Bundesgerichtshofes, Berlin 1989 (zitiert als: *Autor*, in: RGRK-BGB)

Reichsgerichtsräte-Kommentar: Das Bürgerliche Gesetzbuch, Kommentar, Band V/1, §§ 1922–2146, 12. Auflage, hrsg. v. Mitgliedern des Bundesgerichtshofes, Berlin 1974 (zitiert als: *Autor*, in: RGRK-BGB)

Reichsgerichtsräte-Kommentar: Das Bürgerliche Gesetzbuch, Kommentar, Band V/2, §§ 2147–2385, 12. Auflage, hrsg. v. Mitgliedern des Bundesgerichtshofes, Berlin 1975 (zitiert als: *Autor*, in: RGRK-BGB)

Reichsgerichtsräte-Kommentar: Kommentar zum Handelsgesetzbuch, Zweiter Band (§§ 105–177, 335–342), 2. Auflage, hrsg. v. Mitgliedern des Bundesgerichtshofes, Berlin 1950 (zitiert als: *Autor*, in: RGRK-HGB)

Reimann, Wolfgang: Die qualifizierte Nachfolgeklausel – Gestaltungsmittel und Störfaktor, in: Zeitschrift für Erbrecht und Vermögensnachfolge 2002, S. 487–493

Reimann, Wolfgang/Bengel, Manfred/Mayer, Jörg: Testament und Erbvertrag, Kommentar, 6. Auflage, Köln 2015 (zitiert als: *Autor*, in: Reimann/Bengel/J. Mayer)

Reinholz, Günter: Die Konversion im Römischen Recht in den Fällen der nichtigen Akzeptilation und des ungültigen Testaments, Kiel 1956 (zitiert als: *Reinholz*, Die Konversion)

Reinicke, Dietrich: Rechtsfolgen formwidrig abgeschlossener Verträge, Berlin u.a. 1969 (zitiert als: *Reinicke*, Rechtsfolgen)

Reischl, Klaus: Zur Schenkung von Todes wegen, Berlin 1996 (zitiert als: *Reischl*, Schenkung)

Röhricht, Volker/Westphalen, Friedrich Graf von/Haas, Ulrich: Handelsgesetzbuch Kommentar, 4. Auflage, Köln 2014 (zitiert als: *Autor*, in: Röhricht/v. Westphalen/Haas)

Römer, Robert: Zur Lehre von der Conversion der Rechtsgeschäfte überhaupt und ihrer besonderen Anwendung auf das Wechselversprechen, in: Archiv für die civilistische Praxis 36 (1853), S. 66–94

Roth, Herbert: Die Einrede des Bürgerlichen Rechts, München 1998 (zitiert als: *Roth*, Einrede)

Roth, Herbert: Geltungserhaltende Reduktion im Privatrecht, in: Juristenzeitung 1989, S. 411–419

Roth, Wolfgang/Hannes, Frank/Mielke, Hendrik: Vor- und Nacherbschaft, München 2010 (zitiert als: *Autor*, in: W. Roth/Hannes/Mielke)

Röthel, Anne: Testierfreiheit und Testiermacht, in: Archiv für die civilistische Praxis 210 (2010), S. 32–66

Rutenbeck, Ernst: Der Gegensatz der sogenannten Konversion zur Bestätigung nicht gültiger Rechtsgeschäfte nach gemeinem Recht und Bürgerlichem Gesetzbuche, Borna-Leipzig 1907 (zitiert als: *Rutenbeck*, Gegensatz)

Rüthers, Bernd: Die privatautonome Gestaltung der Vererbung des Anteils an einer Offenen Handelsgesellschaft durch eine beschränkte Nachfolgeklausel, in: Archiv für die civilistische Praxis 168 (1968), S. 263–285

Rüthers, Bernd/Fischer, Christian/Birk, Axel: Rechtstheorie mit juristischer Methodenlehre, 8. Auflage, München 2015 (zitiert als: *Rüthers/C. Fischer/Birk*, Rechtstheorie)

Rüthers, Bernd/Stadler, Astrid: Allgemeiner Teil des BGB, 18. Auflage, München 2014 (zitiert als: *Rüthers/Stadler*, AT)

Sack, Rolf: Der rechtswidrige Arbeitsvertrag, in: Recht der Arbeit 1975, S. 171–182

Säcker, Franz-Jürgen: Gesellschaftsvertragliche und erbrechtliche Nachfolge in Gesamthandsmitgliedschaften, Bad Homburg u.a., 1970 (zitiert als: *Säcker*, Nachfolge)

Säcker, Franz Jürgen: Rechtsgeschäftsauslegung und Vertrauensprinzip, in: Juristische Analysen (JurA) 1971, S. 31–60

Saenger, Ingo: Gesellschaftsrecht, 3. Auflage, München 2015

Sagmeister, Holger M.: Anmerkung zu BGH, Beschluss vom 26.10.2011 – IV ZB 33/10, in: Zeitschrift für Erbrecht und Vermögensnachfolge 2012, S. 99–100

Savigny, Friedrich Carl von: System des heutigen Römischen Rechts, Erster Band, Berlin 1840 (zitiert als: *v. Savigny*, System I)

Savigny, Friedrich Carl von: System des heutigen Römischen Rechts, Dritter Band, Berlin 1840 (zitiert als: *v. Savigny*, System III)

Schack, Haimo: BGB – Allgemeiner Teil, 14. Auflage, Heidelberg u.a. 2013 (zitiert als: *Schack*, AT)

Schäfer, Carsten: Die Lehre vom fehlerhaften Verband, Tübingen 2002 (zitiert als: *C. Schäfer*, Fehlerhafter Verband)

Schäfer, Carsten: Die Vererbung von Personengesellschaftsanteilen durch Nachfolgeklauseln, in: Betriebs-Berater 2004, Beilage Nr. 15, S. 14–18

Schäfer, Carsten: Gesellschaftsrecht, 4. Auflage, München 2015

Schäfers, Dominik: Einführung in die Methodik der Gesetzesauslegung, in: Juristische Schulung 2015, S. 875–880

Schaumann, Torsten: Zur Bindungswirkung des Gemeinschaftlichen Testaments, Frankfurt a.M. u.a. 2002 (zitiert als: *Schaumann*, Bindungswirkung)

Scherer, Inge: Andeutungsformel und falsa demonstratio beim formbedürftigen Rechtsgeschäft in der Rechtsprechung des Reichsgerichts und des Bundesgerichtshofes, Berlin 1987 (zitiert als: *I. Scherer*, Andeutungsformel)

Scherer, Stephan: Münchener Anwaltshandbuch Erbrecht, 4. Auflage, München 2014 (zitiert als: *Autor*, in: MAH Erbrecht)

Schlegelberger, Franz: Handelsgesetzbuch Kommentar, Band III/1. Halbband, §§ 105–160, 5. Auflage, München 1992 (zitiert als: *Autor*, in: Schlegelberger-HGB)

Schlüter, Wilfried: Erbrecht, 16. Auflage, München 2007 (zitiert als: *Schlüter*, Erbrecht (16. Aufl. 2007)

Schlüter, Wilfried/Röthel, Anne: Erbrecht, 17. Auflage, München 2015

Schmidt, Ernst: Der Motivirrtum im Testamentsrecht, Breslau 1933 (zitiert als: *E. Schmidt*, Motivirrtum)

Schmidt, Karsten: Gesellschaftsrecht, 4. Auflage, Köln u.a. 2002

Schmidt, Karsten: Partnerschaftsgesetzgebung zwischen Berufsrecht, Schuldrecht und Gesellschaftsrecht, in: Zeitschrift für Wirtschaftsrecht 1993, S. 633–652

Schmoeckel, Matthias: Erbrecht, 3. Auflage, Baden-Baden 2014

Schoeck, Reiner: Die entsprechende Anwendung der Vorschriften aus dem Erbvertragsrecht auf das gemeinschaftliche Testament, Stuttgart 1966 (zitiert als: *Schoeck*, Anwendung)

Schönwetter, Hans: Die erhaltende Umdeutung gemäss § 140 BGB in der neuen Rechtsprechung, Düsseldorf 1934 (zitiert als: *Schönwetter*, Umdeutung)

Schreiber, Klaus: Die Nichtigkeit von Verträgen, in: Jura – Juristische Ausbildung 2007, S. 25–28

Schrenck-Notzing, Albert von: Unerlaubte Bedingungen in letztwilligen Verfügungen, Berlin 2009 (zitiert als: *v. Schrenck-Notzing*, Bedingungen)

Schubert, Werner: Anmerkung zu BGH, Urteil vom 30.11.1977 – IV ZR 165/76, in: Juristische Rundschau 1978, S. 289–290

Schubert, Werner: Protocolle der Commission zur Ausarbeitung eines allgemeinen deutschen Obligationenrechts, Band 1, Nachdruck, Frankfurt a.M. 1984 (zitiert als: *Schubert*, Protocolle zum Obligationenrecht)

Schulz, Fritz: Der Irrtum im Beweggrund bei der testamentarischen Verfügung, in: Genzmer, Erich u.a. (Hrsg.): Gedächtnisschrift für Emil Seckel, Neudruck, Aalen 1979, S. 70–144

Schwab, Dieter: Familienrecht, 23. Auflage, München 2015

Schwerdtfeger, Armin: Gesellschaftsrecht Kommentar, 3. Auflage, Köln 2015 (zitiert als: *Autor*, in: Schwerdtfeger)

Siber, Heinrich: Auslegung und Anfechtung von Verfügungen von Todes wegen, in: Schreiber, Otto (Hrsg.): Die Reichsgerichtspraxis im deutschen Rechtsleben Band 3, Berlin u.a. 1929, S. 350–383 (zitiert als: *Siber*, Die Reichsgerichtspraxis)

Siber, Heinrich: Erbrecht: mit besonderer Berücksichtigung des Erbschaftssteuerrechts, Leipzig 1928 (zitiert als: *Siber*, Erbrecht)

Siebenhaar, Eduard/Siegmann, Georg: Commentar zu dem bürgerlichen Gesetzbuche für das Königreich Sachsen und zu der damit in Verbindung stehenden Publicationsverordnung vom 2. Januar 1863, Band 1: Die Publicationsverordnung: der allgemeine Theil und das Sachenrecht, Leipzig 1864 (zitiert als: *Autor*, in: Siebenhaar/Siegmann)

Siller, Robert: Die Konversion (§ 140 BGB), in: Archiv für die civilistische Praxis 138 (1934), S. 144–193

Simon, Ulrich/Buschbaum, Markus: Die neue EU-Erbrechtsverordnung, in: Neue Juristische Wochenschrift 2012, S. 2393–2398

Simshäuser, Wilhelm: Zur Sittenwidrigkeit der Geliebten-Testamente, Bielefeld 1971 (zitiert als: *Simshäuser*, Geliebten-Testamente)

Singer, Reinhard: Das Verbot widersprüchlichen Verhaltens, München 1993 (zitiert als: *Singer*, Verbot)

Smid, Stefan: Probleme bei der Auslegung letztwilliger Verfügungen, in: Juristische Schulung 1987, S. 283–289

Soergel, Hans Theodor: Bürgerliches Gesetzbuch mit Einführungsgesetz und Nebengesetzen, Kommentar, Band 2, Allgemeiner Teil, §§ 104–240, 13. Auflage, Stuttgart u.a. 1999 (zitiert als: *Autor*, in: Soergel-BGB)

Soergel, Hans Theodor: Bürgerliches Gesetzbuch mit Einführungsgesetz und Nebengesetzen, Kommentar, Band 11/1, Schuldrecht 9/1, §§ 705–758, 13. Auflage, Stuttgart 2011 (zitiert als: *Autor*, in: Soergel-BGB)

Soergel, Hans Theodor: Bürgerliches Gesetzbuch mit Einführungsgesetz und Nebengesetzen, Kommentar, Band 17/1, Familienrecht 1/1, §§ 1297–1588, 13. Auflage, Stuttgart 2012 (zitiert als: *Autor*, in: Soergel-BGB)

Soergel, Hans Theodor: Bürgerliches Gesetzbuch mit Einführungsgesetz und Nebengesetzen, Kommentar, Band 21, Erbrecht 1, §§ 1922–2063, 13. Auflage, Stuttgart 2002 (zitiert als: *Autor*, in: Soergel-BGB)

Soergel, Hans Theodor: Bürgerliches Gesetzbuch mit Einführungsgesetz und Nebengesetzen, Kommentar, Band 22, Erbrecht 2, §§ 2064–2273/1–35 BeurkG, 13. Auflage, Stuttgart 2003 (zitiert als: *Autor*, in: Soergel-BGB)

Soergel, Hans Theodor: Bürgerliches Gesetzbuch mit Einführungsgesetz und Nebengesetzen, Kommentar, Band 23, Erbrecht 3, §§ 2274–2385, 13. Auflage, Stuttgart 2002 (zitiert als: *Autor*, in: Soergel-BGB)

Spanke, Tobias Steffen: Rechtsprobleme alternativer Erbeneinsetzung, in: Neue Juristische Wochenschrift 2005, S. 2947–2951

Speckmann, Werner: Aushöhlungsnichtigkeit und § 2287 BGB bei Erbverträgen und gemeinschaftlichen Testamenten, in: Neue Juristische Wochenschrift 1974, S. 341–344

Spieß, Pirmin: Zur Einschränkung der Irrtumsanfechtung, in: Juristenzeitung 1985, S. 593–602

Staub, Hermann: Handelsgesetzbuch Großkommentar, Dritter Band, §§ 105–160, 5. Auflage, hrsg. v. Claus-Wilhelm Canaris/ Mathias Habersack/Carsten Schäfer, Berlin 2009 (zitiert als: *Autor*, in: Staub-HGB)

Staudinger, Julius von: Kommentar zum Bürgerlichen Gesetzbuch, I. Band Allgemeiner Teil, 9. Auflage, München u.a. 1925 (zitiert als: *Autor*, in: Staudinger-BGB (9. Aufl. 1925))

Staudinger, Julius von: Kommentar zum Bürgerlichen Gesetzbuch, I. Band Allgemeiner Teil, 11. Auflage, Berlin 1957 (zitiert als: *Autor*, in: Staudinger-BGB (11. Aufl. 1957))

Staudinger, Julius von: Kommentar zum Bürgerlichen Gesetzbuch, V. Band Erbrecht, 9. Auflage, München u.a. 1928 (zitiert als: *Autor*, in: Staudinger-BGB (9. Aufl. 1928))

Staudinger, Julius von: Kommentar zum Bürgerlichen Gesetzbuch mit Einführungsgesetz und Nebengesetzen, V. Band Erbrecht, 2. Teil, 10./11. Auflage, Berlin 1960 (zitiert als: *Autor*, in: Staudinger-BGB (11. Aufl. 1960))

Staudinger, Julius von: Kommentar zum Bürgerlichen Gesetzbuch mit Einführungsgesetz und Nebengesetzen, Buch 1, Allgemeiner Teil, §§ 90–124; 130–133 (Allgemeiner Teil 3), Neubearbeitung 2012, Berlin 2012 (zitiert als: *Autor*, in: Staudinger-BGB (2012))

Staudinger, Julius von: Kommentar zum Bürgerlichen Gesetzbuch mit Einführungsgesetz und Nebengesetzen, Buch 1, Allgemeiner Teil, §§ 134–138; Anh zu § 138: ProstG (Allgemeiner Teil 4a), Neubearbeitung 2011, Berlin 2011 (zitiert als: *Autor*, in: Staudinger-BGB (2011))

Staudinger, Julius von: Kommentar zum Bürgerlichen Gesetzbuch mit Einführungsgesetz und Nebengesetzen, Buch 1, Allgemeiner Teil, §§ 139–163 (Allgemeiner Teil 4b), Neubearbeitung 2015, Berlin 2015 (zitiert als: *Autor*, in: Staudinger-BGB (2015))

Staudinger, Julius von: Kommentar zum Bürgerlichen Gesetzbuch mit Einführungsgesetz und Nebengesetzen, Buch 2, Allgemeiner Teil, §§ 164–240 (Allgemeiner Teil 5), Neubearbeitung 2014, Berlin 2014 (zitiert als: *Autor*, in: Staudinger-BGB (2014))

Staudinger, Julius von: Kommentar zum Bürgerlichen Gesetzbuch mit Einführungsgesetz und Nebengesetzen, Buch 2, Recht der Schuldverhältnisse, §§ 328–345 (Vertrag zugunsten Dritter, Draufgabe, Vertragsstrafe), Neubearbeitung 2015, Berlin 2015 (zitiert als: *Autor*, in: Staudinger-BGB (2015))

Staudinger, Julius von: Kommentar zum Bürgerlichen Gesetzbuch mit Einführungsgesetz und Nebengesetzen, Buch 2, Recht der Schuldverhältnisse, §§ 705–740 (Gesellschaftsrecht), Dreizehnte Bearbeitung 2003, Berlin 2003 (zitiert als: *Autor*, in: Staudinger-BGB (2003))

Staudinger, Julius von: Kommentar zum Bürgerlichen Gesetzbuch mit Einführungsgesetz und Nebengesetzen, Buch 4, Familienrecht, §§ 1363–1563 (Eheliches Güterrecht), Neubearbeitung 2007, Berlin 2007 (zitiert als: *Autor*, in: Staudinger-BGB (2007))

Staudinger, Julius von: Kommentar zum Bürgerlichen Gesetzbuch mit Einführungsgesetz und Nebengesetzen, Buch 5, Erbrecht, Einleitung zum Erbrecht; §§ 1922–1966 (Erbfolge), Neubearbeitung 2008, Berlin 2008 (zitiert als: *Autor*, in: Staudinger-BGB (2008))

Staudinger, Julius von: Kommentar zum Bürgerlichen Gesetzbuch mit Einführungsgesetz und Nebengesetzen, Buch 5, Erbrecht, §§ 2064–2196 (Testament 1), Neubearbeitung 2013, Berlin 2013 (zitiert als: *Autor*, in: Staudinger-BGB (2013))

Staudinger, Julius von: Kommentar zum Bürgerlichen Gesetzbuch mit Einführungsgesetz und Nebengesetzen, Buch 5, Erbrecht, §§ 2229–2264 (Testament 3), Neubearbeitung 2012, Berlin 2012 (zitiert als: *Autor*, in: Staudinger-BGB (2012))

Staudinger, Julius von: Kommentar zum Bürgerlichen Gesetzbuch mit Einführungsgesetz und Nebengesetzen, Buch 5, Erbrecht, §§ 2265–2302 (Gemeinschaftliches Testament, Erbvertrag), Neubearbeitung 2014, Berlin 2014 (zitiert als: *Autor*, in: Staudinger-BGB (2014))

Staudinger, Julius von: Kommentar zum Bürgerlichen Gesetzbuch mit Einführungsgesetz und Nebengesetzen, Eckpfeiler des Zivilrechts, Neubearbeitung 2014/2015, Berlin 2014 (zitiert als: *Autor*, in: Staudinger-Eckpfeiler)

Staudinger, Julius von: Kommentar zum Bürgerlichen Gesetzbuch mit Einführungsgesetz und Nebengesetzen, Einführungsgesetz zum Bürgerlichen Gesetzbuch/IPR, Art. 25, 26 EGBGB (Internationales Erbrecht), Neubearbeitung 2007, Berlin 2007 (zitiert als: *Autor*, in: Staudinger-BGB (2007))

Sticherling, Philipp: Anmerkung zu OLG Braunschweig, Beschluss vom 13.03.2006 – 2 W 121/05, in: Zeitschrift für Erbrecht und Vermögensnachfolge 2007, S. 179

Strohal, Emil: Das deutsche Erbrecht auf der Grundlage des Bürgerlichen Gesetzbuches, Band 1, Berlin 1903 (zitiert als: *Strohal*, Erbrecht I)

Tappmeier, Klaus: Zur Funktion der erbrechtlichen Auslegungsvorschriften des BGB, Bielefeld 1987 (zitiert als: *Tappmeier*, Auslegungsvorschriften)

Thibaut, Anton Friedrich Justus: System des Pandektenrechts, Band 1, 8. Auflage, Jena 1834 (zitiert als: *Thibaut*, Pandekten I)

Thielmann, Georg: Sittenwidrige Verfügungen von Todes wegen, Berlin 1973 (zitiert als: *Thielmann*, Sittenwidrige Verfügungen)

Tiedtke, Klaus: Die Umdeutung eines nach §§ 1365, 1366 BGB nichtigen Rechtsgeschäfts in einen Erbvertrag, in: Zeitschrift für das gesamte Familienrecht 1981, S. 1–5

Tiedtke, Klaus: Die Umdeutung eines Vermächtnisses in ein Rechtsgeschäft unter Lebenden, in: Neue Juristische Wochenschrift 1978, S. 2572–2576

Tuhr, Andreas von: Der Allgemeine Teil des Deutschen Bürgerlichen Rechts, Zweiter Band, Erste Hälfte, München u.a. 1914 (zitiert als: *v. Tuhr*, AT II 1)

Ulmer, Peter: Gesellschafternachfolge und Erbrecht, in: Zeitschrift für Unternehmens- und Gesellschaftsrecht 1972, S. 195–222

Ulmer, Peter: Teilunwirksamkeit von teilweise unangemessenen AGB-Klauseln? Zum Verhältnis von geltungserhaltender Reduktion und ergänzender Vertragsauslegung, in: Neue Juristische Wochenschrift 1981, S. 2025–2033

Ulmer, Peter: Zur Gesellschafternachfolge im Todesfall, in: Betriebs-Berater 1977, S. 805–808

Veenroy, Gerd J. van: § 2293 BGB und die Theorie des Erbvertrags, in: Juristenzeitung 1987, S. 10–16

Veenroy, Gerd J. van: Internationalrechtliche Bemerkungen zu § 2302 BGB, in: Juristenzeitung 1985, S. 609–614

Vieweg, Klaus/Werner, Almuth: Sachenrecht, 7. Auflage, München 2015

Volkmann, Rudolf: Irrtum und Reurecht, Göttingen 1924 (zitiert als: *Volkmann*, Reurecht)

Wacke, Andreas: Dolo facit, qui petit quod (statim) redditurus est, in: Juristische Arbeitsblätter 1982, S. 477–479

Wacke, Andreas: Gemeinschaftliche Testamente von Verlobten, in: Zeitschrift für das gesamte Familienrecht 2001, S. 457–462

Wandt, Manfred: Gesetzliche Schuldverhältnisse, 7. Auflage, München 2015

Wank, Rolf: Die Auslegung von Gesetzen, 6. Auflage, München 2015 (zitiert als: *Wank*, Auslegung)

Weimar, Wilhelm: Die Umdeutung unzulässiger Eintragungen im Grundbuch, in: Wertpapier-Mitteilungen 1966, S. 1098–1100

Wellenhofer, Marina: Anmerkung zu OLG München, Beschluss vom 19.05.2010 – 31 Wx 38/10, in: Juristische Schulung 2011, S. 368–369

Welter, Wolfgang: Auslegung und Form testamentarischer Verfügungen, Frankfurt a.M. u.a. 1985 (zitiert als: *Welter*, Auslegung)

Werner, Olaf: Die benigna interpretatio des § 2084 BGB, in: Slapnicar, Klaus (Hrsg.): Festschrift für Ulrich von Lübtow, Rheinfelden u.a. 1991, S. 265–281

Wertenbruch, Johannes: BGB Allgemeiner Teil, 3. Auflage, München 2014 (zitiert als: *Wertenbruch*, AT)

Westen, Klaus/Schleider, Joachim: Zivilrecht im Systemvergleich – Das Zivilrecht der Deutschen Demokratischen Republik und der Bundesrepublik Deutschland, Berlin 1984 (zitiert als: *Westen/Schleider*, Systemvergleich)

Westermann, Harm Peter: Verdeckte Nachverpfändung von Grundstücken; Zugleich ein Beitrag zur Konversion im Grundstücksrecht, in: Neue Juristische Wochenschrift 1970, S. 1023–1029

Westermann, Harry: Anmerkung zu BGH, Urteil vom 28.11.1962 – V ZR 127/61, in: Juristenzeitung 1963, S. 368–369

Wieacker, Franz: Die Methode der Auslegung des Rechtsgeschäfts, in: Juristenzeitung 1967, S. 385–391

Wieacker, Franz: Zur Theorie der Konversion nichtiger Rechtsgeschäfte, in: Medicus, Dieter u.a. (Hrsg.): Festschrift für Hermann Lange, Stuttgart u.a. 1992, S. 1017–1035

Wiechell, Heinrich: Konversion und Willensmoment, Lippstadt/Westf. 1933 (zitiert als: *Wiechell*, Konversion)

Wiedemann, Herbert: Zum Stand der Vererbungslehre in der Personengesellschaft, in: Hübner, Ulrich u.a. (Hrsg.): Festschrift für Bernhard Großfeld, Heidelberg 1999, S. 1309–1327

Wieling, Hans: Falsa demonstratio non nocet, in: Jura – Juristische Ausbildung 1979, S. 524–532

Windbichler, Christine: Gesellschaftsrecht, 23. Auflage, München 2013

Windel, Peter A.: „Unsinnige", rechtlich unmögliche und verbotswidrige Leistungsversprechen, in: Zeitschrift für das gesamte Schuldrecht 2003, S. 466–472

Windscheid, Bernhard: Lehrbuch des Pandektenrechts, Erster Band, 8. Auflage, Frankfurt a.M. 1900 (zitiert als: *Windscheid*, Pandekten)

Wingerter, Alexander: Die eigenhändige letztwillige Verfügung im Spannungsverhältnis zwischen Form und der Verwirklichung des Erblasserwillens, Würzburg 1998 (zitiert als: *Wingerter*, Eigenhändige Verfügung)

Wolf, Manfred/Neuner, Jörg: Allgemeiner Teil des Bürgerlichen Rechts, 10. Auflage, München 2012 (zitiert als: *Wolf/Neuner*, AT)

Würdinger, Markus: Das Ziel der Gesetzesauslegung – ein juristischer Klassiker und Kernstreit der Methodenlehre, in: Juristische Schulung 2016, S. 1–6

Würdinger, Markus: Die Übertragung des Anwartschaftsrechts bei einer fehlgeschlagenen Übereignung nach § 929 S. 2 BGB, in: Neue Juristische Wochenschrift 2008, S. 1422–1425

Würdinger, Markus: Doppelwirkungen im Zivilrecht, in: Juristische Schulung 2011, S. 769–774

Zeiss, Walter: Die Umdeutung einer formnichtigen Bürgschaft in einen Kreditauftrag, in: Wertpapier-Mitteilungen 1963, S. 906–910

Zeiss, Walter: Gerichtliche Änderung vertraglich vereinbarter Preise?, in: Neue Juristische Wochenschrift 1964, S. 477–480

Zimmer, Maximilian: Aktuelle Entwicklungen im Bereich wechselbezüglicher Verfügungen beim gemeinschaftlichen Testament, in: Zeitschrift für Erbrecht und Vermögensnachfolge 2015, S. 450–456

Zimmer, Maximilian: Erbrecht – Wechselbezügliche Verfügungen beim Gemeinschaftlichen Testament, in: Neue Juristische Wochenschrift 2009, S. 2364–2365

Zippelius, Reinhold: Juristische Methodenlehre, 11. Auflage, München 2012 (zitiert als: *Zippelius*, Methodenlehre)

Zitelmann, Ernst: Die Rechtsgeschäfte im Entwurf eines Bürgerlichen Gesetzbuches für das Deutsche Reich, Berlin 1889 (zitiert als: *Zitelmann*, Die Rechtsgeschäfte)

Zivilrechtliche Schriften
Beiträge zum Wirtschafts-, Bank- und Arbeitsrecht

Herausgegeben von Arnd Arnold, Dorothee Einsele, Jan Lieder und Hartmut Oetker
Begründet von Peter Kreutz und Dieter Reuter

Band 1 Sabine Koch: Eigenkapitalleistungen und eigenkapitalersetzende Leistungen des Kommanditisten in der gesetzestypischen Kommanditgesellschaft. 1992.

Band 2 Knut Weigle: Die leitenden Angestellten zwischen Sprecherausschuß und Betriebsrat. 1993.

Band 3 Stephan Worpenberg: Die konzerninterne Arbeitnehmerüberlassung. 1993.

Band 4 Carsten Führling: Sonstige Unternehmensverträge mit einer abhängigen GmbH. 1993.

Band 5 Heike Grote-Seifert: Das englische Arbeitskampfrecht unter besonderer Berücksichtigung der Entwicklung seit 1979. Zugleich: Vergleichende Analyse der Rechtslage in Deutschland und England. 1994.

Band 6 Uwe Theobald: Gesamthaftungsverhältnisse. Die Gesamtschuld als Ausgleichsmodell bei der mehrfachen Drittsicherung einer Forderung. 1994.

Band 7 Kay-Uwe Jacobs: Die Wahlvorstände für die Wahlen des Betriebsrats, des Sprecherausschusses und des Aufsichtsrats. 1995.

Band 8 Horst-Jürgen Michallek: Die Verteilung des wirtschaftlichen Risikos der Nothilfe. Eine rechtsvergleichende Studie. 1995.

Band 9 Sibylle Kessal-Wulf: Die Innenverbände. Am Beispiel Publikumsgesellschaft, Franchising, Mitarbeiterbeteiligung und Betriebsverband. 1995.

Band 10 Britta Holdorf-Habetha: Der Übergang von gewerblich genutztem Vermögen im Wege der Erbfolge im Einkommensteuerrecht. 1996.

Band 11 Sönke-Peter Nehlsen: Nutzungsausfallersatz. Ein notwendiges Übel? Versuch einer dogmatischen Begründung und Alternativlösungen. 1997.

Band 12 Sebastian Graf von Wallwitz: Tarifverträge und die Wettbewerbsordnung des EG-Vertrages. Wettbewerbsbeschränkende Tarifverträge und das Kartellverbot des Artikel 85 EGV. 1997.

Band 13 Hans-Joachim Arnold: Die Bilanzierung des Geschäfts- oder Firmenwertes in der Handels-, Steuer- und Ergänzungsbilanz. 1997.

Band 14 Volker Hoes: Die Überschuldung Privater als Problem von Ungleichgewichten. 1997.

Band 15 Dörte Christiansen: Betriebszugehörigkeit. Die Zuordnung von Arbeitnehmern aus betriebsverfassungsrechtlicher Sicht. 1998.

Band 16 Axel Boysen: Betriebsverband und Arbeitsverhältnis am Beispiel der Gruppenarbeit. Ein Beitrag zur Entwicklung der arbeitsrechtlichen Dogmatik im Wandel der Industriearbeit. 1998.

Band 17 Kristoffer Blydt-Hansen: Die Rechtsstellung der Destinatäre der rechtsfähigen Stiftung Bürgerlichen Rechts. 1998.

Band 18 Per Christiansen: Über die reale Seite der Verbände. Die Bedeutung der tatsächlichen Zweckverfolgung in einem Verband für dessen Legitimität, Existenz und Kontinuität. 1999.

Band 19 Annette Grotkamp: Die Bedeutung des Gesamtbetriebsrats und die Abgrenzung seiner Zuständigkeit zu den Einzelbetriebsräten im Rahmen des Strukturwandels in der deutschen Wirtschaft. 1999.

Band 20 Oliver Ebert: Die Kosten der Einigungsstelle gemäß § 76 a BetrVG 1972 unter besonderer Berücksichtigung der Honorierung von Einigungsstellenmitgliedern. 1999.

Band 21 Christoph Nawroth: Die steuerliche Anerkennung von Familienpersonengesellschaften bei fehlerhaftem Gesellschaftsvertrag. Zur Anwendung der Lehre von der fehlerhaften Gesellschaft im Steuerrecht. 1999.

Band 22 Kai Litschen: Die juristische Person im Spannungsfeld von Norm und Interesse. Am Beispiel der Gesellschafterhaftung in der GmbH. 1999.

Band 23 Eva Günther-Gräff: Kündigung und Kündigungsschutz von Absatzmittlungsverträgen. Dargestellt am Beispiel des Handelsvertreters, des Vertragshändlers und des Franchisenehmers. 1999.

Band 24 Martin Steiner: Entgelte der Kreditinstitute. Regelungen beim Girovertrag mit rechtsvergleichender Darstellung des anglo-amerikanischen Rechts. 2000.

Band 25 Sven Claussen: Grenzen der Insichgeschäfte im Gesellschaftsrecht. 2000.

Band 26 Sönke Peters: Der gesellschaftsrechtliche Grundsatz der Einheitlichkeit der Mitgliedschaft. 2000.

Band 27 Gabriele Komp: Die juristische Person als Geschäftsführungsorgan einer Kapitalgesellschaft. Betrachtungen zu §§ 76 Abs. 3 S. 1 AktG und 6 Abs. 2 S. 1 GmbHG. 2000.

Band 28 Gunnar Mayer: Das außerdienstliche Verhalten von Arbeitnehmern. Ein Beitrag zu Geschichte, Grundlagen und Erscheinungsformen außerdienstlicher Verhaltenspflichten. 2000.

Band 29 Michael Mönke: Die Sicherung der Bauunternehmer nach § 648 a BGB. Unter besonderer Berücksichtigung der Vereinbarkeit der Regelung mit den Prinzipien des Zivilrechts. 2000.

Band 30 Oliver May: Die Zulässigkeit der Regelung von Lohn und Arbeitszeit in Betriebsvereinbarungen. 2001.

Band 31 Robert Pape: Die tarifvertragliche Unkündbarkeit. Zugleich ein Beitrag zu den Grenzen der Tarifautonomie im Kündigungsschutzrecht und zum partiell zweiseitig-zwingenden Charakter des § 1 Abs. 2 und 3 KSchG. 2002.

Band 32 Wilm-Christian Jaekel: Die Bindung an formnichtige Grundstücksverträge nach Treu und Glauben. 2002.

Band 33 Susanne Müller: Die Gesellschafterklage als rechtsformübergreifendes Institut. 2002.

Band 34 Freia Peters: Treuhand und Unterbeteiligung an Gesellschaftsanteilen. Eine vergleichende Betrachtung für den Bereich des Gesellschafts- und des Steuerrechts. 2003.

Band 35 Mario Nahrwold: Die wirtschaftliche Betätigung von Idealvereinen am Beispiel der Ausgliederungsvorhaben der Fußballbundesligavereine. Eine Untersuchung zu Geltungsgrund und Grenzen des Nebentätigkeitsprivileges. 2003.

Band 36 Henning Plöger: Sonderarbeitsrechte im Pressebereich. Auswirkungen eines institutionellen Grundrechtsverständnisses auf das Arbeitskampf- und arbeitsrechtliche Statusrecht der Presse. 2003.

Band 37 Christian Springmann: Der Betriebsrat und die Betriebsbeauftragten. Ein Vergleich zweier betrieblicher Funktionsträger unter besonderer Berücksichtigung ihres Verhältnisses zueinander. 2004.

Band 38 Holger Meyer: Der Tatbestand des Betriebsübergangs nach der Rechtsprechung des Europäischen Gerichtshofs und des Bundesarbeitsgerichts. 2004.

Band 39 Philipp Christopher Brügge: Das Gesetz über Teilzeitarbeit. Eine Analyse unter arbeitsrechtlichen und beschäftigungspolitischen Gesichtspunkten. 2004.

Band 40 Sebastian Klausch: Unmöglichkeit und Unzumutbarkeit im System des allgemeinen Leistungsstörungsrechts nach der Schuldrechtsmodernisierung 2002. 2004.

Band 41 Felix Hütte: Die individualistische GbR als Mitglied anderer Vereinigungen. 2005.

Band 42 Tobias Schommer: Die Berücksichtigung und Gewichtung der Interessen der Arbeitsvertragsparteien im Rahmen des kollektiven und allgemeinen Weiterbeschäftigungsanspruchs des Arbeitnehmers. 2005.

Band 43 Christa Wettzel: Die unternehmerische Entscheidungsfreiheit im Rahmen der betriebsbedingten Kündigung. 2006.

Band 44 Andrea Scheibe: Die Mitbestimmung der Arbeitnehmer in der SE unter besonderer Berücksichtigung des monistischen Systems. 2006.

Band 45 Sebastian Ritz: Die Auswirkungen des Gesetzes zu Reformen am Arbeitsmarkt auf den Anwendungsbereich der dreiwöchigen Klagefrist gemäß den §§ 4 bis 7 KSchG. 2007.

Band 46 Anne Pfister: Die Übertragung von Aufgaben auf Arbeitsgruppen gemäß § 28a BetrVG unter besonderer Berücksichtigung der Förderungspflicht aus § 75 Abs. 2 Satz 2 BetrVG. 2007.

Band 47 Merve Ehlers: Personalkostenabbau durch betriebliche Bündnisse für Arbeit. Welche Gesetzesänderungen des geltenden Rechts sind zur Anpassung an die heutigen Wirtschafts- und Arbeitsbedingungen und zur Legalisierung der gängigen Rechtspraxis erforderlich? 2007

Band 48 Nicole Hasselmann: Die Lehre *Ulmers* zur Gesellschaft bürgerlichen Rechts im Wandel der Jahrzehnte. Das Rechts- und Haftungssystem der Gesellschaft bürgerlichen Rechts. 2007.

Band 49 Ina Maria Wiesner: Die Schriftform im Betriebsverfassungsgesetz. 2008.

Band 50 Christian Rebel: Grundprobleme des Nachteilsausgleichs gemäß § 113 Abs. 3 BetrVG. 2008.

Band 51 Benedikt von Wissel: Die Beeinflussung des eigenen Börsenkurses durch die Aktiengesellschaft. Erscheinungsform, Zulässigkeit und Grenzen im deutschen Kapitalmarktrecht. 2008.

Band 52 Malte Kriebitzsch: Die Inhaltskontrolle von Allgemeinen Arbeitsbedingungen anhand der §§ 305 ff. BGB. 2008.

Band 53 Torsten Volkholz: Geltung und Reichweite der Privatautonomie bei der Errichtung von Stiftungen. Die Weiterentwicklung des Stiftungsrechts nach Neufassung der §§ 80 bis 88 BGB durch das Gesetz zur Modernisierung des Stiftungsrechts zum 1. September 2002. 2008.

Band 54 Kirstin Trautvetter: Die Übernahme von Aktiengesellschaften und die Verhaltenspflichten von Vorstand und Aufsichtsrat der Zielgesellschaft. 2008.

Band 55 Petra Boldt: Ethikregeln als verbindlicher Verhaltensmaßstab für die Arbeitsverhältnisse in deutschen Unternehmen. 2008.

Band 56 Liv Heimbach: Das Verhältnis der außerordentlichen Kündigung des Arbeitgebers zur ordentlichen Kündigung nach dem KSchG. 2009.

Band 57 Entwicklungen im Arbeits- und Wirtschaftsrecht. Festgabe für Peter Kreutz zum 70. Geburtstag. Herausgegeben von Jakob Hoffmann und Claudia Schubert. 2009.

Band 58 Marlena Hütte: Gefahrverteilung und Schadensersatz im Rückabwicklungsschuldverhältnis nach gesetzlichem Rücktritt. Unter Berücksichtigung der Auswirkungen auf die Rückabwicklung nach Leistungskondiktion. 2010.

Band 59 Tim Ebert: Stille Gesellschaft, Genussrecht und partiarisches Darlehen als mezzanine Kapitaltitel zur Finanzierung einer GmbH. Eine Analyse der historischen Entwicklung und Abgrenzung dieser Finanzierungsinstrumente sowie der mit diesen verbundenen Kompetenz- und Eigenkapitalersatzfragen im GmbH-Recht. 2010.

Band 60 Ingo Krist: Grenzen des Tarifsozialplanes. 2010.

Band 61 Jakob Hoffmann: Zusammenlegung und Zulegung rechtsfähiger Stiftungen des bürgerlichen Rechts. 2011.

Band 62 Nils J. Herrmann: Verjährung, Verjährungsbeginn und Regress bei Bürgschaft und Gesamtschuld. 2012.

Band 63 Sarah Nitsche: Die Rechte der außenstehenden Aktionäre bei qualifizierten Nachteilszufügungen. 2013.

Band 64 Matthias Dumke: Streikrecht i. S. des Art. 6 Nr. 4 ESC und deutsches Arbeitskampfrecht. Vorgaben, Vereinbarkeit und Umsetzung. 2013.

Band 65 Inga Hildebrand: Arbeitnehmerschutz von geschäftsführenden Gesellschaftsorganen im Lichte der *Danosa*-Entscheidung des EuGH. 2014.

Band 66 Sylvia Witt: Auswirkungen materiell unrichtiger Entsprechenserklärungen auf den Bestand von Hauptversammlungsbeschlüssen. 2015.

Band 67 Philipp Mohr: Die offene Investmentkommanditgesellschaft. Investmentrecht, Gesellschaftsrecht und Anlegerschutz. 2016.

Band 68 Daniel Berneith: Die Konversion. Eine rechtsdogmatische und am Parteiwillen orientierte Untersuchung des § 140 BGB unter besonderer Berücksichtigung nichtiger Verfügungen von Todes wegen und Nachfolgeklauseln bei Personengesellschaften. 2016.

www.peterlang.com

www.ingramcontent.com/pod-product-compliance
Ingram Content Group UK Ltd.
Pitfield, Milton Keynes, MK11 3LW, UK
UKHW022101051026
15623UKWH00003B/614

9 783631 678855